克服困难，必有回响；应对考试，
就是多学多练；心无旁骛，终将梦想成
真！面对2020年税务师考试，让我们
抓住机会，重塑自己，一起前行！

中华会计网校
www.chinaacc.com
正保远程教育旗下品牌网站
美国纽交所上市公司（代码:DL）

梦想成真®
系列辅导丛书

2020 年度 全国税务师职业资格考试

税法（II）

经典题解

■ 徐 伟 主编 ■ 中华会计网校 编

感恩20年相伴 助你梦想成真

人民出版社

责任编辑：薛岸杨

特邀编辑：赵　喆

图书在版编目（CIP）数据

税法（Ⅱ）经典题解／徐伟主编；中华会计网校编
. —北京：人民出版社，2020.6
ISBN 978-7-01-021835-9

Ⅰ．①税…　Ⅱ．①徐…　②中…　Ⅲ．①税法–中国–
资格考试–题解　Ⅳ．①D922.22–44

中国版本图书馆 CIP 数据核字（2020）第 020097 号

税法（Ⅱ）经典题解
SHUIFA（Ⅱ）JINGDIAN TIJIE

徐　伟　主编　中华会计网校　编

人民出版社出版发行

（100706　北京市东城区隆福寺街 99 号）

三河市中晟雅豪印务有限公司印刷　新华书店经销

2020 年 6 月第 1 版　2020 年 6 月第 1 次印刷
开本：787×1092　1/16　印张：21
字数：552 千字

ISBN 978-7-01-021835-9　定价：68.00 元

前　言

主编有话说

正保远程教育

发展：2000—2020年：感恩20年相伴，助你梦想成真

理念：学员利益至上，一切为学员服务

成果：18个不同类型的品牌网站，涵盖13个行业

奋斗目标：构建完善的"终身教育体系"和"完全教育体系"

中华会计网校

发展：正保远程教育旗下的第一品牌网站

理念：精耕细作，锲而不舍

成果：每年为我国财经领域培养数百万名专业人才

奋斗目标：成为所有会计人的"网上家园"

"梦想成真"书系

发展：正保远程教育主打的品牌系列辅导丛书

理念：你的梦想由我们来保驾护航

成果：图书品类涵盖会计职称、注册会计师、税务师、经济师、资产评估师、审计师、财税、实务等多个专业领域

奋斗目标：成为所有会计人实现梦想路上的启明灯

图书特色

① 命题趋势预测及应试技巧

解读考试**整体**情况

客观分析，精准预测

掌握解题**突破口**

规划**学习时间**，提供备考指导

② 核心考点精析及习题训练

- 权威**解读考试情况，总结规律**
- 全方位**透析考试，钻研考点**
- 重难点**精析**
- 以**题带点**，深入**解读真题**
- 夯实基础，快速**掌握答题技巧**

考情分析

➥ **历年考情分析**

本章最近几年考查的分数在4分左右，2019年考查了3个单选题、1个多选题，共计6.5分。主要考查行政处罚的种类、行政处罚决定程序、税务行政处罚等内容。本章内容经常与行政复议、行政诉讼制度以综合分析题形式出现。因此，考生在复习时应注意和《行政复议法》《行政诉讼法》中的相关规定结合起来学习。

核心考点及真题详解

考点一 行政处罚的基本原则

📖**经典例题**

【例题·单选题】下列有关行政处罚基本原则的表述中，体现了行政处罚法定原则的是( )。

✍**考点精析**

【解析】本题考核行政执法机关移送涉嫌犯罪案件的程序。公安机关应当在接受案件3日内，对行政机关移送的案件进行审查。

1. 移送程序的要求

（1）对应当向公安机关移送的涉嫌犯罪案件，行政执法机关应当立即指定2名或2名以上执法人员组成专案组专门负责，核实情

本章综合练习 限时20分钟

一、单项选择题

1. 根据《行政强制法》及相关规定，下列行政行为中，性质上属于行政强制措施的是( )。
   A. 公安机关交通管理部门可以实行交通管制
   B. 市场监督管理机关对违法经营的个体户

D. 行政强制执行只能由法律、行政法规设定
5. 若某行政机关针对某区采取交通管制的行政强制措施，下列关于行政机关的做法中错误的是( )。
   A. 若该行政机关临时有紧急任务，其可以委托其他行政机关实施行政强制措施

③ 跨章节主观题突破

找准**致错关键**，避开**设题陷阱**

（一）

【本题考核知识点】行政复议对抽象行政行为的审查、行政复议的申请、行政复议的申请、行政复议管辖、行政案件的审理、行政诉讼证据的质证

桥西乡人民政府于2017年5月5日发布了《关于对个体工商户实行强制整顿和管理的决定》（以下简称10号文件），文件规定凡与乡、村办集体企业争原料、争技术、争业务、争人才的个体工商户今后一律予以取缔。文件发布的第二天乡政府个体经济管理办公室根据乡政府的文件，对乡政府

E. 申请人应当向乡政府申请行政复议
2. 复议机关受理本案后，根据相关法律的规定，下列说法正确的有( )。
   A. 行政复议不审查具体行政行为的适当性
   B. 如果25户个体工商户中只有部分人申请行政复议，未提起行政复议的其他个体工商户是第三人
   C. 申请人复议机构同意撤回行政复议申请后，不得再以同一事实和理由提起行政复议申请。申请人能够证明撤回行政复议申请违背其真实意思表示的除外

④ 机考通关模拟试题演练

强化**解题能力**，快速**查漏补缺**

一、单项选择题

1. 合理行政是依法行政的基本要求之一。下列做法体现了合理行政要求的是( )。
   A. 行政机关应当告知行政相对人提出法律救济的法定方式
   B. 行政机关要平等对待行政管理相对人
   C. 非因法定事由并经法定程序，行政机关不得撤销已生效的行政许可
   D. 与行政相对人或者行政事项有利害关系的公务员应当回避
2. 甲公司向规划局交纳了一定费用后获得了该局发放的建设用地规划许可证。刘某的房屋邻居该许可可视使用地，刘某认为该建筑工程完成后将遮挡其房屋采光，向法院起

实施规章中不可以将该罚款幅度规定为5万~8万元
   D. 南京市政府规章中设定的罚款数额应当由本级人大常委会决定
3. 某省税务机关为了贯彻《税务行政处罚裁量权行使规则》，拟制定税务行政处罚裁量基准。下列关于拟制的程序和内容，正确的是( )。
   A. 应当明确处罚裁量的依据
   B. 税务机关在实施行政处罚时，应当以法律、法规为依据
   C. 该裁量基准内容包括处罚依据、裁量阶次以及具体标准三项内容
   D. 根据上述规则，违反税收法律、行政

目　录

附录：　本书适用的税率表

正保文化官微

关注正保文化官方微
信公众号，回复"勘
误表"，获取本书勘
误内容。

第一部分

命题趋势预测及应试技巧

智慧启航

　　世界上最快乐的事，莫过于为理想而奋斗。

——苏格拉底

2020年命题趋势预测及应试技巧

JINGDIAN TIJIE

一、考试基本情况介绍

(一)大纲基本结构

税务师考试教材《税法(Ⅱ)》是《税法(Ⅰ)》的姊妹篇,其内容与《税法(Ⅰ)》互为补充,其大纲主要涵盖所得税类、财产税类、行为税类的主要税种和国际税收相关内容。考试大纲在结构编排上分为十章,除了第三章国际税收以外,其主要体现为4个税类、9个税种。

所得税类:第一章 企业所得税、第二章 个人所得税;

财产和行为税类:第四章 印花税、第五章 房产税、第六章 车船税和第七章 契税;

资源税类:第八章 城镇土地使用税;

特定目的税类:第九章 耕地占用税和第十章 船舶吨税。

(二)分值分布及各章难易度

章节	近三年平均分值比重	难易程度	题型分布情况
第一章 企业所得税	40%	★★★	题型涵盖全面,单项选择题、多项选择题、计算题和综合分析题均有涉及
第二章 个人所得税	21%		
第三章 国际税收	2%		
第四章 印花税	10%	★★	主要涉及单项选择题、多项选择题和计算题三种题型
第五章 房产税	7%		
第六章 车船税	6%		
第七章 契税	6%		
第八章 城镇土地使用税	4%		
第九章 耕地占用税	2%	★	主要涉及单项选择题和多项选择题
第十章 船舶吨税	2%	简单	单项选择题和多项选择题

(三)2020年考试整体变化

1. 新增疫情期间企业所得税和个人所得税的税收优惠政策。

2. 修改保险企业手续费和佣金扣除限额的规定;新增职工人身意外保险费支出税前扣除的规定;新增非居民纳税人汇总纳税的必备条件。

3. 新增企业所得税税前扣除凭证管理办法和特别纳税调整监控管理。

4. 新增不征税收入和免税收入的内容及永续债的企业所得税处理,新增固定资产的计税基础规定,修改加速折旧优惠政策的内容。

5. 新增饮水工程企业所得税和从事污染防治第三方企业等若干条企业所得税税收优惠政策。

6. 新增跨境电子商务综合试验区零售出口企业所得税核定征收规定。

7. 删除民族自治地方的优惠政策,删除源泉扣缴的税源管理、征收管理、股权转让所得管理、后续管理和法律责任,删除非居民企业从事国际运输业务享受税收协定待遇管理、跟踪管理和法律责任。

8. 修改并新增若干条特殊情形下个人所得税的计税方法。

9. 新增工伤职工、退役士兵等多项减免税优惠措施。

10. 调整了无住所居民个人综合所得计算方法的相关内容。

11. 重新编写应纳税所得额的一般规定，修改境外取得的所得抵免内容，重新编写个人所得税征收管理。

12. 重新编写了我国对外签署税收协定的典型条款内容。

13. 修改了非居民纳税人享受税收协定的税务管理。

14. 删除国际税收协定范本和税收征管互助。

15. 新增常设机构、营业利润、国际运输的内容。

16. 删除金融机构与小型、微型企业签订借款合同免征印花税和暂免征收飞机租赁企业购机环节购销合同印花税的优惠政策。

17. 删除印花税的违章处理。

18. 删除无租使用其他房产的房产税规定和邮政部门、中国人民银行总行的房产税税收优惠政策。

19. 新增车船税法定减免和特定减免的税收优惠。

20. 删除委托交通运输部门海事管理机构代为征收船舶车船税的部分内容。

21. 删除搬迁企业用地、中国石油天然气总公司所属单位用地、中国海洋石油总公司及其所属公司用地、邮政部门的土地、人民银行自用的土地、企业范围内荒山、林地、湖泊等占地、为支持鲁甸地震灾后恢复重建有关城镇土地使用税的税收优惠政策。

22. 新增小规模纳税人印花税、房产税、城镇土地使用税和耕地占用税的税收优惠政策。

23. 新增养老、托育、家政等社区家庭服务业企业所得税、房产税、契税和城镇土地使用税的税收优惠政策。

24. 按照《耕地占用税法》重新编写相关耕地占用税的内容。

二、命题规律总结及趋势预测

近几年的"税法（Ⅱ）"考题，相对来说难度系数不高，但是考核全面，知识点考核得很细，这就要求考生对知识点掌握得更细致、更全面。税法（Ⅱ）考试题型与题量为单项选择题40道题，每道题1.5分，共计60分；多项选择题20道题，每道题2分，共计40分；计算题两个背景资料，共8道题，每道题2分，共计16分；综合分析题两个背景资料，共12道题，每道题2分，共计24分。其命题规律可以归纳为以下几点：

（一）重点非常突出

"税法（Ⅱ）"科目考试中虽然每章都会出题，但是重点非常突出。企业所得税和个人所得税这两个税种是重点考核的对象，所出题目之多，分值所占比重之大，是"税法（Ⅱ）"科目考试之最，所以首先要抓住重点，在重点章节上下功夫，这才是通过考试的主要手段。

（二）考核全面

近几年考试的综合性增强，无论是客观题还是主观题，跨章节综合考核的知识点增多。而且考核得非常细致，即使平时看起来非常不起眼的内容，考试都可能会命题。如2019年的考试中，就考核了大量的纳税义务时间、纳税地点、征收方式等看似不起眼的单纯记忆性考题。因此这就要求考生对考试教材内容非常熟悉，全面掌握，不留任何死角。

(三)近两年新增内容成为考试的热点内容

由于考试教材每年都会有变化,有新增的政策,通过近几年的考题分析,考试教材新增内容逐渐成为考试的热点内容,所以对考试教材新增的内容要给予足够的重视。

除此之外,个人所得税综合所得自 2020 年起,首次进入个人所得税汇算清缴的程序,这在税制改革方面意义重大,因此这相关部分需要重点学习,多加练习。同时在 2020 年,我国为了防控新型冠状肺炎病毒,减轻纳税人负担,针对性的出台了众多关于疫情防控阶段的税收优惠及临时性举措,针对这些政策,考生也要有所了解。

预测 2020 年考试题型题量不会有大的变化,计算题以小税种的考查为主,综合题以企业所得税和个人所得税的考查为主,考题难易度应该会与 2019 年保持一致。

三、应试技巧

(一)考核特点

(1)单项选择题:主要考核记忆和理解能力以及实务计算能力。

①考核需要记忆或理解的知识点。

例:(单选题)根据企业所得税法的规定,下列对企业所得税弥补亏损规定的表述正确的是(   )。

②考核需要计算或实务运用的知识点。

例:(单选题)浙江省杭州市某房地产企业,在市区开发某高档住宅,2019 年企业销售完工产品核算的所得额为 5800 万元,2019 年 10 月至 12 月期间取得未完工产品预售收入 50000 万元,当地税务机关核定的预计利润率为 25%,该企业当年应纳企业所得税为(   )万元。

③综合考核需要记忆和计算的知识点。

例:(单选题)北京市刘某因拆迁得到拆迁补偿款 100 万元,他在市郊以 116 万元重新购置住房 160 平方米,当地契税税率为 3%。以下关于刘某契税处理的表述中,正确的是(   )。

A. 因拆迁购房免缴契税

B. 因拆迁购房减半缴纳契税

C. 应纳契税 4800 元

D. 应纳契税 16800 元

(2)多项选择题:主要考核需要记忆的知识点。

例:(多选题)下列固定资产,不得计算折旧扣除的有(   )。

例:(多选题)被调查企业认为其安排不属于避税安排的,应当自收到《税务检查通知书》之日起 60 日内提供相应的资料,下列选项中属于被调查企业应提供的资料的有(   )。

针对多项选择题,只有记得牢靠,才能抓住分数。

(3)计算题:主要考核国际税收和印花税、房产税、车船税、契税、城镇土地使用税、耕地占用税、船舶吨税等单一税种的计算。

(4)综合分析题:主要考核企业所得税或个人所得税综合性知识,在考核企业所得税时往往会涉及《税法(Ⅰ)》的部分内容。

例:(综合分析题)部分资料:当年该企业应缴纳的增值税、城市维护建设税、教育费附加共计(   )万元。

通过上述资料,我们可以看出,要想学好《税法(Ⅱ)》,还必须熟悉部分《税法(Ⅰ)》的内容。

(二)应试技巧

想要在《税法(Ⅱ)》考试当中取得较高的分数,我们必须熟悉《税法(Ⅱ)》的考核特点,做到知己知彼。《税法（Ⅱ）》重点考核两个基础能力，总结起来就是两个字"记"和"算"。其中"记"是识记能力，也就是考核我们对税法知识点是否记得牢靠；"算"是计算能力，其考核我们能否根据题目中所给出的条件并结合税法规定给出正确数据。在具备上述两个能力的基础上，我们针对《税法（Ⅱ）》的出题特点，可以进一步通过以下技巧来应对考试，获取更高的分数。

1. 排除法

该方法针对选择题，尤其是针对多项选择题非常有效。我们在做题时如果在选项中发现有一对选项彼此矛盾，那么针对单项选择题，这两个选项之间必然会有一个正确答案；针对多项选择题，可以有效地圈定选择范围，提高答题的正确率。

(1) 利用选项间的差异对比进行排除。

例：（多选题）依据企业所得税法的相关规定，下列企业中属于非居民企业的有（　　）。

A. 实际管理机构在法国，向中国境内企业销售机械的法国企业

B. 实际管理机构在美国，在中国境内开采石油资源的美国企业

C. 实际管理机构在韩国，在中国境内提供建筑劳务的韩国企业

D. 实际管理机构在中国大陆，在香港从事食品加工的香港企业

E. 实际管理机构在英国，向中国境内提供专利使用权的英国企业

【解析】题目中只有 D 项描述为实际管理机构在中国境内，因此先判断 D 项是否正确。而 D 项的描述属于居民纳税人，与题干判定不符，首先予以排除。选项 A，实际管理机构在境外，没有来源于境内的所得，不属于我国企业所得税纳税人；其他 B、C、E 项的描述实质都是实际管理机构设在中国境外的，有来源于中国境内所得的外国企业，而这都是非居民企业的特征。因此该题答案为 BCE。

(2) 利用不同题目的信息进行排除。

例：（单选题）下列行为取得或视同取得的所得应该缴纳企业所得税的是（　　）。

A. 将资产用于生产另一产品　　　　　B. 改变资产形状、结构或性能

C. 将资产转移至分支机构　　　　　　D. 将资产用于职工奖励

【解析】这个题目的信息恰好和前面的多选题在信息上可以互为补充。多选题中的 B 选项与此题的 C 选项是一个意思。因为 B 不属于视同销售，所以此题的 C 选项也不属于视同销售。利用这种对比，可以唤醒一些我们可能记得不牢靠的知识，进而做出正确判断。

本题答案为选项 D，将资产用于职工奖励，资产的所有权属已发生改变，应视同销售确认收入计算缴纳企业所得税。

(3) 知识点自身属性进行排除。

例：（单选题）某居民企业 2019 年度取得销售货物收入 1500 万元，取得市政府拨付的财政拨款 100 万元，取得直接投资于其他居民企业的权益性投资收益 50 万元，接受捐赠收入 40 万元，国债利息收入 30 万元。则该企业上述收入中属于不征税收入的是（　　）。

A. 财政拨款

B. 直接投资于其他居民企业的权益性投资收益

C. 国债利息收入

D. 接受捐赠收入

【解析】因为不征税收入的属性要体现为财政性，所以在四个选项中，只有选项 A 具有财政性，而选项 B、C、D 没有财政性的体现，所以本题选 A。

2. 针对多项选择题，在对正确选项判定不确定时宁可少选也不多选

多项选择题其实是考试当中较难的题型，尤其是其单纯考核记忆性知识点时，只要稍有不慎，就会分数全失。为什么会这样呢？因为多项选择题做题要求是在每题的备选项中，只有2个或2个以上符合题意，至少有1个错项。错选，不得分；少选，所选的每个选项得0.5分。所以在选择时，我们对选项把握不准的话，宁可少选，也不多选，做到不全失分。该方法也适用于综合分析题里的多项选择。

例：（多选题）下列选项中，属于仅实行地域管辖权避税港的有（ ）。

A. 中国香港地区　　　　　　　　　　B. 巴拿马
C. 中国澳门地区　　　　　　　　　　D. 新加坡
E. 以色列

【解析】 这道题是单纯考核记忆性知识点的题，考生如果无法对全部选项做出准确判定，只选择自己明确的选项。这里选项A、B符合题意，选项C、D、E属于虽开征某些所得税和一般财产税，但税负远低于国际一般负担水平的国家和地区的避税港类型。

例：（多选题）下列选项中，属于国际反避税基本方法的有（ ）。

A. 防止通过纳税主体国际转移进行国际避税的一般措施

B. 防止通过纳税客体实现国际转移进行国际避税的一般措施

C. 转让定价调整

D. 利用转让定价避税

E. 利用资本弱化避税

【解析】 考生在解答这道题时，需要综合运用答题技巧，这里可以先按排除法排除选项D和E，因为这两个选项是避税方法。在剩余的选项A、B、C中，我们可以通过"防止"这个字眼确定选项A和B是反避税措施，针对选项C，如果我们不明确的话，宁可不选。本题正确答案ABC。国际反避税的基本方法有：①防止通过纳税主体国际转移进行国际避税；②防止通过纳税客体实现国际转移进行国际避税；③防止利用避税地避税；④转让定价调整；⑤加强税收多边合作。

3. 抓住题眼

我们做题的过程，往往也是一个破局的过程，想要破局，就要找到题眼——切入点。每个题都会有切入点。

例：（计算题）题目里所问的问题之一是2019年应缴纳的印花税为（ ）元。

印花税的切入点是合同、书据、证照和账簿等。因此题干资料中的这些切入点就是题眼。想要提高答题效率，我们就要迅速找到这些题眼。下面资料中的加粗字体就为题眼。

某中外合资企业2019年发生以下业务：

（1）该企业占地情况如下：厂房58000平方米，办公楼占地6000平方米，厂办子弟学校3000平方米，厂办职工食堂及对外餐厅2000平方米，厂办医院和幼儿园各占地3000平方米，厂区内绿化用地3000平方米，养殖专业用地8000平方米。6月新占用耕地8000平方米用于厂房扩建，签订**产权转移书据**，支付价款350万元，并且取得了**土地使用证**。

（2）企业原有房产价值4000万元，自7月1日起与甲企业签订**租赁合同**以其中价值500万元的房产使用权出租给甲企业，期限两年，每月收取不含增值税的租金收入25万元。另外委托施工企业修建物资仓库，签订合同，8月中旬办理验收手续，**建筑合同**注明价款600万元，并按此价值计入固定资产核算。

(3)企业 2019 年拥有载货汽车 30 辆、挂车 10 辆，整备质量均为 10 吨；2.5 升排气量的小轿车 3 辆。

（提示：城镇土地使用税每平方米单位税额 4 元；已知当地省政府规定的房产原值扣除比例为 20%；该企业所在省规定载货汽车年纳税额每吨 30 元，2.5 升排气量小轿车年纳税额每辆 560 元，购销合同印花税税率为 0.3‰，加工承揽合同印花税税率为 0.5‰，建筑安装工程承包合同印花税税率为 0.3‰，产权转移书据印花税税率为 0.5‰，财产租赁合同印花税税率为 1‰。）

【解析】找到题干中产权转移书据、土地使用证、租赁合同和建筑合同这四个题眼后，迅速根据所给数据计算，就可以得出正确答案，根本不需要逐字逐句耗费大量时间读完题干后再做题。本题应缴纳印花税 $= 350 \times 0.5‰ \times 10000 + 5 + 25 \times 24 \times 1‰ \times 10000 + 600 \times 0.3‰ \times 10000 = 9555$（元）。

4. 针对计算题和综合分析题，应先看所问问题，再读答题资料

在考试时，计算题和综合分析题所给的资料约 2000 字，如果我们在作答时先看所给的资料，再答题，那么答题时间肯定来不及，因此针对这两个题型，一定是要先看所问问题，再读题干资料，做到有的放矢，这样才能节省答题时间，提高作答效率。

我们仍以前面的计算题为例。这个计算题的全部问题如下：

(1)2019 年应缴纳的城镇土地使用税为（　　）元。

【解析】在做这道题时，一定要先看问题，再看资料。这里的问题是计算城镇土地使用税，题眼为土地面积，后面只需在题干里找到土地面积信息，就可以直接做题。后面三个问题参照此思路处理。

(2)2019 年应缴纳的房产税为（　　）元。

【解析】题眼为房产价值或租金。

(3)2019 年应缴纳的印花税为（　　）元。

【解析】题眼为合同、书据、证照和账簿。

(4)2019 年应缴纳的车船税为（　　）元。

【解析】题眼为各种车辆。

5. 不要忽视备注信息

在做题时，考题中会给出一些备注信息，尤其是在做计算题和综合分析题时，这个情况最为明显。请注意，在税务师考试时，考题中的每个信息都是有用的，一般很少给出垃圾信息。所以我们一定要关注备注信息，才能在做题时考虑全面。

例如，在企业所得税综合分析题考核中，题目给出了以下备注信息：

房产税减除标准 20%，城镇土地使用税单位税额 4 元，均未计入税金及附加中，以上价格均不含增值税。

通过对备注信息的解读，我们应得出以下三个结论。

①题目涉及计算房产税和城镇土地使用税，因此需要关注题目中关于土地和房产或租金的情况；

②在题目所给的税金及附加这个数据中不包含房产税和城镇土地使用税，因此在计算企业所得税时，这两个税应该单独减除，否则无法正确计算企业所得税应纳税所得额；

③在计算税额时不需要考虑增值税的核算。

最后提醒各位学员，上述应对技巧，不是我们记住几个语句或标题就可以轻松掌握的，还

需要我们具备两大基础能力，并通过不断地做题演练，逐步掌握。

四、本书特点及备考建议

(一)《税法(Ⅱ)》考试教材与《税法(Ⅱ)经典题解》的使用技巧

1. 对《税法(Ⅱ)》考试教材的使用技巧

在阅读考试教材时，我们不仅应该通读考试教材，而且在阅读时要做好以下工作：

梳理内容间的逻辑关系。《税法(Ⅱ)》考试教材共分为十章，其中有九章是专门针对具体税种的税法规定，因此在熟悉税法规定时要注意把握以下内容：

(1)针对单个税种，想要完整把握其税法规定，我们可以从以下税法要素入手，熟悉税法的规定。具体税法要素为纳税人、征税对象、税率、计算方法、税收优惠、纳税义务发生时间、纳税期限、纳税地点。在2019年的考试当中，对纳税人、征税对象、纳税义务发生时间和纳税地点明显较往年增多。

(2)在学某一税种时，想要把握得透彻，可以以问题作为切入点。

例：第一章　企业所得税。

问题1：什么是企业？所有的企业都是企业所得税法里界定的企业吗？

问题2：所得怎么算？是收入减除扣除吗？

例：第五章　房产税。

问题1：什么是房产？烟囱算房产吗？

问题2：应如何确定房产的计税依据？按房价、租金还是面积？

(3)找到各个税种之间的联系，在知识把握上，做到全而不乱。有很多考生在学习契税、房产税、土地增值税等税种时，越学越乱。为什么会这样呢？因为这些税都对房产或土地征税。因此想要掌握这些税种知识，就必须注意税种间的内在联系，它们虽然都对房产或土地征收，但征收环节不一样，如下表所示。

考试教材	税种	征税对象	环节
税法(Ⅱ)	契税	土地、房屋	购买
	房产税		持有
	城镇土地使用税		
税法(Ⅰ)	土地增值税		销售

2. 对《税法(Ⅱ)经典题解》的使用技巧

《税法(Ⅱ)经典题解》作为辅助教材使用。我们在学习时，可以按《税法(Ⅱ)经典题解》上给出的知识点给自己划定任务，每按考试教材学完一个任务，就在经典题解里对应做题，做到以下两点：

(1)多学多练。考生在做题时，可以根据自己的学习进度，按以下阶段完成做题练习：

第一阶段，各节练习。

第二阶段，各章练习。

第三阶段，综合练习。

第四阶段，历年真题或模拟题。

注意：有一定基础的学员，可以边做题边系统学习。

零基础的学员，先系统地、全面地学习，然后做练习。

（2）独立完成，并保证一定的做题速度。做题时先不要看答案，自己独立完成，然后与答案核对，以此了解自己对知识点的掌握程度。针对《税法（Ⅱ）经典题解》第二部分中的各章综合练习，均标注了答题时间的要求，学员可以在建议的答题时间之内进行作答，以便更加了解自己对知识的熟练程度。学员即便未在建议的答题时间完成作答，也请不要过于担心，因为学习就是一个熟能生巧的过程，随着对知识的深入了解，答题速度一定会有所提升。通过对答题时间的限定，会提高作答的紧迫感，有助于学员逐步适应考试的作答节奏。一般情况下，我们建议单项选择题的答题时间为每道题不要超过 1 分钟；多项选择题的答题时间为每道题不要超过 2 分钟；单独一道计算题的答题时间不要超过 15 分钟；单独一道综合题的答题时间不要超过 30 分钟。

（二）对学习时间的规划

每次都会有很多考生问这个问题：我们在什么时候准备考试最佳？这是个非常难回答的问题，因为每个人的报考科目和数量不同、自身基础不同、时间宽裕程度不同。有些考生非常好，提前一年就已经开始准备了，这是非常值得提倡的，因为有相当多的考生在考试时还没有把书完整地看一遍，所以总是会出现考前非常焦躁的情况，甚至放弃考试。我们建议每个人都应该结合自身的情况，合理安排时间，结合自身情况制订计划，并在学习时尽可能做到"四多"，即多看、多听、多记、多练。

希望本书对大家准备 2020 年税务师"税法（Ⅱ）"科目的考试有一定的帮助，在此也衷心祝大家顺利通过 2020 年的考试，并且取得优异的成绩。祝大家**梦想成真**！

关于左侧小程序码，你需要知道——

2020年考试变化讲解

亲爱的读者，无论你是新学员还是老考生，本着"逢变必考"的原则，今年考试的变动内容你都需要重点掌握。微信扫描左侧小程序码，网校名师为你带来2020年本科目考试变动解读，助你第一时间掌握重要考点。

第二部分

核心考点精析及习题训练

智慧启航

　　执着追求并从中得到最大快乐的人，才是成功者。

——梭罗

第1章 企业所得税

考情分析

▶ **历年考情分析**

从近五年来看，本章内容考核覆盖面广，分值高、综合性强，是《税法（Ⅱ）》中最重要的章节。其题目类型涉及所有题型，从不同题型的考核倾向来看，单选题侧重计算考核，多选题侧重记忆性考核，而计算题和综合分析题则以计算考核为主。

本章在考核的难度上，近五年较为平均，其更侧重于知识面的考核，在知识深度上没有太大的变化。因此考生在学习本章内容时，只要把基础知识掌握牢靠，就可以拿到较多的分数，但考生也一定要注意本章越来越侧重于综合性考核。如在考核业务招待费时也会顺带考核广告费和业务宣传费；在考核职工福利费时，也会顺带考核职工工会经费和职工教育经费；在综合分析题当中，本章甚至会考核《税法（Ⅰ）》的内容。在 2017 年的考试中，综合分析题就结合了《税法（Ⅰ）》的知识点进行考核，内容涉及增值税、城建税、教育费附加和地方教育附加。在 2019 年的考试中，综合分析题就再一次结合了《税法（Ⅰ）》的知识点进行考核，内容涉及城建税、教育费附加和地方教育附加。因此考生想在本章拿到更多的分数，就要注重知识点的综合把握，甚至要清楚《税法（Ⅰ）》中增值税、消费税和附加税费基础性规定，同时要把握一些题目的出题特点。如综合分析题的考核往往呈现的套路是流转税及附加税费、会计利润、纳税调整、应纳税所得额计算、应纳税额计算。在 2019 年的考试当中，第一道综合分析题还是这个套路。因此考生在做综合分析题时，一定要按题目资料的先后顺序，结合问题进行解答，且在解答时一定要谨慎，因为综合分析题中，前一道题的答案往往是后一道题的条件，所以前一道题出错，则后面就会持续出错。特别需要注意的是在 2018 年的考试中，综合分析题对企业所得税的考核更接近于《涉税服务实务》考核特点，是以纠错的方式进行考核，因此这更需要学员能灵活运用知识，通过多做练习，及时消化知识，顺应出题思路，拿到更多的分数。

▶ **本章 2020 年考试主要变化**

1. 新增不征税收入和免税收入的内容及永续债企业所得税政策。

2. 新增疫情期间企业所得税优惠政策。

3. 修改保险企业手续费和佣金扣除限额的规定；修改职工卫生保健、生活、住房、交通等方面的福利性支出范围。

4. 新增税前扣除凭证管理办法。

5. 新增固定资产的计税基础规定；修改加速折旧优惠政策的内容。

6. 新增饮水工程新建项目三免三减半优惠政策和从事污染防治第三方企业的优惠政策。

7. 删除民族自治地方的优惠政策。

8. 新增若干条企业所得税税收优惠政策。

9. 新增跨境电子商务综合试验区零售出口企业所得税核定征收规定。

10. 删除源泉扣缴的税源管理、征收管理、股权转让所得管理、后续管理和法律责任；删除非居民企业从事国际运输业务享受税收协定待遇管理、跟踪管理和法律责任。

11. 新增特别纳税调整监控管理。

12. 新增职工人身意外保险费支出税前扣除的规定。

13. 新增企业所得税税前扣除凭证的内容。

14. 新增非居民纳税人汇总纳税的必备条件。

核心考点及真题详解

考点一　纳税义务人★★[*]

扫我解疑难

经典例题

【例题1·单选题】（2018年[**]）根据企业所得税相关规定，下列企业属于非居民企业的是（　　）。

A. 依法在中国境内成立的外商投资企业

B. 依法在境外成立但实际管理机构在中国境内的外国企业

C. 在中国境内未设立机构、场所，但有来源于中国境内所得的外国企业

D. 在中国境内未设立机构、场所且没有来源于中国境内所得的外国企业

【答案】C

【解析】非居民企业是指依照外国（地区）法律成立且实际管理机构不在中国境内，但在中国境内设立机构、场所，或者在中国境内未设立机构、场所，但有来源于中国境内所得的企业。

【例题2·单选题】（2017年）下列企业，属于我国企业所得税居民企业的是（　　）。

A. 依照日本法律成立且实际管理机构在日本，但在中国境内从事装配工程作业的企业

B. 依照美国法律成立且实际管理机构在美国，但在中国境内设立营业场所的企业

C. 依照中国香港地区法律成立但实际管理机构在中国内地的企业

D. 依照中国台湾地区法律成立且实际管理机构在台湾的企业

【答案】C

关于"扫我解疑难"，你需要知道——

亲爱的读者，下载并安装"中华会计网校"APP，扫描对应二维码，即可获赠知识点概述分析及知识点讲解视频（前10次试听免费），帮助夯实相关考点内容。若想获取更多的视频课程，建议选购中华会计网校辅导课程。

---

　　[*] 本书采用★级进行标注，★表示了解，★★表示熟悉，★★★表示掌握。

　　[**] 本书所涉及历年考题均为考生回忆版，特此注明。

【解析】居民企业的判定标准有两项：一个是在中国境内注册；一个是未在中国境内注册，但实际管理机构在中国境内。只有选项C的描述符合题干要求。此题可以采用排除法解题，即以实际管理机构是否在境内为判定标准，在境内即为居民企业，因此只有选项C可选。

📋 **考点精析**

纳税义务人的类别与判定见表1-1。

表1-1　纳税义务人的类别与判定

纳税义务人	判定依据
居民企业	(1)境内依法成立的企业 (2)未在境内成立，但境内有实际管理机构的企业 例：甲公司在中国境外成立，但其董事会在中国境内
非居民企业	(1)境内设立从事经营活动的机构、场所 例：境外企业委托营业代理人(包括个人)在境内完成某些事项，则该代理人为境外企业在境内设立的机构、场所 (2)有来源于中国境内所得的境外企业

考点二　征税对象★★

扫我解疑难

📋 **经典例题**

【例题·单选题】某日本企业(实际管理机构不在中国境内)在中国境内设立分支机构，2018年该机构在中国境内取得咨询收入500万元，在中国境内培训技术人员，取得日方支付的培训收入200万元，在中国香港取得与该分支机构无实际联系的所得80万元，2018年度该境内机构企业所得税的应纳税收入总额为（　）万元。

A. 500　　　　　　　　B. 580

C. 700　　　　　　　　D. 780

【答案】C

【解析】非居民企业在中国境内设立机构、场所的，应当就其所设机构、场所取得的来源于中国境内的所得，以及发生在中国境外但与其所设机构、场所有实际联系的所得，缴纳企业所得税。据此，该日本企业来自境内所得额应该是500万元的咨询收入和境内培训的200万元，合计为700万元；在中国香港取得的所得不是境内所得，而且和境内机构无关，所以，不属于境内应税收入。

📋 **考点精析**

不同范围纳税义务下的征税对象见表1-2。

表1-2　不同范围纳税义务下的征税对象

纳税人	征税对象	类别	纳税义务
居民企业	来源于境内、境外的所得	经营所得 其他所得 清算所得	无限的
非居民企业	(1)境内机构、场所来源于境内的所得 (2)来源于境外，但与境内机构、场所有实际联系的所得 (3)没有机构、场所的，来源于境内的所得		有限的

考点三 所得来源地的确定 ★★★

扫我解疑难

📋 经典例题

【例题1·单选题】(2019年)依据企业所得税的相关规定，下列所得按转让货物或资产的企业所在地确定所得来源地的是( )。

A. 转让不动产所得

B. 销售货物所得

C. 转让动产所得

D. 转让权益性投资资产所得

【答案】C

【解析】选项A，转让不动产所得，按照不动产所在地确定；选项B，销售货物所得，按照交易活动发生地确定；选项D，转让权益性投资资产所得，按照被投资企业所在地确定。

【例题2·多选题】(2019年)下列所得中，按照支付、负担所得的企业或机构、场所所在地确定所得来源地的有( )。

A. 销售货物所得　　B. 利息所得

C. 动产转让所得　　D. 特许权使用费所得

E. 租金所得

【答案】BDE

【解析】选项A，销售货物所得，按照交易活动发生地确定；选项C，动产转让所得按照转让动产的企业或者机构、场所所在地确定。

【例题3·单选题】(2018年)根据企业所得税相关规定，企业转让动产的所得来源地是( )。

A. 交易活动发生地

B. 负担支付所得的企业所在地

C. 受让动产的企业所在地

D. 转让动产的企业所在地

【答案】D

【解析】转让财产所得：①不动产转让所得按照不动产所在地确定。②动产转让所得按照转让动产的企业或者机构、场所所在地确定。③权益性投资资产转让所得按照被投资企业

所在地确定。

【例题4·单选题】(2017年)依据企业所得税的相关规定，销售货物所得来源地的判定标准是( )。

A. 销售货物的目的地

B. 销售货物的企业所在地

C. 销售货物的起运地

D. 交易活动的发生地

【答案】D

【解析】销售货物所得，按照交易活动发生地确定。

📋 考点精析

所得来源地的确定有如下方法：

(1)销售货物所得，按照交易活动发生地确定。

(2)提供劳务所得，按照劳务发生地确定。

(3)转让财产所得。

①不动产转让所得按照不动产所在地确定。

②动产转让所得按照转让动产的企业或者机构、场所所在地确定。

③权益性投资资产转让所得按照被投资企业所在地确定。

(4)股息、红利等权益性投资所得，按照分配所得的企业所在地确定。

(5)利息所得、租金所得、特许权使用费所得，按照负担、支付所得的企业或者机构、场所所在地确定，或者按照负担、支付所得的个人的住所地确定。

(6)其他所得，由国务院财政、税务主管部门确定。

考点四 税率 ★★

扫我解疑难

📋 经典例题

【例题1·单选题】(2018年)下列所得，实际

适用 10% 的企业所得税税率的是( )。

A. 居民企业来自境外的所得

B. 小型企业来自境内的所得

C. 高新技术企业来自境内的所得

D. 在中国境内未设立经营机构的非居民企业来自境内的股息所得

【答案】D

【解析】对在中国境内未设立机构、场所，或者虽设立机构、场所但取得的所得与其所设机构、场所没有实际联系的非居民企业实际适用 10% 的税率。

【例题 2·单选题】(2017 年)某外国公司实际管理机构不在中国境内，也未在中国境内设立机构场所，2016 年从中国境内某企业取得其专利技术使用权转让收入 21.2 万元(含增值税)，发生成本 10 万元。该外国公司在中国境内应缴纳企业所得税( )万元。

A. 2.5   B. 2

C. 5   D. 1

【答案】B

【解析】非居民企业未在中国境内设立机构场所的，实际所得税税率 10%，应缴纳企业所得税 = 21.2÷(1+6%)×10% = 2(万元)。

【例题 3·单选题】(2017 年)在中国境内设立机构场所的非居民企业取得的下列所得，实际适用 10% 的企业所得税税率的是( )。

A. 与境内机构场所有实际联系的境内所得

B. 与境内机构场所有实际联系的境外所得

C. 与境内机构场所没有实际联系的境内所得

D. 与境内机构场所没有实际联系的境外所得

【答案】C

【解析】非居民企业在中国境内未设立机构、场所的，从境内取得的所得，或者虽设立机构、场所，但从境内取得的与其所设机构、场所没有实际联系的所得，减按 10% 的税率征收企业所得税。

【例题 4·单选题】境外某公司在中国境内未设立机构、场所，2019 年取得境内甲公司支付的贷款利息收入 100 万元，取得境内乙公司支付的财产转让收入 80 万元，该项财产净值 60 万元。2019 年度该境外公司在我国应缴纳企业所得税( )万元。

A. 12   B. 14

C. 18   D. 36

【答案】A

【解析】应缴纳企业所得税 = 100×10% + (80-60)×10% = 12(万元)。

【应试技巧】对于在中国境内未设立机构场所的非居民企业，减按 10% 的税率征收企业所得税，来自中国境内的财产转让所得差额计税，其他所得全额计税。

📝 考点精析

企业所得税税率见表 1-3。

表 1-3 企业所得税税率

税率类型		适用主体
基本税率 25%		1. 居民企业 (1)境内企业 (2)实际管理机构在境内的企业 2. 非居民企业(设立机构、场所) 来源于境内的所得或来自境外且与境内机构、场所有实际联系的所得
优惠税率	20%	小型微利企业
	15%	高新技术企业、技术先进型服务企业、符合条件的从事污染防治第三方企业
	10%	非居民企业：(名义税率 20% 但实际为 10%) 在中国境内未设立机构场所；在境内虽设立机构场所，但所得与境内机构场所没有实际联系的境内所得

考点五 一般收入的确认 ★★★

扫我解疑难

📝 **经典例题**

【例题1·多选题】（2019年）依据企业所得税的相关规定，企业取得的下列资金中，不计入企业收入总额的有(   )。

A. 增加企业实收资本的国家投资

B. 无法偿付的应付款项

C. 按规定取得的增值税出口退税款

D. 企业资产的溢余收入

E. 企业使用后需归还财政的资金

【答案】 ACE

【解析】 企业以货币形式和非货币形式从各种来源取得的收入，为收入总额。包括：

(1)销售货物收入；

(2)提供劳务收入；

(3)转让财产收入；

(4)股息、红利等权益性投资收益；

(5)利息收入；

(6)租金收入；

(7)特许权使用费收入；

(8)接受捐赠收入；

(9)其他收入。其他收入，主要包括企业资产溢余收入、逾期未退包装物押金收入、确实无法偿付的应付款项、已作坏账损失处理后又收回的应收款项、债务重组收入、补贴收入、违约金收入、汇兑收益等。

【例题2·单选题】（2019年）2018年1月甲企业以1000万元直接投资乙企业，取得其40%的股权。2019年10月甲企业将该股权全部转让，取得收入1200万元。股权转让时，乙企业累积未分配利润200万元。甲企业该项投资业务的税务处理，正确的是(   )。

A. 甲企业该项投资资产的转让所得120万元

B. 甲企业该项投资业务的股息所得80万元

C. 甲企业转让该项股权应缴纳企业所得税50万元

D. 甲企业投资成本1000万元在持股期间均摊扣除

【答案】 C

【解析】 选项A，股权转让所得=1200-1000=200(万元)；选项B，不确认股息所得；选项C，甲企业该项投资业务应缴纳企业所得税=200×25%=50(万元)；选项D，投资成本在投资转让时可以进行扣除。

【出题角度】 股权转让所得应纳税额的计算

【例题3·多选题】（2018年）企业所得税的下列收入，应一次性计入所属纳税年度的有(   )。

A. 企业资产溢余收入

B. 接受捐赠收入

C. 无法偿付的应付款收入

D. 工期为两年的船舶制造收入

E. 财产转让收入

【答案】 ABCE

【解析】 选项D，企业受托加工制造大型机械设备、船舶、飞机，以及从事建筑、安装、装配工程业务或者提供其他劳务等，持续时间超过12个月的，按照纳税年度内完工进度或者完成的工作量确认收入的实现。

【例题4·单选题】（2017年）依据企业所得税的相关规定，下列关于销售货物收入确认时间的说法，错误的是(   )。

A. 销售商品采取托收承付方式的，在办妥托收手续时确认收入

B. 销售商品采取预收货款方式的，在收到预收货款时确认收入

C. 销售商品需要简单安装和检验的，可在发出商品时确认收入

D. 销售商品采取支付手续费方式委托代销的，在收到代销清单时确认收入

【答案】 B

【解析】 选项B，销售商品采取预收款方式的，在发出商品时确认收入。

【例题5·单选题】（2016年）某公司将设备租赁给他人使用，合同约定租期从2016年9月1日到2019年8月31日，每年不含税租金

480 万元，2016 年 8 月 15 日一次性收取 3 年租金 1440 万元。下列关于该租赁业务收入确认的说法，正确的是（　　）。

A. 2016 年增值税应确认的收入为 480 万元

B. 2016 年增值税应确认的收入为 160 万元

C. 2016 年企业所得税应确认的收入必须是 1440 万元

D. 2016 年企业所得税应确认的收入可以是 160 万元

【答案】D

【解析】租金收入，按照合同约定承租人应付租金的日期确认收入的实现。如果交易合同或协议中规定的租赁期限跨年度，且租金提前一次性支付，根据收入与费用配比原则，出租人可对上述已确认的收入，在租赁期内分期均匀计入相关年度收入。所以 2016 年可确认 4 个月的企业所得税收入 160 万元。增值税中，纳税人提供租赁服务采取预收款方式的，其纳税义务发生时间为收到预收款的当天，所以 2016 年增值税应确认的计税收入为 1440 万元。

【例题 6 · 单选题】（2013 年）2012 年 3 月甲企业将持有乙企业 5% 的股权以 1000 万元的价格转让，转让价格中包含乙企业未分配利润中归属于该股权的 20 万元，股权的购置成本为 800 万元。甲企业应确认的股权转让所得为（　　）万元。

A. 50　　　　　　　　B. 180

C. 200　　　　　　　D. 220

【答案】C

【解析】股权转让收入扣除为取得该股权所发生的成本后，为股权转让所得。企业计算股权转让所得时，不得扣除被投资企业未分配利润等股东留存收益中按该项股权所可能分配的金额。股权转让所得 = 1000 - 800 = 200（万元）。

【例题 7 · 单选题】2018 年年初 A 居民企业通过投资，拥有 B 上市公司 15% 股权。2019 年 3 月，B 公司增发普通股 1000 万股，每股面值 1 元，发行价格 2.5 元，股款已全部收到

并存入银行。2019 年 6 月 B 公司将股本溢价形成的资本公积金全部转增股本，下列关于 A 居民企业相关投资业务的说明，正确的是（　　）。

A. A 居民企业应确认股息收入 225 万元

B. A 居民企业应确认红利收入 225 万元

C. A 居民企业应增加该项投资的计税基础 225 万元

D. A 居民企业转让股权时不得扣除转增股本增加的 225 万元

【答案】D

【解析】根据税法的规定，被投资企业将股权（票）溢价所形成的资本公积转为股本的，不作为投资方企业的股息、红利收入，投资方企业也不得增加该项长期投资的计税基础。

【例题 8 · 多选题】（2014 年）企业提供下列劳务中，按照完工进度确认企业所得税应税收入的有（　　）。

A. 广告的制作

B. 提供宴会招待

C. 提供艺术表演

D. 为特定客户开发软件

E. 作为商品销售附带条件的安装

【答案】AD

【解析】提供宴会招待和提供艺术表演在相关活动发生时确认收入。安装工作是商品销售附带条件的，安装费在确认商品销售实现时确认收入。

【例题 9 · 单选题】（2014 年改）2019 年甲公司销售一批产品，开具的增值税专用发票上注明价款 40 万元，金额栏注明折扣额 3 万元，适用的增值税税率为 13%，甲公司应确认的产品销售收入为（　　）万元。

A. 37　　　　　　　　B. 40

C. 43.29　　　　　　D. 46.8

【答案】A

【解析】增值税专用发票上注明的金额为不含税金额，此业务的折扣属于商业折扣，甲公司应按扣除折扣额之后的金额确认收入，所以，应确认的产品销售收入 = 40 - 3 = 37（万元）。

【例题 10·单选题】2019 年 8 月甲公司向乙公司投资 300 万元，期限 5 年，每年年末收取固定利息，下列关于该投资业务的税务处理的说法中，正确的是(   )。

A. 甲公司收到的固定利息为免税收入

B. 甲公司应于乙公司应付固定利息的日期确认收入

C. 乙公司支付的固定利息可以据实在税前扣除

D. 甲公司应于实际收到固定利息的日期确认收入的实现

【答案】B

【解析】按约定期限支付固定利息，是单纯债权债务关系的体现，应按被投资企业应付利息日期确认收入。

【例题 11·单选题】(2013 年)2012 年年末，某造船厂拟对一艘在建远洋客轮按照完工进度法确认其提供劳务的收入。下列测算方法，不符合企业所得税相关规定的是(   )。

A. 已完工作的测量

B. 发生成本占总成本的比例

C. 已提供劳务占劳务总量的比例

D. 已建造时间占合同约定时间的比例

【答案】D

【解析】企业提供劳务完工进度的确定，可选用下列方法：

(1)已完工作的测量；

(2)已提供劳务占劳务总量的比例；

(3)发生成本占总成本的比例。

【例题 12·单选题】(2012 年)根据企业所得税相关规定，下列确认销售收入实现的条件，错误的是(   )。

A. 收入的金额能够可靠地计量

B. 相关的经济利益很可能流入企业

C. 已发生或将发生的销售方的成本能够可靠地核算

D. 销售合同已签订并将商品所有权相关的主要风险和报酬转移给购货方

【答案】B

【解析】企业销售商品同时满足下列条件的，应确认收入的实现：

(1)商品销售合同已经签订，企业已将商品所有权相关的主要风险和报酬转移给购货方；

(2)企业对已售出的商品既没有保留通常与所有权相联系的继续管理权，也没有实施有效控制；

(3)收入的金额能够可靠地计量；

(4)已发生或将发生的销售方的成本能够可靠地核算。

考点精析

1. 销售货物收入的确认

(1)收入确认的一般条件。

①商品销售合同已经签订，企业已将商品所有权相关的主要风险和报酬转移给购货方；

②企业对已售出商品既没有保留通常与所有权相联系的继续管理权，也没有实施有效控制；

③收入的金额能够可靠地计量；

④已发生或将发生的销售方的成本能够可靠地核算。

(2)在遵从第(1)点的基本确认条件的基础上，不同销售方式下收入的确认时间见表 1-4。

表 1-4　不同销售方式下收入的确认时间

销售方式	确认时间
托收承付	办妥托收手续
预收货款	发出商品
需要安装和检验的	(1)购买方接受商品及安装和检验完毕时确认 (2)如果安装程序比较简单，发出商品时确认

销售方式	确认时间
采用支付手续费方式委托代销的	收到代销清单
售后回购	性质1：售后+回购 (1)销售的商品按售价确认收入并结合第(1)点和第(2)点规定确认 (2)回购的商品作为购进商品处理 性质2：融资性质，不符合第(1)点和第(2)点的确认条件 收到的款项确认为负债(本金)；回购价格大于原售价的，差额在回购期间确认利息费用
以旧换新	(1)新商品按销售处理，仍按第(1)点和第(2)点方式确认 (2)旧商品按购进处理
买一赠一	将总的销售金额按各项商品的公允价值的比例来**分摊确认**各项的销售收入

(3)商业折扣、现金折扣方式下收入的确认见表1-5。

表1-5　商业折扣、现金折扣方式下收入的确认

形式	含义	特点	收入金额确认
商业折扣	销货方**为促销商品**而给予购货方的价格优惠 例：服装促销8折优惠	先折扣，后销售	按**折扣后**金额
现金折扣	债权人**为鼓励债务人在规定的期限内付款**而向债务人提供的债务扣除 例：甲设备制造厂2018年4月12日销售给乙公司一台设备，其价格为300万元。甲设备制造厂与乙公司约定：如果乙公司在10天内支付全部价款，会获得5%的价格折扣；如果在20天内支付全部价款，会获得3%的价格折扣；如果超过20天，则全额付款 【解析】如果乙公司在10天之内付款，甲公司少收的15万元即为现金折扣，因折扣额具有融资性质，所以在会计处理时计入财务费用	先销售，后折扣	按**折扣前**的金额确认收入；折扣额作为财务费用

(4)销售折让、销售退回方式下收入的确认见表1-6。

表1-6　销售折让、销售退回方式下收入的确认

形式	含义	收入金额确认
销售折让	货物销售后，由于其品种、质量等原因购货方未予退货，但销货方需给予购货方的一种价格折让 例：某家具城2018年5月销售一批家具，总价为120万元。但因质量问题，购货方要求退款。该家具城与购货方协商如果不退款，则给予购货方50%的折让，双方达成一致	按**折让额**冲减当期销售收入
销售退回	货物销售后，由于其品种、质量等原因销货方退回全部货款 例：某家具城2018年5月销售一批家具，总价为120万元。但因质量问题，购货方要求退款。6月该家具城退还了全部款项，购买方也退还了全部家具	按**全部退还金额**冲减当期销售收入

2. 提供劳务收入的确认

(1)提供劳务收入的一般确认条件。

提供劳务交易的结果能可靠估计的，应采用完工进度法(完工百分比法)确认收入。

①对结果可靠估计的判定条件：

A. 收入的金额能可靠计量。

B. 交易完工进度能可靠地确定。

C. 已发生及将发生的成本能可靠核算。

『提示』上述三个条件需要同时满足。

②完工进度的确定可选下列方法：

A. 已完工作的测量。

B. 已提供劳务占总劳务总量的比例。

C. 发生成本占总成本的比例。

③收入与成本的具体确认步骤：

第一步：确定收入总额。

按已收或应收的合同或协议价款确定劳务收入总额。

第二步：确认当期收入。

当期收入＝收入总额×完工进度－以前纳税年度已确认的收入

第三步：确认当期成本。

当期成本＝估计总成本×完工进度－以前纳税年度已确认的成本

(2)劳务收入的确认时间(见表1-7)。

表1-7　劳务收入的确认时间

类别	确认时间
安装费	(1)根据安装完工进度确认收入 (2)安装工作是商品销售附带条件的，安装费在确认商品销售实现时确认收入
宣传媒介的收费	相关的广告或商业行为出现于公众面前时确认收入
广告的制作费	应根据制作广告的完工进度确认收入
软件费	按完工进度确认
服务费	含在商品售价内可区分的服务费，在提供服务期间分期确认收入 例：买计算机送2年的维护费，共收取价款5 500元，其中计算机5 000元，2年的维护费500元。这里的维护费500元属于服务费，需要在2年的维护期内分期确认
艺术表演、招待宴会和其他特殊活动收费	在相关活动发生时确认收入 收费涉及几项活动的，预收的款项应合理分配给每项活动，分别确认收入
会员费	(1)只有会籍，其他服务或商品另收费的，取得该会员费时确认收入 (2)加入会员后，不再付费或低于非会员的价格销售商品或提供服务的会员费应在整个受益期内分期确认收入
特许权费	(1)提供设备和其他有形资产的特许权费，在交付资产或转移资产所有权时确认收入 (2)提供初始及后续服务的特许权费，在提供服务时确认收入
劳务费	长期为客户提供重复的劳务收取的劳务费在相关劳务活动发生时确认收入

3. 其他类别收入的确认(见表1-8)

表1-8　其他类别收入的确认

类别	收入确认
转让财产收入	除另有规定外，一次性确认收入 确认时间：转让协议生效且完成股权变更手续时确认 『链接』投资企业从被投资企业撤回或减少投资，其取得的资产分成三个部分：(1)相当于初始出资的部分，确认为投资收回；(2)相当于被投资企业累计未分配利润和累计盈余公积按减少实收资本比例计算的部分，应确认为股息所得；(3)其余部分确认为投资资产转让所得

类别	收入确认
股息、红利等权益性投资收益	应以被投资企业股东会或股东大会**作出**利润分配或转股决定的日期确认 『提示1』被清算企业的股东分得的剩余资产的金额，其中相当于被清算企业累计未分配利润和累计盈余公积中按该股东所占股份比例计算的部分，应确认为股息所得；剩余资产减除股息所得后的余额，超过或低于股东投资成本的部分，应确认为股东的投资转让所得或损失 『提示2』被投资企业将股权（票）溢价所形成的资本公积转为股本的，不作为投资方企业的股息、红利收入，投资方企业也不得增加该项长期投资的计税基础
利息收入	按照合同约定的债务人**应付**利息的日期确认
租金收入	按照合同约定的承租人**应付**租金的日期确认
特许权使用费收入	按照合同约定的特许权使用人**应付**特许权使用费的日期确认
接受捐赠收入	按照**实际收到**捐赠资产的日期确认
其他收入	除另有规定外，一次性确认收入

『链接』混合性投资业务的企业所得税处理：

（1）混合性投资业务：权益性+债权性。

问题：针对混合性投资业务，到底是按股息、红利征税，还是按利息收入征税？

（2）只要同时符合下列条件，则按利息性质，于被投资企业应付利息日期确认收入（到期还本付息，投资者不参与管理）：

①被投资企业接受投资后，需要按投资合同或协议约定的利率定期支付利息（或定期支付保底利息、固定利润、固定股息）；

②有明确的投资期限或特定的投资条件，并在投资期满或者满足特定投资条件后，被投资企业需要赎回投资或偿还本金；

③投资企业对被投资企业净资产不拥有所有权；

④投资企业不具有选举权和被选举权；

⑤投资企业不参与被投资企业日常生产经营活动。

（3）符合上述①～⑤条件的投资赎回税务处理。对于被投资企业赎回的投资，投资双方应于赎回时将赎价与投资成本之间的差额确认为债务重组损益，分别计入当期应纳税所得额。具体如下：

①赎价>投资成本

投资企业：在赎回时将差额确认为债务重组收益。

被投资企业：在赎回时将差额确认为债务重组损失，并在税前扣除。

②赎价<投资成本

投资企业：在赎回时将差额确认为债务重组损失，并在税前扣除。

被投资企业：赎回时将差额确认为债务重组收益。

考点六　特殊收入的确认★★

扫我解疑难

📝 **经典例题**

【例题1·单选题】（2019）依据企业所得税的相关规定，下列关于收入确认的时间，正确的是（　　）。

A. 接受捐赠收入，按照合同约定的捐赠日期确认收入的实现

B. 特许权使用费收入，以实际取得收入的日期确认收入的实现

C. 采取产品分成方式取得收入的，按照企业分得产品的日期确认收入的实现

D. 股息、红利等权益性投资收益，以被投资方实际分红的日期确认收入的实现

【答案】C

【解析】选项A，接受捐赠收入，按照实际收到捐赠资产的日期确认收入的实现；选项B，

特许权使用费收入，按照合同约定的特许权使用人应付特许权使用费的日期确认收入的实现；选项D，股息、红利等权益性投资收益，除另有规定外，按照被投资企业股东会或股东大会作出利润分配或转股决定的日期，确认收入的实现。

【例题2·单选题】下列关于企业所得税特殊收入的确认，说法不正确的是( )。

A. 以分期收款方式销售货物的，按照合同约定的收款日期确认收入的实现

B. 企业受托加工制造大型机械设备，持续时间超过12个月的，按照纳税年度内完工进度

或者完成的工作量确认收入的实现

C. 采取产品分成方式取得收入的，按照企业分得产品的日期确认收入的实现，其收入额按照产品的公允价值确定

D. 企业发生非货币性资产交换，以及将货物用于在建工程，应当视同销售处理

【答案】D

【解析】将货物用于在建工程，属于内部移送，不确认收入。

考点精析

特殊收入的确认见表1-9。

表1-9 特殊收入的确认

业务分类	收入确认
分期收款方式销售货物	按照合同约定的收款日期确认收入的实现
企业受托加工制造大型机械设备、船舶、飞机，以及从事建筑、安装、装配工程业务或者提供其他劳务等，持续时间超过12个月的	按照纳税年度内完工进度或者完成的工作量确认收入的实现
采取产品分成方式取得收入的	按照企业分得产品的日期确认收入的实现，其收入额按照产品的公允价值确定
企业发生非货币性资产交换，以及将货物、财产、劳务用于捐赠、偿债、赞助、集资、广告、样品、职工福利或者利润分配等用途的	应当视同销售货物、转让财产或者提供劳务，但国务院财政、税务主管部门另有规定的除外

考点七 处置资产收入的确认★★★

扫我解疑难

经典例题

【例题1·多选题】(2017年)依据企业所得税的有关规定，下列行为应视同销售确认收入的有( )。

A. 将自产货物用于职工奖励

B. 将自建商品房转为固定资产

C. 将自产货物用于职工宿舍建设

D. 将外购货物用于交际应酬

E. 将自产货物移送到境外分支机构

【答案】ADE

【解析】选项B、C，均属于内部处置资产，不属于视同销售。选项E，境内和境外属于

不同的税收管辖区域。因为移至境外，不是同一税收管辖区域，不属于内部处置资产，而是应视同销售确认收入。

【例题2·多选题】(2015年)企业发生的下列资产处置行为应按税法规定视同销售计征企业所得税的有( )。

A. 将资产用于对外捐赠

B. 将资产用于交际应酬

C. 将资产用于职工奖励

D. 改变资产的性能

E. 改变资产的形状

【答案】ABC

【解析】选项D、E，改变资产的形状、结构或性能，资产的所有权并未发生转移，属于内部处置资产，无需视同销售计征企业所得税。

【例题3·单选题】(2013年改)2012年12月

甲饮料厂给职工发放自制果汁和当月外购的取暖器作为福利，其中果汁的成本为20万元，同期对外不含增值税销售价格为25万元；取暖器的同期不含增值税市场价格为10万元，购进价格为8万元。根据企业所得税法相关规定，该厂发放上述福利应确认的收入是( )万元。

A. 10   B. 20

C. 30   D. 35

【答案】D

【解析】企业所得税视同销售收入的确认，除另有规定外，应按照被移送资产的公允价值确定销售收入。应确认的收入 = 25 + 10 = 35（万元）。

考点精析

处置资产收入的确认见表1-10。

表1-10　企业处置资产构成视同销售行为的判定

情形	具体表现	特点	视同销售
处置资产	**内部处置资产**： (1)将资产用于生产、制造、加工另一产品 (2)改变资产形状、结构或性能 (3)改变资产用途(如自建商品房转为自用或经营) (4)将资产在总机构及其分支机构之间转移 (5)上述两种或两种以上情形的混合 (6)其他不改变资产所有权属的用途	**所有权没有转移**	不属于
	不属于内部处置资产： (1)用于市场推广或销售 (2)用于交际应酬 (3)用于职工奖励或福利 (4)用于股息分配 (5)用于对外捐赠 (6)其他改变资产所有权属的用途	**所有权转移**	属于

『提示1』视同销售收入可以作为业务招待费、广告费和业务宣传费税前扣除限额的计算基数，大家一定要重点关注。

『提示2』企业发生上述视同销售情形时，除另有规定外，应按照被移送资产的公允价值确定售收入。

考点八　不征税收入 ★★★

扫我解疑难

经典例题

【例题1·单选题】(2019年)依据企业所得税的相关规定，符合条件的非营利性组织取得的下列收入，应缴纳企业所得税的是( )。

A. 接受社会捐赠的收入

B. 因政府购买服务取得的收入

C. 按照省以上民政、财政部门规定收取的会费收入

D. 不征税收入、免税收入孳生的银行存款利息收入

【答案】B

【解析】非营利组织的下列收入为免税收入：

(1)接受其他单位或者个人捐赠的收入。

(2)除财政拨款以外的其他政府补助收入，但不包括因政府购买服务而取得的收入。

(3)按照省级以上民政、财政部门规定收取的会费。

(4)不征税收入和免税收入孳生的银行存款利息收入。

(5)财政部、国家税务总局规定的其他收入。

【例题2·单选题】(2018年)根据企业所得税相关规定，下列收入属于居民企业不征税收

025

入的是( )。

A. 债务的豁免

B. 接受企业的捐赠收入

C. 取得的权益性投资收益

D. 依法收取并纳入财政管理的行政事业性收费

【答案】D

【解析】财政拨款、依法收取并纳入财政管理的行政事业性收费、政府性基金都属于不征税收入。

【例题3·单选题】(2017年)下列收入中，属于企业所得税法规定的不征税收入的是( )。

A. 事业单位收到的财政拨款收入

B. 外贸企业收到的出口退税款收入

C. 企业取得的国债利息收入

D. 企业收到地方政府未规定专项用途的税收返还款收入

【答案】A

【解析】收入总额中的下列收入为不征税收入：①财政拨款，是指各级人民政府对纳入预算管理的事业单位、社会团体等组织拨付的财政资金；②依法收取并纳入财政管理的行政事业性收费、政府性基金；③国务院规定的其他不征税收入。

【例题4·多选题】(2013年)企业从县级以上各级人民政府财政部门及其他部门取得的应计入收入总额的财政性资金，作为不征税收入，应同时符合的条件有( )。

A. 企业能够提供规定资金专项用途的资金拨付文件

B. 资金使用的具体情况每年必须报上级主管部门备案

C. 企业对该资金以及以该资金发生的支出单独进行核算

D. 该资金不得用于资本性支出

E. 财政部门对该资金有专门的资金管理办法或具体管理要求

【答案】ACE

【解析】企业从县级以上各级人民政府财政部门及其他部门取得的应计入收入总额的财政

性资金，凡同时符合以下条件的，可以作为不征税收入，在计算应纳税所得额时从收入总额中减除：①企业能够提供规定资金专项用途的资金拨付文件；②财政部门或其他拨付资金的政府部门对该资金有专门的资金管理办法或具体管理要求；③企业对该资金以及以该资金发生的支出单独进行核算。

📝 考点精析

不征税收入包括：

1. 财政拨款

2. 依法收取并纳入财政管理的行政事业性收费、政府性基金

(1)企业按照规定缴纳的、由国务院或财政部批准设立的政府性基金以及由国务院和省、自治区、直辖市人民政府及其财政、价格主管部门批准设立的行政事业性收费，准予在计算应纳税所得额时扣除。

(2)企业收取的各种基金、收费，应计入企业当年收入总额。

(3)作为不征税收入，于上缴财政的当年在计算应纳税所得额时从收入总额中扣除；未上缴财政的部分，不得从收入总额中减除，该收入用于支出所形成的费用，不得在计算应纳税所得额时扣除。

3. 国务院规定的其他不征税收入——具有专项用途的由国务院批准的财政性资金

(1)确认范围。来源于政府及其有关部门的财政补助、补贴、贷款贴息等，包括直接减免的增值税和即征即退、先征后退、先征后返的各种税收，但不包括企业按规定取得的出口退税款。

(2)确认条件。符合下列条件的从县级以上各级政府财政部门及其他部门取得的财政性资金准予作为不征税收入：

①企业能够提供规定资金专项用途的资金拨付文件；

②财政部门或其他拨付资金的政府部门对该资金有专门的资金管理办法或具体管理要求；

③企业对该资金以及以该资金发生的支出单独进行核算。

（3）对财政性资金的税务管理。

①企业将符合条件的财政性资金作不征税收入处理后，在5年（60个月）内未发生支出且未缴回财政部门或其他拨付资金的政府部门的部分，应计入取得该资金第6年的应税收入总额；

②上述计入第6年应税收入总额的财政性资金发生的支出，允许在计算应纳税所得额时扣除。

4. 对社保基金取得的直接股权投资收益、股权投资基金收益，作为企业所得税不征税收入。

考点九　免税收入 ★★★

扫我解疑难

📝 **经典例题**

【例题1·单选题】（2012年）符合条件的非营利组织取得下列收入，免征企业所得税的是（　）。

A. 从事营利活动取得的收入

B. 因政府购买服务而取得的收入

C. 不征税收入孳生的银行存款利息收入

D. 按照县级民政部门规定收取的会费收入

【答案】C

【解析】非营利组织的下列收入为免税收入：接受其他单位或者个人捐赠的收入；除《中华人民共和国企业所得税法》规定的财政拨款以外的其他政府补助收入，但不包括因政府购买服务而取得的收入；按照省级以上民政、财政部门规定收取的会费；不征税收入和免税收入孳生的银行存款利息收入。

【例题2·多选题】根据企业所得税法相关规定，下列收入中，属于免税收入的有（　）。

A. 国债利息　　　　B. 存款利息

C. 财政补贴　　　　D. 财政拨款

E. 居民企业直接投资于其他居民企业（非上市公司）取得的股息

【答案】AE

【解析】选项B是应税收入；选项C除特别说明外属于应税收入；选项D是不征税收入。

📝 **考点精析**

1. 免税收入

（1）国债利息收入；

（2）符合条件的居民企业之间的股息、红利等权益性收益；

（3）在中国境内设立机构场所的非居民企业从居民企业取得与该机构场所有实际联系的股息、红利等权益性投资收益；

（4）符合条件的非营利组织收入；

（5）企业取得的2009年及以后年度发行的地方政府债券利息。

（6）自2020年1月1日起，跨境电子商务综合试验区内实行核定征收的跨境电商企业的收入属于《企业所得税法》第二十六条规定的免税收入，可享受免税收入优惠政策。

（7）对企业投资者转让创新企业境内发行存托凭证（创新企业CDR）取得的差价所得和持有创新企业CDR取得的股息红利所得，按转让股票差价所得和持有股票的股息红利所得政策规定征免企业所得税。

（8）对公募证券投资基金（封闭式证券投资基金、开放式证券投资基金）转让创新企业CDR取得的差价所得和持有创新企业CDR取得的股息红利所得，按公募证券投资基金税收政策规定暂不征收企业所得税。

（9）对合格境外机构投资者（QFII）、人民币合格境外机构投资者（RQFII）转让创新企业CDR取得的差价所得和持有创新企业CDR取得的股息红利所得，视同转让或持有据以发行创新企业CDR的基础股票取得的权益性资产转让所得和股息红利所得征免企业所得税。

『提示』非营利组织的下列收入属于免税收入：

（1）接受其他单位或者个人捐赠的收入；

（2）除《中华人民共和国企业所得税法》第7条规定的财政拨款以外的其他政府补助收入，但不包括因政府购买服务而取得的收入；

（3）按照省级以上民政、财政部门规定收取的会费；

（4）不征税收入和免税收入孳生的银行存款利息收入；

（5）财政部、国家税务总局规定的其他收入。

2. 内地企业投资者通过沪港通投资香港联交所上市股票的股息红利所得税处理（见表1-11）

表1-11　内地企业投资者通过沪港通投资的股息红利所得税处理

投资对象	被投资企业	税务处理
H股	不代扣股息红利所得税	投资企业自行申报，同时对内地居民企业连续持有H股满12个月取得的股息红利所得作为免税收入
非H股	代扣股息红利所得税	投资企业对被扣缴的股息红利所得税，可申请税收抵免

3. 企业发行的永续债适用股息、红利企业所得税政策

（1）永续债发行方和投资方均为居民企业的，永续债利息收入可以适用居民企业之间的股息、红利等权益性投资收益免税收入的政策规定。

（2）企业发行符合下列条件中5条（含）以上的永续债，也可以按照债券利息适用企业所得税政策，即：发行方支付的永续债利息支出准予在其企业所得税税前扣除；投资方取得的永续债利息收入应当依法纳税。

①被投资企业对该项投资具有还本义务；

②有明确约定的利率和付息频率；

③有一定的投资期限；

④投资方对被投资企业净资产不拥有所有权；

⑤投资方不参与被投资企业日常生产经营活动；

⑥被投资企业可以赎回，或满足特定条件后可以赎回；

⑦被投资企业将该项投资计入负债；

⑧该项投资不承担被投资企业股东同等的经营风险；

⑨该项投资的清偿顺序位于被投资企业股东持有的股份之前。

考点十　企业接收政府和股东划入资产的税务处理★★

扫我解疑难

📖 经典例题

【例题1·单选题】（2017年）依据企业所得税法的相关规定，企业接收县政府以股权投资方式投入的国有非货币性资产，应确定的计税基础是（　）。

A. 政府确定的接收价值

B. 该资产的公允价值

C. 该资产的账面净值

D. 该资产的账面原值

【答案】A

【解析】县级以上人民政府（包括政府有关部门）将国有资产明确以股权投资方式投入企业，企业应作为国家资本金（包括资本公积）处理。该项资产如为非货币性资产，应按政府确定的接收价值确定计税基础。

【例题2·单选题】（2015年）县级人民政府将国有非货币性资产明确以股权投资方式投入企业，企业应作为国家资本金处理，该非货币性资产的计税基础为（　）。

A. 市场公允价值

B. 双方协商价值

C. 该资产投入前的账面余值

D. 政府确定的接收价值

【答案】D

【解析】县级以上人民政府(包括政府有关部门)将国有资产明确以股权投资方式投入企业,企业应作为国家资本金(包括资本公积)处理。该项资产如为非货币性资产,应按政府确定的接收价值确定计税基础。

考点精析

1. 企业接收县级以上政府及有关部门划入资产的企业所得税处理(见表1-12)

表1-12 企业接收县级以上政府及有关部门划入资产的企业所得税处理

划入方式	资产形式	税务处理
股权投资	货币资金	直接计入国家资本金(包括资本公积)
	非货币资产	政府确定的接收价值作为计税基础并计入资本金
无偿划入	货币资金	直接作为不征税收入
	非货币资产	政府确定的接收价值作为不征税收入

2. 企业接收股东划入资产的企业所得税处理(见表1-13)

此处的股东指的是除政府以外的主体,因此该行为不涉及不征税收入,其税务处理以会计处理为出发点。

表1-13 企业接收股东划入资产的企业所得税处理

确认方式	税务处理
作为资本金(含资本公积)且会计上实际处理的	不计入企业的收入总额,应按公允价值确定该项资产的计税基础
作为收入	计入收入总额,按公允价值确定该项资产的计税基础缴纳所得税

阶段性测试

1. 【多选题】依据企业所得税法的相关规定,下列情况属于内部处置资产的有( )。

A. 将资产用于市场推广

B. 将资产用于对外捐赠

C. 将资产用于职工奖励

D. 将自建商品房转为自用

E. 将资产用于生产、制造、加工另一产品

2. 【单选题】根据企业所得税法的规定,下列说法中正确的是( )。

A. 企业接受捐赠收入,按合同约定日期确认收入

B. 被投资企业将股权(票)溢价所形成的资本公积转为股本的,作为投资方企业的股息、红利收入

C. 租赁合同规定的租赁期限跨年度的,且租金提前一次性支付的,出租人要一次性确认收入

D. 企业接收股东划入资产,凡作为收入处理的,应按公允价值计入收入总额,计算缴纳企业所得税

3. 【多选题】根据企业所得税法的规定,下列关于收入的确认表述正确的有( )。

A. 采取产品分成方式取得收入的,按照企业分得产品的日期确认收入的实现

B. 以分期收款方式销售货物的,发出商品时确认收入的实现

C. 企业受托加工制造大型机械设备,持续时间超过12个月的,按照纳税年度内完工进度或者完成的工作量确认收入的实现

D. 企业转让股权收入,应于转让协议生效且完成股权变更手续时确认收入的实现

E. 企业取得利息收入,按合同约定的债务人应付利息的日期确认收入的实现

4. 【多选题】根据企业所得税法的规定,下列各项收入属于免税收入的有( )。

A. 非营利组织从事营利活动取得的收入

B. 不征税收入孳生的银行存款利息收入

C. 国债利息收入

D. 符合条件的居民企业之间的投资收益

E. 财政补贴收入

项E，有专项用途的财政补贴收入属于不征税收入。

📝 阶段性测试答案精析

1. DE 【解析】下列情形属于内部处置资产：①将资产用于生产、制造、加工另一产品；②改变资产形状、结构或性能；③改变资产用途(如自建商品房转为自用或经营)；④将资产在总机构及其分支机构之间转移；⑤上述两种或两种以上情形的混合；⑥其他不改变资产所有权属的用途。

2. D 【解析】选项A，企业接受捐赠收入，按照实际收到捐赠资产的日期确认收入的实现；选项B，被投资企业将股权(票)溢价所形成的资本公积转为股本的，不作为投资方企业的股息、红利收入，投资方企业也不得增加该项长期投资的计税基础；选项C，如果交易合同或协议中规定租赁期限跨年度，且租金提前一次性支付的，根据《企业所得税法实施条例》第9条规定的收入与费用配比原则，出租人可对已确认的收入，在租赁期内，分期均匀计入相关年度收入。

3. ACDE 【解析】选项B，以分期收款方式销售货物的，按照合同约定的收款日期确认收入的实现。

4. BCD 【解析】选项A，非营利组织从事营利活动取得的收入应征收企业所得税；选

考点十一 扣除原则和范围★★

扫我解疑难

📝 **经典例题**

【例题·多选题】(2014年)除税法另有规定外，企业在计算企业所得税时，税前扣除一般应遵循的原则有( )。

A. 配比原则

B. 合理性原则

C. 谨慎性原则

D. 重要性原则

E. 权责发生制原则

【答案】ABE

【解析】除税法另有规定外，税前扣除一般应遵循以下原则：①权责发生制原则；②配比原则；③合理性原则。

📝 **考点精析**

1. 税前扣除项目的原则

(1)权责发生制原则；

(2)配比原则；

(3)合理性原则。

2. 基本扣除项目(见表1-14)

这是指与计税收入有关的成本、费用、税费、损失和其他支出。

表1-14 基本扣除项目

基本扣除项目	具体内容
成本	生产经营成本
费用	(1)销售费用：特别关注其中的广告费、销售佣金等费用 (2)管理费用：特别关注其中的业务招待费、职工福利费、工会经费、职工教育经费、为管理组织经营活动提供各项支援性服务而发生的费用等 (3)财务费用：特别关注其中的利息支出、借款费用等
税费	(1)在发生当期扣除的税费：消费税、城市维护建设税、关税、资源税、土地增值税、房产税、车船税、城镇土地使用税、印花税、教育费附加、地方教育附加等税金及附加 (2)在发生当期计入相关资产价值，需在以后各期分摊扣除的税费：契税、车辆购置税、耕地占用税、进口关税、不得抵扣的增值税等

基本扣除项目	具体内容
税费	(3)增值税不得在税前扣除 (4)企业所得税不得在税前扣除
损失	(1)包括：固定资产和存货的盘亏、毁损、报废损失，转让财产损失，呆账损失，坏账损失，自然灾害等不可抗力因素造成的损失以及其他损失 (2)税前可以扣除的损失为净损失，即企业的损失减除责任人赔偿和保险赔款后的余额 (3)企业已经作为损失处理的资产，在以后纳税年度又全部收回或者部分收回时，应当计入当期收入
其他支出	指除成本、费用、税金、损失外，企业在生产经营活动中发生的与生产经营活动有关的、合理的支出

考点十二 工资 ★★★

扫我解疑难

📝 经典例题

【例题1·多选题】(2013年)税务机关对工资薪金进行合理性确认应遵循的原则有(   )。

A. 企业在一定时期工资薪金的调整是有序进行的

B. 企业所制定的工资薪金制度符合行业及地区水平

C. 企业在3年内所发放的工资薪金是相对固定的

D. 有关工资薪金的安排，不以减少或逃避税款为目的

E. 企业对实际发放的工资薪金，已依法履行了个人所得税代扣代缴义务

【答案】 ABDE

【解析】 税务机关在对工资薪金进行合理性确认时，可按以下原则掌握：

(1)企业制定了较为规范的员工工资薪金制度；

(2)企业所制定的工资薪金制度符合行业及地区水平；

(3)企业在一定时期所发放的工资薪金是相对固定的，工资薪金的调整是有序进行的；

(4)企业对实际发放的工资薪金，已依法履行了代扣代缴个人所得税义务；

(5)有关工资薪金的安排，不以减少或逃避税款为目的。

【例题2·单选题】 (2013年)2010年1月某上市公司对本公司20名管理人员实施股票期权激励政策，约定如在公司连续服务2年，即可以4元/股的价格购买本公司股票1000股。2012年1月，20名管理人员全部行权，行权日股票收盘价20元/股。根据企业所得税法相关规定，行权时该公司所得税税前应扣除的费用金额是(   )元。

A. 300000
B. 320000
C. 380000
D. 400000

【答案】 B

【解析】 对股权激励计划实行后，需待一定服务年限或者达到规定业绩条件(简称等待期)方可行权的。上市公司等待期内会计上计算确认的相关成本费用，不得在对应年度计算缴纳企业所得税时扣除。在股权激励计划可行权后，上市公司方可根据该股票实际行权时的公允价值与当年激励对象实际行权支付价格的差额及数量，计算确定作为当年上市公司工资薪金支出，依照税法规定进行税前扣除。行权时该公司所得税前应扣除的费用 = (20-4)×1000×20 = 320000(元)。

📝 考点精析

1. 工资薪金支出的税务处理

企业发生的合理的工资、薪金支出准予据实扣除。

『提示』税务机关对工资薪金进行合理性确认应遵循的原则需要熟悉，具体内容请参考本

考点例题1解析中的内容，此处不再赘述。

企业接受外部劳务派遣用工所实际发生的费用，应分两种情况按规定在税前扣除：按照协议（合同）约定直接支付给劳务派遣公司的费用，应作为劳务费支出；直接支付给员工个人的费用，应作为工资薪金支出和职工福利费支出。其中属于工资薪金支出的费用，准予计入企业工资薪金总额的基数，作为计算其他各项相关费用扣除的依据。

2. 国有企业工资薪金的税务处理

税法规定：其工资薪金发放金额，不得超过政府有关部门的限定数额；超过部分，不得计入企业工资薪金总额，也不得在计算企业应纳税所得额时扣除。

『提示』国有企业工资薪金也要遵循前述税务机关合理性认定标准。

3. 特殊形式工资薪金的确定——我国居民企业实行股权激励的税务处理（见表1-15）

表1-15　居民企业实行股权激励的税务处理

项目	行权状态		税务处理
股权激励计划	①立即行权		以实际行权时该股票的公允价格与激励对象实际行权支付价格的差额和数量，作为当年上市公司工资薪金支出，在税前据实扣除
	②未行权（达到一定年限或条件才行权）	等待期	会计上计算确认的相关成本费用，不得在对应年度计算缴纳企业所得税时扣除
		行权期	同①

『提示』上述股票实际行权时的公允价格，以实际行权日该股票的收盘价格确定。

考点十三　三项经费★★★

扫我解疑难

📝 **经典例题**

【例题1·多选题】（2019年）下列各项中，可全额在企业所得税前扣除的有（　　）。

A. 航空企业空中保卫员训练费用

B. 核力发电企业的操纵员培训费用

C. 高新技术企业研发人员的培训费用

D. 技术先进型服务企业的职工教育经费

E. 单独进行核算符合条件的软件生产企业的职工培训费用

【答案】ABE

【解析】选项A，航空企业实际发生的飞行员养成费、飞行训练费、乘务训练费、空中保卫员训练费等空勤训练费用，可以作为航空企业运输成本在税前扣除；选项B，核力发电企业为培养核电厂操纵员发生的培养费用，可作为企业的发电成本在税前扣除；选项E，

符合条件的软件企业的职工培训费用，应单独进行核算并按实际发生额在计算应纳税所得额时扣除。选项C、D，高新技术企业和技术先进型服务企业，发生的培训费用，属于职工教育经费，自2018年1月1日起，不超过工资、薪金总额8%的部分，准予在计算企业所得税应纳税所得额时扣除。

【例题2·单选题】（2018年）某企业2017年支付正式职工的合理工资总额为1000万元，临时工工资为30万元，企业当年缴纳的工会经费为28万元，在计算企业所得税时，工会经费应调增的应纳税所得额为（　　）万元。

A. 7.40　　　　　　　B. 28.00

C. 9.76　　　　　　　D. 8.00

【答案】A

【解析】工会经费可以扣除的限额=（1000+30）×2%=20.6（万元）<实际缴纳的28万元，应纳税调增=28-20.6=7.4（万元）。

【例题3·单选题】（2017年）2016年某公司给自有员工实际发放合理工资总额为1000万元；公司生产部门当年接受外部劳务派遣员工6人，每人每月支付劳务费3000元，合计金额为21.60万元。假设公司当年发生的职

工福利费为 200 万元, 职工福利费应调增应纳税所得额( )万元。

A. 54.96　　　　　B. 55.97

C. 56.98　　　　　D. 60.00

【答案】C

【解析】税法规定, 企业接受外部劳务派遣用工所实际发生的费用, 应分两种情况按规定在税前扣除: 按照协议(合同)约定直接支付给劳务派遣公司的费用, 应作为劳务费支出; 直接支付给员工个人的费用, 应作为工资薪金支出和职工福利费支出。其中属于工资薪金支出的费用, 准予计入企业工资薪金总额的基数, 作为计算其他各项相关费用扣除的依据。

工资、薪金总额 = 1000+6×3000×12÷10000 = 1021.6(万元)。

职工福利费扣除限额 = 1021.6 × 14% = 143.02(万元)。

职工福利费应调整应纳税所得额 = 200 − 143.02 = 56.98(万元)。

【例题 4·单选题】(2016 年)某企业 2015 年支付如下费用: 合同工工资 105 万元; 实习生工资 20 万元; 返聘离退休人员工资 30 万元; 支付劳务派遣公司用工费 40 万元。2015 年企业计算企业所得税时允许扣除的职工工会经费限额是( )万元。

A. 3.9　　　　　B. 3.1

C. 2.5　　　　　D. 2.1

【答案】B

【解析】企业所得税税前实际发生的合理的工资薪金支出 = 105+20+30 = 155(万元), 允许扣除的工会经费限额 = 155×2% = 3.1(万元)。

【例题 5·多选题】(2015 年)下列各项属于企业所得税法规定的职工福利费支出的有( )。

A. 集体福利部门工作人员的住房公积金

B. 职工因公外地就医费用

C. 自办职工食堂经费补贴

D. 离退休人员工资

E. 职工疗养费用

【答案】ABCE

【解析】选项 D, 离退休人员工资与企业取得的收入无关, 不得列入福利费支出在企业所得税税前扣除。

📝 考点精析

(1)三项经费包括: 职工福利费、职工工会经费和职工教育经费。

(2)企业发生的职工福利费支出, 不超过工资薪金总额 14% 的部分准予扣除。

(3)企业拨缴的工会经费, 不超过工资薪金总额 2% 的部分准予扣除。

(4)自 2018 年 1 月 1 日起, 除国务院财政、税务主管部门另有规定外, 企业发生的职工教育经费支出, 不超过工资薪金总额 8% 的部分准予扣除, 超过部分准予结转以后纳税年度扣除。

『提示』集成电路设计企业和符合条件软件企业的职工培训费用, 单独进行核算并按实际发生额在计算应纳税所得额时扣除。集成电路设计企业和符合条件软件生产企业应准确划分职工教育经费中的职工培训费支出, 对了不能准确划分的, 以及准确划分后职工教育经费中扣除职工培训费用的余额, 一律按照工资、薪金总额 8% 的比例扣除。

三项经费税务处理总结(见表 1-16)。

表 1-16　三项经费税务处理总结

名称	计算依据	比例	超过部分
职工福利费	合理工资薪金	14%	不得扣除
职工工会经费	合理工资薪金	2%	不得扣除

名称		计算依据	比例	超过部分
职工教育经费	一般企业	合理工资薪金	8%	结转以后年度扣除
	核电厂 除操作人员培训费以外的职工教育经费	合理工资薪金	8%	可结转
	操作人员培训费	不涉及	100%	不涉及
	航空企业 除飞行员养成费、飞行训练费、乘务训练费、空中保卫员训练费等空勤训练费用以外的职工教育经费	合理工资薪金	8%	可结转
	飞行员养成费、飞行训练费、乘务训练费、空中保卫员训练费等空勤训练费用	不涉及	100%	不涉及

考点十四 保险费★★★

扫我解疑难

📝 **经典例题**

【例题1·单选题】(2017年)企业支付的下列保险费,不得在企业所得税税前扣除的是( )。

A. 企业为投资者购买的商业保险

B. 企业按规定为职工购买的工伤保险

C. 企业为特殊工种职工购买的法定人身安全保险

D. 企业为本单位车辆购买的交通事故责任强制保险

【答案】A

【解析】除企业依照国家有关规定为特殊工种职工支付的人身安全保险费和国务院财政、税务主管部门规定可以扣除的其他商业保险费外,企业为投资者或者职工支付的商业保险费,不得扣除。

【例题2·多选题】依据企业所得税法相关规定,在计算应纳税所得额时不得扣除的有( )。

A. 向投资者支付的股息

B. 固定资产转让费用

C. 企业支付的财产保险费

D. 对外投资期间的投资成本

E. 子公司支付给母公司的管理费

【答案】ADE

【解析】固定资产转让费用和财产保险费准予在税前扣除。

📝 **考点精析**

保险费的种类与税务处理(见表1-17)。

表1-17 保险费的种类与税务处理

种类		税务处理
社会保险	基本保险(五险一金)	"五险一金",即基本养老保险费、基本医疗保险费、失业保险费、工伤保险费、生育保险费等基本社会保险费和住房公积金,准予扣除
	补充保险(医疗、养老)	为本企业任职或受雇的全体员工支付的补充养老保险费和补充医疗保险费,分别在不超过职工工资、薪金总额5%标准内的,准予扣除;超过部分,不得扣除

种类		税务处理
商业保险	财产保险(企业)	为本企业支付的财产保险准予扣除 例：雇主责任险、公众责任险、第三者责任险
	人身安全险(特种职工)	为本企业特种职工支付的人身安全险及相关保险准予扣除 企业职工因公出差乘坐交通工具发生的人身意外保险费支出准予扣除
	其他(为个人支付的保险)	除上述情况外，为投资者或职工支付的商业保险不得扣除

考点十五　利息费用和借款费用★★★

扫我解疑难

经典例题

【例题1·单选题】（2016年）某电子公司（企业所得税税率15%）2014年1月1日向母公司（企业所得税税率25%）借入2年期贷款5000万元用于购置原材料，约定年利率为10%，银行同期同类贷款利率为7%。2015年电子公司企业所得税税前可扣除的该笔借款的利息费用为（　）万元。

A. 1000

B. 500

C. 350

D. 0

【答案】 C

【解析】 电子公司的实际税负不高于境内关联方，不需要考虑债资比的限制，该笔借款的利息费用税前可以扣除的金额为不超过金融机构同期同类贷款利率计算的数额。2015年电子公司企业所得税税前可扣除的利息费用=5000×7%=350（万元）。

【例题2·单选题】（2012年）2011年1月1日某有限责任公司向银行借款2800万元，期限

1年。同时公司接受张某投资，约定张某于4月1日和7月1日各投入400万元；张某仅于10月1日投入600万元。银行贷款年利率为7%。该公司2011年企业所得税税前可以扣除的利息费用为（　）万元。

A. 171.5

B. 178.5

C. 175

D. 196

【答案】 A

【解析】 企业投资者在规定期限内未缴足其应缴资本额的，该企业对外借款发生的利息，相当于投资者实缴额与规定期限内应缴资本额的差额应计付的利息，不得在计算企业所得税额时扣除。2011年所得税税前可以扣除的利息=2800×7%×3÷12+（2800−400）×7%×3÷12+（2800−800）×7%×3÷12+（2800−200）×7%×3÷12=171.5（万元）。

【应试技巧】 要计算每个期间未到位的投资金额，然后才能正确计算出不得扣除的利息和可以扣除的利息。

考点精析

1. 利息支出

（1）利息支出的税务处理（见表1-18）。

表1-18　利息支出的税务处理

资金来源	税务处理
非金融企业向金融企业借款	非金融企业向金融企业借款的利息支出可**据实扣除**(包括金融企业的各项存款利息支出和同业拆借利息支出、企业批准发行债券的利息支出)

资金来源			税务处理
非金融企业向非金融企业借款	无关联性		①**不超过**按照金融企业**同期同类贷款利率**计算的数额的部分可据实扣除，超过部分不许扣除(利率制约)
	关联企业借款	**利率制约**	处理原则同①
		本金制约	②接受关联方债权性投资与其权益性投资比例为：金融企业为5：1，其他企业为2：1。特例：能够证明相关交易活动符合独立交易原则的；或者该企业的实际税负不高于境内关联方的，其实际支付给境内关联方的利息支出，在计算应纳税所得额时准予扣除
向自然人借款	股东或关联自然人借款		处理原则同①②
	内部职工或其他人员借款		只受利率制约的条件：借贷是真实、合法、有效的，并且不具有非法集资目的或其他违反法律、法规的行为；签订借款合同

（2）投资资金未到位期间利息支出的税务处理。

凡企业投资者在规定期限内未缴足其应缴资本额的，该企业对外借款所发生的利息，相当于投资者实缴资本额与在规定期限内应缴资本额的差额应计付的利息，其不属于企业合理的支出，应由企业投资者负担，不得在计算企业应纳税所得额时扣除。

企业每一计算期不得扣除的借款利息＝该期间借款利息额×该期间未缴足注册资本额÷该期间借款额

企业一个年度内不得扣除的借款利息总额为该年度内每一计算期不得扣除的借款利息额之和。

2. 借款费用

『提示』资本化是指为购置、建造固定资产、无形资产和经过12个月以上的建造才能达到预定可销售状态的存货发生借款的，在有关资产购置、建造期间发生的合理的借款费用，应予以资本化，作为资本性支出计入有关资产的成本。有关资产交付使用后发生的借款利息，可在发生当期扣除。

企业通过发行债券、取得贷款、吸收保户储金等方式融资而发生的合理的费用支出，符合资本化条件的，应计入相关资产成本；不符合资本化条件的，应作为财务费用，准予在企业所得税税前据实扣除。

考点十六　汇兑损失 ★

扫我解疑难

经典例题

【例题·单选题】依据企业所得税的相关规定，在计算应纳税所得额时，下列各项支出不得从收入总额中扣除的是（　　）。

A. 外汇借款的汇兑损益

B. 企业参加财产保险，按照规定缴纳的保险费

C. 向关联企业的捐赠支出

D. 银行企业内营业机构之间支付的利息

【答案】C

【解析】向关联企业的捐赠支出，是直接捐赠，不得扣除。

考点精析

企业在货币交易中，以及纳税年度终了时将人民币以外的货币性资产、负债按照期末即期人民币汇率中间价折算为人民币时产生的汇兑损失，除已经计入有关资产成本以及与向所有者进行利润分配相关的部分外，准予扣除。

考点十七　业务招待费 ★★★

扫我解疑难

经典例题

【例题1·单选题】（2013年）某商贸公司2012年开始筹建，当年未取得收入，筹办期间发生业务招待费300万元、业务宣传费20万元、广告费用200万元。根据企业所得税法相关规定，上述支出可计入企业筹办费并在税前扣除的金额是（　）万元。

A. 200　　　　　　　B. 220

C. 400　　　　　　　D. 520

【答案】 C

【解析】 企业在筹办期间，发生的与筹办活动有关的业务招待费，可按实际发生额的60%计入企业筹办费，发生的广告费和业务宣传费，可按实际发生额计入企业筹办费，按有关规定税前扣除。可计入企业筹办费并税前扣除的金额＝300×60%＋20＋200＝400（万元）。

【例题2·单选题】 2019年某居民企业实现产品销售收入1200万元，视同销售收入400万元，债务重组收益100万元，发生的成本费用总额1600万元，其中业务招待费支出20万元。假定不存在其他纳税调整事项，2019年度该企业应缴纳企业所得税（　）万元。

A. 16.2　　　　　　　B. 16.8

C. 27　　　　　　　　D. 28

【答案】 D

【解析】 业务招待费扣除限额：（1200＋400）×0.5%＝8（万元），20×60%＝12（万元），二者比较，应按8万元扣除，业务招待费纳税调整12万元。应纳企业所得税＝（1200＋400＋100－1600＋12）×25%＝28（万元）。

【例题3·单选题】 某投资企业集团（居民企业）兼营生产产品和投资业务，2019年销售产品取得不含税销售额4800万元，从事股权投资业务，获取收入200万元（其中股息收入50万元，股权转让收入150万元），将公允价值200万元的粮油等用于职工福利。发生管理费用800万元，其中业务招待费80万元，该企业2019年可以扣除的业务招待费用为（　）万元。

A. 80　　　　　　　　B. 48

C. 25　　　　　　　　D. 26

【答案】 D

【解析】《国家税务总局关于贯彻落实企业所得税法若干税收问题的通知》（国税函〔2010〕79号）第八条规定，对从事股权投资业务的企业（包括集团公司总部、创业投资企业等），其从被投资企业所分配的股息、红利以及股权转让收入，可以按规定的比例计算业务招待费扣除限额。扣除限额＝（4800＋200＋200）×5‰＝26（万元）＜80×60%＝48（万元），可以扣除26万元。

考点精析

1. **一般经营状态下业务招待费的税务处理**

企业发生的与生产经营活动有关的业务招待费支出，按照发生额的60%扣除，但最高不得超过当年销售（营业）收入的5‰。即业务招待费的扣除标准有两项，以最小标准作为税前扣除的最终依据。

标准1：＝发生额的60%。

标准2：≤当年销售（营业）收入的5‰。

（1）一般企业：销售（营业）收入＝主营业务收入＋其他业务收入＋视同销售收入。

（2）投资企业：销售（营业）收入＝主营业务收入＋其他业务收入＋视同销售收入＋股息、红利和股权转让收入。

（3）房地产开发企业：销售（营业）收入＝主营业务收入＋其他业务收入＋视同销售收入＋销售未完工产品的收入－销售未完工产品转完工产品确认的销售收入。

2. **筹建期间业务招待费的税务处理**

企业在筹建期间，发生的与筹办活动有关的业务招待费支出，可按实际发生额的

60%计入企业筹办费，并按有关规定在税前扣除。

考点十八　广告费和业务宣传费★★★

扫我解疑难

📋 **经典例题**

【例题1·单选题】(2019年)企业发生的广告费，下列所得税表述正确的是( )。

A. 酒类制造企业的广告费，不得在税前扣除

B. 医药销售企业的广告费，不超过当年销售收入30%的部分准予税前扣除

C. 企业筹建期间发生的广告费，可按实际发生额计入筹办费，按有关规定在税前扣除

D. 签订广告分摊协议的关联企业计算税前可扣除的广告费只能在关联企业之间扣除

【答案】C

【解析】选项A、B，对化妆品制造与销售、医药制造和饮料制造(不含酒类制造)企业发生的广告费和业务宣传费支出，不超过当年销售(营业)收入30%的部分，准予扣除；选项D，对签订广告费和业务宣传费分摊协议(以下简称分摊协议)的关联企业，其中一方发生的不超过当年销售(营业)收入税前扣除限额比例内的广告费和业务宣传费支出可以在本企业扣除，也可以将其中的部分或全部按照分摊协议归集至另一方扣除。另一方在计算本企业广告费和业务宣传费支出企业所得税税前扣除限额时，可将按照上述办法归集至本企业的广告费和业务宣传费不计算在内。

【例题2·多选题】(2018年)根据企业所得税相关规定，企业下列支出超过税法规定扣除限额标准，准予向以后年度结转扣除的有( )。

A. 业务宣传费支出

B. 广告费支出

C. 职工福利费支出

D. 职工教育经费支出

E. 公益性捐赠支出

【答案】ABDE

【解析】选项C，超出限额标准的部分，不得结转扣除。

【例题3·多选题】(2017年)依据企业所得税的相关规定，企业发生的广告费和业务宣传费可按当年销售(营业)收入的30%的比例扣除的有( )。

A. 白酒制造企业

B. 饮料销售企业

C. 医药制造企业

D. 化妆品制造企业

E. 化妆品销售企业

【答案】CDE

【解析】对化妆品制造与销售、医药制造和饮料制造(不含酒类制造)企业发生的广告费和业务宣传费支出，不超过当年销售(营业)收入30%的部分，准予扣除；超过部分，准予在以后纳税年度结转扣除。

【例题4·单选题】2019年某居民企业实现商品销售收入2000万元，发生现金折扣100万元，接受捐赠收入100万元，转让无形资产所有权收入20万元。该企业当年实际发生业务招待费30万元，广告费240万元，业务宣传费80万元。2019年度该企业可税前扣除的业务招待、广告费、业务宣传费合计( )万元。

A. 294.5　　　　　　B. 310

C. 325.5　　　　　　D. 330

【答案】B

【解析】销售商品涉及现金折扣的，应当按扣除现金折扣前的金额确定销售商品收入金额。

业务招待费：2000×0.5%=10(万元)，30×60%=18(万元)，按10万元税前扣除。

广告费和业务宣传费：2000×15%=300(万元)，小于实际发生额320万元，则按300万元税前扣除。

合计=10+300=310(万元)。

【例题5·单选题】某企业2019年取得产品销售收入1000万元，房屋租金收入100万元，国债利息收入20万元，发生广告费和业务宣

传费 180 万元,计算企业所得税时可以扣除的广告费和业务宣传费为( )万元。

A. 180   B. 165

C. 125   D. 100

【答案】 B

【解析】 扣除限额 = (1000 + 100) × 15% = 165（万元），小于实际发生额 180 万元，所以只能扣除 165 万元。

考点精析

企业每一纳税年度发生的符合条件的广告费和业务宣传费支出,除国务院财政、税务主管部门另有规定外,不超过当年销售(营业)收入 15% 的部分,准予扣除;超过部分,准予结转以后纳税年度扣除。广告费和业务宣传费税务处理汇总如表 1-19 所示。

表 1-19　广告费和业务宣传费税务处理汇总

企业类型	扣除标准	筹建期间
一般企业	≤当年销售(营业)收入×15%的部分准予扣除,超过部分在以后年度结转扣除	此期间发生的广告费和业务宣传费计入筹办费,据实扣除
化妆品制造与销售 医药制造 饮料制造(不含酒类制造)	≤当年销售(营业)收入×30%的部分准予扣除,超过部分在以后年度结转扣除	同上
对签订广告费和业务宣传费分摊协议的关联企业	扣除方法:同上述处理 『提示』企业可以按分摊协议将未超过限额的部分或全部归集到另一方扣除。另一方在计算本企业广告费和业务宣传费扣除限额时,可将按照上述办法归集至本企业的广告费和业务宣传费不计算在内	同上
烟草企业	不得扣除	不得扣除

注意:非广告性赞助支出不得在税前扣除。

『提示』业务招待费、广告费和业务宣传费扣除限额的计算基数:

(1)主营业务收入:销售货物收入、提供劳务收入、让渡资产使用权收入和建造合同收入;

(2)其他业务收入:材料销售收入、代购代销手续费收入、包装物出租收入;

(3)视同销售收入:非货币性交易视同销售收入,货物、财产、劳务视同销售收入。

考点十九　环境保护专项资金、租赁费和劳动保护费 ★

扫我解疑难

经典例题

【例题 1·单选题】(2018 年)计算企业应纳税所得额时,下列支出可在发生当期直接扣除的是( )。

A. 长期股权投资的支出

B. 企业发生的合理的劳动保护支出

C. 购买生产用无形资产的支出

D. 购买生产用原材料的支出

【答案】 B

【解析】 企业发生的合理的劳动保护支出,准予在发生当期直接扣除。

【例题 2·多选题】下列各项中,可以在企业所得税税前扣除的有( )。

A. 合理的劳动保护支出

B. 经营租入固定资产支付的租金

C. 环境保护专项资金

D. 单独估价作为固定资产入账的土地计提的折旧

E. 房屋、建筑物以外的未投入使用的固定资产计提的折旧

【答案】 ABC

【解析】 选项 D、E 属于不得税前扣除的项目。

第 1 章　企业所得税

考点精析

1. 环境保护专项资金

（1）用于环境保护、生态恢复的在提取时扣除；

（2）提取后改变用途的不得扣除。

2. 租赁费

（1）经营租赁，租赁期间均匀扣除；

（2）融资租赁，构成融资租入固定资产价值的部分提取折旧、分期扣除。

3. 合理的劳动保护支出

企业发生的合理的劳动保护支出，准予扣除。

考点二十　公益性捐赠支出 ★★★

扫我解疑难

经典例题

【例题 1·单选题】下列说法符合企业所得税关于公益性捐赠支出相关规定的是（　　）。

A. 企业发生的公益性捐赠支出，不超过年度利润总额 12% 的部分，准予扣除

B. 被取消公益捐赠税前扣除资格的公益性群众团体，5 年内不得重新申请扣除资格

C. 捐赠方无法提供捐赠的非货币性资产公允价值证明的，可按市场价格开具捐赠票据

D. 公益性社会团体前 3 年接受捐赠总收入用于公益事业比例低于 80% 的，应取消捐赠税前扣除资格

【答案】A

【解析】选项 B，被取消公益捐赠税前扣除资格的公益性群众团体，3 年内不得重新申请扣除资格；选项 C，捐赠方在向公益性社会团体和县级以上人民政府及其组成部门和直属机构捐赠时，应当提供注明捐赠非货币性资产公允价值的证明，如果不能提供证明，公益性社会团体和县级以上人民政府及其组成部门和直属机构不得向其开具公益性捐赠票据；选项 D，公益性社会团体前 3 年接受

捐赠的总额中用于公益事业的支出比例低于 70% 的，应取消捐赠税前扣除资格。

【例题 2·单选题】某居民企业（增值税一般纳税人）2019 年实现会计利润总额 120 万元，在当年生产经营活动中发生了公益性捐赠支出 20 万元，购买了环境保护专用设备，取得增值税专用发票，不含税金额 30 万元。假设当年无其他纳税调整项目，2019 年该企业应缴纳企业所得税（　　）万元。

A. 19.4　　　　　　　B. 28.4

C. 30.0　　　　　　　D. 31.4

【答案】B

【解析】公益性捐赠支出税前扣除限额 = 120×12% = 14.4（万元），所以捐赠支出纳税调增额 = 20−14.4 = 5.6（万元），购买环境保护专用设备投资额的 10% 可以从企业当年的应纳税额中抵免。应缴纳企业所得税 = (120 + 5.6)×25%−30×10% = 28.4（万元）。

考点精析

企业发生的公益性捐赠支出，在年度利润总额 12% 以内的部分，准予在计算应纳税所得额时扣除；超过年度利润总额 12% 的部分，准予结转以后 3 年内在计算应纳税所得额时扣除。企业在对公益性捐赠支出计算扣除时，应先扣除以前年度结转的捐赠支出，再扣除当年发生的捐赠支出。注意，直接捐赠不得在税前扣除。

（1）必须是企业通过公益性社会团体或者县级以上人民政府及其部门，用于符合法律规定的慈善活动、公益事业的活动。

对存在下列情形之一的公益性群众团体，应取消其公益性捐赠税前扣除资格：

①前 3 年接受捐赠的总收入中用于公益事业的支出比例低于 70% 的；

②在申请公益性捐赠税前扣除资格时有弄虚作假行为的；

③存在逃避缴纳税款行为或为他人逃避缴纳税款提供便利的；

④存在违反该组织章程的活动，或者接

受的捐赠款项用于组织章程规定用途之外的支出等情况的；

⑤受到行政处罚的。

被取消公益性捐赠税前扣除资格的公益性群众团体，存在上述②-⑤项情形的，3 年内不得重新申请公益性捐赠税前扣除资格。

（2）公益事业范围。

①救助灾害、救济贫困、扶助残疾人等困难的社会群体和个人的活动；

②教育、科学、文化、卫生、体育事业；

③环境保护、社会公共设施建设；

④促进社会发展和进步的其他社会公共和福利事业；

⑤捐赠住房作为公共租赁住房的。

（3）计算基数。

年度利润总额＝营业收入-营业成本-税金及附加-期间费用-资产减值损失+公允价值变动收益(-公允价值变动损失)+投资收益(-投资损失)+营业外收入-营业外支出

（4）依据《财政部国家税务总局国务院扶贫办关于企业扶贫捐赠所得税税前扣除政策的公告》(财政部国家税务总局国务院扶贫办公告 2019 年第 49 号)规定：①自 2019 年 1 月 1 日至 2022 年 12 月 31 日，企业通过公益性社会组织或者县级(含)以上人民政府及其组成部门和直属机构，用于目标脱贫地区的扶贫捐赠支出，准予在计算企业所得税应纳税所得额时据实扣除。在政策执行期限内，目标脱贫地区实现脱贫的，可继续适用上述政策。"目标脱贫地区"包括 832 个国家扶贫开发工作重点县、集中连片特困地区县(新疆阿克苏地区 6 县 1 市享受片区政策)和建档立卡贫困村。②企业同时发生扶贫捐赠支出和其他公益性捐赠支出，在计算公益性捐赠支出年度扣除限额时，符合条件的扶贫捐赠支出不计算在内。③企业在 2015 年 1 月 1 日至 2018 年 12 月 31 日期间已发生的符合条件的扶贫捐赠支出，尚未在计算企业所得税应纳税所得额时扣除的部分，可依上述①的政策执行。

（5）依据《关于支持新型冠状病毒感染的肺炎疫情防控有关捐赠税收政策的公告》(财政部税务总局公告 2020 年第 9 号)规定：自 2020 年 1 月 1 日起，企业通过公益性社会组织或者县级以上人民政府及其部门等国家机关，捐赠用于应对新型冠状病毒感染的肺炎疫情的现金和物品，允许在计算应纳税所得额时全额扣除。该政策的截止日期视疫情情况由税务总局另行公告。

（6）自 2019 年 1 月 1 日至 2020 年 12 月 31 日，企事业单位、社会团体以及其他组织捐赠住房作为公租房，符合税收法律法规规定的，对其公益性捐赠支出在年度利润总额 12%以内的部分，准予在计算应纳税所得额时扣除，超过年度利润总额 12%的部分，准予结转以后三年内在计算应纳税所得额时扣除。

考点二十一　手续费及佣金支出★★

扫我解疑难

📋 **经典例题**

【例题 1·多选题】（2016 年改）下列关于手续费及佣金支出的企业所得税税务处理，正确的有（　　）。

A. 企业计入固定资产的手续费及佣金支出应通过折旧方式分期扣除

B. 电信企业按照企业当年收入总额的 5%计算可扣除手续费及佣金限额

C. 保险企业按照当年全部保费收入的 15%计算可扣除佣金限额

D. 保险企业按照当年全部保费收入扣除退保金等后余额的 15%计算可扣除佣金限额

E. 以现金方式支付给具有合法经营资格个人的佣金可以全额扣除

【答案】 AB

【解析】 选项 C、D，保险企业发生与其经营活动有关的手续费及佣金支出，不超过当年全部保费收入扣除退保金等后余额的 18%(含本数)的部分，在计算应纳税所得额时准予扣除；超过部分，允许结转以后年度扣除；选项 E，还要考虑 5% 的限额要求。

【例题2·多选题】 （2012年改）下列支出中，准予在企业所得税税前全额扣除的有（　）。

A. 企业按规定缴纳的财产保险费

B. 烟草企业实际发生的，不超过当年销售（营业）收入 15% 的广告费和业务宣传费

C. 工业企业向保险公司借入经营性资金的利息支出

D. 保险企业实际发生的，且占当年全部保费收入金额的 12% 的手续费及佣金支出

E. 保险企业实际发生的，且占当年全部保费收入扣除退保金等后余额 12% 的手续费及佣金支出

【答案】 ACE

【解析】 选项 A，企业按规定缴纳的财产保险费，准予全额扣除；选项 B，烟草企业的烟草广告费和业务宣传费支出，一律不得在计算应纳税所得额时扣除；选项 C，工业企业向保险公司借入经营性资金的利息支出属于向金融企业的借款可以扣除；选项 D、E，保险企业实际发生的，且占当年全部保费收入扣除退保金等后余额 18% 的手续费及佣金支出准予扣除，注意要扣除退保金，所以选项 D 不正确，选项 E 没超过 18% 的比例可以全额扣除，所以选项 E 正确。

📝考点精析

不同情形下手续费和佣金支出税务处理如表 1-20 所示。

表 1-20　不同情形下手续费和佣金支出税务处理

类型		扣除标准
限额扣除	保险企业	发生与其经营活动有关的手续费及佣金支出，不超过当年全部保费收入扣除退保金等后余额的 18%（含本数）的部分，在计算应纳税所得额时准予扣除；超过部分，允许结转以后年度扣除
	电信企业	按不超过企业当年收入总额 5% 的部分计算限额 手续费及佣金支出范围：委托销售电话入网卡、电话充值卡等支付的佣金
	其他企业	按所签订服务协议或合同确认的收入金额的 5% 计算限额
不得扣除		除委托个人代理外，企业以现金等非转账方式支付的手续费及佣金
		企业为发行权益性证券支付给有关证券承销机构的手续费及佣金
不能直接扣除		企业已计入固定资产、无形资产等相关资产的手续费及佣金支出，应当通过折旧、摊销等方式分期扣除，不得在发生当期直接扣除

『提示』委托方：支付手续费及佣金的主体。

（1）企业不得将手续费及佣金支出计入回扣、业务提成、返利、进场费等费用。

（2）企业支付的手续费及佣金不得直接冲减服务协议或合同金额，并如实入账。

（3）手续费及佣金的支付要有分配表和合法凭证。

受托方：从事代理服务企业。

从事代理服务，主营业务收入为手续费、佣金的企业（如证券、期货、保险代理等企业），其为取得该类收入而实际发生的营业成本（包括手续费及佣金支出），准予在企业所得税税前据实扣除。

考点二十二　投资企业撤回或减少投资的处理★★

扫我解疑难

📝经典例题

【例题·单选题】 （2019年改）2015年甲公司出资 4000 万元投资 M 公司，取得其 40% 的股

权，2019年甲公司从M公司撤资，取得收入9000万元，撤资期间M公司股东大会作出利润分配决定，其累计未分配利润总金额为3000万元。甲撤资应确定的应纳税所得额是（　　）万元。

A. 3000

B. 5000

C. 6000

D. 3800

【答案】D

【解析】应纳税所得额 = 9000 - 4000 - 3000 × 40% = 3800（万元）

考点精析

投资企业从被投资企业撤回或减少投资，其取得的资产分成三个成分：

（1）相当于初始出资的部分，确认为投资收回；

（2）相当于被投资企业累计未分配利润和累计盈余公积按减少实收资本比例计算的部分，应确认为股息所得；

（3）其余部分确认为投资资产转让所得。

考点二十三　保险公司缴纳的保险保障基金 ★

扫我解疑难

经典例题

【例题·单选题】下列关于保险公司缴纳的保险保障基金企业所得税税前扣除的表述，不正确的是（　　）。

A. 非投资型财产保险业务，不得超过保费收入的0.8%

B. 有保证收益的人寿保险业务，不得超过业务收入的0.15%

C. 短期健康保险业务，不得超过保费收入的0.8%

D. 非投资型意外伤害保险业务，不得超过保费收入的0.5%

【答案】D

【解析】非投资型意外伤害保险业务，不得超过保费收入的0.8%。

考点精析

保险公司缴纳的保险保障基金的扣除规定如表1-21所示。

表1-21　保险公司缴纳的保险保障基金的扣除规定

类型	扣除标准		
限额扣除	财产保险业务、意外伤害保险业务	非投资型	不得超过保费收入的0.8%
		投资型　有保证收益	不得超过业务收入的0.08%
		投资型　无保证收益	不得超过业务收入的0.05%
	人寿保险业务	有保证收益	不得超过业务收入的0.15%
		无保证收益	不得超过业务收入的0.05%
	健康保险业务	短期	不得超过保费收入的0.8%
		长期	不得超过保费收入的0.15%
不得扣除	财产保险公司的保险保障基金余额达到公司总资产**6%**的		
	人身保险公司的保险保障基金余额达到公司总资产**1%**的		

『提示』上述保费收入和业务收入的区别：

保费收入，是指投保人向保险公司支付的保险费

业务收入，是指投保人为购买相应的保险产品支付给保险公司的全部金额

扫我解疑难

考点二十四　扣除凭证★★★

📋 经典例题

【例题1·单选题】 税前扣除凭证在管理中应遵循的原则，不包括(　　)。

A. 真实性原则

B. 合法性原则

C. 关联性原则

D. 完整性原则

【答案】 D

【解析】 税前扣除凭证在管理中遵循真实性、合法性、关联性原则。

【例题2·多选题】 企业在补开发票过程中，因对方注销而无法补开发票，可凭一定资料证实支出真实性后，其支出允许税前扣除。在企业准备的下列资料中，属于必备资料的是(　　)。

A. 无法补开的证明资料

B. 相关业务活动的合同

C. 采用非现金方式支付的付款凭证

D. 货物运输的证明资料

E. 企业会计核算记录

【答案】 ABC

【解析】 必备资料包括：(1)无法补开、换开发票、其他外部凭证原因的证明资料(包括工商注销、机构撤销、列入非正常经营户、破产公告等证明资料)；(2)相关业务活动的合同或者协议；(3)采用非现金方式支付的付款凭证。

📋 考点精析

1. 企业发生支出，应取得税前扣除凭证，作为计算企业所得税应纳税所得额时扣除相关支出的依据。税前扣除凭证应遵循以下规定：

(1)管理原则：遵循**真实性、合法性、关联性**原则；

(2)取得时间：**汇算清缴期结束前**；

(3)类别：**内部凭证**和**外部凭证**(发票、财政票据、完税凭证、收款凭证、分割单等)。

2. 企业在境内发生的支出项目属于增值税应税项目的凭证要求：

(1)对方为已办理税务登记的增值税纳税人，其支出以**发票**(含税务机关代开的发票)作为税前扣除凭证；

(2)对方为依法无需办理税务登记的单位或者从事小额零星经营业务的个人，其支出以税务机关**代开的发票**或者**收款凭证**及**内部凭证**作为税前扣除凭证，收款凭证应载明收款单位名称、个人姓名及身份证号、支出项目、收款金额等相关信息。

3. 企业在境内发生的支出项目不属于增值税应税项目的凭证要求：

(1)对方为**单位**的，以对方开具的发票以外的其他**外部凭证**作为税前扣除凭证；

(2)对方为**个人**的，以**内部凭证**作为税前扣除凭证。

4. 不合规发票不得作为税前扣除凭证。

不合规发票是指企业取得私自印制、伪造、变造、作废、开票方非法取得、虚开、填写不规范等不符合规定的发票。

5. 企业在补开、换开发票、其他外部凭证过程中，因对方注销、撤销、依法被吊销营业执照、被税务机关认定为非正常户等特殊原因无法补开、换开发票、其他外部凭证的，可凭以下资料证实支出真实性后，其支出允许税前扣除：

(1)无法补开、换开发票、其他外部凭证原因的证明资料(包括工商注销、机构撤销、列入非正常经营户、破产公告等证明资料)；

(2)相关业务活动的合同或者协议；

(3)采用非现金方式支付的付款凭证；

(4)货物运输的证明资料；

(5)货物入库、出库内部凭证；

(6)企业会计核算记录以及其他资料。

上述(1)至(3)为**必备资料**。

考点二十五　不得扣除项目★★★

扫我解疑难

经典例题

【例题1·单选题】（2018年）下列支出可以在企业所得税税前扣除的是（　　）。

A. 子公司支付给母公司的管理费用

B. 企业内设营业机构之间支付的租金

C. 银行企业内设营业机构之间支付的利息

D. 企业内设营业机构之间支付的特许权使用费

【答案】C

【解析】企业之间支付的管理费、企业内营业机构之间支付的租金和特许权使用费，以及非银行企业内营业机构之间支付的利息，不得扣除。

【例题2·多选题】（2017年）在计算企业所得税时，下列支出允许在税前扣除的有（　　）。

A. 企业向银行支付的罚息

B. 企业发生的诉讼费用

C. 企业支付的合同违约金

D. 企业缴纳的企业所得税税款

E. 企业向投资者支付的股息、红利

【答案】ABC

【解析】选项A，企业向银行支付的罚息，不属于行政性罚款，可以税前扣除；选项B、C，诉讼费用、合同违约金都可以税前扣除。

【例题3·单选题】（2016年）下列各项支出，允许在计算企业所得税应纳税所得额时扣除的是（　　）。

A. 关联企业租赁设备支付的合理租金

B. 企业内营业机构之间支付的租金

C. 超过规定标准的捐赠支出

D. 工商部门罚款

【答案】A

【解析】选项B，企业之间支付的管理费、企业内营业机构之间支付的租金和特许权使用费，以及非银行企业内营业机构之间支付的利息，不得扣除；选项C，超过年度利润总额12%部分的公益性捐赠支出不得扣除；选项D，罚金、罚款和被没收财物的损失不得扣除。

【例题4·单选题】（2015年）下列各项支出，可在企业所得税税前扣除的是（　　）。

A. 企业之间支付的管理费用

B. 非银行企业内营业机构之间支付的利息

C. 企业依据法律规定提取的环境保护专项资金

D. 烟草企业的烟草广告费和烟草宣传费

【答案】C

【解析】选项A，企业之间支付的管理费用不得税前扣除。选项B，非银行企业内营业机构之间支付的利息，不得税前扣除。银行企业内营业机构之间支付的利息，可以税前扣除。选项D，烟草企业的烟草广告费和烟草宣传费，不得税前扣除。

考点精析

在计算应纳税所得额时，下列支出不得扣除：

（1）向投资者支付的股息、红利等权益性投资收益款项。

（2）企业所得税税款。

（3）税收滞纳金，是指纳税人、扣缴义务人违反税收法律、法规，被税务征收机关加收的滞纳金。

（4）罚金、罚款和被没收财物的损失，是指纳税人违反国家有关法律、法规规定，被有关部门处以的罚款、罚金和被没收的财物。

（5）超过《企业所得税法》第九条规定以外的捐赠支出。

（6）赞助支出，是指企业发生的与生产经营活动无关的各种非广告性质支出。

（7）未经核定的准备金支出，是指不符合国务院财政、税务主管部门规定的各项资产减值准备、风险准备等准备金支出。

（8）企业之间支付的管理费、企业内营业

机构之间支付的租金和特许权使用费，以及非银行企业内营业机构之间支付的利息，不得扣除。

（9）与取得收入无关的其他支出。

考点二十六　亏损弥补 ★★★

扫我解疑难

📝 经典例题

【例题1·单选题】（2015年）下列关于企业筹建期间相关业务的税务处理，正确的是（　）。

A. 筹建期应确认为企业的亏损年度

B. 筹办费应作为长期待摊费用在不低于2年的时间内进行摊销

C. 筹建期发生的广告费和业务宣传费可按实际发生额计入筹办费

D. 筹建期发生的业务招待费可按实际发生额计入筹办费

【答案】 C

【解析】 选项A，企业筹建期间不计算为亏损年度；选项B，筹办费可以在开始经营之日的当年一次性扣除，也可以按照长期待摊费用在不低于3年的时间内进行摊销；选项D，企业在筹建期间发生的与筹办活动有关的业务招待费支出，可按实际发生额的60%计入企业筹办费。

【例题2·单选题】 某国家重点扶持的高新技术企业，2017年度亏损15万元，2018年度亏损10万元，2019年度盈利125万元，企业2019年应纳的企业所得税为（　）万元。

A. 18.75　　　　　B. 17.25

C. 15　　　　　　D. 25

【答案】 C

【解析】 企业上一年度发生亏损，可用当年所得进行弥补，5年内弥补不完的，可连续弥补10年，按弥补亏损后的应纳税所得额和适用税率计算税额，所以2017年、2018年的亏损都可以用2019年的所得弥补；国家重点扶持的高新技术企业，适用的企业所得税税率

是15%。

2019年应纳企业所得税=（125-15-10）×15%=15（万元）。

【例题3·多选题】 根据企业所得税法相关规定，关于企业亏损弥补的说法，正确的有（　）。

A. 境外营业机构的亏损可以用境内营业机构的盈利弥补

B. 一般性税务处理下被合并企业的亏损不得由分立企业弥补

C. 一般性税务处理下被分立企业的亏损不得由分立企业弥补

D. 一般企业亏损弥补的年限最长不得超过5年

E. 境内营业机构的亏损可以用境外营业机构的盈利弥补

【答案】 CDE

【解析】 选项A，境外营业机构的亏损不得抵减境内营业机构的盈利；选项B，在合并事务中，不可能出现分立企业，更谈不上亏损弥补了。

📝 考点精析

1. 一般规定

企业某一纳税年度发生的亏损可以用下一年度的所得弥补，下一年度的所得不足弥补的，可以逐年延续弥补，但最长不得超过5年。而且，企业在汇总计算缴纳企业所得税时，其境外营业机构的亏损不得抵减境内营业机构的盈利。

自2018年1月1日起，将取得资质的高新技术企业和科技型中小企业亏损结转年限由5年延长至10年。

2. 特殊情形下亏损弥补的税务处理

（1）企业筹办期间不计算为亏损年度，企业自开始生产经营的年度，为开始计算企业损益的年度。企业从事生产经营之前进行筹办活动期间发生筹办费用支出，不得计算为当期的亏损，企业可以在开始经营之日的当年一次性扣除，也可以按照税法有关长期待

摊费用的处理规定处理，但一经选定，不得改变。

（2）税务机关对企业以前年度纳税情况进行检查时调增的应纳税所得额，凡企业以前年度发生亏损，且该亏损属于《企业所得税法》规定允许弥补的，应允许调增的应纳税所得额弥补该亏损。弥补该亏损后仍有余额的，按照《企业所得税法》规定计算缴纳企业所得税。

（3）企业在汇总计算缴纳企业所得税时，其境外营业机构的亏损不得抵减境内营业机构的盈利。

（4）亏损企业追补确认以前年度未在企业所得税税前扣除的支出，或盈利企业经过追补确认后出现亏损的，应首先调整该项支出所属年度的亏损额，然后按照弥补亏损的原则计算以后年度多缴的企业所得税税款，并按一般规定处理。

（5）受疫情影响较大的困难行业企业2020年度发生的亏损，最长结转年限由5年延长至8年。

困难行业企业，包括交通运输、餐饮、住宿、旅游（指旅行社及相关服务、游览景区管理两类）四大类，具体判断标准按照现行《国民经济行业分类》执行。困难行业企业2020年度主营业务收入须占收入总额（剔除不征税收入和投资收益）的50%以上。

『提示』此政策自2020年1月1日起实施，截止日期视疫情情况另行公告。

📝 阶段性测试

1. 【单选题】2019年某软件生产企业发放的合理工资总额200万元；实际发生职工福利费用35万元、工会经费3.5万元、职工教育经费8万元（其中单独核算的职工培训经费4万元）；另为职工支付补充养老保险12万元、补充医疗保险8万元。2019年企业申报所得税时就上述费用应调增应纳税所得额（　　）万元。

A. 7　　　　　　　　　B. 9

C. 12　　　　　　　　D. 22

2. 【单选题】某公司2019年实际支出的工资、薪金总额为200万元（包括支付给季节工的工资10万元），实际扣除的三项经费合计40万元，其中职工福利费本期发生32万元（包括支付给季节工的福利费1万元），拨缴的工会经费5万元，已经取得工会拨缴款收据，实际发生职工教育经费3万元，该公司在计算2019年应纳税所得额时，应调整的应纳税所得额为（　　）万元。

A. 0　　　　　　　　　B. 7.75

C. 5　　　　　　　　　D. 35.50

3. 【单选题】某饮料制造企业为增值税一般纳税人，2019年取得销售收入20000万元，出租闲置的包装物取得租金收入10万元；处置废弃的厂房取得处置收入8万元，假设该企业2019年实际发生广告费7000万元，则2019年该企业在计算应纳税所得额时准予扣除的广告费为（　　）万元。

A. 3000　　　　　　　B. 3044.5

C. 7000　　　　　　　D. 6003

4. 【单选题】下列规定符合企业所得税中关于企业发生的手续费及佣金支出税前扣除政策的是（　　）。

A. 保险企业按当年全部保费收入扣除退保金后余额的10%计算限额

B. 电信企业拓展业务过程中向经纪人、代办商支付手续费及佣金，不超过企业当年收入总额15%的部分，准予在企业所得税税前据实扣除

C. 保险代理企业，为取得佣金和手续费收入而实际发生的手续费及佣金支出，准予在企业所得税税前据实扣除

D. 企业为发行权益性证券支付给有关证券承销机构的手续费及佣金可以在税前扣除

5. 【多选题】根据企业所得税法的规定，企业的下列各项支出，在计算应纳税所得额时，准予从收入总额中直接扣除的有（　　）。

A. 航空企业实际发生的飞行训练费

A. 航空企业实际发生的飞行训练费

B. 转让固定资产发生的费用

C. 非居民企业向总机构支付的合理费用

D. 企业计提的未经核准的坏账准备

E. 企业内营业机构之间支付的租金

6.【多选题】符合条件的软件企业的下列支出，在计算应纳税所得额时可在发生当期据实扣除的有（　　）。

A. 职工培训费

B. 诉讼费

C. 合理的工资薪金支出

D. 非广告性赞助支出

E. 合理的劳动保护费

7.【多选题】下列各项中，超过税法规定的扣除限额部分，可以结转到以后年度扣除的有（　　）。

A. 商业企业实际发生的，超过规定标准的职工教育经费支出

B. 向非金融企业借款的利息支出超过按照金融企业同期同类贷款利率计算的数额的部分

C. 业务招待费超过税法规定标准的部分

D. 广告费和业务宣传费支出超过当年销售（营业）收入15%的部分

E. 公益性捐赠超标准的部分

📝 阶段性测试答案精析

1. B 【解析】企业为本企业任职或者受雇的全体员工支付的补充养老保险费、补充医疗保险费，分别在不超过职工工资总额的5%标准以内的部分，准予扣除。补充养老保险扣除限额 = $200 \times 5\% = 10$（万元），实际发生了12万元，需要调增所得额2万元；补充医疗保险扣除限额 = $200 \times 5\% = 10$（万元），实际发生了8万元，不需要调整。职工福利费扣除的限额 = $200 \times 14\% = 28$（万元），实际发生了35万元，需要调增所得额7万元；软件企业支付给职工的培训费可以全额扣除，所以支付的4万元培训费可以全额扣除，职工教育经费扣除限额 =

$200 \times 8\% = 16$（万元），实际发生了4万元，可以全额扣除；工会经费的扣除限额 = $200 \times 2\% = 4$（万元），实际发生3.5万元，可以全额扣除。综上分析，上述费用应调增应纳税所得额9万元。

2. C 【解析】企业因雇用季节工、临时工等人员所实际发生的费用，应区分为工资、薪金支出和职工福利费支出，按规定在企业所得税税前扣除。福利费扣除限额 = $200 \times 14\% = 28$（万元），实际发生32万元，准予扣除28万元；工会经费扣除限额 = $200 \times 2\% = 4$（万元），实际发生5万元，准予扣除4万元；职工教育经费扣除限额 = $200 \times 8\% = 16$（万元），实际发生3万元，可以据实扣除；应调增应纳税所得额 = $(32 - 28) + (5 - 4) = 5$（万元）。

3. D 【解析】对饮料制造企业，不超过当年销售（营业）收入30%的广告费和业务宣传费支出可以在所得税税前扣除。包装物出租收入也是销售（营业）收入的一部分。固定资产处置收入不属于销售（营业）收入。因此，该企业当年可在税前扣除的广告费限额 = $(20000 + 10) \times 30\% = 6003$（万元），实际支付的7000万元大于限额，所以只能扣除6003万元。

4. C 【解析】选项A，保险企业按企业当年全部保费收入扣除退保金后余额的18%计算限额；选项B，电信企业在发展客户、拓展业务等过程中（如委托销售电话入网卡、电话充值卡等），需向经纪人、代办商支付手续费及佣金的，其实际发生的相关手续费及佣金支出，不超过企业当年收入总额5%的部分，准予在企业所得税税前据实扣除；选项D，企业为发行权益性证券支付给有关证券承销机构的手续费及佣金不得在税前扣除。

5. ABC 【解析】选项D，未经核准的准备金不得在税前扣除；选项E，企业内营业机构之间支付的租金不得扣除。

6. ABCE 【解析】选项C，企业发生合理的

工资薪金支出，准予扣除。选项 D，非广告性赞助支出，不得扣除。选项 E，企业发生合理的劳动保护费支出，准予扣除。

7. ADE 【解析】职工教育经费支出，不超过工资薪金总额8%的部分准予扣除，超过部分准予结转以后纳税年度扣除。广告费和业务宣传费支出，除国务院财政、税务主管部门另有规定外，不超过当年销售（营业）收入15%的部分，准予扣除，超过部分结转以后纳税年度扣除。企业通过公益性社会组织或者县级（含县级）以上人民政府及其组成部门和直属机构，用于慈善活动、公益事业的捐赠支出，在年度利润总额12%以内的部分，准予在计算应纳税所得额时扣除；超过年度利润总额12%的部分，准予结转以后3年内在计算应纳税所得额时扣除。

考点二十七　固定资产的税务处理★★

扫我解疑难

📝 经典例题

【例题1·单选题】（2019年）依据企业所得税的相关规定，下列固定资产可以计提折旧的是（　　）。

A. 闲置未用的仓库和办公楼
B. 以经营租赁方式租入的生产设备
C. 单独估价作为固定资产入账的土地
D. 已提足折旧仍继续使用的运输工具

【答案】A

【解析】不得计算折旧扣除的固定资产：

(1) 房屋、建筑物以外未投入使用的固定资产；
(2) 以经营租赁方式租入的固定资产；
(3) 以融资租赁方式租出的固定资产；
(4) 已足额提取折旧仍继续使用的固定资产；
(5) 与经营活动无关的固定资产；
(6) 单独估价作为固定资产入账的土地；
(7) 其他不得计算折旧扣除的固定资产。

【例题2·多选题】下列关于资产的企业所得税税务处理，说法正确的有（　　）。

A. 外购商誉的支出在企业整体转让时准予扣除
B. 租入资产的改建支出应作为长期待摊费用摊销扣除
C. 企业持有至到期投资成本按照预计持有期限分期摊销扣除
D. 固定资产大修理支出按照尚可使用年限分期摊销扣除
E. 外购固定资产以购买价款和支付的增值税作为计税基础

【答案】ABD

【解析】选项 C，企业对外投资期间，投资资产的成本在计算应纳税所得额时不得扣除；选项 E，外购固定资产，以购买价款和支付的相关税费以及直接归属于使该资产达到预定用途发生的其他支出为计税基础，但支付的可以抵扣的增值税不作为计税基础。

【例题3·多选题】（2013年）在计算应纳税所得额时，准予扣除企业按照规定计算的固定资产折旧。下列固定资产，不得计算折旧扣除的有（　　）。

A. 与经营活动无关的固定资产
B. 以经营租赁方式租出的固定资产
C. 以融资租赁方式租入的固定资产
D. 已足额提取折旧仍继续使用的固定资产
E. 房屋、建筑物以外未投入使用的固定资产

【答案】ADE

【解析】选项 B、C 可以计算折旧在税前扣除。

【例题4·单选题】某企业对原价1000万元的房屋（使用年限20年，不考虑净残值），使用8年时，为增加使用面积进行改造，取得变价收入30万元，领用自产产品一批，成本350万元，含税售价400万元（增值税税率13%），改造工程分摊人工费用100万元，改造后该资产使用年限延长3年。改造后该资产的年折旧额为（　　）万元。（企业按直线法计提折旧）

A. 68　　　　　B. 135.62

C. 137.6　　　　D. 140

【答案】A

【解析】改造后年折旧额＝（600－30＋350＋100）÷15＝68（万元）。

【应试技巧】根据《国家税务总局关于企业所得税若干问题的公告》（国家税务总局公告2011年第34号）第四条"关于房屋、建筑物固定资产改扩建的税务处理问题"规定，企业对房屋、建筑物固定资产在未足额提取折旧前进行改扩建的，如属于推倒重置的，该资产原值减除提取折旧后的净值，应并入重置后的固定资产计税成本，并在该固定资产投入使用后的次月起，按照税法规定的折旧年限，一并计提折旧；如属于提升功能、增加面积的，该固定资产的改扩建支出，并入该固定资产计税基础，并从改扩建完工投入使用后的次月起，重新按税法规定的该固定资产折旧年限计提折旧，如该改扩建后的固定资产尚可使用的年限低于税法规定的最低年限的，可以按尚可使用的年限计提折旧。

考点精析

1. 固定资产计税基础的确认（见表1-22）

表1-22　固定资产计税基础的确认

取得途径	计税基础
购买	购买价款＋相关税费＋直接归属于使该资产达到预定用途发生的支出
自行建造	竣工结算前发生的支出
融资租入	租赁合同中**约定付款总额**的：付款总额＋签合同过程中的相关费用
	租赁合同中**未约定付款总额**的：资产公允价值＋签合同过程中的相关费用
融资性售后回租	承租人出售资产的行为，不确认为销售收入，对融资性租赁的资产，仍按承租人出售前原账面价值作为计税基础计提折旧
盘盈	同类固定资产的重置完全价值
捐赠、投资、非货币性资产交换、债务重组等方式	资产公允价值＋相关税费
改扩建的固定资产主要表现：对未足额提取折旧前改建、扩建的	（1）**推倒重置**。该资产原值减除提取折旧后的净值，应并入重置后的固定资产计税成本。计税基础＝净值＋重置后的固定资产计税成本 （2）**提升功能、增加面积**。该固定资产的改扩建支出，并入该固定资产计税基础。计税基础＝改扩建支出＋净值

『提示』（1）企业固定资产投入使用后，由于工程款项尚未结清未取得全额发票的，可暂按合同规定的金额计入固定资产计税基础计提折旧，待发票取得后进行调整。但该项调整应在固定资产投入使用后12个月内进行。

（2）全民所有制企业改制为国有独资公司或者国有全资子公司，属于财税〔2009〕59号文件第四条规定的"企业发生其他法律形式简单改变"的，改制中资产评估增值不计入应纳税所得额；资产的计税基础按其原有计税基础确定；资产增值部分的折旧或者摊销不得在税前扣除。

2. 计提折旧的范围

下列固定资产不得计算折旧扣除：

（1）房屋、建筑物以外未投入使用的固定资产；

（2）以经营租赁方式租入的固定资产；

（3）以融资租赁方式租出的固定资产；

（4）已足额提取折旧仍继续使用的固定资产；

（5）与经营活动无关的固定资产；

（6）单独估价作为固定资产入账的土地；

（7）其他不得计算折旧扣除的固定资产。

3. 固定资产折旧计提方法(见表1-23)

表1-23 固定资产折旧的计提方法

起止日期	预计净残值	折旧方法
开始：投入使用月份的**次月** 终止：停止使用月份的**次月**	合理确定，一经确定，不得变更	**直线法**：折旧可以税前扣除 **加速折旧法**：企业按税法规定加速折旧的，折旧额可全额在税前扣除

4. 固定资产计算折旧的最低年限

(1)房屋、建筑物，为20年；

(2)飞机、火车、轮船、机器、机械和其他生产设备，为10年；

(3)与生产经营活动有关的器具、工具、家具等，为5年；

(4)飞机、火车、轮船以外的运输工具，为4年；

(5)电子设备，为3年。

考点二十八 生物资产的税务处理★★

扫我解疑难

📝**经典例题**

【例题·单选题】(2009年)某农场外购奶牛支付价款20万元，依据企业所得税法相关规定，税前扣除方法为( )。

A. 一次性在税前扣除

B. 按奶牛寿命在税前分期扣除

C. 按直线法以不低于3年折旧年限计算折旧税前扣除

D. 按直线法以不低于10年折旧年限计算折旧税前扣除

【答案】C

【解析】奶牛属于畜类生产性生物资产，按不低于3年计算折旧。

📝**考点精析**

1. 生物资产的范围(见表1-24)

表1-24 生物资产的范围

分类	特点	范围
消耗性生物资产	一次性消耗	大田作物、蔬菜、用材林、存栏待售的牲畜
生产性生物资产	持续产出	(1)经济林。(2)薪炭林。(3)产畜。(4)役畜
公益性生物资产	以防护、环保为目的	(1)防风固沙林。(2)水土保持林。(3)水源涵养林

『提示』在上述三个种类的生物资产中，只有生产性生物资产涉及资本化，需要计提折旧，而消耗性和公益性生物资产均不涉及资本化；其他类别的生物资产均可在税前一次性列支。这里请考生记住生物资产三个类别的范围，在多选题里，此处容易成为考点。

2. 生产性生物资产的税务处理

『提示』生产性生物资产的折旧计提方法的税务处理与固定资产的税务处理相同。

生产性生物资产计算折旧的最低年限：

(1)林木类生产性生物资产，为10年；

(2)畜类生产性生物资产，为3年。

考点二十九 无形资产的税务处理★★

扫我解疑难

📝**经典例题**

【例题1·多选题】(2019年)关于无形资产的企业所得税处理，下列说法正确的有( )。

A. 无形资产的摊销，采用直线法摊销年限不得低于10年

B. 外购商誉的支出，在企业整体转让或清算时扣除

C. 作为投资的无形资产，有关合同其约定了使用年限的，可按照约定的使用年限摊销

D. 自创商誉不得计算摊销使用扣除

E. 通过债务重组方式取得的无形资产，以应收债权和支付的相关税费作为计税基础

【答案】ABCD

【解析】通过捐赠、投资、非货币性资产交换、债务重组等方式取得的无形资产，以该资产的公允价值和支付的相关税费为计税基础；无形资产按照直线法计算的摊销费用，准予扣除；无形资产的摊销年限不得低于10年；作为投资或者受让的无形资产，有关法律规定或者合同约定了使用年限的，可以按照规定或者约定的使用年限分期摊销；外购商誉的支出，在企业整体转让或者清算时，准予扣除。

【例题2·单选题】（2013年）2012年1月某公司购进一套价值60万元的管理软件，符合无形资产确认条件，公司按照无形资产进行核算。根据企业所得税法相关规定，2012年该公司计算应纳税所得额时摊销无形资产费用的最高金额是( )万元。

A. 6 　　　　　　　　 B. 10

C. 30 　　　　　　　　 D. 60

【答案】C

【解析】企事业单位购进软件，凡符合固定资产或无形资产确认条件的，可以按照固定资产或无形资产进行核算，其折旧或摊销年限可以适当缩短，最短可为2年(含)。该公司

计算应纳税所得额时摊销无形资产费用的最高金额＝60÷2＝30(万元)。

【例题3·单选题】（2011年）根据企业所得税法相关规定，一般情况下无形资产摊销年限不得低于( )年。

A. 3 　　　　　　　　 B. 5

C. 7 　　　　　　　　 D. 10

【答案】D

【解析】根据企业所得税法相关规定，一般情况下无形资产摊销年限不得低于10年。

📝 考点精析

1. 无形资产摊销的范围

下列无形资产不得计算摊销费用扣除：

（1）自行开发的支出已在计算应纳税所得额时扣除的无形资产；

（2）自创商誉；

（3）与经营活动无关的无形资产；

（4）其他不得计算摊销费用扣除的无形资产。

2. 无形资产的摊销方法及年限

无形资产的摊销，采取直线法计算。无形资产的摊销年限不得低于10年。外购商誉的支出，在企业整体转让或者清算时，准予扣除。

企事业单位购进软件，凡符合固定资产或无形资产确认条件的，可以按照固定资产或无形资产进行核算，其折旧或摊销年限可以适当缩短，最短可为2年(含)。

3. 不同取得方式下的无形资产的摊销年限规定(见表1-25)

表1-25 不同取得方式下的无形资产的摊销年限规定

项目	情形	年限
无形资产摊销	一般情况	≥10年
	接受投资或受让的无形资产	有关法律规定或合同约定了使用年限的，可以按照规定或者约定的使用年限分期摊销
		没有相关法律规定或合同未约定使用年限的，按一般情况处理
	外购的软件	≥2年
	外购的商誉	在企业整体转让或清算时一次性扣除

考点三十 长期待摊费用的税务处理 ★★★

扫我解疑难

📝 经典例题

【例题1·多选题】（2018年）根据企业所得税相关规定，下列支出应作为长期待摊费用进行税务处理的有( )。

A. 融资租入固定资产的租赁费支出

B. 固定资产的大修理支出

C. 未提足折旧的固定资产改建支出

D. 已提足折旧的固定资产的改建支出

E. 租入固定资产的改建支出

【答案】 BDE

【解析】 企业发生的下列支出作为长期待摊费用，按照规定摊销的，准予扣除：

(1)已足额提取折旧的固定资产的改建支出；

(2)租入固定资产的改建支出；

(3)固定资产的大修理支出；

(4)其他应当作为长期待摊费用的支出。

【例题2·多选题】（2017年）依据企业所得税法的相关规定，下列支出可作为长期待摊费用进行税务处理的有( )。

A. 已提足折旧的固定资产的改建支出

B. 未提足折旧的固定资产的改建支出

C. 融资租入固定资产的租赁费支出

D. 经营租入固定资产的改建支出

E. 固定资产的大修理支出

【答案】 ADE

【解析】 企业发生的下列支出作为长期待摊费用，按照规定摊销的，准予扣除：①已足额提取折旧的固定资产的改建支出；②租入固定资产的改建支出；③固定资产的大修理支出；④其他应当作为长期待摊费用的支出。

【例题3·多选题】（2013年）在计算应纳税所得额时，企业发生的下列支出，应作为长期待摊费用的有( )。

A. 固定资产的大修理支出

B. 租入固定资产的改建支出

C. 固定资产的日常修理支出

D. 外购的生产性生物资产支出

E. 已足额提取折旧的固定资产的改建支出

【答案】 ABE

【解析】 选项C，固定资产的日常修理支出，可在发生当期直接扣除；选项D，外购的生产性生物资产支出，应计入生产性生物资产的成本中，通过折旧税前扣除。

【例题4·单选题】（2012年）2010年某商贸公司以经营租赁方式租入临街门面，租期10年。2011年3月，公司对门面进行了改建装修，发生改建费用20万元。关于装修费用的税务处理，下列说法正确的是( )。

A. 改建费用应作为长期待摊费用处理

B. 改建费用应从2011年3月进行摊销

C. 改建费用可以在发生当期一次性税前扣除

D. 改建费用应在3年的期限内摊销

【答案】 A

【解析】 租入固定资产的改建支出要作为长期待摊费用来处理，按照合同约定的剩余租赁期限分期摊销，所以应该从2011年4月开始摊销。

【例题5·多选题】 依据企业所得税法相关规定，固定资产大修理支出需要同时符合的条件有( )。

A. 修理后固定资产被用于新的或不同的用途

B. 修理后固定资产的使用年限延长2年以上

C. 修理后固定资产的使用年限延长1年以上

D. 修理支出达到取得固定资产时计税基础的50%以上

E. 修理支出达到取得固定资产时计税基础的20%以上

【答案】 BD

【解析】 企业所得税法所指固定资产的大修理支出，是指同时符合下列条件的支出：

(1)修理支出达到取得固定资产时的计税基础50%以上；

(2)修理后固定资产的使用年限延长2年以上。

长期待摊费用的范围及摊销期限(见表1-26)

表 1-26 长期待摊费用的范围及摊销期限

范围	摊销期限
已足额提取折旧的固定资产的改建支出 『提示』改建只针对房屋、建筑物	预计尚可使用年限分期摊销
租入固定资产的改建支出	按照合同约定的剩余租赁期限分期摊销
固定资产的大修理支出 『提示』固定资产的大修理支出,是指同时符合下列条件的支出: (1)修理支出达到取得固定资产时的计税基础50%以上 (2)修理后固定资产的使用年限延长2年以上	尚可使用年限分期摊销 『提示』对固定资产的修理支出可以直接扣除
其他应当作为长期待摊费用的支出 『举例』房屋、建筑物以外的已足额提取折旧的固定资产的改良支出	自支出发生月份的次月起,分期摊销,摊销年限不得低于3年

考点三十一 投资资产的税务处理★★

扫我解疑难

考点精析

【例题·多选题】 下列关于非货币性资产投资涉及的企业所得税处理的表述中,正确的有( )。

A. 企业以非货币性资产对外投资确认的非货币性资产转让所得,可在不超过5年期限内,分期均匀计入相应年度的应纳税所得额,按规定计算缴纳企业所得税

B. 企业以非货币性资产对外投资,应于投资协议生效并办理股权登记手续时,确认非货币性资产转让收入的实现

C. 企业以非货币性资产对外投资,应对非货币性资产进行评估并按评估后的公允价值扣除计税基础后的余额,计算确认非货币性资产转让所得

D. 企业以非货币性资产对外投资而取得被投资企业的股权,应以非货币性资产的原计税成本为计税基础,加上每年确认的非货币性资产转让所得,逐年进行调整

E. 被投资企业取得非货币性资产的计税基础,应按非货币性资产的原计税基础确定

【答案】 ABCD

【解析】 选项E,被投资企业取得非货币性资产的计税基础,应按非货币性资产的公允价值确定。

考点精析

1. 非货币性资产

非货币性资产是指除现金、银行存款、应收账款、应收票据以及准备持有至到期的债券投资等货币性资产以外的资产。

2. 非货币性资产投资

限于以非货币性资产出资设立新的居民企业,或将非货币性资产注入现存的居民企业。

非货币性资产投资行为的分解:投资行为+非货币性资产转让行为。

(1)投资行为。

投资资产计税基础的确定见表1-27。

表 1-27 投资资产计税基础的确定

取得途径	计税基础
支付现金方式取得	购买价款
支付现金以外的方式取得	公允价值+相关税费

（2）资产转让行为——销售行为（确认所得）。

①收入确认：于投资协议生效并办理股权登记手续时，确认非货币性资产转让收入。

②成本确认：非货币性资产账面的计税基础。

③所得额确认：非货币性资产转让所得=评估后的公允价值-账面计税基础。

④应税所得额的确认：针对非货币性资产转让所得，可以一次性计入应税所得额，也可以递延方式分期确认。

考点三十二 资产损失税前扣除★★

扫我解疑难

经典例题

【例题1·多选题】（2017年）依据企业所得税法的相关规定，金融企业准予税前提取贷款损失准备金的贷款有（ ）。

A. 担保贷款　　　　B. 委托贷款
C. 代理贷款　　　　D. 抵押贷款
E. 质押贷款

【答案】ADE

【解析】准予税前提取贷款损失准备金的贷款资产包括：抵押贷款、质押贷款和担保贷款。

【例题2·单选题】（2016年）下列各项债权，准予作为损失在企业所得税税前扣除的是（ ）。

A. 行政部门干预逃废的企业债权
B. 担保人有经济偿还能力未按期偿还的企业债权
C. 企业未向债务人追偿的债权
D. 由国务院批准文件证明，经国务院专案批准核销的债权

【答案】D

【解析】税法规定，以下股权和债权不得作为损失在税前扣除：

（1）债务人或者担保人有经济偿还能力，未按期偿还的企业债权；

（2）违反法律、法规的规定，以各种形式、借口逃废或悬空的企业债权；

（3）行政干预逃废或悬空的企业债权；

（4）企业未向债务人和担保人追偿的债权；

（5）企业发生非经营活动的债权；

（6）其他不应当核销的企业债权和股权。

【例题3·单选题】（2016年）下列应收账款损失，如在会计上已作为损失处理的，可以在企业所得税税前扣除的是（ ）。

A. 逾期3年的20万元应收账款损失
B. 相当于企业年度收入1‰的应收账款损失
C. 逾期2年的10万元应收账款损失
D. 逾期1年的10万元应收账款损失

【答案】A

【解析】企业逾期3年以上的应收账款在会计上已作为损失处理的，可以作为坏账损失。

【例题4·单选题】（2015年）下列情形中，不能作为坏账损失在计算应纳税所得额时扣除的是（ ）。

A. 因自然灾害导致无法收回的应收账款
B. 债务人被依法注销，其清算财产不足以清偿的应收账款
C. 债务人2年未偿清且有确凿证据证明无力偿还的应收账款
D. 法院批准破产重组计划后无法追偿的应收账款

【答案】C

【解析】债务人逾期3年未偿清，且有确凿证据证明无力偿还的应收账款，可作为坏账损失在计算应纳税所得额时扣除。

【例题5·单选题】（2013年）依据企业所得税法相关规定，发生下列情形，导致应收账款无法收回的部分，可以作为坏账损失在所得税税前扣除的是（　　）。

A. 债务人死亡，遗产继承人拒绝偿还的

B. 债务人解散，清算程序拖延达3年的

C. 与债务人达成债务重组协议，无法追偿的

D. 债务人4年未清偿，追偿成本超过应收账款的

【答案】 C

【解析】 企业除贷款类债权外的应收、预付账款符合下列条件之一的，减除可收回金额后确认的无法收回的应收、预付款项，可以作为坏账损失在计算应纳税所得额时扣除：

（1）债务人依法宣告破产、关闭、解散、被撤销，或者被依法注销、吊销营业执照，其清算财产不足清偿的；

（2）债务人死亡，或者依法被宣告失踪、死亡，其财产或者遗产不足清偿的；

（3）债务人逾期3年以上未清偿，且有确凿证据证明已无力清偿债务的；

（4）与债务人达成债务重组协议或法院批准破产重整计划后，无法追偿的；

（5）因自然灾害、战争等不可抗力导致无法收回的；

（6）国务院财政、税务主管部门规定的其他条件。

所以，选项C可以作为坏账损失在税前扣除；其他选项不符合税前扣除的规定。

📝 **考点精析**

1. 资产损失税前扣除政策

（1）资产损失扣除的一般规定如表1-28所示。

表1-28 资产损失扣除的一般规定

资产	资产损失
货币性资产包括：现金、银行存款、应收及预付款项等 非货币性资产包括：存货、固定资产、无形资产、在建工程 债权性投资和股权性投资	**实际资产损失** 判定标准：实际发生且会计已处理
	法定资产损失 判定标准：需提供证明且会计已处理

（2）企业以前年度发生的资产损失未能在当年税前扣除的税务处理如表1-29所示。

表1-29 企业以前年度发生的资产损失未能在当年税前扣除的税务处理

项目	类别	税务处理
在以前年度发生的未能在当年税前扣除的资产损失	属于法定资产损失	**申报年度扣除**
	属于实际资产损失	准予追补至该项损失发生年度扣除，其**追补确认期限一般不得超过5年**。企业因以前年度实际资产损失未在税前扣除而多缴的企业所得税税款，可在追补确认年度企业所得税应纳税款中予以抵扣，不足抵扣的，向以后年度递延抵扣

2. 金融企业贷款损失准备金的税务处理

（1）一般性处理规定。政策性银行、商业银行、财务公司、城乡信用社和金融租赁公司等金融企业提取的贷款损失准备金的税前扣除处理规定：

①准予税前提取贷款损失准备金的贷款资产范围包括：

A. 贷款（含抵押、质押、担保等贷款）；

B. 银行卡透支、贴现、信用垫款（含银行承兑汇票垫款、信用证垫款、担保垫款等）、进出口押汇、同业拆出、应收融资租赁款等各项具有贷款特征的风险资产；

C. 由金融企业转贷并承担对外还款责任的国外贷款，包括国际金融组织贷款、外国

买方信贷、外国政府贷款、日本国际协力银行不附条件贷款和外国政府混合贷款等资产。

②准予当年税前扣除的贷款损失准备金计算公式：

准予当年税前扣除的贷款损失准备金＝本年年末准予提取贷款损失准备金的贷款资产余额×1%-截至上年年末已在税前扣除的贷款损失准备金的余额

『提示』上述公式计算结果为负数的，应调增当年应纳税所得额。

③金融企业发生的符合条件的贷款损失，应先冲减已在税前扣除的贷款损失准备金，不足冲减部分可据实在计算当年应纳税所得额时扣除。

④金融企业的委托贷款、代理贷款、国债投资、应收股利、上交央行准备金以及金融企业剥离的债权和股权、应收财政贴息、央行款项等不承担风险和损失的资产，不得提取贷款损失准备金在税前扣除。

上述①~④项政策有效期为2019年1月1日起执行至2023年12月31日止。

（2）特殊规定。

金融企业涉农贷款和中小企业贷款损失准备金税前扣除。

按照以下比例计提的贷款损失准备金，准予在计算应纳税所得额时扣除：

①关注类贷款，计提比例为2%；

②次级类贷款，计提比例为25%；

③可疑类贷款，计提比例为50%；

④损失类贷款，计提比例为100%。

3. 资产损失确认的相关证据

包括：具有法律效力的外部证据和特定事项的企业内部证据（见表1-30）。

第1章 企业所得税

表 1-30　资产损失确认的相关证据

外部证据	内部证据
(1)司法机关的判决或者裁定 (2)公安机关的立案结案证明、回复 (3)工商部门出具的注销、吊销及停业证明 (4)企业的破产清算公告或清偿文件 (5)行政机关的公文 (6)专业技术部门的鉴定报告 (7)具有法定资质的中介机构的经济鉴定证明 (8)仲裁机构的仲裁文书 (9)保险公司对投保资产出具的出险调查单、理赔计算单等保险单据 (10)符合法律规定的其他证据	(1)有关会计核算资料和原始凭证 (2)资产盘点表 (3)相关经济行为的业务合同 (4)企业内部技术鉴定部门的鉴定文件或资料 (5)企业内部核批文件及有关情况说明 (6)对责任人由于经营管理责任造成损失的责任认定及赔偿情况说明 (7)法定代表人、企业负责人和企业财务负责人对特定事项真实性承担法律责任的声明

4. 各项资产损失的确认

（1）非货币资产损失的确认（见表1-31）。

表 1-31　非货币资产损失的确认

非货币资产	损失情形	损失金额的确定
存货	盘亏损失	盘亏金额扣除责任人赔偿后的余额
	报废、毁损或变质损失	计税成本扣除残值及责任人赔偿后的余额
	被盗损失	计税成本扣除保险理赔以及责任人赔偿后的余额

057

続表

非货币资产	损失情形	损失金额的确定
固定资产	盘亏、丢失损失	账面净值扣除责任人赔偿后的余额
	报废、毁损损失	账面净值扣除残值和责任人赔偿后的余额
	被盗损失	账面净值扣除责任人赔偿后的余额
在建工程	停建、报废损失	工程项目投资账面价值扣除残值后的余额
生物资产	生产性生物资产盘亏损失	账面净值扣除责任人赔偿后的余额
	因森林病虫害、疫情、死亡而产生的生产性生物资产损失	账面净值扣除残值、保险赔偿和责任人赔偿后的余额
	被盗伐、被盗、丢失而产生的生产性生物资产损失	账面净值扣除保险赔偿以及责任人赔偿后的余额

（2）应收及预付款项坏账损失的确认。

①企业逾期3年以上的应收款项在会计上已作为损失处理的，可以作为坏账损失；

②企业逾期1年以上，单笔数额不超过5万元或者不超过企业年度收入总额万分之一的应收款项，会计上已经作为损失处理的，可以作为坏账损失。

（3）企业的股权投资符合下列条件之一的，减除可收回金额后确认的无法收回的股权投资，可以作为股权投资损失在计算应纳税所得额时扣除：

①被投资方依法宣告破产、关闭、解散、被撤销，或者被依法注销、吊销营业执照的；

②被投资方财务状况严重恶化，累计发生巨额亏损，已连续停止经营3年以上，且无重新恢复经营改组计划的；

③对被投资方不具有控制权，投资期限届满或者投资期限已超过10年，且被投资单位因连续3年经营亏损导致资不抵债的；

④被投资方财务状况严重恶化，累计发生巨额亏损，已完成清算或清算期超过3年以上的；

⑤国务院财政、税务主管部门规定的其他条件。

（4）下列股权和债权不得作为损失在税前扣除：

①债务人或者担保人有经济偿还能力，未按期偿还的企业债权；

②违反法律、法规的规定，以各种形式、借口逃废或悬空的企业债权；

③行政干预逃废或悬空的企业债权；

④企业未向债务人和担保人追偿的债权；

⑤企业发生非经营活动的债权；

⑥其他不应当核销的企业债权和股权。

5. 其他规定

从2017年企业所得税汇算清缴开始，企业向税务机关申报扣除资产损失，仅需填报企业所得税年度纳税申报表《资产损失税前扣除及纳税调整明细表》，不再报送资产损失相关资料。相关资料由企业留存备查。同时，企业应当完整保存资产损失相关资料，保证资料的真实性、合法性。

考点三十三　企业重组的税务处理★★★

扫我解疑难

📝 经典例题

【例题1·单选题】（2019年）依据企业所得税的相关规定，当企业分立事项采取一般性税务处理方法时，分立企业接受资产的计税基础是被分立资产的（　　）。

A. 公允价值

B. 账面价值

C. 账面净值

D. 评估价值

【答案】A

【解析】一般性税务处理规定，企业分立，当事各方应按下列规定处理：

(1)被分立企业对分立出去资产应按公允价值确认资产转让所得或损失。

(2)分立企业应按公允价值确认接受资产的计税基础。

(3)被分立企业继续存在时，其股东取得的对价应视同被分立企业分配进行处理。

(4)被分立企业不再继续存在时，被分立企业及其股东都应按清算进行所得税处理。

(5)企业分立相关企业的亏损不得相互结转弥补。

【例题2·单选题】(2019年)甲企业以本公司价值1350万元的股权和150万元货币资金为对价，收购乙企业80%的经营性资产，该资产计税基础为1000万元。假设各方选择特殊性税务处理(不考虑其他税费)，则乙企业应确认的资产转让所得是( )万元。

A. 0   B. 50

C. 400   D. 500

【答案】B

【解析】对于企业重组特殊性税务处理：交易中股权支付的部分，暂不确认有关资产的转让所得或损失；交易中非股权支付部分仍应在交易当期确认相应的资产转让所得或损失，并调整相应资产的计税基础。乙企业应确认的资产转让所得 = [(1350+150)-1000]×[150÷(1350+150)]=50(万元)。

【例题3·单选题】(2019年)2019年10月甲企业吸收合并乙企业，该业务符合特殊性税务处理相关条件。合并日乙企业净资产账面价值1000万元、公允价值1200万元，五年内尚未弥补的亏损为60万元。假设年末国家发行的最长期限国债利率为4.5%，则甲企业可弥补的乙企业亏损限额是( )万元。

A. 0   B. 45

C. 54   D. 60

【答案】C

【解析】在特殊性税务处理情形下，被合并企业未超过法定弥补期限的亏损额可以结转到合并企业在限额内进行弥补，可由合并企业弥补的被合并企业亏损的限额＝被合并企业净资产公允价值×截至合并业务发生当年年末国家发行的最长期限的国债利率 = 1200×4.5%=54(万元)。

【例题4·单选题】(2017年)甲企业持有乙企业93%的股权，共计3000万股。2016年8月丙企业决定收购甲企业所持有的乙企业全部股权，该股权每股计税基础为10元，收购日每股公允价值为12元。在收购中丙企业以公允价值为32400万元的股权以及3600万元银行存款作为支付对价，假定该收购行为符合特殊性税务处理条件且企业选择特殊性税务处理，则甲企业股权转让的应纳税所得额为( )万元。

A. 300   B. 600

C. 5400   D. 6000

【答案】B

【解析】对于被收购企业的股东取得的收购企业股权的计税基础，以被收购股权的原有计税基础确定。所以股权支付的部分不确认所得和损失，对于非股权支付的部分，要按照规定确认所得和损失，依法计算缴纳企业所得税。

甲企业转让股权的应纳税所得额=(3000×12-3000×10)×3600÷(32400+3600)=600(万元)。

【例题5·单选题】(2016年)下列关于企业合并实施一般性税务处理的说法，正确的是( )。

A. 被合并企业的亏损可按比例在合并企业结转弥补

B. 合并企业应按照账面净值确认被合并企业各项资产的计税基础

C. 被合并企业股东应按清算进行所得税处理

D. 合并企业应按照协商价格确认被合并企业各项负债的计税基础

【答案】C

【解析】选项A，被合并企业的亏损不得在合并企业结转弥补。选项B、D，合并企业应按公允价值确定接受被合并企业各项资产和负债的计税基础。

【例题6·单选题】 (2012年)2011年8月甲企业以吸收方式合并乙企业，合并业务符合特殊性税务处理条件。合并时乙企业净资产账面价值1100万元，市场公允价值1300万元，弥补期限内的亏损70万元，年末国家发行的最长期限的国债利率为4.5%。2011年由甲企业弥补的乙企业的亏损额为( )万元。

A. 3.15

B. 49.5

C. 58.5

D. 70

【答案】 C

【解析】 符合特殊性税务处理的条件，可由合并企业弥补的被合并企业的亏损限额为被合并企业净资产的公允价值乘以截至合并业务发生当年年末国家发行的最长期限的国债利率。2011年甲企业弥补乙企业的亏损额 = 1300×4.5% = 58.50(万元)。

【例题7·多选题】 (2012年)2011年10月甲公司购买乙公司的部分资产，该部分资产计税基础为6000万元，公允价值为8000万元；乙公司全部资产的公允价值为10000万元。甲公司向乙公司支付一部分股权(计税基础为4500万元，公允价值为7000万元)以及1000万元银行存款。假定符合资产收购特殊性税务处理的其他条件，且双方选择特殊性税务处理。下列说法正确的有( )。

A. 甲公司取得的乙公司资产的计税基础为6250万元

B. 乙公司取得的甲公司股权的计税基础为6000万元

C. 乙公司应确认资产转让所得250万元

D. 甲公司暂不确认资产转让所得

E. 甲公司应确认股权转让所得2500万元

【答案】 AC

【解析】 选项A，甲公司取得的乙公司资产的计税基础 = 6000×(7000÷8000) + 1000 = 6250(万元)。选项B，转让企业取得受让企业股

权的计税基础，以被转让资产的原有计税基础确定，所以乙公司取得的甲公司股权的计税基础 = 6000×(7000÷8000) = 5250(万元)；非股权支付对应的资产转让所得 = (8000 - 6000)×(1000÷8000) = 250(万元)，所以选项C正确，选项D错误。选项E，甲公司不确认股权转让所得。

【例题8·单选题】 (2011年)甲企业持有丙企业90%的股权，共计4500万股，2011年2月将其全部转让给乙企业。收购日甲企业每股资产的公允价值为14元，每股资产的计税基础为12元。在收购对价中乙企业以股权形式支付55440万元，以银行存款支付7560万元。假定符合特殊性税务处理的其他条件，甲企业转让股权应缴纳企业所得税( )万元。

A. 250

B. 270

C. 280

D. 300

【答案】 B

【解析】 由题意可知，本题业务符合特殊性税务处理的条件。对于被收购企业的股东(甲企业)取得收购企业股权的计税基础，以被收购股权的原有计税基础确定。所以，股权支付的部分不确认所得和损失；对于非股权支付的部分，要按照规定确认所得和损失，依法计算缴纳企业所得税。

甲企业转让股权的应纳税所得额 = 4500×(14 - 12)×7560÷(7560 + 55440) = 1080(万元)。

甲企业转让股权应缴纳企业所得税 = 1080×25% = 270(万元)。

📝 考点精析

1. 特殊性税务处理适用的条件

(1)具有合理的商业目的，且不以减少、免除或者推迟缴纳税款为主要目的；

(2)被收购、合并或分立部分的资产或股权比例符合规定的比例(50%)；

(3)企业重组后连续12个月内不改变重组资产原来的实质性经营活动；

（4）重组交易对价中涉及股权支付金额符合规定比例（85%）；

（5）企业重组中取得股权支付的原主要股东，在重组后连续 12 个月内，不得转让所取得的股权。

2. 一般性税务处理与特殊性税务处理比较（见表 1-32）

表 1-32　一般性税务处理与特殊性税务处理比较

重组业务	一般性税务处理	特殊性税务处理
债务重组	（1）以非货币资产清偿债务，应当分解为转让相关非货币性资产、按非货币性资产公允价值清偿债务两项业务，确认相关资产的所得或损失 （2）发生债权转股权的，应当分解为债务清偿和股权投资两项业务，确认有关债务清偿所得或损失 （3）债务人应当按照支付的债务清偿额低于债务计税基础的差额，确认债务重组所得；债权人应当按照收到的债务清偿额低于债权计税基础的差额，确认债务重组损失 （4）债务人的相关所得税纳税事项原则上保持不变	（1）企业债务重组确认的应纳税所得额占该企业当年应纳税所得额 50% 以上，可以在 5 个纳税年度的期间内，均匀计入各年度的应纳税所得额 （2）企业发生债权转股权业务，对债务清偿和股权投资两项业务暂不确认有关债务清偿所得或损失，股权投资的计税基础以原债权的计税基础确定。企业的其他相关所得税事项保持不变
资产收购	（1）被收购方应确认资产转让所得或损失 （2）收购方取得资产的计税基础应以公允价值为基础确定 （3）被收购企业的相关所得税事项原则上保持不变	（1）转让企业取得受让企业股权的计税基础，以被转让资产的原有计税基础确定 （2）受让企业取得转让企业资产的计税基础，以被转让资产的原有计税基础确定
股权收购	（1）被收购方应确认股权转让所得或损失 （2）收购方取得股权的计税基础应以公允价值为基础确定 （3）被收购企业的相关所得税事项原则上保持不变	（1）被收购企业的股东取得收购企业股权的计税基础，以被收购股权的原有计税基础确定 （2）收购企业取得被收购企业股权的计税基础，以被收购股权的原有计税基础确定 （3）收购企业、被收购企业的原有各项资产和负债的计税基础和其他相关所得税事项保持不变
企业合并	（1）合并企业应按公允价值确定接受被合并企业各项资产和负债的计税基础 （2）被合并企业及其股东都应按清算进行所得税处理 （3）被合并企业的亏损不得在合并企业结转弥补	（1）合并企业接受被合并企业资产和负债的计税基础，以被合并企业的原有计税基础确定 （2）被合并企业合并前的相关所得税事项由合并企业承继 （3）可由合并企业弥补的被合并企业亏损的限额=被合并企业净资产公允价值×截至合并业务发生当年年末国家发行的最长期限的国债利率 （4）被合并企业股东取得合并企业股权的计税基础，以其原持有的被合并企业股权的计税基础确定

重组业务	一般性税务处理	特殊性税务处理
企业分立	（1）被分立企业对分立出去的资产应按公允价值确认资产转让所得或损失 （2）分立企业应按公允价值确认接受资产的计税基础 （3）被分立企业继续存在时，其股东取得的对价应视同被分立企业分配进行处理 （4）被分立企业不再继续存在时，被分立企业及其股东都应按清算进行所得税处理 （5）企业分立相关企业的亏损不得相互结转弥补	（1）分立企业接受被分立企业资产和负债的计税基础，以被分立企业的原有计税基础确定 （2）被分立企业已分立出去资产相应的所得税事项由分立企业承继 （3）被分立企业未超过法定弥补期限的亏损额可按分立资产占全部资产的比例进行分配，由分立企业继续弥补 （4）被分立企业的股东取得分立企业的股权（以下简称"新股"），如需**部分或全部放弃原持有的被分立企业的股权**（以下简称"旧股"），"新股"的计税基础应以放弃"旧股"的计税基础确定。如**不需放弃"旧股"**，则其取得"新股"的计税基础可从以下两种方法中选择确定：直接将"新股"的计税基础确定为零；或者以被分立企业分立出去的净资产占被分立企业全部净资产的比例先调减原持有的"旧股"的计税基础，再将调减的计税基础平均分配到"新股"上

『提示』适用特殊性税务处理时，重组业务中重组交易各方对交易中股权支付暂不确认有关资产的转让所得或损失的，其非股权支付仍应在交易当期确认相应的资产转让所得或损失，并调整相应资产的计税基础。

非股权支付对应的资产转让所得或损失＝（被转让资产的公允价值－被转让资产的计税基础）×（非股权支付金额÷被转让资产的公允价值）＝非股权支付金额－被转让资产的计税基础×（非股权支付金额÷被转让资产的公允价值）

其具体计算步骤以下面的计算题为例进行讲解：

例：甲公司共有股权1000万股，为了将来有更好的发展，将80%的股权让乙公司收购，然后成为乙公司的子公司。假定收购日甲公司每股资产的计税基础为7元，每股资产的公允价值为9元。在收购对价中乙公司以股权形式支付6480万元，以银行存款支付720万元。甲公司此项业务的应税所得为多少？

【答案】

第一步：判断是否适用于特殊性税务处理。

股权收购比重＝80%，大于规定的50%；股权支付金额占交易额的比重＝6480÷（6480＋720）＝90%，大于规定的85%；适用企业重组的特殊性税务处理方法。

假设甲公司选择特殊性税务处理方法。

第二步：计算全部转让所得。

全部转让所得＝（被转让资产的公允价值－被转让资产的计税基础）＝（9-7）×1000×80%＝1600（万元）。

第三步：计算非股权支付比例。

非股权支付比例＝非股权支付金额÷被转让资产的公允价值＝720÷（6480＋720）＝10%。

第四步：计算非股权支付部分对应的所得。

非股权支付部分对应的所得＝1600×10%＝160（万元）。

考点三十四　房地产开发经营业务的税务处理 ★★★

扫我解疑难

经典例题

【例题1·单选题】（2019年）2019年8月，

第1章 企业所得税

某房地产公司采取基价并实行超基价分成方式委托销售开发产品，假设截至当年12月31日，房地产公司、中介公司与购买方三方共签销售合同的成交额为5000万元，其中房地产公司获得基价、超基价分成额分别为4200万元和500万元。房地产公司企业所得税的应税收入是（　　）万元。

A. 4200

B. 4500

C. 4700

D. 5000

【答案】D

【解析】房地产开发企业采取基价（保底价）并实行超基价双方分成方式委托销售开发产品的，属于由开发企业与购买方签订销售合同或协议，或开发企业、受托方、购买方三方共同签订销售合同或协议的，如果销售合同或协议中约定的价格高于基价，则应按销售合同或协议中约定的价格计算的价款于收到受托方已销开发产品清单之日确认收入的实现。

【例题2·单选题】（2018年）房地产公司采用银行按揭方式销售开发产品，为购房者支付的按揭贷款担保金，正确的企业所得税处理是（　　）。

A. 在实际发生损失的当期据实扣除

B. 作为营业外支出在支付当期据实扣除

C. 作为财务费用在支付当期据实扣除

D. 作为销售费用在支付当期据实扣除

【答案】A

【解析】企业采取银行按揭方式销售开发产品，凡约定企业为购买方的按揭贷款提供担保的，其销售开发产品时向银行提供的保证金（担保金）不得从销售收入中减除，也不得作为费用在当期税前扣除，但实际发生损失时可据实扣除。

【例题3·单选题】（2017年）依据企业所得税法的相关规定，房地产企业开发产品的成本计量与核算的方法是（　　）。

A. 制造成本法　　B. 标准成本法

C. 作业成本法　　D. 实际成本法

【答案】A

【解析】企业开发、建造的开发产品应按制造成本法进行计量与核算。

【例题4·多选题】（2016年）下列关于房地产开发企业成本费用扣除的企业所得税处理，正确的有（　　）。

A. 企业因国家无偿收回土地使用权形成的损失可按照规定扣除

B. 企业利用地下基础设施建成的停车场应作为公共配套设施处理

C. 企业单独建造的停车场应作为成本对象单独核算

D. 企业支付给境外销售机构不超过委托销售收入20%的部分准予扣除

E. 企业在房地产开发区内建造的学校应单独核算成本

【答案】ABCE

【解析】企业支付给境外销售机构不超过委托销售收入10%的部分准予扣除。

【例题5·单选题】（2013年）2012年10月某房地产公司委托房产经纪公司销售房产，采取基价并实行超基价双方分成方式，约定由房地产公司、经纪公司与购买方三方签订销售合同，12月31日收到经纪公司的代销清单显示销售总金额8000万元，其中基价为6000万元，超基价部分应分给经纪公司400万元。根据企业所得税法相关规定，房地产公司应确认销售收入（　　）万元。

A. 6000　　　　　B. 6400

C. 7600　　　　　D. 8000

【答案】D

【解析】采取基价并实行超基价双方分成方式委托销售开发产品的，属于企业与购买方签订购销合同或协议，或企业、受托方、购买方三方共同签订销售合同或协议的，如果销售合同或协议中约定的价格高于基价，则应按销售合同或协议中约定的价格计算的价款于收到受托方已销开发产品清单之日确认收入的实现，企业按规定支付受托方的分成额，不得直接从销售收入中扣减。所以，房地产公司应确认销售收入为8000万元。

【例题6·单选题】(2013年)依据企业所得税法相关规定，房地产企业应按合理的方法分配成本，其中单独作为过渡性成本对象核算的公共配套设施开发成本的分配方法是(   )。

A. 占地面积法   B. 建筑面积法

C. 直接成本法   D. 预算造价法

【答案】B

【解析】单独作为过渡性成本对象核算的公共配套设施开发成本，应按建筑面积法进行分配。

考点精析

开发企业收入的确认：

1. 销售未完工开发产品收入的税务处理

(1)计算出预计毛利额。先按预计的计税毛利率分季(或月)计算出预计毛利额，计入当期应纳税所得额。

预计毛利额=销售未完工开发产品的收入×预计计税毛利率

『链接』计税毛利率由各省、自治区、直辖市税务局按下列规定确定：

①开发项目位于省、自治区、直辖市和计划单列市人民政府所在地城市城区和郊区

的，不得低于15%；

②开发项目位于地级市城区及郊区的，不得低于10%；

③开发项目位于其他地区的，不得低于5%；

④属于经济适用房、限价房和危改房的，不得低于3%。

(2)计算实际毛利额。待完工后，企业应及时结算其计税成本并计算此前销售收入的实际毛利额，同时将其实际毛利额与其对应的预计毛利额之间的差额，计入当年度企业本项目与其他项目合并计算的应纳税所得额。

2. 销售完工开发产品收入的税务处理

(1)房地产开发经营业务的完工判定。企业房地产开发经营业务除土地开发之外，其他开发产品符合下列条件之一的，应视为已经完工：

①开发产品竣工证明材料已报房地产管理部门备案；

②开发产品已开始投入使用；

③开发产品已取得了初始产权证明。

(2)销售收入的一般确定。代收的各种基金、费用和附加的税务处理见表1-33。

表1-33 代收的各种基金、费用和附加的税务处理

项目	方式	收入	成本
代收的各种基金、费用和附加	企业开具在发票内，纳入开发产品价内	收取时，确认收入	缴纳时可以扣除
	未开具在发票内，不纳入开发产品价内	收取时不确认收入，只作为代收代缴款项	缴纳时不可以扣除

(3)企业通过签订《房地产销售合同》或《房地产预售合同》销售开发产品所取得的收入的确认见表1-34。

表1-34 房地产企业不同销售方式下取得的收入的确认

销售方式	税务处理
一次性全额收款	实际收讫价款或取得索取价款凭据(权利)之日，确认收入的实现
分期收款	按销售合同或协议约定的价款和付款日确认收入的实现 付款方提前付款的，在实际付款日确认收入的实现

销售方式		税务处理
银行按揭方式		按销售合同或协议约定的价款确定收入额，具体如下： ①首付款应于实际收到日确认收入 ②余款于银行按揭贷款办理转账之日确认收入 确认方式：收付实现制
委托方式销售	支付手续费	应按销售合同或协议中约定的价于收到受托方已销开发产品清单之日确认收入的实现
	视同买断	①属于企业与购买方签订销售合同或协议，或企业、受托方、购买方三方共同签订销售合同或协议的： A. 销售合同或协议中约定价格高于买断价格，则按约定价格确认收入并在收到受托方代销清单之日确认收入 B. 销售合同或协议中约定价格低于买断价格，则按买断价格确认收入并在收到受托方代销清单之日确认收入 ②属于受托方与购买方签订销售合同或协议的，按买断价格确认收入并在收到受托方代销清单之日确认收入
	采取基价（保底价）并实行超基价双方分成方式	①企业与购买方签订合同或协议，或企业、受托方、购买方三方共同签合同或协议的： A. 销售合同或协议中约定的价格高于基价，则按约定价格确认收入并在收到受托方代销清单之日确认收入的实现，企业按规定支付受托方的分成额，不得直接从销售收入中减除 B. 销售合同或协议约定的价格低于基价的，则按基价计算的价款于收到受托方已销开发产品清单之日确认收入的 ②受托方与购买方直接签订销售合同的，则按"基价+分成"确认收入并在收到受托方代销清单之日确认收入
	包销方式	包销期内可根据包销合同的约定，参照前面三种委托销售方式确认收入的实现 包销期满后尚未出售的开发产品，企业应根据包销合同或协议约定的价款和付款方式确认收入的实现

（4）开发产品视同销售行为的税务处理。于开发产品所有权或使用权转移，或于实际取得利益权利时，按以下方法和顺序确认收入（或利润）：

①按本企业近期或本年度最近月份同类开发产品市场销售价格确定；

②由主管税务机关参照当地同类开发产品市场公允价值确定；

③按开发产品的成本利润率确定。开发产品的成本利润率不得低于15%，其比例由主管税务机关确定。

3. 成本、费用及损失扣除的税务处理

（1）准予当期按规定扣除的项目：

①发生的期间费用；

②已销开发产品计税成本；

③税金及附加（土地增值税、城市维护建设税、教育费附加和地方教育附加等）。

（2）企业对尚未出售的已完工开发产品和对已售开发产品（包括共用部位、共用设施设备）进行日常维护、保养、修理等实际发生的维修费用，准予在当期据实扣除。

（3）企业将已计入销售收入的共用部位、共用设施设备维修基金按规定移交给有关部门、单位的，应于移交时扣除。

（4）企业在开发区内建造的会所、物业管理场所、电站、热力站、水厂、文体场馆、幼儿园等配套设施，按以下规定进行处理：

①属于非营利性且产权属于全体业主的，或无偿赠与地方政府、公用事业单位的，可将其视为公共配套设施，其建造费用按公共配套设施费的有关规定进行处理。

②属于营利性的，或产权归企业所有的，

或未明确产权归属的，或无偿赠与地方政府、公用事业单位以外其他单位的，应当单独核算其成本。除企业自用应按建造固定资产进行处理外，其他一律按建造开发产品进行处理。

（5）企业在房地产开发区内建造的邮电通讯、学校、医疗设施应单独核算成本，其中如果是合资建设，完工后需要移交的，企业获得的经济补偿可以直接抵扣建造成本，抵扣后的差额应调整应纳税所得额。

（6）开发企业按揭销售方式下担保金的扣除。企业采取银行按揭方式销售开发产品的，凡约定企业为购买方的按揭贷款提供担保的，其销售开发产品时向银行提供的保证金（担保金）不得从销售收入中减除，也不得作为费用在当期税前扣除，但实际发生损失时可据实扣除。

（7）企业委托境外机构销售开发产品的，其支付境外机构的销售费用（含佣金或手续费）不超过委托销售收入10%的部分，准予据实扣除。

（8）利息支出的处理规定。

①企业为建造开发产品而发生的符合税收规定的借款费用，属于财务费用性质的借款费用，可直接在税前扣除；

②企业集团或其成员企业统一向金融机构借款分摊给其他成员企业使用，借入方能出具从金融机构借款的证明文件，可以在使用借款的企业间合理分摊利息费用，使用借款的企业分摊的合理利息准予在税前扣除。

（9）企业开发产品转为自用的，其实际使用时间累计未超过12个月又销售的，不得在税前扣除折旧费用。

（10）企业因国家无偿收回土地使用权而形成的损失，可作为财产损失在税前扣除。

（11）企业开发产品（以成本对象为计量单位）整体报废或毁损，其净损失按规定审核后准予在税前扣除。

4.计税成本的具体税务处理

计税成本是前述成本、费用的组成部分，因其需要针对指定的内容，按照特定的原则和分配方法进行归集和分配，所以这里单独将其内容列出来。

（1）计税成本的内容。

①土地征用费及拆迁补偿费；

②前期工程费；

③建筑安装工程费；

④基础设施建设费；

⑤公共配套设施费；

⑥开发间接费。

（2）计税成本对象的确定原则。

①可否销售原则；

②功能区分原则；

③定价差异原则；

④成本差异原则；

⑤权益区分原则。

（3）成本的分配方法。共同成本和不能分清负担对象的间接成本，应按受益的原则和配比的原则分配至各成本对象。具体分配方法可按以下规定选择其一：

①占地面积法；

②建筑面积法；

③直接成本法；

④预算造价法。

（4）企业以非货币交易方式取得土地使用权的成本确定。

①以开发产品换取土地的情形。

A.换取的开发产品如为该项土地开发、建造的，接受投资的企业在接受土地使用权时暂不确认其成本，待首次分出开发产品时，再按应分出开发产品（包括首次分出和以后应分出）的市场公允价值和土地使用权转移过程中应支付的相关税费计算确认该项土地使用权的成本。

土地使用权成本=应分出开发产品的市场公允价值+转移时支付的土地使用权相关税费

如果涉及补价，那么土地使用权的取得成本还应加上应支付的补价款或减除应收到的补价款。

土地使用权成本=应分出开发产品的市场公允价值+转移时支付的土地使用权相关税费+应支付的补价款(-应收到的补价款)

B. 换取的开发产品如为其他土地开发、建造的，接受投资的企业在投资交易发生时，按应付出开发产品市场公允价值和土地使用权转移过程中应支付的相关税费计算确认该项土地使用权的成本。

土地使用权成本=应付出开发产品的市场公允价值+转移时支付的土地使用权相关税费(本块土地)

如涉及补价，土地使用权的取得成本还应加上应支付的补价款或减除应收到的补价款。

土地使用权成本=应付出开发产品的市场公允价值+转移时支付的土地使用权相关税费(本块土地)+应支付的补价款(-应收到的补价款)

②接受土地投资的行为。企业、单位以股权的形式，将土地使用权投资企业的，接受投资的企业应在投资交易发生时，按该项土地使用权的市场公允价值和土地使用权转移过程中应支付的相关税费计算确认该项土地使用权的取得成本。

土地使用权成本=接受的土地使用权市场公允价值+转移时支付的土地使用权相关税费

如涉及补价，土地使用权的取得成本还应加上应支付的补价款或减除应收到的补价款。

土地使用权成本=接受的土地使用权市场公允价值+转移时支付的土地使用权相关税费+应支付的补价款(-应收到的补价款)

(5)预提(应付)费用计税成本的确认。计税成本均应为实际发生的成本，但以下几项预提(应付)费用除外：

①出包工程未最终办理结算而未取得全额发票的，在证明资料充分的前提下，其发票不足金额可以预提，但最高不得超过合同总金额的10%；

②公共配套设施尚未建造或尚未完工的，可按预算造价合理预提建造费用；

③应向政府上缴但尚未上缴的报批报建费用、物业完善费用可以按规定预提。

物业完善费用是指按规定应由企业承担的物业管理基金、公建维修基金或其他专项基金。

(6)企业单独建造的停车场所，应作为成本对象单独核算。

『提示』利用地下基础设施形成的停车场所，作为公共配套设施进行处理。

5. 特定事项的税务处理

(1)企业以本企业为主体联合其他企业、单位、个人合作或合资开发房地产项目，且该项目未成立独立法人公司的，按下列规定进行处理：

①分配开发产品的税务处理。凡开发合同或协议中约定向投资各方(合作方、合资方)分配开发产品的，企业在首次分配开发产品时，按如下方式处理：

A. 如该项目已经结算计税成本，其应分配给投资方开发产品的计税成本与其投资额之间的差额计入当期应纳税所得额；

B. 如未结算计税成本，则将投资方的投资额视同销售收入进行相关的税务处理。

②分配利润的税务处理。凡开发合同或协议中约定分配项目利润的，应按以下规定进行处理：

A. 企业应将该项目形成的营业利润额并入当期应纳税所得额统一申报缴纳企业所得税，不得在税前分配该项目的利润。

同时，不能因接受投资方投资额而在成本中摊销或在税前扣除相关的利息支出。

B. 投资方取得该项目的营业利润应视同股息、红利进行相关的税务处理。

(2)企业以土地换取开发产品的税务处理。企业以换取开发产品为目的，将土地使用权投资其他企业房地产开发项目的，按以下规定进行处理：

企业应在首次取得开发产品时，将其分

解为转让土地使用权和购入开发产品两项经济业务进行所得税处理，并按应从该项目取得的开发产品(包括首次取得的和以后应取得的)的市场公允价值计算确认土地使用权转让所得或损失。

(3)土地增值税清算涉及企业所得税退税问题处理。房地产开发企业(以下简称企业)由于土地增值税清算，会导致多缴企业所得税，按以下规定处理：

①企业按规定对开发项目进行土地增值税清算后，当年企业所得税汇算清缴出现亏损且有其他后续开发项目的，该亏损应按照税法规定向以后年度结转，用以后年度所得弥补。

②企业按规定对开发项目进行土地增值税清算后，当年企业所得税汇算清缴出现亏损，且没有后续开发项目的，可以按照以下方法计算出该项目由于土地增值税原因导致的项目开发各年度多缴企业所得税税款，并申请退税：

A. 该项目缴纳的土地增值税总额，应按照该项目开发各年度实现的项目销售收入占整个项目销售收入总额的比例，在项目开发各年度进行分摊，具体按以下公式计算：

各年度应分摊的土地增值税 = 土地增值税总额×(项目年度销售收入÷整个项目销售收入总额)

『提示』公式中的销售收入包括视同销售房地产的收入，但不包括企业销售的增值额未超过扣除项目金额20%的普通标准住宅的销售收入。

B. 该项目各年度应分摊的土地增值税减去该年度已经在企业所得税税前扣除的土地增值税后，余额属于当年应补充扣除的土地增值税；企业应调整当年度的应纳税所得额，并按规定计算当年度应退的企业所得税税款；当年度已缴纳的企业所得税税款不足退税的，应作为亏损向以后年度结转，并调整以后年度的应纳税所得额。

C. 按照上述方法进行土地增值税分摊调

整后，相应年度应纳税所得额为正数的，应按规定计算缴纳企业所得税。

D. 企业按上述方法计算的累计退税额，不得超过其在该项目开发各年度累计实际缴纳的企业所得税；超过部分作为项目清算年度产生的亏损，向以后年度结转。

📝**阶段性测试**

1. 【多选题】根据企业所得税法相关规定，下列固定资产不得计算折旧在税前扣除的有(   )。

   A. 未投入使用的机器设备

   B. 以经营租赁方式租入的生产线

   C. 以融资租赁方式租入的机床

   D. 与经营活动无关的小汽车

   E. 已足额提取折旧但仍在使用的旧设备

2. 【单选题】甲公司共有股权10000万股，为了将来有更好的发展，将80%的股权让乙公司收购，然后成为乙公司的子公司。假定收购甲公司每股资产的计税基础为5元，每股资产的公允价值为6元。在收购对价中乙公司以股权形式支付43200万元，以银行存款支付4800万元。并且该股权收购满足特殊性税务处理的其他条件，并选择按特殊性税务处理的形式进行处理。乙公司取得甲公司股权的计税基础为(   )万元。

   A. 43200   B. 40800

   C. 42800   D. 40000

3. 【单选题】关于房地产开发经营业务的税务处理，下列说法中错误的是(   )。

   A. 企业委托境外机构销售开发产品的，其支付境外机构的销售费用(含佣金或手续费)不超过委托销售收入10%的部分，准予据实扣除

   B. 企业开发产品转为自用的，其实际使用时间累计未超过12个月又销售的，不得在税前扣除折旧费用

   C. 公共配套设施尚未建造或尚未完工的，不可以预提建造费用

D. 应向政府上缴的报批报建费用、物业完善费用可以按规定预提

4. 【单选题】下列关于房地产企业特定事项税务处理的陈述，不正确的是（　）。

A. 约定向投资各方分配开发产品的，企业在首次分配开发产品时，如该项目未结算计税成本，则投资方的投资额视同销售收入进行税务处理

B. 企业凡已经对土地增值税进行清算且没有后续开发项目的，仍存在尚未弥补的因土地增值税清算导致的亏损，可按规定计算多缴企业所得税税款，并申请退税

C. 计算各年度应分摊的土地增值税的公式中的销售收入是指房地产企业年度内所有的收入

D. 企业按规定对开发项目进行土地增值税清算后，当年企业所得税汇算清缴出现亏损且有其他后续开发项目的，该亏损可以向以后年度结转扣除

5. 【单选题】下列关于房地产开发企业收入确认的企业所得税处理，错误的是（　）。

A. 采取分期收款方式销售开发产品的，应在全部款项收回时确认收入的实现

B. 采取一次性全额收款方式销售开发产品的，应于实际收讫价款或取得索取价款凭据（权利）之日，确认收入的实现

C. 企业将开发产品用于捐赠、赞助、对外投资，于开发产品所有权或使用权转移，或于实际取得利益权利时确认收入的实现

D. 采取银行按揭方式销售开发产品的，应按销售合同或协议约定的价款确定收入额，其首付款应于实际收到日确认收入的实现

6. 【单选题】下列关于房地产开发企业成本、费用扣除的企业所得税处理，正确的是（　）。

A. 开发产品整体报废或毁损的，其确认的净损失不得在税前扣除

B. 因国家收回土地使用权而形成的损失，可按高于实际成本的10%在税前扣除

C. 企业集团统一融资再分配给其他成员企业使用，发生的利息费用不得在税前扣除

D. 开发产品转为自用的，实际使用时间累计未超过12个月又销售的，折旧费用不得在税前扣除

7. 【单选题】下列关于房地产开发企业预提（应付）费用的企业所得税处理，正确的是（　）。

A. 部分房屋未销售的，清算相关税款时可按计税成本预提费用

B. 公共配套设施尚未建造或尚未完工的，可按预算造价合理预提费用

C. 向其他单位分配的房产还未办理完手续的，可按预计利润率预提费用

D. 出包工程未最终办理结算而未取得全额发票的，可按合同总金额的30%预提费用

📋 阶段性测试答案精析

1. ABDE 【解析】税法规定，下列固定资产不得计算折旧扣除：①房屋、建筑物以外未投入使用的固定资产；②以经营租赁方式租入的固定资产；③以融资租赁方式租出的固定资产；④已足额提取折旧仍继续使用的固定资产；⑤与经营活动无关的固定资产。

2. B 【解析】乙公司取得甲公司股权的计税基础 = 10000×5×80%×（43200÷48000）+ 4800＝40800（万元）。

『提示』股权支付的部分以被收购企业原有计税基础确认取得股权的计税基础，非股权支付的部分以公允价值确认取得股权的计税基础。

3. C 【解析】公共配套设施尚未建造或尚未完工的，可按预算造价合理预提建造费用。

4. C 【解析】选项C，公式中的销售收入不包括企业销售的增值额未超过扣除项目金额20%的普通标准住宅的销售收入。

5. A 【解析】选项A，采取分期收款方式销

售开发产品的，应按销售合同或者协议约定的价款和付款日期确认收入的实现。付款方提前付款的，在实际付款日期确认收入的实现。

6. D 【解析】选项A，企业开发产品整体报废或毁损的，其净损失按有关规定审核确认后准予在税前扣除；选项B，企业因国家无偿收回土地使用权而形成的损失，可以作为财产损失按有关规定在税前扣除；选项C，企业集团或成员企业统一向金融机构借款分摊集团内部其他成员企业使用的，借入方凡能出具从金融机构取得借款的证明文件，可以在使用借款的企业间合理地分摊利息费用，使用借款的企业分摊的合理的利息准予在税前扣除。

7. B 【解析】除以下几项预提(应付)费用外，计税成本均应为实际发生的成本：

(1)出包工程未最终办理结算而未取得全额发票的，在证明资料充分的前提下，其发票不足金额可以预提，但最高不得超过合同总金额的10%。

(2)公共配套设施尚未建造或尚未完工的，可按预算造价合理预提建造费用。

(3)应向政府上缴但尚未上缴的报批报建费用、物业完善费用可以按规定预提。

考点三十五 税收优惠 ★★★

扫我解疑难

📋 经典例题

【例题1·多选题】(2019年)企业直接从事研发活动的下列人工费用，可享受研发费用加计扣除优惠政策的有( )。

A. 补充养老保险费

B. 住房公积金

C. 失业保险费

D. 基本医疗保险费

E. 基本养老保险费

【答案】BCDE

【解析】直接从事研发活动人员的工资薪金、基本养老保险费、基本医疗保险费、失业保险费、工伤保险费、生育保险费和住房公积金，以及外聘研发人员的劳务费用可享受研发费用加计扣除优惠政策。

【例题2·单选题】(2018年改)某商业企业在2019年年均职工人数75人，年均资产总额960万元，当年经营收入1240万元，税前准予扣除项目金额1200万元。该企业2019年应缴纳企业所得税( )万元。

A. 2   B. 10

C. 8   D. 5

【答案】A

【解析】自2019年1月1日起，对小型微利企业年应纳税所得额不超过100万元的部分，减按25%计入应纳税所得额，按20%的税率缴纳企业所得税；对年应纳税所得额超过100万元但不超过300万元的部分，减按50%计入应纳税所得额，按20%的税率缴纳企业所得税。

上述小型微利企业是指从事国家非限制和禁止行业，且同时符合年度应纳税所得额不超过300万元、从业人数不超过300人、资产总额不超过5000万元三个条件的企业。该商业企业符合小型微利企业的认定条件，其所得额减按25%计入应纳税所得额，按20%的税率缴纳企业所得税。

应缴纳企业所得税 = (1240-1200)×25%×20% = 2(万元)

【例题3·单选题】(2018年)下列所得，可享受企业所得税减半征收优惠的是( )。

A. 种植油料作物的所得

B. 种植豆类作物的所得

C. 种植糖料作物的所得

D. 种植香料作物的所得

【答案】D

【解析】企业从事下列项目的所得，减半征收企业所得税：

(1)花卉、茶以及其他饮料作物和香料作物的种植；

（2）海水养殖、内陆养殖。

【例题 4·多选题】（2018 年）居民企业的下列所得，可以享受企业所得税技术转让所得优惠政策的有（　　）。

A. 转让拥有 5 年以上的技术所有权的所得

B. 转让植物新品种的所得

C. 转让计算机软件著作权的所得

D. 从直接或间接持有股权之和达 100% 的关联方取得的转让所得

E. 转让拥有 5 年以上非独占许可使用权的所得

【答案】ABCE

【解析】技术转让的范围，包括居民企业转让专利技术、计算机软件著作权、集成电路布图设计权、植物新品种、生物医药新品种，以及财政部和国家税务总局确定的其他技术。其中：专利技术，是指法律授予独占权的发明、实用新型和非简单改变产品图案的外观设计。

自 2015 年 10 月 1 日起，全国范围内的居民企业转让 5 年（含）以上非独占许可使用权取得的技术转让所得，也纳入上述享受企业所得税优惠的技术转让所得范围。

选项 D，居民企业从直接或间接持有股权之和达到 100% 的关联方取得的技术转让所得，不享受技术转让减免企业所得税优惠政策。

【例题 5·多选题】（2015 年）企业从事下列项目所得，免征企业所得税的有（　　）。

A. 企业受托从事蔬菜种植

B. 企业委托个人饲养家禽

C. 企业外购蔬菜分包后销售

D. 农机作业和维修

E. 农产品初加工

【答案】ABDE

【解析】选项 C，企业购买农产品后直接进行贸易销售活动产生的所得，不能享受农、林、牧、渔业项目的税收优惠政策。

【例题 6·单选题】（2015 年）下列各项收入中免征企业所得税的是（　　）。

A. 转让国债取得的转让收入

B. 非营利组织免税收入孳生的银行存款利息

C. 国际金融组织向居民企业提供一般贷款的利息收入

D. 种植观赏性作物并销售取得的收入

【答案】B

【解析】选项 A、C、D 都是要计征企业所得税的。国债利息收入免税，但转让所得不免。

【例题 7·单选题】（2013 年改）2019 年 9 月某化肥厂（一般纳税人）购进一台污水处理设备并投入使用（该设备属于环境保护专用设备企业所得税优惠目录列举项目），取得的增值税专用发票注明设备价款 100 万元、进项税额 13 万元。该厂可抵免企业所得税税额（　　）万元。

A. 10　　　　　　　　B. 11.6

C. 100　　　　　　　D. 116

【答案】A

【解析】企业购置并实际使用相关规定的环境保护、节能节水、安全生产等设备的，该设备的投资额的 10% 可以从企业当年的应纳税额中抵免。该厂可抵免企业所得税税额 = $100 \times 10\% = 10$（万元）。

📝 **考点精析**

1. 收入类优惠政策

（1）免税收入优惠。

①关于鼓励证券投资基金发展的优惠政策。

· 对证券投资基金从证券市场中取得的收入，包括买卖股票、债券的差价收入，股权的股息、红利收入，债券的利息收入及其他收入，暂不征收企业所得税。

· 对投资者从证券投资基金分配中取得的收入，暂不征收企业所得税。

· 对证券投资基金管理人运用基金买卖股票、债券的差价收入，暂不征收企业所得税。

②保险保障基金有关企业所得税优惠规定。对中国保险保障基金有限责任公司根据《保险保障基金管理办法》取得的下列收入，

免征企业所得税：

·境内保险公司依法缴纳的保险保障基金；

·依法从撤销或破产保险公司清算财产中获得的受偿收入和向有关责任方追偿所得，以及依法从保险公司风险处置中获得的财产转让所得；

·接受捐赠收入；

·银行存款利息收入；

·购买政府债券，中央银行、中央企业和中央级金融机构发行债券的利息收入；

·国务院批准的其他资金运用取得的收入。

（2）减计收入。

①企业综合利用资源，指以税法规定的资源（废水、废渣等）作为主要原材料，生产国家非限制和禁止并符合国家和行业相关标准的产品取得的收入，减按90%计入收入总额。

②对企业投资者持有2019-2023年发行的铁路债券取得的利息收入，减半征收企业所得税。

③自2019年6月1日至2025年12月31日，提供社区养老、托育、家政服务取得的收入，在计算应纳税所得额时，减按90%计入收入总额。

（3）加计扣除优惠。

①研发费用。

·税务处理：一般企业的研究开发费用未形成无形资产计入当期损益的，在按照规定据实扣除的基础上，在2018年1月1日至2020年12月31日期间，按照研究开发费用的75%加计扣除；形成无形资产的，在此期间，按照无形资产成本的175%摊销，其摊销年限不得低于10年。

注意：委托境外进行研发活动所发生的费用，按照费用实际发生额的80%计入委托方的委托境外研发费用。委托境外研发费用不超过境内符合条件的研发费用2/3的部分，可以按规定在企业所得税前加计扣除。委托

境外进行研发活动不包括委托境外个人进行的研发活动。

·研发费用的具体范围：

a. 人员人工费用；

b. 直接投入费用；

c. 折旧费用；

d. 无形资产摊销；

e. 新产品设计费、新工艺规程制定费、新药研制的临床试验费、勘探开发技术的现场试验费；

f. 其他相关费用（与研发活动直接相关的其他费用，如技术图书资料费、资料翻译费、专家咨询费、高新科技研发保险费，研发成果的检索、分析、评议、论证、鉴定、评审、评估、验收费用，知识产权的申请费、注册费、代理费，差旅费、会议费等）。

『提示』其他相关费用总额不得超过可加计扣除研发费用总额的10%。

·下列活动不适用税前加计扣除政策：

a. 企业产品（服务）的常规性升级；

b. 对某项科研成果的直接应用，如直接采用公开的新工艺、材料、装置、产品、服务或知识等；

c. 企业在商品化后为顾客提供的技术支持活动；

d. 对现存产品、服务、技术、材料或工艺流程进行的重复或简单改变；

e. 市场调查研究、效率调查或管理研究；

f. 作为工业（服务）流程环节或常规的质量控制、测试分析、维修维护；

g. 社会科学、艺术或人文学方面的研究。

·不适用税前加计扣除政策的行业：

a. 烟草制造业；

b. 住宿和餐饮业；

c. 批发和零售业；

d. 房地产业；

e. 租赁和商务服务业；

f. 娱乐业。

·特别事项的处理。

a. 企业委托外部机构或个人进行研发活动

所发生的费用，按照费用实际发生额的80%计入委托方研发费用并计算加计扣除，受托方不得再进行加计扣除。委托外部研究开发费用实际发生额应按照独立交易原则确定。

b. 委托方与受托方存在关联关系的，受托方应向委托方提供研发项目费用支出明细情况。

c. 企业共同合作开发的项目，由合作各方就自身实际承担的研发费用分别计算加计扣除。

d. 企业为获得创新性、创意性、突破性的产品进行创意设计活动而发生的相关费用，可按照规定进行税前加计扣除。

②企业安置残疾人员所支付的工资。在按照支付给残疾职工工资据实扣除的基础上，按照支付给残疾职工工资的100%加计扣除。

（4）加速折旧优惠。

①一般性加速折旧。

· 可采用加速折旧方法的固定资产是指：

a. 由于技术进步，产品更新换代较快的固定资产；

b. 常年处于强震动、高腐蚀状态的固定资产。

· 加速折旧方法：

a. 采取缩短折旧年限方法的，最低折旧年限不得低于规定折旧年限的60%；

b. 采取加速折旧方法的，可以采取双倍余额递减法或年数总和法。

注意：上述方法一经选定，不得变更。

②特殊性加速折旧（见表1-35）。

表1-35　特殊性加速折旧的税务处理

主体	对象	加速折旧方法
全部制造业企业	新购进固定资产（包括自行建造）	上述①中加速折旧方法
所有企业	2018年1月1日以后新购进的专门用于研发的仪器、设备	单位价值≤500万元，一次性扣除
		单位价值>500万元，适用上述①中加速折旧方法
	2018年1月1日以后单位价值不超过5000元固定资产	一次性扣除
疫情防控重点保障物资生产企业	自2020年1月1日起（截止日期视疫情情况另行公告），为扩大产能新购置的相关设备	一次性扣除

2. 所得类优惠（免征、减征优惠）

（1）从事农、林、牧、渔业项目的所得。

①企业从事下列项目的所得，免征企业所得税：

a. 蔬菜、谷物、薯类、油料、豆类、棉花、麻类、糖料、水果、坚果的种植；

b. 农作物新品种的选育；

c. 中药材的种植；

d. 林木的培育和种植；

e. 牲畜、家禽的饲养；

f. 林产品的采集；

g. 灌溉、农产品初加工、兽医、农技推广、农机作业和维修等农、林、牧、渔服务业项目；

h. 远洋捕捞。

②企业从事下列项目的所得，减半征收企业所得税：

a. 花卉、茶以及其他饮料作物和香料作物的种植；

b. 海水养殖、内陆养殖。

（2）技术转让所得。一个纳税年度内，居民企业转让技术所有权所得不超过500万元的部分，免征企业所得税；超过500万元的部分，减半征收企业所得税。

技术转让所得＝技术转让收入－技术转让成本－相关税费

或技术转让所得＝技术转让收入－无形资产摊销费用－相关税费－应分摊期间费用（非

独占许可使用权）

技术转让的范围，包括居民企业转让专利技术、计算机软件著作权、集成电路布图设计权、植物新品种、生物医药新品种、5年（含）以上非独占许可使用权，以及财政部和国家税务总局确定的其他技术。

（3）从事国家重点扶持的公共基础设施项目投资经营的所得。企业从事国家重点扶持的公共基础设施项目（港口码头、机场、铁路、公路、电力、水利等）的投资经营的所得，实行"三免三减半"，即自项目取得第一笔生产经营收入所属纳税年度起，第1年至第3年免征，第4年至第6年减半征收。

（4）从事符合条件的环境保护、节能节水项目所得。环境保护、节能节水项目（公共污水处理、公共垃圾处理、沼气综合开发利用、节能减排技术改造、海水淡化等）的所得，实行"三免三减半"，即自项目取得第一笔生产经营收入所属纳税年度起，第1年至第3年免征，第4年至第6年减半征收。

对饮水工程运营管理单位从事《公共基础设施项目企业所得税优惠目录》规定的饮水工程新建项目投资经营的所得，实行"三免三减半"，即自项目取得第一笔生产经营收入所属纳税年度起，第1年至第3年免征企业所得税，第4年至第6年减半征收企业所得税。

（5）合同能源管理项目优惠。对符合条件的节能服务公司实施合同能源管理项目，实施"三免三减半"的优惠政策，即自项目取得第一笔生产经营收入所属纳税年度起，第1年至第3年免征企业所得税，第4年至第6年减半征收企业所得税。

（6）集成电路企业和软件企业优惠。依法成立且符合条件的集成电路设计企业和软件企业，在2018年12月31日前**自获利年度起**计算优惠期，第一年至第二年免征企业所得税，第三年至第五年按照25%的法定税率减半征收企业所得税，并享受至期满为止。

国家规划布局内的重点软件企业和集成电路设计企业，当年未享受免税优惠的，可

减按10%的税率征收企业所得税。

（7）创业投资企业优惠。创业投资企业采取股权投资方式投资于未上市的中小高新技术企业2年以上的，可以按照其投资额的70%在股权持有满2年的当年抵扣该创业投资企业的应纳税所得额，当年不足抵扣的，可以在以后纳税年度结转抵扣。

公司制创业投资企业采取股权投资方式直接投资于种子期、初创期科技型企业（以下简称初创科技型企业）满2年（24个月，下同）的，可以按照投资额的70%在股权持有满2年的当年抵扣该公司制创业投资企业的应纳税所得额；当年不足抵扣的，可以在以后纳税年度结转抵扣。

有限合伙制创业投资企业（以下简称合伙创投企业）采取股权投资方式直接投资于初创科技型企业满2年的，该合伙创投企业的合伙人是法人合伙人的，可以按照对初创科技型企业投资额的70%抵扣法人合伙人从合伙创投企业分得的所得；当年不足抵扣的，可以在以后纳税年度结转抵扣。

3. 低税率优惠

（1）高新技术企业优惠。

①国家需要重点扶持的高新技术企业减按15%的所得税税率征收企业所得税。

②高新技术企业境外所得适用税率及抵免问题。

以境内、境外全部生产经营活动有关的研究开发费用总额、总收入、销售收入总额、高新技术产品（服务）收入等指标申请并经认定的高新技术企业，其来源于境外的所得可以享受高新技术企业得税优惠政策，即对其来源于境外所得可以按照15%的优惠税率缴纳企业所得税，在计算境外抵免限额时，可按照15%的优惠税率计算境内外应纳税总额。

（2）小型微利企业优惠。小型微利企业减按20%的所得税税率征收企业所得税。

①小型微利企业的确认条件如表1-36所示。

表 1-36　小型微利企业的确认条件

行业条件	年度应纳税所得额	从业人数	资产总额
从事国家非限制和禁止行业	≤300 万元	≤300 人	≤5000 万元

资产总额：按全年季度平均值计算。具体计算公式如下：

季度平均值＝(季初值＋季末值)÷2

全年季度平均值＝全年各季度平均值之和÷4

年度中间开业或者终止经营活动的，以其实际经营期作为一个纳税年度确定上述相关指标

从业人数：按从业人数的全年季度平均值计算。从业人数是指与企业建立劳动关系的职工人数和企业接受的劳务派遣用工人数之和，计算方法同资产总额

②自 2019 年 1 月 1 日至 2021 年 12 月 31 日，对小型微利企业年应纳税所得额不超过 100 万元的部分，减按 25% 计入应纳税所得额，按 20% 的税率缴纳企业所得税；对年应纳税所得额超过 100 万元但不超过 300 万元的部分，减按 50% 计入应纳税所得额，按 20% 的税率缴纳企业所得税。

小型微利企业无论按查账征收方式或核定征收方式缴纳企业所得税，均可享受上述优惠政策。

(3)自 2020 年 1 月 1 日起，跨境电子商务综合试验区内实行核定征收的跨境电商企业符合小型微利企业优惠政策条件的，可享受小型微利企业所得税优惠政策。

(4)技术先进型服务企业所得税优惠。自 2017 年 1 月 1 日起，对经认定的技术先进型服务企业，减按 15% 的税率征收企业所得税。享受企业所得税优惠政策的技术先进型服务企业必须同时符合以下条件：

①在中国境内(不包括港、澳、台地区)注册的法人企业；

②从事《技术先进型服务业务认定范围(试行)》中的一种或多种技术先进型服务业务，采用先进技术或具备较强的研发能力；

③具有大专以上学历的员工占企业职工总数的 50% 以上；

④从事《技术先进型服务业务认定范围(试行)》中的技术先进型服务业务取得的收入占企业当年总收入的 50% 以上；

⑤从事离岸服务外包业务取得的收入不低于企业当年总收入的 35%。

『提示』自 2018 年 1 月 1 日起，对经认定的技术先进型服务企业(服务贸易类)，减按 15% 的税率征收企业所得税。

(5)从事污染防治的第三方企业所得税优惠。

自 2019 年 1 月 1 日起至 2021 年 12 月 31 日，对符合条件的从事污染防治的第三方企业减按 15% 的税率征收企业所得税。

第三方防治企业应当同时符合以下条件：

①在中国境内(不包括港、澳、台地区)依法注册的居民企业；

②具有 1 年以上连续从事环境污染治理设施运营实践，且能够保证设施正常运行；

③具有至少 5 名从事本领域工作且具有环保相关专业中级及以上技术职称的技术人员，或者至少 2 名从事本领域工作且具有环保相关专业高级及以上技术职称的技术人员；

④从事环境保护设施运营服务的年度营业人占总收入的比例不低于 60%；

⑤具备检验能力，拥有自有实验室，仪器配置市满足运行服务范围内常规污染物指标的检测需求；

⑥保证其运营的环境保护设施正常运行，使污染物排放指标能够连续稳定达到国家或者地方规定的排放标准要求；

⑦具有良好的纳税信用，近三年内纳税信用等级未被评定为 C 级或 D 级。

(6)集成电路生产企业和项目免征及税率减半优惠政策。

①2018 年 1 月 1 日后投资新设的集成电路线宽小于 130 纳米，且经营期在 10 年以上

的集成电路生产企业或项目，第1年至第2年免征企业所得税，第3年至第5年按照25%的法定税率减半征收企业所得税，并享受至期满为止。

②2018年1月1日后投资新设的集成电路线宽小于65纳米或投资额超过150亿元，且经营期在15年以上的集成电路生产企业或项目，第1年至第5年免征企业所得税，第6年至第10年按照25%的法定税率减半征收企业所得税，并享受至期满为止。

③对于按照集成电路生产企业享受上述①、②税收优惠政策的，优惠期自企业获利年度起计算；对于按照集成电路生产项目享受上述优惠的，优惠期自项目取得第一笔生产经营收入所属纳税年度起计算。

④享受上述①、②税收优惠政策的集成电路生产项目，其主体企业应符合集成电路生产企业条件，且能够对该项目单独进行会计核算、计算所得，并合理分摊期间费用。

⑤2017年12月31日前设立但未获利的集成电路线宽小于0.25微米或投资额超过80亿元，且经营期在15年以上的集成电路生产企业，自获利年度起第1年至第5年免征企业所得税，第6年至第10年按照25%的法定税率减半征收企业所得税，并享受至期满为止。

⑥2017年12月31日前设立但未获利的集成电路线宽小于0.8微米（含）的集成电路生产企业，自获利年度起第1年至第2年免征企业所得税，第3年至第5年按照25%的法定税率减半征收企业所得税，并享受至期满为止。

（7）西部大开发的税收优惠。自2011年1月1日至2020年12月31日，对设在西部地区的鼓励类产业企业减按15%的税率征收企业所得税（鼓励类产业是指符合规定的产业项目为主营业务，且其主营业务收入占企业收入总额70%以上的企业）。

4. 税额优惠（税额抵免）

企业购置并实际使用税法规定的环境保护、节能节水、安全生产等专用设备的，该专用设备的投资额的10%可以从企业当年的应纳税额中抵免；当年不足抵免的，可以在以后5个纳税年度结转抵免。

企业购买专用设备取得普通发票的，其专用设备投资额为普通发票上注明的金额。

5. 非居民企业优惠

非居民企业减按10%的税率征收企业所得税。这里的非居民企业是指在中国境内未设立机构、场所，或者虽设立机构、场所但取得的所得与其所设机构、场所没有实际联系的企业。该类非居民企业取得下列所得免征企业所得税：

（1）外国政府向中国政府提供贷款取得的利息所得；

（2）国际金融组织向中国政府和居民企业提供优惠贷款取得的利息所得；

（3）经国务院批准的其他所得。

6. 其他税收优惠

（1）深港股票市场交易互联互通机制试点有关税收政策。

自2016年12月5日起，深港股票市场交易互联互通机制试点（以下简称深港通）涉及的有关税收政策如下：

①对内地企业投资者通过深港通投资香港联交所上市股票取得的转让差价所得，计入其收入总额依法征收企业所得税。

②对内地企业投资者通过深港通投资香港联交所上市股票取得的股息红利所得，计入其收入总额，依法计征企业所得税。其中，内地居民企业连续持有H股满12个月取得的股息红利所得，依法免征企业所得税。

③香港联交所上市H股公司应向中国结算提出申请，由中国结算向H股公司提供内地企业投资者名册，H股公司对内地企业投资者不代扣股息红利所得税款，应纳税款由企业自行申报缴纳。

④内地企业投资者自行申报缴纳企业所得税时，对香港联交所非H股上市公司已代扣代缴的股息红利所得税，可依法申请税收

抵免。

（2）内地与香港基金互认有关税收政策

对内地企业投资者通过基金互认买卖香港基金份额取得的转让差价所得，计入其收入总额，依法征收企业所得税。

对内地企业投资者通过基金互认从香港基金分配取得的收益，计入其收入总额，依法征收企业所得税。

（3）文化事业单位转制为企业有关税收政策

经营性文化事业单位转制为企业，自转制注册之日起5年内免征企业所得税。2018年12月31日之前已完成转制的企业，自2019年1月1日起可继续免征5年企业所得税。

（4）重点群体创业就业有关税收政策

企业招用建档立卡贫困人口，以及在人力资源社会保障部门公共就业服务机构登记失业半年以上且持《就业创业证》或《就业失业登记证》（注明"企业吸纳税收政策"）的人员，与其签订1年以上期限劳动合同并依法缴纳社会保险费的，自签订劳动合同并缴纳社会保险当月起，在3年内按实际招用人数予以定额依次扣减企业所得税优惠。

考点三十六　居民企业应纳税额的计算★★★

扫我解疑难

📝 经典例题

【例题1·综合分析题】（2019年改）某软件生产企业，系增值税一般纳税人。企业会计核算2019年度主营业务收入1800万元，成本、费用等支出金额合计1350万元，实现会计利润450万元，年末增值税留抵税额22万元。2020年4月聘请税务师对其2019年度的企业所得税汇算清缴审核发现以下业务未作纳税调整：

（1）10月赊销产品一批，不含税价款为200万元，合同约定2019年12月20日收款，

但该款于2020年1月5日收讫。企业于实际收款日确认收入并结转成本160万元。

（2）销售费用账户中的广告费400万元，管理费用账户中的业务招待费20万元。

（3）研发费用账户中的研发人员工资及"五险一金"50万元、外聘研发人员劳务费用5万元，直接投入材料费用20万元，支付境外机构的委托研发费用70万元。

（4）11月购进并投入使用设备一台，取得增值税专用发票注明价款240万元，税款31.2万元，会计按直线法计提折旧，期限4年，净残值为0。所得税处理时，企业选择一次性扣除政策。

（5）全年发放工资1000万元，发生职工福利费150万元，税务机关代收工会经费25万元，并取得代收票据，职工教育经费110万元（含职工培训费用90万元）。

（注：该企业适用的城市维护建设税率7%，教育费附加税率、地方教育费附加税率分别为3%、2%；该企业已过两免三减半优惠期，适用的企业所得税税率为25%，不考虑软件企业的增值税即征即退）

请根据上述资料回答下列问题：

（1）2019年该企业城市维护建设税、教育费附加和地方教育附加的纳税调整额是（　　）万元。

A. 0.48　　　　　　B. 1.20

C. 1.44　　　　　　D. 3.84

（2）2019年该企业广告费和业务招待费的纳税调整额是（　　）万元。

A. 8　　　　　　　B. 10

C. 108　　　　　　D. 110

（3）2019年该企业研发费用的纳税调整额是（　　）万元。

A. 90.00　　　　　B. 93.75

C. 98.25　　　　　D. 108.75

（4）下列关于企业新购进设备加速折旧政策的表述，正确的有（　　）。

A. 能享受该优惠政策的固定资产包括房屋建筑物等不动产

B. 固定资产在投入使用月份的次月所属年度一次性税前扣除

C. 企业当年放弃一次性税前扣除政策，可以在次年选择享受

D. 企业选择享受一次性税前扣除政策，其资产的税务处理可与会计处理不一致

E. 以货币形式购进的固定资产，除采取分期付款或赊销方式购进外，按发票开具时间确认购进时点

(5)2019年该企业职工福利费、工会经费和职工教育经费的纳税调整额是（　　）万元。

A. 5　　　　　　　　B. 10

C. 15　　　　　　　　D. 45

(6)2019年该企业应缴纳企业所得税（　　）万元。

A. 66.26　　　　　　B. 70.76

C. 71.44　　　　　　D. 72.51

【答案】（1）A；（2）D；（3）B；（4）BDE；（5）C；（6）C。

【解析】（1）针对赊销行为，应按合同约定的日期确认收入的时限，而不是收款日期。因此赊销金额200万元应归属于2019年确认。城建税、教育费附加和地方教育附加的纳税调整额 = (200×13% - 22)×(7%+3%+2%) = 0.48(万元)

因为赊销行为的增值税纳税义务时间产生在2019年12月，所以企业销售一般产品对应的增值税税率为13%。

(2)广告费扣除限额 = (1800+200)×15% = 300(万元)，实际发生400万元，应纳税调增100万元；业务招待费扣除限额 = (1800+200)×0.5% = 10(万元)，实际发生额的60% = 12万元，应纳税调增 = 20-10 = 10(万元)。

2019年该企业广告费和业务招待费的纳税调整额合计 = 100+10 = 110(万元)

(3)企业委托境外进行研发活动所发生的费用，按照费用实际发生额的80%计入委托方的委托境外研发费用。委托境外研发费用不超过境内符合条件的研发费用2/3的部分，可以按规定在企业所得税前加计扣除。

境内符合条件的研发费用(50+5+20)×2÷3 = 50(万元)，境外委托研发费用80% = 70×80% = 56(万元)，只能按50万元计算境外委托研发的加计扣除。

研发费用应纳税调整 = (50+5+20)×75%+50×75% = 93.75(万元)。

(4)选项A，企业在2018年1月1日至2020年12月31日新购进的设备、器具，单位价值不超过500万元的，允许一次性计入当期成本费用在计算应纳税所得额时扣除，不再分年度计算折旧。设备、器具是指除房屋、建筑物以外的固定资产，选项A不正确；企业根据自身生产经营核算需要，可自行选择相守一次性税前扣除政策。未选择享受一次性税前扣除政策的，以后年度不得再变更，选项C不正确。

(5)福利费扣除限额 = 1000×14% = 140(万元)，实际发生150万，应纳税调增10万元。

工会经费扣除限额 = 1000×2% = 20(万元)，实际发生25万元，应纳税调增5万元。

职工教育经费扣除限额 = 1000×8% = 80(万元)，职工培训费可以全额扣除，除此之外的职工教育经费未超过限额，无需纳税调整。

所以三项经费合计纳税调整额 = 10+5 = 15(万元)。

(6)2019年该企业应缴纳企业所得税 = (450+200-160-0.48+110-93.75-240+240÷4÷12+15)×25% = 71.44(万元)

【例题2·综合分析题】(2016年改)位于某市区国家重点扶持的高新技术企业为增值税一般纳税人，2019年销售产品取得不含税收入6500万元，增值税税率为13%，另外取得投资收益320万元，全年发生产品销售成本和相关费用共计5300万元。缴纳的税金及附加339万元，发生的营业外支出420万元，12月末企业自行计算的全年会计利润总额761万元，预缴企业所得税96万元，无留抵增值税。2020年1月经聘请的税务师事务所审核，发现以下问题：

(1)8月中旬以预收款方式销售一批产品，收

到预收账款 226 万元，并收存银行。12 月下旬将该批产品发出，但未将预收款转作收入，但对应的销售成本已经扣除。

(2) 9 月上旬接受客户捐赠原材料一批，取得增值税普通发票，发票上注明金额 11.3 万元，企业将捐赠收入直接记入"资本公积"账户核算。

(3) 成本费用中包含业务招待费 62 万元，新产品研究开发费用 97 万元。

(4) 投资收益中有 12.6 万元从其他居民企业分回的股息，其余为股权转让收益，营业外支出中含通过公益性社会团体向符合条件的目标脱贫地区捐赠款 130 万元，直接捐赠 10 万元。

(5) 计入成本费用中的实发工资总额 856 万元，拨缴职工工会经费 20 万元。职工福利费实际支出 131 万元，职工教育经费实际支出 32 万元。(不考虑地方教育附加，所得税税率 15%)

要求：根据上述资料，回答下列问题。

(1) 该企业应补缴增值税及附加税费(　　)万元。

A. 28.6　　　　　　B. 36.38

C. 32.3　　　　　　D. 37.4

(2) 该企业 2019 年度经审核后会计利润总额为(　　)万元。

A. 961　　　　　　B. 972.7

C. 951.6　　　　　D. 969.7

(3) 业务招待费和新产品研发费分别调整应纳税所得额(　　)万元。

A. 调增 28.5　　　　B. 调增 29.5

C. 调增 24.8　　　　D. 调减 72.75

(4) 投资收益和捐赠分别调整应纳税所得额(　　)万元。

A. 调增 10　　　　　B. 调增 24.68

C. 调减 12.6　　　　D. 调增 25.81

(5) 职工教育经费、职工工会经费、职工福利费分别调整应纳税所得额(　　)万元。

A. 调增 10.16　　　　B. 调增 0

C. 调增 2.88　　　　D. 调增 11.16

(6) 2019 年应补缴企业所得税(　　)万元。

A. 50.26　　　　　　B. 52.13

C. 49.07　　　　　　D. 44.53

【答案】(1) A；(2) D；(3) AD；(4) AC；(5) BCD；(6) D。

【解析】(1) 补缴增值税及附加税费 = 226÷(1+13%)×13%×(1+7%+3%) = 28.6(万元)。

(2) 会计利润总额 = 761+226÷(1+13%)+11.3−26×(7%+3%) = 969.7(万元)。

(3) 业务招待费：(6500+200)×0.5% = 33.5(万元)，62×60% = 37.2(万元)，纳税调增额 = 62−33.5 = 28.5(万元)，调增；新产品研发费用：97×75% = 72.75(万元)，调减。

(4) 符合条件的居民企业之间的股息、红利等权益性投资是免税的。所以投资收益 12.6 万元应该纳税调减。用于目标脱贫地区的捐赠支出准予据实扣除，130 万元无需调整；直接捐赠不得扣除，需要调增 10 万元。所以捐赠共需调增 10 万元。

(5) 教育经费 32 万元，限额 = 856×8% = 68.48(万元)，未超过限额，可全额在税前扣除；工会经费 20 万元，限额 = 856×2% = 17.12(万元)，调增额 = 20−17.12 = 2.88(万元)；职工福利费 131 万元，限额 = 856×14% = 119.84(万元)，调增额 = 131−119.84 = 11.16(万元)。

(6) 补缴的企业所得税 = (969.7+28.5−72.75−12.6+10+2.88+11.16)×15% − 96 = 44.53(万元)。

📝 考点精析

应纳税额 = 应纳税所得额×适用税率 − 减免税额 − 抵免税额

应纳税所得额的计算一般有两种方法：

1. 直接计算法

应纳税所得额 = 收入总额 − 不征税收入 − 免税收入 − 各项扣除金额 − 弥补亏损

2. 间接计算法(重点掌握)

应纳税所得额 = 会计利润总额 ± 纳税调整项目金额

【应试技巧】尽管计算题和综合分析题一般都会考间接计算法，但是两种方法考生都要掌握，并重点掌握间接计算法。

考点三十七 境外所得抵扣税额的计算 ★★★

扫我解疑难

📝**经典例题**

【例题1·计算题】(2018年)我国境内某机械制造企业，适用企业所得税税率25%。2017年境内产品销售收入4000万元，销售成本2000万元，缴纳税金及附加20万元，销售费用700万元(其中广告费620万元)，管理费用500万元，财务费用80万元，取得境外分支机构税后经营所得9万元，分支机构所在国企业所得税税率为20%，该分支机构享受了该国减半征收所得税的优惠。(本题不考虑预提所得税和税收饶让的影响)。

根据上述资料，回答以下问题：

(1)该企业2017年来源于境外的应纳税所得额是( )万元。

A. 10.00　　　　　B. 11.25

C. 12.50　　　　　D. 9.00

(2)该企业2017年境外所得的抵免限额是( )万元。

A. 2.25　　　　　B. 2.50

C. 9.00　　　　　D. 1.00

(3)该企业2017年来源于境内的应纳税所得额是( )万元。

A. 700　　　　　B. 720

C. 725　　　　　D. 680

(4)该企业2017年实际应缴纳企业所得税( )万元。

A. 177.5　　　　　B. 178.0

C. 181.5　　　　　D. 170.0

【答案】(1)A；(2)B；(3)B；(4)C。

【解析】(1)来源于境外的应纳税所得额=9÷(1-20%×50%)=10(万元)

(2)境外所得抵免限额=10×25%=2.5(万元)

(3)广告费扣除限额=4000×15%=600(万元)，实际发生620万元，超标纳税调增20万元。来源于境内的应纳税所得额=4000-2000-20-700-500-80+20=720(万元)

(4)实际应缴纳企业所得税=720×25%+10×25%-1=181.5(万元)

注意：不考虑预提所得税的税收饶让，那么境外实际已纳税额就是1万元，不超过抵免限额，那么补税1.5万元。

【例题2·计算题】(2017年)我国境内某居民企业在A国设立一分公司(以下称境外分公司)，2015年该企业境内应纳税所得额-14.29万元，境外分公司税后所得10万元，已在该国缴纳企业所得税4.29万元。2016年该企业境内应纳税所得额30万元，境外分公司税后所得14万元，已在该国缴纳企业所得税6万元。该企业适用企业所得税税率25%，境外分公司适用企业所得税税率30%。

根据上述资料，回答下列问题：

(1)2015年度汇总纳税时，境外分公司所得抵免限额是( )万元。

A. 0　　　　　B. 3

C. 3.57　　　　　D. 4.29

(2)2016年度汇总纳税时，境外分公司所得的抵免限额是( )万元。

A. 3　　　　　B. 3.5

C. 5　　　　　D. 6

(3)2016年度汇总纳税时，境外分公司所得实际抵免的所得税税额是( )万元。

A. 3　　　　　B. 3.25

C. 5　　　　　D. 6

(4)2016年度汇总纳税时，该企业实际应缴纳的企业所得税是( )万元。

A. 6.5　　　　　B. 7.5

C. 8.25　　　　　D. 9

【答案】(1)A；(2)C；(3)C；(4)B。

【解析】(1)境内、外应纳税所得额正好是0，那么境外抵免限额也是0。

(2)2016年境外分公司税前所得=14+6=20(万元)，抵免限额=20×25%=5(万元)。

（3）在境外实际缴纳的税额是6万元，抵免限额是5万元，所以抵免的税额就是5万元。

（4）2016年度境内应纳税所得额是30万元，境外所得不用补税，所以实际应纳税额=30×25%=7.5（万元）。

【例题3·单选题】（2014年）2012年甲公司在境外设立不具有独立纳税地位的分支机构，该分支机构2013年产生利润200万元。下列关于该境外利润确认收入时间的说法中，正确的是（　）。

A. 按照利润所属年度确认收入的实现

B. 按照利润实际汇回的日期确认收入的实现

C. 按照双方约定汇回的日期确认收入的实现

D. 按照境外分支机构做出利润汇回决定的日期确认收入的实现

【答案】 A

【解析】 居民企业在境外设立不具有独立纳税地位的分支机构取得的各项境外所得，无论是否汇回中国境内，均应计入该企业所属纳税年度的境外应纳税所得额。所以按照利润所属年度确认收入的实现。

【例题4·单选题】（2012年）2011年甲居民企业（经认定为高新技术企业）从境外取得应纳税所得额100万元，企业申报已在境外缴纳的所得税税款为20万元，因客观原因无法进行核实。后经企业申请，税务机关核准采用简易方法计算境外所得抵免额。该抵免限额为（　）万元。

A. 12.5　　　　　　B. 15

C. 20　　　　　　　D. 25

【答案】 A

【解析】 因客观原因无法真实、准确地确认应缴纳并已经实际缴纳的境外所得税税额的，除就该所得直接缴纳及间接负担的税款在所得来源国的实际有效税率低于法定税率50%以上的外，可按境外应纳税所得额的12.5%作为抵免限额。境外所得实际税负率为20%，所以抵免限额=100×12.5%=12.5（万元）。

📝**考点精析**

自2017年1月1日起，企业可以选择按国（地区）别分别计算［分国（地区）不分项］，或者不按国（地区）别汇总计算［不分国（地区）不分项］其来源于境外的应纳税所得额，并按规定的税率分别计算其可抵免境外所得税税额和抵免限额。上述方式一经选择，5年内不得改变。

计算公式为：

境外所得税税款扣除限额=境内、境外所得按税法计算的应纳税总额×来源于（某）外国的所得÷境内、境外应纳税所得总额

如果纳税人来源于境外的所得在境外实际缴纳的税款低于扣除限额，可从应纳税额中据实扣除；如果超过扣除限额，其超过部分不得从本年度应纳税额中扣除，也不得列为本年度费用支出，但可以用以后年度税额扣除的余额补扣，补扣期限最长不能超过5年。

『提示1』扣除限额公式中："境内、境外所得按税法计算的应纳税总额"是按25%的法定税率计算的应纳税总额（境内外生产经营全部认定为高新技术企业的除外）。

『提示2』扣除限额公式中："来源于某外国的所得"是来源于同一国家的不同应税所得之和，而且是税前所得；如果是税后所得，不能直接用于公式计算，而需还原成税前所得再运用公式，还原方法为：境外税后所得÷（1-来源国公司所得税税率），或者是境外税后所得+境外已纳税款。

属于下列情形的，经企业申请，主管税务机关核准，可以采取简易办法对境外所得已纳税额计算抵免：

（1）企业从境外取得营业利润所得以及符合境外税额间接抵免条件的股息所得，虽有所得来源国（地区）政府机关核发的具有纳税性质的凭证或证明，但因客观原因无法真实、准确地确认应当缴纳并已经实际缴纳的境外所得税税额的，可按境外应纳税所得额的12.5%作为抵免限额，企业按该国（地区）税务机关或政府机关核发具有纳税性质凭证或

证明的金额，其不超过抵免限额的部分，准予抵免。

（2）企业从境外取得营业利润所得以及符合境外税额间接抵免条件的股息所得，凡就该所得缴纳及间接负担的税额在所得来源国（地区）的法定税率且其实际有效税率明显高于我国的，可直接以按财税〔2009〕125号规定计算的境外应纳税所得额和我国企业所得税法规定的税率计算的抵免限额作为可抵免的已在境外实际缴纳的企业所得税税额。

考点三十八 居民企业核定征收 ★★

扫我 解疑难

📝 经典例题

【例题1·多选题】（2019年）下列居民企业中，不得核定征收企业所得税的有（ ）。

A. 小额贷款公司

B. 上市公司

C. 进出口代理公司

D. 专门从事股权（股票）投资业务的企业

E. 担保公司

【答案】ABDE

【解析】选项C可以核定征收，其他均不得核定征收企业所得税。

【例题2·单选题】（2014年）某服装生产企业，因无法准确核算成本支出，被税务机关确定为核定征收企业所得税，企业当年收入总额30万元，其中7月取得股票转让收入5万元，转让成本3万元，核定所得率为15%，该企业当年应缴纳企业所得税（ ）万元。

A. 0.6　　　　　　B. 0.75

C. 1.13　　　　　　D. 1.44

【答案】C

【解析】应缴纳企业所得税=30×15%×25%=1.13（万元）。

【例题3·单选题】（2013年）依据企业所得税法和税收征管法的相关规定，下列纳税人适

用核定征收企业所得税的是（ ）。

A. 停牌的上市公司

B. 跨省界汇总纳税企业

C. 擅自销毁账簿的汽车修理厂

D. 经营规模较小的税务师事务所

【答案】C

【解析】汇总纳税企业、上市公司、税务师事务所属于特殊行业、特殊类型的纳税人和一定规模以上的纳税人，不适用核定征收企业所得税规定。所以，选项C符合题意。

【例题4·多选题】（2013年）企业发生下列情形，适用居民企业核定征收企业所得税的有（ ）。

A. 擅自销毁账簿或者拒不提供纳税资料的

B. 依照法律、行政法规的规定可以不设置账簿的

C. 发生纳税义务，未按照规定的期限办理纳税申报的

D. 依照法律、行政法规的规定应当设置但未设置账簿的

E. 虽设置账簿，但成本资料、收入凭证、费用凭证残缺不全，难以查账的

【答案】ABDE

【解析】选项C，发生纳税义务，未按照规定的期限办理纳税申报，经税务机关责令限期申报，逾期仍不申报的，核定征收企业所得税。

【例题5·单选题】（2012年）某食品加工厂雇用职工10人，资产总额200万元，税务机关对其2011年经营业务进行检查时发现食品销售收入为50万元、转让国债收入4万元、国债利息收入1万元，但无法查实成本费用，税务机关采用核定办法对其征收所得税，应税所得率为15%。2011年该食品加工厂应缴纳企业所得税（ ）万元。

A. 1.5　　　　　　B. 1.62

C. 1.88　　　　　　D. 2.03

【答案】D

【解析】成本费用无法核实，按照应税收入额核定计算所得税。国债利息收入免征企业所

得税。应纳所得税额=（50+4）×15%×25%=2.03（万元）。

【例题 6 · 单选题】 某小型企业不能正确核算收入总额，2019 年发生成本费用 180 万元，税务机关核定的应税所得率为 10%。2019 年该企业应缴纳企业所得税（ ）万元。

A. 3.6　　　　　B. 4.5

C. 4　　　　　D. 5

【答案】 D

【解析】 应纳税所得额=成本费用支出额÷（1-应税所得率）×应税所得率=180÷（1-10%）×10%=20（万元）。

应纳所得税额=应纳税所得额×适用税率=20×25%=5（万元）。

📝 **考点精析**

1. 居民企业核定征收范围

特殊行业、特殊类型的纳税人和一定规模以上的纳税人不适用核定征收企业所得税办法。依据规定，特定纳税人包括：

（1）享受的一项或几项企业所得税优惠政策的企业（不包括仅享受免税收入优惠政策的企业、符合条件的小型微利企业）；

（2）汇总纳税企业；

（3）上市公司；

（4）银行、信用社、小额贷款公司、保险公司、证券公司、期货公司、信托投资公司、金融资产管理公司、融资租赁公司、担保公司、财务公司、典当公司等金融企业；

（5）会计、审计、资产评估、税务、房地产估价、土地估价、工程造价、律师、价格鉴证、公证机构、基层法律服务机构、专利代理、商标代理以及其他经济鉴证类社会中介机构；

（6）国家税务总局规定的其他企业。

2. 核定应税所得率征收计算

（1）应纳税所得额=收入总额×应税所得率

或=成本（费用）支出额÷（1-应税所得率）×应税所得率

（2）应纳所得税额=应纳税所得额×适用税率

3. 跨境电子商务综合试验区零售出口企业所得税核定征收规定

根据《国家税务总局关于跨境电子商务综合试验区零售出口企业所得税核定征收有关问题的公告》（国家税务总局公告 2019 年第 36 号），自 2020 年 1 月 1 日起，对跨境电子商务综合试验区（以下简称综试区）内的跨境电子商务零售出口企业（以下简称跨境电商企业）核定征收企业所得税的有关问题做如下规定：

（1）综试区内的跨境电商企业，同时符合下列条件的，试行核定征收企业所得税办法：

①在综试区注册，并在注册地跨境电子商务线上综合服务平台登记出口货物日期、名称、计量单位、数量、单价、金额的；②出口货物通过综试区所在地海关办理电子商务出口申报手续的；③出口货物未取得有效进货凭证，其增值税、消费税享受免税政策的。

（2）综试区内核定征收的跨境电商企业应准确核算收入总额，并采用应税所得率方式核定征收企业所得税。**应税所得率统一按照4%确定**。

（3）综试区内实行核定征收的跨境电商企业**符合**小型微利企业优惠政策条件的，**可享受**小型微利企业所得税优惠政策；其取得的收入属于《企业所得税法》第二十六条规定的**免税收入**的，**可享受**免税收入优惠政策。

（4）上述所称综试区，是指经国务院批准的跨境电子商务综合试验区；上述所称跨境电商企业，是指自建跨境电子商务销售平台或利用第三方跨境电子商务平台开展电子商务出口的企业。

考点三十九　非居民企业应纳税额的计算★★

扫我解疑难

📝 **经典例题**

【例题 1 · 多选题】（2013 年）对于在中国境内

未设立机构、场所的，或者虽设立机构、场所但取得的所得与其所设机构、场所没有实际联系的非居民企业的所得，计算应纳税所得额的方法有(　　)。

A. 转让财产所得，以收入全额为应纳税所得额

B. 利息所得，以收入全额为应纳税所得额

C. 租金所得，以收入全额为应纳税所得额

D. 特许权使用费所得，以收入全额为应纳税所得额

E. 股息、红利等权益性投资收益，以收入全额为应纳税所得额

【答案】BCDE

【解析】选项A，以收入全额减除财产净值后的余额为应纳税所得额。

【例题2·单选题】2019年3月，某公司向一非居民企业支付利息26万元、特许权使用费40万元、财产价款120万元(该财产的净值为50万元)，该公司应扣缴企业所得税(　　)万元。

A. 13.6　　　　　　　B. 20.6

C. 27.2　　　　　　　D. 41.2

【答案】A

【解析】该公司应扣缴企业所得税=26×10%+40×10%+(120−50)×10%=13.6(万元)。

📝 **考点精析**

对非居民企业在中国境内未设立机构、场所的，或者虽设立机构、场所但取得的所得与其所设机构、场所没有实际联系的所得应缴纳的所得税按照下列方法计算：

(1)股息、红利等权益性投资收益和利息、租金、特许权使用费所得，以收入全额为应纳税所得额，不得扣除税法规定之外的税费支出。

(2)转让财产所得，以收入全额减除财产净值后的余额为应纳税所得额。

(3)其他所得，参照前两项规定的方法计算应纳税所得额。

对此类非居民纳税人的所得实行源泉扣缴，以支付人为扣缴义务人。

扣缴企业所得税应纳税额=应纳税所得额×实际征收率(10%)

考点四十　非居民企业核定征收★★

扫我解疑难

📝 **经典例题**

【例题·单选题】某批发兼零售的非居民企业，在中国境内设有机构场所，2019年度自行申报营业收入总额350万元，成本费用总额370万元，当年亏损20万元，经税务机关审核，该企业申报的收入总额无法核实，成本费用核算正确。假定对该企业采取核定征收企业所得税，应税所得率为8%，该非居民企业2019年度应缴纳企业所得税(　　)万元。

A. 7　　　　　　　B. 7.4

C. 7.61　　　　　　D. 8.04

【答案】D

【解析】应缴纳的企业所得税=370÷(1−8%)×8%×25%=8.04(万元)。

📝 **考点精析**

非居民企业因会计账簿不健全，资料残缺难以查账，或者其他原因不能准确计算并据实申报其应纳税所得额的，税务机关有权采取以下方法核定其应纳税所得额：

1. 按收入总额核定应纳税所得额

应纳税所得额=收入总额×经税务机关核定的利润率

2. 按成本费用核定应纳税所得额

应纳税所得额=成本费用总额÷(1−核定利润率)×核定利润率

3. 按经费支出换算收入核定应纳税所得额

应纳税所得额=本期经费支出额÷(1−核定利润率)×核定利润率

考点四十一　外国企业常驻代表机构税收管理★★

扫我解疑难

第1章　企业所得税

经典例题

【例题1·单选题】（2017年）下列关于外国企业常驻代表机构经费支出的税务处理方法，符合企业所得税相关规定的是（　　）。

A. 以货币形式用于我国境内的公益救济性捐赠，发生的当期一次性作为经费支出

B. 代表机构搬迁发生的装修费用，在冲抵搬迁处置收入后分年抵减应纳税所得额

C. 代表机构设立时发生的装修费用，在发生的当期一次性作为经费支出

D. 购置固定资产的支出，通过计提折旧分别计入相应各期经费支出

【答案】 C

【解析】 选项A，以货币形式用于我国境内的公益、救济性质的捐赠、滞纳金、罚款，以及为其总机构垫付的不属于其自身业务活动所发生的费用，不应作为代表机构的经费支出额；选项B、D，购置固定资产所发生的支出，以及代表机构设立时或者搬迁等原因所发生的装修费支出，应在发生时一次性作为经费支出额换算收入计税。

【例题2·单选题】（2013年）某外国公司在境内设立一常驻代表机构从事产品售后服务，2013年6月，主管税务机关对其2012年度业务进行检查时，发现该代表机构账簿不健全，不能准确核算成本，收入经查实为120万元，决定按照最低利润率对其核定征收企业所得税。2012年该常驻代表机构应缴纳企业所得税（　　）万元。

A. 3　　　　　　　B. 3.5

C. 4　　　　　　　D. 4.5

【答案】 D

【解析】 代表机构的核定利润率不应低于15%。应纳企业所得税税额 = 120×15%×25% = 4.5（万元）。

考点精析

1. 核定征收的范围

对账簿不健全，不能准确核算收入或成本费用，以及无法按照规定据实申报的，税务机关有权按规定采取核定方式确定其所得额。

2. 代表机构的经费支出

包括在中国境内外支付给工作人员的工资薪金、奖金、津贴、福利费、物品采购费（包括汽车、办公设备等固定资产）、通信费、差旅费、房租、设备租赁费、交通费、交际费、其他费用等。

（1）购置固定资产所发生的支出，以及代表机构设立时或者搬迁等原因所发生的装修费支出，应在发生时**一次性作为经费支出额**换算收入计税。

（2）利息收入不得冲抵经费支出额，发生的交际应酬费以实际发生数额计入经费支出额。

（3）以货币形式用于我国境内的公益、救济性质的捐赠、滞纳金、罚款，以及为其总机构垫付的不属于其自身业务活动所发生的费用，不应作为代表机构的经费支出额。

（4）其他费用包括：为总机构从中国境内购买样品所支付的样品费和运输费用；国外样品运往中国发生的中国境内的仓储费用、报关费用；总机构人员来华访问聘用翻译的费用；总机构为中国某个项目投标由代表机构支付的购买标书的费用等。

（5）代表机构的**核定利润率不应低于15%**。

考点四十二　企业转让上市公司限售股★★

扫我解疑难

经典例题

【例题1·单选题】（2016年）某高新技术企业适用所得税税率15%，2016年8月依照法院裁定将其代持有的面值200万元的限售股，

通过证券经纪公司变更到实际持有人名下，应缴纳的企业所得税为（ ）万元。

A. 30 　　　　　　 B. 50

C. 25.5 　　　　　　 D. 0

【答案】D

【解析】税法规定，依法院判决、裁定等原因，通过证券登记结算公司，企业将其代持的个人限售股直接变更到实际所有人名下的，不视同转让限售股。

【例题2·单选题】（2012年）2006年股权分置改革时，张某个人出资购买甲公司限售股并由乙企业代为持有，乙企业适用企业所得税税率为25%。2011年12月乙企业转让已解禁的限售股取得收入200万元，无法提供原值凭证；相关款项已经交付给张某。该转让业务张某和乙企业合计应缴纳所得税（ ）万元。

A. 0 　　　　　　 B. 7.5

C. 42.5 　　　　　　 D. 50

【答案】C

【解析】企业未能提供完整、真实的限售股原值凭证，不能准确计算该限售股原值的，主管税务机关一律按照限售股转让收入的15%，核定为该限售股原值和合理税费。企业完成纳税义务后的限售股转让收入余额转交给实际所有人时不再纳税。应缴纳所得税 = 200×（1−15%）×25% = 42.5（万元）。

📖**考点精析**

1. 企业转让代个人持有的限售股征税问题

因股权分置改革造成原由个人出资而由企业代持有的限售股，企业在转让时按以下规定处理：

（1）企业转让上述限售股取得的收入，应作为企业应税收入计算纳税。上述限售股转让收入扣除限售股原值和合理税费后的余额为该限售股转让所得。

企业未能提供完整、真实的限售股原值凭证，不能准确计算该限售股原值的，主管

税务机关一律按该限售股转让收入的**15%**，核定为该限售股原值和合理税费。

依照规定完成纳税义务后的限售股转让收入余额转付给实际所有人时**不再纳税**。

（2）依法院判决、裁定等原因，通过证券登记结算公司，企业将其代持的个人限售股直接变更到实际所有人名下的，**不视同转让限售股**。

2. 企业在限售股解禁前转让限售股征税问题

企业在限售股解禁前将其持有的限售股转让给其他企业或个人（以下简称受让方），其企业所得税问题按以下规定处理：

（1）企业应按减持在证券登记结算机构登记的限售股取得的全部收入，计入企业当年度应税收入计算纳税。

（2）企业持有的限售股在解禁前已签订协议转让给受让方，但未变更股权登记，仍由企业持有的，企业实际减持该限售股取得的收入，依照第（1）项规定纳税后，其余额转付给受让方的，受让方不再纳税。

考点四十三 源泉扣缴 ★★

扫我解疑难

📝**经典例题**

【例题·单选题】下列关于企业所得税源泉扣缴的说法中，符合税法规定的是（ ）。

A. 扣缴义务人每次代扣的税款应当自代扣之日起3日内缴入国库

B. 在境内未设立机构的非居民企业应缴纳的所得税实行源泉扣缴，支付人为扣缴人

C. 在中国境内从事工程作业的非居民企业应缴纳的所得税实行源泉扣缴，支付人在实际支付款项时扣缴企业所得税

D. 非居民企业在中国境内承包工程作业或提供劳务的，应当自项目合同或协议签订之日起15日内，向项目所在地主管税务机关办理税务登记手续

【答案】B

【解析】选项A，扣缴义务人每次代扣的税款应当自代扣之日起7日内缴入国库；选项C，对非居民企业在中国境内取得工程作业和劳务所得应缴纳的所得税，税务机关可以指定工程价款或者劳务费的支付人为扣缴义务人，由于这里是由税务机关指定扣缴义务人，所以选项C的表述过于绝对；选项D，非居民企业在中国境内承包工程作业或提供劳务的，应当自项目合同或协议签订之日起30日内，向项目所在地主管税务机关办理税务登记手续。

📝 考点精析

对非居民企业在中国境内未设立机构、场所，或者虽设立机构、场所但取得的所得与其所设机构、场所没有实际联系的，应缴纳的所得税，实行源泉扣缴，以支付人为扣缴义务人。税款由扣缴义务人在每次支付或者到期应支付时，从支付或者到期应支付的款项中扣缴。

对非居民企业在中国境内取得工程作业和劳务所得应缴纳的所得税，税务机关可以指定工程价款或者劳务费的支付人为扣缴义务人。

扣缴义务人每次代扣的税款，应当自代扣之日起7日内缴入国库，并向所在地的税务机关报送扣缴企业所得税报告表。

📝 阶段性测试

1. 【单选题】2019年10月，在我国境内未设立机构场所的非居民企业取得境内某公司股息红利30万元，同时转让位于境内财产收入100万元（该财产的净值60万元），该公司就以上业务应该代扣代缴企业所得税（ ）万元。
   A. 17.5　　　　　B. 13
   C. 7　　　　　　D. 26

2. 【单选题】下列关于企业所得税税收优惠的说法正确的是（ ）。

　　A. 海水养殖、内陆养殖免征企业所得税

　　B. 对年应纳税所得额不超过100万元的小型微利企业，其所得减按50%计入应纳税所得额

　　C. 从事农作物新品种的选育项目所得，减半征收企业所得税

　　D. 对证券投资者从证券投资基金分配中分得的收入暂不征收企业所得税

3. 【单选题】某居民企业不能正确核算成本费用，2019年销售货物取得收入200万元，转让股权取得收入100万元，取得该股权时支付90万元，假设不存在其他的收入项目，税务机关核定应税所得率20%。2019年该企业应缴纳的企业所得税为（ ）万元。
   A. 15　　　　　B. 10
   C. 10.5　　　　D. 20

4. 【单选题】2019年某居民企业购买安全生产专用设备用于生产经营，取得的增值税普通发票上注明设备价款23.4万元。已知该企业2017年亏损40万元，2018年盈利20万元。2019年度经审核的会计利润为80万元，没有纳税调整项目。2019年该企业实际应缴纳企业所得税（ ）万元。
   A. 20　　　　　B. 13
   C. 12.66　　　D. 14.66

📝 阶段性测试答案精析

1. C 【解析】该公司应代扣代缴企业所得税＝(30+100－60)×10%＝7(万元)。

2. D 【解析】选项A，海水养殖、内陆养殖减半征收企业所得税；选项B，对年应纳税所得额不超过100万元的小型微利企业，其所得减按25%计入应纳税所得额；选项C，从事农作物新品种的选育项目所得，免征企业所得税。

3. A 【解析】依法按核定应税所得率方式核定征收企业所得税的企业，取得的转让股权收入等财产转让收入，应全额计入应税收入额，按照主营项目确定适用的应税所

得率计算征税。应缴纳的企业所得税＝（200＋100）×20%×25%＝15（万元）。

4. C 【解析】应缴纳企业所得税＝（80－20）×25%－23.4×10%＝12.66（万元）。

考点四十四 特别纳税调整★★★

扫我解疑难

📝 经典例题

【例题1·单选题】（2019年）关于预约定价安排的管理和监控，下列说法正确的是（ ）。

A. 预约定价安排采取五分位法确定价格或者利润水平

B. 预约定价安排签署前，税务机关和企业均可暂停、终止预约定价安排程序

C. 预约定价安排执行期间，主管税务机关与企业发生分歧，应呈报国家税务总局协调

D. 预约定价安排执行期间，企业发生影响预约定价安排的实质性变化，应当在发生变化之日起60日内书面报告主管税务机关

【答案】B

【解析】选项A，预约定价安排采用四分位法确定价格或者利润水平，在预约定价安排执行期间，如果企业当年实际经营结果在四分位区间之外，税务机关可以将实际经营结果调整到四分位区间中位值；选项C，预约定价安排执行期间，主管税务机关与企业发生分歧的，双方应当进行协商。协商不能解决的，可以报上一级税务机关协调；涉及双边或者多边预约定价安排的，必须层报国家税务总局协调；选项D，预约定价安排执行期间，企业发生影响预约定价安排的实质性变化，应当在发生变化之日起30日内书面报告主管税务机关，详细说明该变化对执行预约定价安排的影响，并附送相关资料。

【例题2·单选题】（2018年）根据企业所得税相关规定，预约定价安排中确定关联交易价格采取的方法是（ ）。

A. 中位数法 B. 百分位数法

C. 八分位数法 D. 四分位数法

【答案】D

【解析】根据企业所得税相关规定，预约定价安排中确定关联交易价格采取的方法是四分位数法。

【例题3·单选题】（2018年）转让定价方法中的成本加成法，其公平成交价格的计算公式为（ ）。

A. 关联交易的实际价格×（1＋可比非关联交易成本加成率）

B. 关联交易的实际价格÷（1＋可比非关联交易成本加成率）

C. 关联交易的合理成本÷（1＋可比非关联交易成本加成率）

D. 关联交易的合理成本×（1＋可比非关联交易成本加成率）

【答案】D

【解析】成本加成法是指以关联交易发生的合理成本加上可比非关联交易毛利后的金额作为关联交易的公平成交价格。其计算公式如下：

公平成交价格＝关联交易的合理成本×（1＋可比非关联交易成本加成率）×100%

【例题4·单选题】（2017年）下列转让定价方法，可以适用于所有类型关联交易的是（ ）。

A. 可比非受控价格法

B. 再销售价格法

C. 交易净利润法

D. 成本加成法

【答案】A

【解析】可比非受控价格法可以适用于所有类型的关联交易。

【例题5·多选题】（2016年）企业与关联方签署成本分摊协议，发生特殊情形会导致其自行分配的成本不得于税前扣除，这些情况包括（ ）。

A. 不具有合理商业目的和经济实质

B. 自签署成本分摊协议之日起经营期限为25年

C. 没有遵循成本与收益配比原则

D. 未按照有关规定备案或准备有关成本分摊协议的同期资料

E. 不符合独立交易原则

【答案】ACDE

【解析】选项 B，自签署成本分摊协议之日起经营期限少于 20 年。

【例题 6·单选题】（2013 年）下列关于转让定价方法的说法，正确的是（　　）。

A. 可比非受控价格法可以适用于所有类型的关联交易

B. 再销售价格法通常适用于资金融通的关联交易

C. 成本加成法通常适用于无形资产的购销、转让的关联交易

D. 交易净利润法通常适用于高度整合且难以单独评估的关联交易

【答案】A

【解析】选项 B，再销售价格法一般适用于再销售者未对商品进行改变外形、性能、结构或更换商标等实质性增值加工的简单加工或单纯购销业务；选项 C，成本加成法一般适用于有形资产使用权或者所有权的转让、资金融通、劳务交易等关联交易；选项 D，交易净利润法一般适用于不拥有重大价值无形资产企业的有形资产使用权或者所有权的转让和受让、无形资产使用权受让以及劳务交易等关联交易。

【例题 7·多选题】（2013 年）依据企业所得税特别纳税调整的相关规定，转让定价的方法主要包括（　　）。

A. 再销售价格法

B. 现金与实物分配法

C. 交易净利润法

D. 可比非受控价格法

E. 利润分割法

【答案】ACDE

【解析】转让定价方法包括：可比非受控价格法、再销售价格法、成本加成法、交易净利润法、利润分割法及其他符合独立交易原则的方法。

【例题 8·多选题】（2011 年）下列规定或计算方法中，属于企业与关联方签署成本分摊协议内容的有（　　）。

A. 非参与方使用协议成果的规定

B. 非参与方预期收益的计算方法

C. 参与方会计方法的运用及变更说明

D. 参与方之间补偿支付的条件及处理规定

E. 参与方加入或退出协议的程序及处理规定

【答案】ACDE

【解析】成本分摊协议主要包括以下内容：

（1）参与方的名称、所在国家（地区）、关联关系、在协议中的权利和义务；

（2）成本分摊协议所涉及的无形资产或劳务的内容、范围，协议涉及研发或劳务活动的具体承担者及其职责、任务；

（3）协议期限；

（4）参与方预期收益的计算方法和假设；

（5）参与方初始投入和后续成本支付的金额、形式、价值确认的方法以及符合独立交易原则的说明；

（6）参与方会计方法的运用及变更说明；

（7）参与方加入或退出协议的程序及处理规定；

（8）参与方之间补偿支付的条件及处理规定；

（9）协议变更或终止的条件及处理规定；

（10）非参与方使用协议成果的规定。

【例题 9·单选题】（2010 年）甲企业销售一批货物给乙企业，该销售行为取得利润 20 万元；乙企业将该批货物销售给丙企业，取得利润 200 万元。税务机关经过调查后认定甲企业和乙企业之间存在关联交易，将 200 万元的利润按照 6∶4 的比例在甲和乙之间分配。该调整方法是（　　）。

A. 利润分割法

B. 再销售价格法

C. 交易净利润法

D. 可比非受控价格法

【答案】A

【解析】利润分割法是指根据企业与其关联方对关联交易合并利润（实际或者预计）的贡献

计算各自应当分配的利润额。

📝 考点精析

1. 关联关系的判定条件

(1)股权控制关系。

一方直接或间接持有另一方的股份总和达到25%以上，或双方直接或间接同为第三方所持有的股份达到25%以上。

若一方通过中间方对另一方间接持有股份，只要一方对中间方持股比例达到25%以上，则一方对另一方的持股比例按照中间方对另一方的持股比例计算。

『提示』两个以上具有夫妻、直系血亲、兄弟姐妹以及其他抚养、赡养关系的自然人共同持股同一企业，在判定关联关系时按持股比例合并计算。

(2)债权债务控制关系。

双方存在持股关系或者同为第三方持股，虽持股比例未达到上述(1)的规定，但双方之间借贷资金总额占任一方实收资本比例达到50%以上；或者一方全部借贷资金总额的10%以上由另一方担保(与独立金融机构之间的借贷或者担保除外)。

(3)高管控制关系(半数、控制董事会)。

一方半数以上董事或者半数以上高级管理人员由另一方任命或者委派，或者同时担任另一方的董事或者高级管理人员，或者双方各自半数以上董事或者半数以上高级管理人员同为第三方任命或者委派。

(4)生产经营控制关系(许可权、购销、劳务)。

①双方存在持股关系或者同为第三方持股，虽持股比例未达到上述(1)的规定，但一方的生产经营活动必须由另一方提供专利权、非专利技术、商标权、著作权等特许权才能正常进行。

②双方存在持股关系或者同为第三方持股，虽持股比例未达到上述(1)的规定，但一方的购买、销售、接受劳务、提供劳务等经营活动由另一方控制。

(5)其他控制关系。

虽未达到上述(1)中的持股比例，但一方与另一方的主要持股方享受基本相同的经济利益，以及家族、亲属关系等。

(6)双方在实质上存在其他共同利益。

纳税人需自行判断是否存在上述关系，一旦存在，须填写《年度关联业务往来报告表》。

『提示』存在关联关系，不见得存在关联交易；只有存在关联交易，才涉及特别纳税调整。

2. 国别报告

(1)存在下列情形之一的居民企业，应当在报送《年度关联业务往来报告表》时，填报国别报告：

①该居民企业为跨国企业集团的最终控股企业，且其上一会计年度合并财务报表中的各类收入金额合计超过55亿元。

②该居民企业被跨国企业集团指定为国别报告的报送企业。

(2)税务机关根据调查情况，可以要求提供国别报告。企业虽不属于上述(1)中必须填报国别报告的范围，但其所属跨国企业集团按照其他国家有关规定应当准备国别报告，且符合下列条件之一的，税务机关可以在实施特别纳税调查时要求企业提供国别报告：

①跨国企业集团未向任何国家提供国别报告。

②虽然跨国企业集团已向其他国家提供国别报告，但我国与该国尚未建立国别报告信息交换机制。

③虽然跨国企业集团已向其他国家提供国别报告，且我国与该国已建立国别报告信息交换机制，但国别报告实际未成功交换至我国。

3. 同期资料

企业应按纳税年度准备同期资料，具体包括主体文档、本地文档和特殊事项文档。

(1)符合下列条件之一的企业，应当准备主体文档：

①年度发生跨境关联交易，且合并该企业财务报表的最终控股企业所属企业集团已准备主体文档。

②年度关联交易总额超过 10 亿元。

（2）年度关联交易金额符合下列条件之一的企业，应当准备本地文档：

①有形资产所有权转让金额（来料加工业务按照年度进出口报关价格计算）超过 2 亿元。

②金融资产转让金额超过 1 亿元。

③无形资产所有权转让金额超过 1 亿元。

④其他关联交易金额合计超过 4000 万元。

（3）特殊事项文档，包括成本分摊协议特殊事项文档和资本弱化特殊事项文档。

4. 转让定价方法（见表 1-37）

表 1-37　转让定价方法的内容及适用范围

调整方法	内容	适用范围
可比非受控价格法	以非关联方之间进行的与关联交易相同或类似业务活动所收取的价格作为关联交易公平成交价格	可以适用于所有类型的关联交易
再销售价格法	以关联方购进商品再销售给非关联方的价格减去可比非关联交易毛利后的金额作为关联方购进商品的公平成交价格	一般适用于再销售者未对商品进行改变外形、性能、结构或更换商标等实质性增值加工的简单加工或单纯购销业务
	公平成交价格=再销售给非关联方的价格×（1-可比非关联交易毛利率） 可比非关联交易毛利率=可比非关联交易毛利÷可比非关联交易收入净额×100%	
成本加成法	以关联交易发生的合理成本加上可比非关联交易毛利后的金额作为关联交易的公平成交价格	一般适用于有形资产使用权或者所有权的转让、资金融通、劳务交易等关联交易
	公平成交价格=关联交易的合理成本×（1+可比非关联交易成本加成率） 可比非关联交易成本加成率=可比非关联交易毛利÷可比非关联交易成本×100%	
交易净利润法	以可比非关联交易的利润指标确定关联交易的利润	一般适用于不拥有重大价值无形资产企业的有形资产使用权或者所有权的转让和受让、无形资产使用权受让以及劳务交易等关联交易
	息税前利润率=息税前利润/营业收入×100% 完全成本加成率=息税前利润/完全成本×100% 资产收益率=息税前利润/[（年初资产总额+年末资产总额）/2]×100% 贝里比率=毛利/（营业费用+管理费用）×100%	
利润分割法	根据企业与其关联方对关联交易合并利润（实际或者预计）的贡献计算各自应当分配的利润额。利润分割法主要包括一般利润分割法和剩余利润分割法	一般适用于企业及其关联方均对利润创造具有独特贡献，业务高度整合且难以单独评估各方交易结果的关联交易
其他符合独立交易原则的方法	①成本法；②市场法；③收益法；④其他能够反映利润与经济活动发生地和价值创造地相匹配原则的方法	

5. 税务机关实施特别纳税调查，应当重点关注具有以下风险特征的企业：

（1）关联交易金额较大或者类型较多。

（2）存在长期亏损、微利或者跳跃性盈利。

（3）低于同行业利润水平。

（4）利润水平与其所承担的功能风险不相匹配，或者分享的收益与分摊的成本不相配比。

（5）与低税国家（地区）关联方发生关联交易。

（6）未按照规定进行关联申报或者准备同期资料。

（7）从其关联方接受的债权性投资与权益性投资的比例超过规定标准。

（8）由居民企业，或者由居民企业和中国居民控制的设立在实际税负低于12.5%的国家（地区）的企业，并非由于合理的经营需要而对利润不作分配或者减少分配。

（9）实施其他不具有合理商业目的的税收筹划或者安排。

6. 成本分摊协议管理

企业与其关联方签署成本分摊协议，有下列情形之一的，其自行分摊的成本**不得税前扣除**：

（1）不具有合理商业目的和经济实质；

（2）不符合独立交易原则；

（3）没有遵循成本与收益配比原则；

（4）未按有关规定备案或准备、保存和提供有关成本分摊协议的同期资料；

（5）自签署成本分摊协议之日起经营期限少于20年。

7. 受控外国企业管理

受控外国企业是指由居民企业，或者由居民企业和居民个人控制的设立在实际税负低于《企业所得税法》规定税率水平50%的国家（地区），并非出于合理经营需要对利润不作分配或减少分配的外国企业。

中国居民股东多层间接持有股份按各层持股比例相乘计算，中间层持有股份超过50%的，按100%计算。

计入中国居民企业股东当期的视同受控外国企业股息分配的所得，应按以下公式计算：

中国居民企业股东当期所得＝视同股息分配额×实际持股天数÷受控外国企业纳税年度天数×股东持股比例

中国居民股东多层间接持有股份的，股东持股比例按各层持股比例相乘计算。

8. 资本弱化管理

不得扣除利息支出＝年度实际支付的全部关联方利息×（1－标准比例÷关联债资比例）

关联债资比例＝年度各月平均关联债权投资之和÷年度各月平均权益投资之和

其中：

各月平均关联债权投资＝（关联债权投资月初账面余额+月末账面余额）÷2

各月平均权益投资＝（权益投资月初账面余额+月末账面余额）÷2

权益投资为企业资产负债表所列示的所有者权益金额。如果所有者权益小于实收资本（股本）与资本公积之和，则权益投资为实收资本（股本）与资本公积之和；如果实收资本（股本）与资本公积之和小于实收资本（股本）金额，则权益投资为实收资本（股本）金额。

9. 特别纳税调整协商

（1）有下列情形之一的，国家税务总局可以拒绝企业申请或者税收协定缔约对方税务主管当局启动相互协商程序的请求：

①企业或者其关联方不属于税收协定任一缔约方的税收居民；

②申请或者请求不属于特别纳税调整事项；

③申请或者请求明显缺乏事实或者法律依据；

④申请不符合税收协定有关规定；

⑤特别纳税调整案件尚未结案或者虽然已经结案但是企业尚未缴纳应纳税款。

（2）有下列情形之一的，国家税务总局可以暂停相互协商程序：

①企业申请暂停相互协商程序；

②税收协定缔约对方税务主管当局请求暂停相互协商程序；

③申请必须以另一被调查企业的调查调整结果为依据，而另一被调查企业尚未结束调查调整程序；

④其他导致相互协商程序暂停的情形。

（3）有下列情形之一的，国家税务总局可以终止相互协商程序：

①企业或者其关联方不提供与案件有关的必要资料，或者提供虚假、不完整资料，或者存在其他不配合的情形；

②企业申请撤回或者终止相互协商程序；

③税收协定缔约对方税务主管当局撤回或者终止相互协商程序；

④其他导致相互协商程序终止的情形。

考点四十五　征收管理★★

扫我解疑难

📝 经典例题

【例题 1 · 单选题】（2019）企业在年度中间终止经营活动，办理企业所得税汇算清缴的时间是(   )。

A. 自清算完成之日 30 天内

B. 自注销营业执照之前 30 日内

C. 自终了实际经营之日 60 日内

D. 自人民法院宣告破产之日起 15 日内

【答案】C

【解析】企业在年度中间终止经营活动的，应当自实际经营终了之日起六十日内，向税务机关办理当期企业所得税汇算清缴。

【例题 2 · 多选题】（2019）依据《跨地区经营汇总纳税企业所得税征收管理办法》的规定，计算各分支机构企业所得税分摊比例，需要考虑的因素有(   )。

A. 职工薪酬　　　　B. 期间费用

C. 营业收入　　　　D. 资产总额

E. 利润总额

【答案】ACD

【解析】根据《跨省市总分机构企业所得税分配及预算管理办法》（财预［2012］40 号）的规定，总机构在每月或每季终了之日起十日内，按照上年度各省市分支机构的营业收入、职工薪酬和资产总额三个因素，将统一计算的企业当期应纳税额的 50% 在各分支机构之间

进行分摊。

【例题 3 · 多选题】下列关于非居民企业所得税纳税地点的表述，正确的有(   )。

A. 非居民企业在中国境内设立机构、场所的，以机构、场所所在地为纳税地点

B. 非居民企业在中国境内未设立机构、场所的，以扣缴义务人所在地为纳税地点

C. 非居民企业在中国境内设立机构、场所但取得的所得与其所设机构、场所没有实际联系的，以机构、场所所在地为纳税地点

D. 非居民企业在中国境内设立两个或者两个以上机构、场所的，可以自行选择由其主要机构、场所汇总缴纳企业所得税

E. 非居民企业在中国境内设立两个或者两个以上机构、场所的，经税务机关审核批准，可以选择由其主要机构、场所汇总缴纳企业所得税

【答案】ABE

【解析】选项 C，非居民企业在中国境内设立机构、场所但取得的所得与其所设机构、场所没有实际联系的，以扣缴义务人所在地为纳税地点；选项 D，非居民企业在中国境内设立两个或者两个以上机构、场所的，符合国务院税务主管部门规定条件的，可以选择由其主要机构、场所汇总缴纳企业所得税。

📝 考点精析

1. 纳税地点

（1）除税收法律、行政法规另有规定外，居民企业以企业登记注册地为纳税地点。但登记注册地在境外的，以实际管理机构所在地为纳税地点。

（2）居民企业在中国境内设立不具有法人资格的营业机构的，应当汇总计算并缴纳企业所得税。

（3）非居民企业在中国境内设立机构、场所的，应当就其所设机构、场所取得的来源于中国境内的所得，以及发生在中国境外但与其所设机构、场所有实际联系的所得，以机构、场所所在地为纳税地点。非居民企业

在中国境内设立两个或者两个以上机构、场所，符合国务院税务主管部门规定条件的，可以选择由其主要机构、场所汇总缴纳企业所得税。

『提示』汇总纳税的非居民企业应在汇总纳税的年度中持续符合下列所有条件：

①汇总纳税的各机构、场所已在所在地主管税务机关办理税务登记，并取得纳税人识别号；

②主要机构、场所符合税法规定，汇总纳税的各机构、场所不得采用核定方式计算缴纳企业所得税；

③汇总纳税的各机构、场所能够按照税法规定准确计算本机构、场所的税款分摊额，并按要求向所在地主管税务机关办理纳税申报。

（4）非居民企业在中国境内未设立机构、场所的，或者虽设立机构、场所但取得的所得与其所设机构、场所没有实际联系的所得，以扣缴义务人所在地为纳税地点。

在境内设立多个机构、场所的非居民企业依照规定，选择由其主要机构、场所汇总其他境内机构、场所缴纳的企业所得税。

（5）除国务院另有规定外，企业之间不得合并缴纳企业所得税。

2. 纳税主体与纳税期限

（1）企业所得税按年计征，分月或者分季预缴，年终汇算清缴，多退少补（具体规定见表1-38）。

表1-38 纳税主体与纳税期限的具体规定

纳税主体	纳税年度	汇算清缴
一般情况下的企业	1月1日—12月31日（自然年）	年度终了之日起5个月内
在一个纳税年度中间开业，或由于合并、关闭等原因终止经营活动，使该纳税年度实际经营期不足12个月的企业	实际经营期	自实际经营终了之日起60日内
企业清算	清算期间	清算结束15日内结清税款

『提示』自2019年起，小型微利企业所得税统一实行按季度预缴。

（2）按月或按季预缴的，应当自月份或者季度终了之日起15日内，向税务机关报送预缴企业所得税纳税申报表，预缴税款。

3. 跨地区经营汇总纳税企业所得税征收管理办法

（1）适用范围。居民企业在中国境内跨地区（跨省、自治区、直辖市和计划单列市，下同）设立不具有法人资格分支机构的，该居民企业为跨地区经营汇总纳税企业（以下简称汇总纳税企业），除另有规定外，其企业所得税征收管理适用本办法。

总机构和具有主体生产经营职能的二级分支机构，就地分摊缴纳企业所得税。

（2）税款预缴和汇算清缴。汇总纳税企业按照《企业所得税法》规定汇总计算的企业所得税，包括预缴税款和汇算清缴应缴应退税款，50%在各分支机构间分摊，各分支机构根据分摊税款就地办理缴库或退库；50%由总机构分摊缴纳，其中25%就地办理缴库或退库，25%就地全额缴入中央国库或退库。

总机构应将本期企业应纳所得税额的50%部分，在每月或季度终了后15日内就地申报预缴。总机构应将本期企业应纳所得税额的另外50%部分，按照各分支机构应分摊的比例，在各分支机构之间进行分摊，并及时通知到各分支机构；各分支机构应在每月或季度终了之日起15日内，就其分摊的所得税额就地申报预缴。

（3）总分机构分摊税款的计算。总机构按以下公式计算分摊税款：

总机构分摊税款=汇总纳税企业当期应纳所得税税额×50%

分支机构按以下公式计算分摊税款：

所有分支机构分摊税款总额=汇总纳税企业当期应纳所得税税额×50%

某分支机构分摊税款=所有分支机构分摊税款总额×该分支机构分摊比例

总机构应按照上年度分支机构的营业收入、职工薪酬和资产总额三个因素计算各分支机构分摊所得税税款的比例；三级及以下分支机构，其营业收入、职工薪酬和资产总额统一计入二级分支机构；三因素的权重依次为0.35、0.35、0.30。

计算公式如下：

某分支机构分摊比例=(该分支机构营业收入÷各分支机构营业收入之和)×0.35+(该分支机构职工薪酬÷各分支机构职工薪酬之和)×0.35+(该分支机构资产总额÷各分支机构资产总额之和)×0.30

考点四十六　合伙企业所得税征收管理★★

扫我解疑难

📝 经典例题

【例题·单选题】（2013年）2012年8月某商贸公司和张某、李某成立合伙企业。根据企业所得税法和个人所得税法相关规定，下列关于该合伙企业所得税征收管理的说法，错误的是(　　)。

A. 商贸公司需要就合伙所得缴纳企业所得税

B. 商贸公司可使用合伙企业的亏损抵减其盈利

C. 张某、李某需要就合伙所得缴纳个人所得税

D. 合伙企业生产经营所得采取"先分后税"的原则

【答案】B

【解析】合伙企业的合伙人是法人和其他组织的，合伙人在计算其缴纳企业所得税时，不

得用合伙企业的亏损抵减其盈利。

📝 考点精析

1. 合伙人

自然人+法人企业或其他组织(每一个合伙人均为纳税义务人)。

2. 合伙企业所得

税务处理：先分后税、各交各税。

(1)先分后税(注意顺序)。

①按合伙协议约定的分配比例分所得。

②合伙协议未约定或约定不明确的，按照合伙人协商决定的分配比例分所得。

③协商不成的，按照合伙人实缴出资比例分所得。

④出资比例不确定，按照合伙人数量平均计算分所得。

(2)各交各税。

自然人：交个人所得税。

法人或其他组织：交企业所得税。

『提示』合伙人是法人和其他组织的，合伙人在计算其缴纳企业所得税时，不得用合伙企业的亏损抵减其盈利。

考点四十七　清算所得★★

扫我解疑难

📝 经典例题

【例题·多选题】（2010年）根据企业所得税法相关规定，关于企业清算所得税处理的说法，正确的有(　　)。

A. 需要进行清算所得税处理的仅指按《公司法》和《企业破产法》规定需要进行的企业

B. 被清算企业的股东分得的剩余资产应确认为股息所得

C. 被清算企业的股东分得的资产按可变现价值或实际交易价格确认计税基础

D. 由于改变了持续经营原则，企业未超过规定期限的亏损不得在清算所得中弥补

E. 企业应将整个清算期作为一个独立的纳税

年度计算清算所得

【答案】CE

【解析】选项 A，下列企业应进行清算的所得税处理：①按《公司法》《企业破产法》等规定需要进行清算的企业；②企业重组中需要按清算处理的企业。选项 B，股东分得的清算剩余，其中相当于从被清算企业累计未分配利润和累计盈余公积中分得的部分，确认股息所得，剩余资产减除上述股息部分，超过或低于投资成本的部分，确认为投资资产转让所得或损失。选项 D，按税法规定，依法弥补亏损，确定清算所得，说明计算清算所得时，允许按规定弥补以前年度亏损。

考点精析

下列企业应进行清算的所得税处理：

（1）按《公司法》《企业破产法》等规定需要进行清算的企业。

（2）企业重组中需要按清算处理的企业。

企业的全部资产可变现价值或交易价格，减除资产的计税基础、清算费用、相关税费，加上债务清偿损益等后的余额，为清算所得。

企业应将整个清算期作为一个独立的纳税年度计算清算所得。

企业全部资产的可变现价值或交易价格减除清算费用、职工的工资、社会保险费用和法定补偿金，结清清算所得税、以前年度欠税等税款，清偿企业债务，按规定计算可以向所有者分配的剩余资产。

被清算企业的股东分得的剩余资产的金额，其中相当于被清算企业累计未分配利润和累计盈余公积中按该股东所占股份比例计算的部分，应确认为股息所得；剩余资产减除股息所得后的余额，超过或低于股东投资成本的部分，应确认为股东的投资转让所得或损失。

被清算企业的股东从被清算企业分得的资产应按可变现价值或实际交易价格确定计税基础。

考点四十八 境外注册中资控股居民企业所得税管理 ★★

扫我解疑难

经典例题

【例题·多选题】下列关于境外注册中资控股居民企业所得税管理的说法中，不正确的有( )。

A. 非境内注册居民企业的实际管理机构所在地与境内主要控股投资者所在地一致的，为境内主要控股投资者的企业所得税主管税务机关

B. 境外中资企业居民身份的认定，采用企业自行判定提请税务机关认定和税务机关调查发现予以认定两种形式

C. 非境内注册居民企业经税务总局确认终止居民身份的，应当自收到主管税务机关书面通知之日起 30 日内向主管税务机关申报办理注销税务登记

D. 非境内注册居民企业应当自收到居民身份认定书之日起 30 日内向主管税务机关申报办理税务登记

E. 非境内注册居民企业发生终止生产经营或者居民身份变化情形的，应当自停止生产经营之日或者税务总局取消其居民企业之日起 30 日内，向其主管税务机关办理当期企业所得税汇算清缴

【答案】CE

【解析】选项 C，非境内注册居民企业经税务总局确认终止居民身份的，应当自收到主管税务机关书面通知之日起 15 日内向主管税务机关申报办理注销税务登记；选项 E，非境内注册居民企业发生终止生产经营或者居民身份变化情形的，应当自停止生产经营之日或者税务总局取消其居民企业之日起 60 日内，向其主管税务机关办理当期企业所得税汇算清缴。

考点精析

1. 相关概念

境外注册中资控股企业(以下简称境外中资企业)是指由中国内地企业或者企业集团作为主要控股投资者,在中国内地以外国家或地区(含中国香港、中国澳门、中国台湾)注册成立的企业。

境外注册中资控股居民企业(以下简称非境内注册居民企业)是指因实际管理机构在中国境内而被认定为中国居民企业的境外注册中资控股企业。

非境内注册居民企业应当按照要求,履行居民企业所得税纳税义务,并在向非居民企业支付规定款项时,依法代扣代缴企业所得税。

2. 居民身份认定管理

境外中资企业居民身份的认定,采用企业自行判定提请税务机关认定和税务机关调查发现予以认定两种形式。

3. 税务登记管理

非境内注册居民企业应当自收到居民身份认定书之日起**30日内**向主管税务机关提供以下资料申报办理税务登记,主管税务机关核发临时税务登记证及副本:

(1)居民身份认定书;

(2)境外注册登记证件;

(3)税务机关要求提供的其他资料。

非境内注册居民企业经税务总局确认终止居民身份的,应当自收到主管税务机关书面通知之日起**15日内**向主管税务机关申报办理注销税务登记。

发生扣缴义务的非境内注册居民企业应当自扣缴义务发生之日起**30日内**,向主管税务机关申报办理扣缴税款登记。

4. 账簿凭证管理

非境内注册居民企业存放在中国境内的会计账簿和境内税务机关要求提供的报表等资料,应当使用中文。

5. 申报征收管理

非境内注册居民企业按照分季预缴、年度汇算清缴方法申报缴纳所得税。

非境内注册居民企业发生终止生产经营或者居民身份变化情形的,应当自停止生产经营之日或者税务总局取消其居民企业之日起**60日内**,向其主管税务机关办理当期企业所得税汇算清缴。

考点四十九 非居民企业所得税管理若干问题★★

扫我解疑难

经典例题

【例题·单选题】下列关于非居民企业所得税管理的说法中,不正确的是( )。

A. 非居民企业取得来源于中国境内的担保费,应按照企业所得税法对利息所得规定的税率计算缴纳企业所得税

B. 非居民企业在中国境内未设立机构、场所而转让中国境内土地使用权,应以其取得的土地使用权转让收入总额减除计税基础后的余额作为土地使用权转让所得计算缴纳企业所得税

C. 非居民企业出租位于中国境内的房屋、建筑物等不动产,对未在中国境内设立机构、场所进行日常管理的,以其取得的租金收入全额计算缴纳企业所得税

D. 非居民企业上述所得应缴纳的企业所得税,均由非居民企业自行向我国税务机关申报缴纳

【答案】D

【解析】非居民企业上述所得,均由支付方按规定代扣代缴企业所得税。

考点精析

(1)非居民企业所得税管理相关规定如表1-39所示。

表1-39　非居民企业所得税管理规定

所得类型		扣缴依据	扣缴日期
到期应付未付所得	签合同、协议的	所得(利息、租金、特许权使用费等)	合同、协议约定日期
	未支付,但已计入企业当期成本、费用的		年度企业所得税申报时
	未支付,分期摊入企业成本、费用的(资本化或筹办费)		年度企业所得税申报时且全额代扣
	在合同、协议约定日期约定支付日期前支付的		实际支付日期
担保费		全额所得	合同、协议约定日期或实际支付日期
土地使用权转让		转让收入-计税基础	支付时
融资租赁所得		贷款利息所得(租赁费-设备、物件价款)	支付时
出租不动产租金		全额	每次支付或到期应支付时
股息、红利等权益性投资收益		全额	作出利润分配决定日期或实际支付日期
转让股权		转让收入-股权原值-相关税费	合同或协议生效且完成股权变更手续时

『提示』非居民企业取得应源泉扣缴的所得为股息、红利等权益性投资收益的,相关应纳税款扣缴义务发生之日为股息、红利等权益性投资收益实际支付之日。

(2)关于贯彻《国家税务总局关于非居民企业所得税源泉扣缴有关问题的公告》(国家税务总局公告2017年第37号)有关问题。

①股权转让收入减除股权净值后的余额为股权转让所得应纳税所得额。

股权转让收入是指股权转让人转让股权所收取的对价,包括货币形式和非货币形式的各种收入。

股权净值是指取得该股权的计税基础。股权的计税基础是股权转让人投资入股时向中国居民企业实际支付的出资成本,或购买该项股权时向该股权的原转让人实际支付的股权受让成本。股权在持有期间发生减值或者增值,按照国务院财政、税务主管部门规定可以确认损益的,股权净值应进行相应调整。企业在计算股权转让所得时,不得扣除

被投资企业未分配利润等股东留存收益中按该项股权所可能分配的金额。

②多次投资或收购的同项股权被部分转让的,从该项股权全部成本中按照转让比例计算确定被转让股权对应的成本。

③非居民企业采取分期收款方式取得应源泉扣缴所得税的同一项转让财产所得的,其分期收取的款项可先视为收回以前投资财产的成本,待成本全部收回后,再计算并扣缴应扣税款。

考点五十　企业政策性搬迁所得税管理办法 ★★

扫我解疑难

📝 经典例题

【例题1·单选题】(2019年)关于企业政策性搬迁相关资产计税成本的确定,下列说法正确的是(　　)。

A. 企业搬迁过程中外购的固定资产,以购买

价款和支付的相关税费作为计税成本

B. 企业搬迁中被征用的土地，采取土地置换的，以换入土地的评估价值作为计税成本

C. 企业简单安装即可继续使用的搬迁资产，以该项资产净值与安装费用合计数作为计税成本

D. 企业需要大修理才能重新使用的搬迁资产，以该资产净值与大修理支出合计数作为计税成本

【答案】D

【解析】选项A，外购的固定资产，以购买价款和支付的相关税费以及直接归属于使该资产达到预定用途发生的其他支出为计税基础。选项B，企业搬迁中被征用的土地，采取土地置换的，换入土地的计税成本按被征用土地的净值以及该换入土地投入使用前所发生的各项费用支出，为该换入土地的计税成本；选项C，企业搬迁的资产，简单安装或不需要安装即可继续使用的，在该资产重新投入使用后，就其净值按企业所得税法及其实施条例规定的该资产尚未折旧或摊销的年限，继续计提折旧或摊销。

【例题2·多选题】(2019年)企业取得的下列收入中，属于企业所得税政策性搬迁补偿收入的有( )。

A. 由于搬迁处置存货而取得的处置收入

B. 由于搬迁、安置而给予的补偿

C. 搬迁过程中的资产毁损而取得的保险赔款

D. 对被征用资产价值的补偿

E. 对停产停业形成的损失而给予的补偿

【答案】BCDE

【解析】企业取得的搬迁补偿收入，是指企业由于搬迁取得的货币性和非货币性补偿收入。具体包括：

(1)对被征用资产价值的补偿；

(2)因搬迁、安置而给予的补偿；

(3)对停产停业形成的损失而给予的补偿；

(4)资产搬迁过程中遭到毁损而取得的保险赔款；

(5)其他补偿收入。

企业由于搬迁处置存货而取得的收入，应按正常经营活动取得的收入进行所得税处理，不作为企业搬迁收入。

【例题3·单选题】(2018年)关于企业政策性搬迁损失的所得税处理，下列说法正确的是( )。

A. 自搬迁完成年度起分2个纳税年度，均匀在税前扣除

B. 自搬迁完成年度起分5个纳税年度，均匀在税前扣除

C. 自搬迁完成年度起分4个纳税年度，均匀在税前扣除

D. 自搬迁完成年度起分3个纳税年度，均匀在税前扣除

【答案】D

【解析】企业搬迁收入扣除搬迁支出后为负数的，应为搬迁损失。搬迁损失可在下列方法中选择其一进行税务处理：

(1)在搬迁完成年度，一次性作为损失进行扣除。

(2)自搬迁完成年度起分3个年度，均匀在税前扣除。

【例题4·单选题】(2016年)搬迁企业发生的下列各项支出，属于资产处置支出的是( )。

A. 临时存放搬迁资产发生的费用

B. 安置职工实际发生的费用

C. 变卖各类资产过程中发生的税费支出

D. 资产搬迁发生的安装费用

【答案】C

【解析】资产处置支出，是指企业由于搬迁而处置各类资产所发生的支出，包括变卖及处置各类资产的净值、处置过程中发生的税费等支出。

【例题5·单选题】(2013年)依据企业所得税法相关规定，下列各项收入不属于搬迁收入的是( )。

A. 因搬迁安置而给予的补偿收入

B. 由于搬迁处置存货而取得的收入

C. 因搬迁停产停业形成的损失而给予的补偿收入

D. 资产搬迁过程中遭到毁损而取得的保险赔款收入

【答案】B

【解析】企业由于搬迁处置存货而取得的收入，应按正常经营活动取得的收入进行所得税处理，不作为企业搬迁收入。

考点精析

1. 搬迁收入

企业的搬迁收入，包括搬迁补偿收入和本企业搬迁资产处置收入等。

搬迁补偿收入具体包括：

（1）对被征用资产价值的补偿；

（2）因搬迁、安置而给予的补偿；

（3）对停产停业形成的损失而给予的补偿；

（4）资产搬迁过程中遭到毁损而取得的保险赔款；

（5）其他补偿收入。

企业搬迁资产处置收入，是指企业由于搬迁而处置企业各类资产所取得的收入。

『提示』企业由于搬迁处置存货而取得的收入，应按正常经营活动取得的收入进行所得税处理，不作为企业搬迁收入。

2. 搬迁支出

企业的搬迁支出，包括搬迁费用支出和资产处置支出。

搬迁费用支出包括：

（1）安置职工实际发生的费用；

（2）停工期间支付给职工的工资及福利费、临时存放搬迁资产而发生的费用；

（3）各类资产搬迁安装费用以及其他与搬迁相关的费用。

资产处置支出包括：

（1）变卖及处置各类资产的净值；

（2）处置过程中所发生的税费等支出。

『提示』企业由于搬迁而报废的资产，如无转让价值，其净值作为企业的资产处置支出。

3. 搬迁资产的税务处理（见表1-40）

表1-40 搬迁资产的税务处理

资产	计税基础	摊销或折旧
简单安装或不需要安装可继续使用的	净值	尚未折旧或摊销的年限
大修理后才能重新使用的	净值+大修理支出	尚可使用的年限
被征用的资产（采用置换方式）	被征用资产的净值+换入资产所支付的税费+补价 例：土地置换 换入土地的计税成本＝被征用土地的净值+换入土地投入使用前的各种费用	常规处理
新购置的各类资产	按常规处理 注：购置资产不得在搬迁收入中扣除	常规处理

4. 应税所得

企业在搬迁期间发生的搬迁收入和搬迁支出，可以暂不计入当期应纳税所得额，而在完成搬迁的年度，对搬迁收入和支出进行汇总清算。

企业的搬迁收入，扣除搬迁支出后的余额，为企业的搬迁所得。

企业应在搬迁完成年度，将搬迁所得计入当年度企业应纳税所得额计算纳税。

下列情形之一的，为搬迁完成年度，企业应进行搬迁清算，计算搬迁所得：

（1）从搬迁开始，5年内（包括搬迁当年度）任何一年完成搬迁的；

（2）从搬迁开始，搬迁时间满5年（包括搬迁当年度）的年度。

企业搬迁收入扣除搬迁支出后为负数的，应为搬迁损失。搬迁损失可在下列方法中选择其一进行税务处理：

（1）在搬迁完成年度，一次性作为损失进行扣除；

（2）自搬迁完成年度起分 3 个年度，均匀在税前扣除。

上述方法由企业自行选择，但一经选定，不得改变。

企业同时符合下列条件的，视为已经完成搬迁：

（1）搬迁规划已基本完成；

（2）当年生产经营收入占规划搬迁前年度生产经营收入 50%以上。

企业边搬迁边生产的，搬迁年度应从实际开始搬迁的年度计算。

企业以前年度发生尚未弥补的亏损的，凡企业由于搬迁停止生产经营无所得的，从搬迁年度次年起，至搬迁完成年度前一年度止，可作为停止生产经营活动年度，从法定亏损结转弥补年限中减除；企业边搬迁边生产的，其亏损结转年度应连续计算。

5. 征收管理

企业应当自搬迁开始年度，至次年 5 月 31 日前，向主管税务机关（包括迁出地和迁入地）报送政策性搬迁依据、搬迁规划等相关材料（政府搬迁文件或公告、搬迁重置总体规划、拆迁补偿协议、资产处置计划和其他与搬迁相关的事项）。

本章综合练习 限时200分钟

一、单项选择题

1. 下列各项中按负担所得的企业所在地确定所得来源地的是（　　）。

   A. 销售货物所得　　B. 权益性投资所得

   C. 动产转让所得　　D. 特许权使用费所得

2. 关于企业所得税收入的确认，下列说法正确的是（　　）。

   A. 以分期收款方式销售货物的，按实际收到货款的日期确定收入的实现

   B. 企业发生的现金折扣应当按扣除现金折扣后的余额确定销售商品收入金额

   C. 企业转让股权收入，应于转让协议生效或完成股权变更手续时，确认收入的实现

   D. 被投资企业将股权溢价所形成的资本公积转为股本的，不作为投资方企业的股息、红利收入，投资方企业也不得增加该项长期投资的计税基础

3. 2019 年某居民企业实现商品销售收入 2025 万元，发生现金折扣 100 万元，后因商品质量问题，发生销货退回 25 万元，接受捐赠收入 120 万元，转让无形资产所有权收入 20 万元。国债利息收入 50 万元，确实无法偿付的应付款项 10 万元。2019 年该企业的企业所得税应税收入为（　　）万元。

   A. 2140　　　　　B. 2150

   C. 2000　　　　　D. 2200

4. 下列关于企业从被投资单位撤回投资时取得资产的企业所得税税务处理的说法，正确的是（　　）。

   A. 相当于初始投资的部分应确认为股息所得

   B. 取得的全部资产应确认为股息所得

   C. 超过初始投资的部分应确认为投资资产转让所得

   D. 相当于被投资企业累计未分配利润和累计盈余公积部分应确认为股息所得

5. 某境内上市公司 2016 年年初实行股权激励计划，针对服务 3 年以上的员工发放股票期权，规定 2019 年 6 月 3 日起行权，行权前不能转让。根据企业所得税法的规定，上市公司关于股票期权企业所得税的处理正确的是（　　）。

   A. 上市公司发放的股票期权在发放当年作为工资薪金扣除

B. 上市公司发放的股票期权在行权后，作为2019年的工资薪金扣除

C. 上市公司等待期内，会计上计算确认的成本费用，所得税上是允许扣除的

D. 上市公司发放的股票期权，不能在所得税前扣除

6. 2018年1月1日甲企业开始筹建，筹建期为1年，筹建期间发生开办费支出300万元，其中业务招待费支出50万元，2019年年初开始生产经营，取得营业收入1000万元，该企业选择将开办费一次性在税前扣除，2019年企业可以扣除的开办费为（　　）万元。

A. 300　　　　　　B. 250

C. 280　　　　　　D. 220

7. 下列规定符合企业所得税中关于企业发生的手续费及佣金支出税前扣除政策的是（　　）。

A. 保险企业按当年全部保费收入扣除退保金后余额的10%计算限额

B. 企业可以将手续费及佣金支出计入回扣、业务提成、返利、进场费等费用

C. 从事代理服务，主营业务收入为手续费、佣金的企业，其为取得该类收入而实际发生的手续费及佣金支出，准予在税前据实扣除

D. 企业为发行权益性证券支付给有关证券承销机构的手续费及佣金可以在税前扣除

8. 关于企业所得税收入的确定，下列说法正确的是（　　）。

A. 利息收入，应以实际收到利息的日期，确认收入的实现

B. 房地产开发企业自建的商品房转为自用的，按转移的日期确认收入的实现

C. 外购的货物用于交际应酬，应按企业购入价格确定销售的收入

D. 企业取得无法偿付的应付款收入，除另有规定外，应一次性计入确认收入的年度计算缴纳企业所得税

9. 下列关于小型微利企业优惠政策的表述中，不正确的是（　　）。

A. 企业预缴时享受了减半征税政策，但汇算清缴时不符合规定条件的，应当按照规定补缴税款

B. 年度中间开业或者终止经营活动的，以其实际经营期作为一个纳税年度确定相关指标

C. 自2019年1月1日起至2021年12月31日，对年应纳税所得额在300万元（含300万元）以下的小型微利企业，其所得免税

D. 小型微利企业所得税统一实行按季度预缴

10. 2018年年底，某公司对使用了8年的一座仓库推倒重置，原仓库购入时的原值为200万元，已经计提折旧160万元。2019年9月，仓库建造完工，为新建仓库，支付了360万元。税法规定新建仓库的使用年限为20年。假设不考虑残值，2019年可以在所得税税前扣除的仓库折旧是（　　）万元。

A. 7　　　　　　　B. 2.5

C. 5　　　　　　　D. 6.8

11. 依据企业所得税法的相关规定，企业发生的下列资产损失，不可以在税前扣除的是（　　）。

A. 债务人死亡或者依法被宣告失踪造成的损失

B. 企业根据应收账款损失情况，按照会计方法计提的坏账准备

C. 因自然灾害等不可抗力导致无法收回的损失

D. 与债务人达成债务重组协议无法追债的损失

12. 下列关于亏损弥补的表述，正确的是（　　）。

A. 企业筹办期间发生亏损，应该计算为亏损年度

B. 企业以前年度发生的资产损失，当年

没有扣除的，一律不再扣除

C. 企业因以前年度资产损失未扣除，造成多交税金，只能申请退税

D. 受疫情影响较大的餐饮行业企业2020年度发生的亏损，最长结转年限由5年延长至8年

13. 某居民企业为高新技术企业，2019年从境外取得应纳税所得额300万元，企业申报已在境外缴纳的所得税税款为30万元，因客观原因无法进行核实。后经企业申请，税务机关核准采用简易方法计算境外所得税额抵免限额。该抵免限额为（　　）万元。

A. 25 　　　　　　　B. 15

C. 20 　　　　　　　D. 30

14. 某居民企业在甲国设立分公司，2018年取得营业利润250万元。按甲国法律的规定，计算当期利润年度为每年10月1日至次年9月30日。该分公司对应的应计入我国的纳税年度为（　　）年。

A. 2017 　　　　　　B. 2018

C. 2019 　　　　　　D. 2020

15. A有限责任公司（以下简称A公司）2018年1月1日成立，注册资本200万元，公司章程约定的认缴期限为1年，注册时已经到位120万元资本金，其余投资截至2018年年底尚未到位。2019年3月1日A公司向银行取得贷款100万元，利率7%，贷款期限一年。假设不存在其他的利息费用，2019年A公司不得税前扣除的利息费用为（　　）万元。

A. 4.67 　　　　　　B. 4.87

C. 1.4 　　　　　　　D. 3.97

16. 某商贸企业为增值税一般纳税人，2019年销售收入情况如下：开具增值税专用发票的不含税金额2000万元，开具普通发票的价税合计金额904万元，注明增值税104万元。企业发生管理费用110万元（其中业务招待费20万元）。准予在企业所得税税前扣除的管理费用为

（　　）万元。

A. 0 　　　　　　　　B. 102

C. 110 　　　　　　　D. 68

17. 下列固定资产可以计算折旧，在税前扣除的是（　　）。

A. 以融资租赁方式租入的固定资产

B. 房屋、建筑物以外未投入使用的固定资产

C. 以经营租赁方式租入的固定资产

D. 单独估价作为固定资产入账的土地

18. 2019年，某居民企业收入总额为3000万元（其中不征税收入400万元，符合条件的技术转让收入900万元），各项成本、费用和税金等扣除金额合计1800万元（其中含技术转让准予扣除的金额200万元）。2019年该企业应缴纳企业所得税（　　）万元。

A. 25 　　　　　　　B. 50

C. 75 　　　　　　　D. 100

19. 2019年某外商投资企业委托境外公司在境外销售其位于境内的一栋商品房，签订代销合同，境外公司以5000万元售出。该商品房成本费用3000万元，另向境外公司支付佣金、手续费750万元（能提供有效凭证），销售过程中缴纳相关税费375万元。该外商投资企业销售商品房应缴纳的企业所得税为（　　）万元。

A. 281.25 　　　　　B. 218.75

C. 406.25 　　　　　D. 500

20. 下列选项中，适用跨地区经营汇总纳税企业所得税征收管理办法的是（　　）。

A. 设立不具有法人资格分支机构的非居民企业

B. 总机构和具有主体生产经营职能的二级分支机构

C. 国有邮政企业

D. 上年度符合条件的小型微利企业及其分支机构

21. 甲公司2019年6月上旬接受某企业捐赠商品一批，取得捐赠企业开具的增值税

专用发票，注明商品价款 20 万元、增值税税额 2.6 万元。当月下旬公司将该批商品销售，向购买方开具了增值税专用发票，注明商品价款 25 万元、增值税税额 3.25 万元。不考虑城市维护建设税和教育费附加，甲公司应缴纳企业所得税（　　）万元。

A. 6.6
B. 6.9
C. 8.25
D. 9.37

22. 关于采取银行按揭方式销售开发产品收入实现的确认，下列表述正确的是（　　）。

A. 以收到首付款之日确认全部收入的实现

B. 首付款应于实际收到日确认收入的实现，余款在购房人全部付清房款之日确认收入的实现

C. 在银行全部款项办理转账手续之日确认收入的实现

D. 首付款应于实际收到日确认收入的实现，余款在银行按揭贷款办理转账之日确认收入的实现

23. 某符合条件的节能服务公司 2015 年成立，为增值税一般纳税人。主要从事能源管理，成立当年就取得了生产经营收入。2019 年该节能服务公司取得主营业务收入 13820 万元，其他业务收入 1200 万元，与收入配比的成本是 7800 万元，发生的费用合计 1250 万元，营业外支出 80 万元，企业当年购进安全生产专用设备取得的增值税专用发票注明价款 1020 万元，增值税 132.6 万元，该安全生产设备的折旧已经计入成本费用中。该节能服务公司 2019 年应缴纳企业所得税（　　）万元。

A. 634.25
B. 1370.5
C. 1353.16
D. 616.91

24. 甲公司购买 M 公司 20% 的股权，支付价款 4000 万元。2019 年甲公司将其股份作价 12000 万元全部转让给乙公司。截至股权转让前，M 公司的累计未分配利润为 5000 万元，盈余公积为 3000 万元。则甲公司股权转让所得应缴纳企业所得税（　　）万元。

A. 1500
B. 1000
C. 2000
D. 3000

25. 下列关于资产的摊销处理中，表述不正确的是（　　）。

A. 生产性生物资产的支出，准予按成本一次性扣除

B. 无形资产的摊销年限，一般情况下不得低于 10 年

C. 自行开发无形资产的费用化支出，不得计算摊销费用再次扣除

D. 在企业整体转让或清算时，外购商誉的支出，准予扣除

26. 预约定价安排执行期间，企业发生影响预约定价安排的实质性变化，应当在发生变化之日起（　　）日内书面报告主管税务机关。

A. 15
B. 60
C. 30
D. 90

27. 2019 年甲房地产公司采用银行按揭方式销售商品房，为购房者的按揭贷款提供价值 1500 万元担保。下列关于该担保金税务处理的说法，正确的是（　　）。

A. 可以从销售收入中扣减

B. 作为销售费用在税前列支

C. 作为财务费用在税前列支

D. 实际发生损失时可以据实扣除

28. 甲企业属于创业投资企业，2017 年 9 月 1 日向乙企业（未上市的中小高新技术企业）投资 250 万元，股权持有至 2019 年 12 月 31 日。甲企业 2019 年度生产经营所得为 450 万元，当年应纳税所得额为（　　）万元。

A. 275
B. 68.75
C. 175
D. 112.5

29. 某企业 2019 年度境内应纳税所得额为 200 万元，已在全年预缴税款 40 万元，来源于境外某国的含税所得 100 万元，境外所得税税率 30%，由于享受优惠实际

按 20% 税率纳税(不考虑税收饶让政策),该企业当年汇算清缴应补(退)的税款为( )万元。

A. 5   B. 10

C. 15   D. 23

30. 某外商投资企业自行申报以 55 万元从境外甲公司(关联企业)购入一批产品,又将这批产品以 50 万元转售给乙公司(非关联企业)。假定该外商投资企业的销售毛利率为 20%,企业所得税税率为 25%,按再销售价格法计算,此次销售业务应缴纳的企业所得税为( )元。

A. 0   B. 12500

C. 15000   D. 25000

31. 某企业 2019 年 10 月停止生产,进入清算,停止经营之日的资产负债表记载:资产的账面价值 4000 万元、资产的计税基础 3700 万元、资产的可变现净值 4200 万元,负债的账面价值 3750 万元、负债的计税基础 3900 万元、最终清偿额 3500 万元,企业清算期内支付清算费用 70 万元,清算过程中发生的相关税费为 20 万元,以前年度可以弥补的亏损为 100 万元。该企业应缴纳的清算所得为( )万元。

A. 177.5   B. 68.5

C. 155.5   D. 64.5

32. 下列情形,应按规定视同销售确定收入的是( )。

A. 房地产企业将开发房产转作办公使用

B. 钢材企业将自产的钢材用于本企业的在建工程

C. 某化妆品生产企业将生产的化妆品对外捐赠

D. 工业企业将产品用于境内分支机构的移送

33. 企业所得税中关于非居民纳税人的应纳税所得额的确定,下列说法不正确的是( )。

A. 转让财产所得,以收入全额减除财产

净值后的余额为应纳税所得额

B. 股息、红利等权益性投资收益,以收入全额为应纳税所得额

C. 特许权使用费所得,以收入全额为应纳税所得额

D. 租金以收入减去出租过程发生的合理费用后的余额为应纳税所得额

34. 享受高新技术企业优惠的条件之一,是近一年高新技术产品(服务)收入占企业当年同期总收入的比例不得低于( )。

A. 40%   B. 50%

C. 60%   D. 70%

35. 依据企业所得税法相关规定,预约定价安排适用期限为( )。

A. 主管税务机关向企业送达接收其谈签意向的通知书之日所属年度起 3~5 个年度的关联交易

B. 企业提交正式书面申请年度的次年起 1~3 个连续年度

C. 企业提交正式书面申请年度的次年起 3~5 个连续年度

D. 税务机关与企业达成预约定价安排协议的次年起 1~3 个连续年度

36. 下列关于非居民企业从事国际运输业务税收管理的说法中,不正确的是( )。

A. 以取得运输收入的非居民企业为纳税人

B. 从收入总额中减除实际发生并与取得收入有关、合理的支出后的余额确定应纳税所得额

C. 非居民企业以程租、期租、湿租的方式出租船舶、飞机取得收入的经营活动属于国际运输业务

D. 以取得的运输收入全额为应纳税所得额

37. 2019 年某居民企业主营业务收入 5000 万元、营业外收入 80 万元,与收入配比的成本 4100 万元,全年发生管理费用、销售费用和财务费用共计 700 万元,营业外支出 60 万元(其中符合规定的公益性捐

赠支出 50 万元)，2018 年度经核定结转的亏损额 30 万元。不考虑除公益性捐赠以外的其他纳税调整项目，2019 年度该企业应缴纳企业所得税(　　)万元。

A. 47.5　　　　　B. 53.4

C. 53.6　　　　　D. 54.3

38. 下列说法中，不符合资产收购企业所得税一般性税务处理规定的是(　　)。

A. 被收购企业应确认资产转让所得或损失

B. 被收购企业原有的各项资产和负债应保持不变

C. 被收购企业的相关所得税事项原则上应保持不变

D. 收购企业取得资产的计税基础应以公允价值为基础确定

39. 下列关于房地产开发的成本、费用扣除的税务处理表述，正确的是(　　)。

A. 企业委托境外机构销售开发产品的，其支付境外机构的销售费用(不含佣金或手续费)不超过委托销售收入 10% 的部分，准予据实扣除

B. 企业开发产品转为自用的，使用 10 个月后又销售，使用期间的折旧费用允许税前扣除

C. 企业将已计入销售收入的共用部位、共用设施设备维修基金按规定移交给有关部门、单位的，应于移交时扣除

D. 计税成本一律不得预提，均应按实际发生成本核算

40. 根据企业所得税法相关规定，下列表述正确的是(　　)。

A. 境外营业机构的盈利不可以弥补境内营业机构的亏损

B. 企业通过买一赠一方式销售商品，属于捐赠行为

C. 房地产开发企业经济适用房开发项目预缴所得税的预计利润率不得低于 3%

D. 居民企业在中国境内设立不具有法人资格的营业机构，可在设立地单独计算缴纳企业所得税

41. 下列利息所得中，不免征企业所得税的是(　　)。

A. 外国政府向中国政府提供贷款取得的利息所得

B. 国际金融组织向中国政府提供优惠贷款取得的利息所得

C. 国际金融组织向中国居民企业提供优惠贷款取得的利息所得

D. 外国银行的中国分行向中国居民企业提供贷款取得的利息所得

42. 境内某居民企业 2019 年应纳税所得额为 1000 万元，适用 20% 的企业所得税税率。该企业在 A 国设有甲分支机构，甲分支机构的应纳税所得额为 50 万元，甲分支机构适用 20% 的企业所得税税率，甲分支机构按规定在 A 国缴纳了企业所得税，该企业在汇总纳税时在我国应缴纳的企业所得税为(　　)万元。

A. 200　　　　　B. 202.5

C. 197.5　　　　D. 172.5

43. 2019 年 10 月 10 日，税务机关在检查某公司的纳税申报情况过程中，发现该公司 2018 年的业务存在关联交易，少缴纳企业所得税 50 万元。该公司于 2019 年 11 月 1 日补缴了该税款，企业并未提供 2018 年关联交易相关资料。对该公司补缴税款应加收利息(　　)万元(假设中国人民银行公布的同期人民币贷款年利率为 5.5%)。

A. 1.22　　　　　B. 2.22

C. 1.05　　　　　D. 5.25

44. 某企业属于以境内外全部生产经营活动申请并经认定的高新技术企业。2019 年度境内所得应纳税所得额为 150 万元，全年已经预缴税款 10 万元，来源于境外税前所得 50 万元，境外实纳税款 10 万元，该企业当年汇算清缴应补(退)的税款为(　　)万元。

A. 15　　　　　　B. 2.5

C. 12.5　　　　　D. 18

45. 非居民企业甲为增值税一般纳税人，适用的增值税税率为13%，2019年8月甲企业从我国境内乙企业取得有形动产租赁含税收入共计565万元，该笔收入与在我国境内设立的机构、场所没有实际联系，同时发生业务成本费用共计300万元。甲企业就租赁收入应缴纳的企业所得税为（　）万元。

A. 20　　　　　　　B. 28.5

C. 50　　　　　　　D. 71.25

46. 下列关于企业所得税纳税申报，表述不正确的是（　）。

A. 企业所得税只能分季预缴

B. 企业清算时，应当以清算期间作为一个纳税年度

C. 企业在年度中间终止经营活动的，应当自实际经营终止之日起60日内，向税务机关办理当期企业所得税汇算清缴

D. 企业在一个纳税年度中间开业，或者终止经营活动，使该纳税年度的实际经营期不足12个月的，应当以其实际经营期为一个纳税年度

47. 下列关于非居民企业所得税相关规定，表述不正确的是（　）。

A. 非居民企业在中国境内承包工程作业或提供劳务的，应当自项目合同或协议签订之日起30日内，向项目所在地主管税务机关办理税务登记手续

B. 依照法律、行政法规规定负有税款扣缴义务的境内机构和个人，应当自扣缴义务发生之日起30日内，向所在地主管税务机关办理扣缴税款登记手续

C. 股权在持有期间发生减值或者增值，股权净值不应进行相应调整

D. 多次投资或收购的同项股权被部分转让的，从该项股权全部成本中按照转让比例计算确定被转让股权对应的成本

二、多项选择题

1. 纳税人提供的下列劳务中，按照开发或完成的进度确认收入实现的有（　）。

A. 广告制作费　　　B. 安装费

C. 服务费　　　　　D. 软件费

E. 特许权费

2. 根据企业所得税法规定，下列表述中不正确的有（　）。

A. 由企业统一制作并要求员工工作时统一着装所发生的工作服饰费用，不得税前扣除

B. 航空企业实际发生的飞行员养成费、飞行训练费、乘务训练费、空中保卫员训练费等空勤训练费用，可以作为航空企业运输成本在税前扣除

C. 一般企业开展研发活动中实际发生的研发费用，未形成无形资产计入当期损益的，在按规定据实扣除的基础上，再按照实际发生额的50%在税前加计扣除

D. 被投资企业发生的经营亏损，由被投资企业按规定结转弥补，投资企业不得调整减低其投资成本，也不得将其确认为投资损失

E. 企业投资者在规定期限内未缴足其应缴资本额的，企业每一计算期不得扣除的借款利息=该期间借款利息额×该期间未缴足注册资本额÷该期间借款额

3. 企业缴纳的下列保险金可以在税前直接扣除的有（　）。

A. 为特殊工种的职工支付的人身安全保险费

B. 为没有工作的董事长夫人缴纳的社会保险费用

C. 为投资者或者职工支付的商业保险费

D. 企业职工因公出差乘坐交通工具发生的人身意外保险费

E. 企业缴纳的雇主责任险保险费

4. 根据企业所得税法相关规定，下列关于收入确认时间的说法，正确的有（　）。

A. 特许权使用费收入以实际取得收入的日期确认收入的实现

B. 利息收入以合同约定的债务人应付利息的日期确认收入的实现

C. 接受捐赠收入按照实际收到捐赠资产的日期确认收入的实现

D. 作为商品销售附带条件的安装费收入在确认商品销售收入时实现

E. 股息等权益性投资收益以投资方收到所得的日期确认收入的实现

5. 下列选项中应作为长期待摊费用按照规定摊销的有（　　）。

A. 已足额提取折旧的固定资产的改建支出

B. 租入固定资产的改建支出

C. 固定资产的大修理支出

D. 自创商誉

E. 其他应当作为长期待摊费用的支出

6. 下列关于资产计税基础的说法中，正确的有（　　）。

A. 融资性售后回租业务中承租人出售资产的行为不确认为销售收入，对融资性租赁的资产，仍按承租人出售前原账面价值作为计税基础

B. 通过债务重组方式取得的固定资产，以该资产的账面价值为计税基础

C. 企业对外投资期间，投资资产的成本在计算应纳税所得额时不得扣除

D. 自行开发的无形资产，以开发过程中该资产符合资本化条件后至达到预定用途前发生的支出为计税基础

E. 自行建造的固定资产，以达到预定可使用状态前发生的支出为计税基础

7. 下列关于非货币性资产投资涉及的企业所得税处理的表述中，正确的有（　　）。

A. 企业以非货币性资产对外投资确认的非货币性资产转让所得，可在不超过5年期限内，分期均匀计入相应年度的应纳税所得额，按规定计算缴纳企业所得税

B. 企业以非货币性资产对外投资，应于投资协议生效并办理股权登记手续时，确认非货币性资产转让收入的实现

C. 企业以非货币性资产对外投资，应对非货币性资产进行评估并按评估后的公允价

值扣除计税基础后的余额，计算确认非货币性资产转让所得

D. 企业以非货币性资产对外投资而取得被投资企业的股权，应以非货币性资产的原计税成本为计税基础，加上每年确认的非货币性资产转让所得，逐年进行调整

E. 被投资企业取得非货币性资产的计税基础，应按非货币性资产的原计税基础确定

8. 下列关于企业所得税收入确认时间的说法中，正确的有（　　）。

A. 转让股权收入，在签订股权转让合同时确认收入

B. 采取预收款方式销售商品的，在发出商品时确认收入

C. 提供初始及后续服务的特许权费，在提供服务时确认收入

D. 采用分期收款方式销售商品的，根据实际收款日期确认收入

E. 为特定客户开发软件的收费，根据开发的完工进度确认收入

9. 现金损失应依据以下（　　）证据材料确认。

A. 现金保管人确认的现金盘点表

B. 现金保管人对于短缺的说明及相关核准文件

C. 对责任人由于管理责任造成损失的责任认定及赔偿情况的说明

D. 企业存款类资产的原始凭据

E. 金融机构出具的假币收缴证明

10. 下列关于房地产企业所得税涉税处理的陈述，正确的有（　　）。

A. 经济适用房开发项目，计税毛利率不得低于5%

B. 对开发、建造的住宅、商业用房以及其他建筑物、附着物、配套设施等开发产品，在未完工前采取预售方式销售取得的预售收入，暂不计算缴纳企业所得税

C. 房地产开发企业采取一次性全额收款方式销售开发产品，应于实际收讫价款或取得所取价款凭据之日，确定收入的

实现

D. 企业发生的期间费用、已销开发产品计税成本、税金及附加准予当期按规定扣除

E. 企业委托境外机构销售开发产品的，其支付境外机构的销售费用(含佣金或手续费)不超过委托销售收入 10% 的部分，准予据实扣除

11. 某生产企业属于增值税一般纳税人，因管理不善损失外购原材料(适用的增值税税率为 13%)账面成本是 60 万元，保险公司调查后同意赔付 15 万元，其余损失已经留存备查资料。则该企业确定应纳税所得额时正确的有( )。

A. 税前准予扣除的损失为 45 万元

B. 税前准予扣除的损失为 52.8 万元

C. 税前准予扣除的损失为 15 万元

D. 损失原材料而转出的进项税额准予在所得税税前扣除

E. 损失原材料而转出的进项税额不得在所得税税前扣除

12. 下列各项有关加计扣除表述正确的有( )。

A. 一般企业的研发费用形成无形资产的，按照该无形资产成本的 175% 在税前摊销

B. 企业开展研发活动中实际发生的研发费用，未形成无形资产计入当期损益的，在按规定据实扣除的基础上，在 2018 年 1 月 1 日至 2020 年 12 月 31 日期间，再按照实际发生额的 75% 在税前加计扣除

C. 对企业委托给外单位进行开发的研发费用，凡符合条件的，由委托方按照规定计算加计扣除，受托方可以再进行加计扣除

D. 研发费用形成无形资产的，除法律另有规定外，摊销年限不得低于 10 年

E. 企业安置残疾人员所支付的工资按照 100% 加计扣除

13. 根据企业所得税法的规定，企业的下列各项支出，在计算应纳税所得额时，准予从收入总额中直接扣除的有( )。

A. 企业对外投资转让时投资资产的成本

B. 转让固定资产发生的费用

C. 非居民企业向总机构支付的合理费用

D. 未经核定的固定资产减值准备

E. 企业内营业机构之间支付的租金

14. 下列属于资产损失确认的外部证据的有( )。

A. 司法机关的判决或者裁定

B. 工商部门出具的注销、吊销及停业证明

C. 有关会计核算资料和原始凭证

D. 企业内部技术鉴定部门的鉴定文件或资料

E. 仲裁机构的仲裁文书

15. 下列对 100% 直接控制的居民企业之间按照账面净值划转资产，符合特殊性税务处理条件的税务处理，正确的有( )。

A. 划入方企业取得的被划转资产，应按其账面原值计算折旧扣除

B. 划入方企业取得被划转资产的计税基础以账面原值确定

C. 划入方企业取得的被划转资产，应按其账面净值计算折旧扣除

D. 划入方企业不确认所得

E. 划出方企业不确认所得

16. 企业的下列各项所得中，可以免征企业所得税的有( )。

A. 符合规定的跨境电子商务综合试验区内实行核定征收的跨境电商企业的收入

B. 金融债券利息收入

C. 取得的铁路债券利息收入

D. 林产品的采集所得

E. 农作物新品种的培育所得

17. 下列小型微利企业 2018 年 1 月 1 日后购进资产的税务处理，正确的有( )。

A. 小型微利企业购进用于生产经营的价值 620 万元的机器设备允许一次性税前扣除

B. 小型微利企业购进用于研发的价值490万元的机器设备允许一次性税前扣除

C. 固定资产缩短折旧年限的不能低于规定折旧年限的60%

D. 购进的固定资产允许采用加速折旧方法

E. 购进的固定资产允许缩短折旧年限

18. 根据企业所得税法的规定，下列说法正确的有（　　）。

A. 非居民企业在中国境内未设立机构、场所的，或者虽设立机构、场所但取得的所得与其所设机构、场所没有实际联系的所得应缴纳的所得税，实行源泉扣缴

B. 企业未依法缴纳的，税务机关可以从该企业在中国境内其他收入项目的支付人应付的款项中，追缴该企业的应纳税款

C. 扣缴义务人对外支付的款项为人民币以外的外币，在申报扣缴企业所得税时，应当按照扣缴当日国家公布的人民币汇率中间价，折合成人民币计算缴纳所得税

D. 对非居民企业在中国境内取得工程作业和劳务所得应缴纳的所得税，税务机关可以指定工程价款或者劳务费的支付人为扣缴义务人

E. 扣缴义务人每次代扣的税款，应当自代扣之日起10日内缴入国库，并向所在地的税务机关报送扣缴企业所得税报告表

19. 根据企业所得税法相关规定，下列关于研发费用加计扣除的说法，正确的有（　　）。

A. 企业研发机构同时承担生产经营任务的，研发费用不得加计扣除

B. 企业共同合作开发项目的合作各方就自身承担的研发费分别按照规定计算加计扣除

C. 企业委托外单位开发的符合条件的研发费用，可由委托方与受托方协商确定加计扣除额度

D. 企业在一个纳税年度内有多个研发活动的，应按不同项目分别归集加计扣除研发费用

E. 研发费用未形成无形资产的，允许再按当年研发费用实际发生额的75%，直接抵扣当年的应纳税所得额

20. 符合条件的非营利组织取得下列收入，免征企业所得税的有（　　）。

A. 从事营利活动取得的收入

B. 因政府购买服务而取得的收入

C. 不征税收入孳生的银行存款利息收入

D. 接受其他单位捐赠的收入

E. 按照省级以上民政、财政部门规定收取的会员费收入

21. 下列属于保险公司缴纳的保险保障基金不得在企业所得税税前扣除的情形有（　　）。

A. 财产保险公司的保险保障基金余额达到公司总资产6%的

B. 人身保险公司的保险保障基金余额达到公司总资产1%的

C. 财产保险公司的保险保障基金余额达到公司总资产4%的

D. 人身保险公司的保险保障基金余额达到公司总资产0.8%的

E. 财产保险公司的保险保障基金余额达到公司总资产1%的

22. 下列关于集成电路和符合条件的软件企业的所得税政策，表述正确的有（　　）。

A. 国家规划布局内的重点软件企业和集成电路设计企业，当年未享受免税优惠的，可减按10%的税率征收企业所得税

B. 符合条件的软件企业按照规定取得的即征即退增值税税款，由企业专项用于软件产品研发和扩大再生产并单独进行核算，可以作为不征税收入

C. 集成电路设计企业和符合条件的软件企业的职工培训费用，应单独进行核算

并按实际发生额在计算应纳税所得额时扣除

D. 集成电路生产企业的生产设备，其折旧年限可以适当缩短，最短可为 3 年（含）

E. 企业外购的软件，凡符合固定资产或无形资产确认条件的，折旧年限或摊销年限可以适当缩短，最短为 3 年（含）

23. 在准备同期资料时应当准备主体文档的企业有（   ）。

A. 年度发生跨境关联交易，且合并该企业财务报表的最终控股企业所属企业集团

B. 无形资产所有权转让金额超过 1 亿元

C. 年度关联交易总额超过 10 亿元

D. 企业关联债资比例超过标准比例需要说明符合独立交易原则的

E. 金融资产转让金额超过 1 亿元

24. 根据企业所得税法相关规定，下列说法中正确的有（   ）。

A. 对内地企业投资者通过沪港通投资香港联交所上市股票取得的股息红利所得，依法计征企业所得税

B. 内地居民企业连续持有 H 股满 12 个月取得的股息红利所得，依法免征企业所得税

C. 企业接收股东划入资产，凡作为收入处理的，应按公允价值计入收入总额，计算缴纳企业所得税

D. 县级以上人民政府将国有资产明确以股权投资方式投入企业，企业应作为国家资本金处理

E. 企业捐赠住房作为公共租赁住房的，视同公益性捐赠，可直接税前扣除

25. 根据企业所得税法的规定，下列关于所得税纳税申报的说法中，正确的有（   ）。

A. 企业依法清算时，应当以清算期间作为一个纳税年度

B. 企业应当自月份终了之日起 10 日内，向税务机关预缴税款

C. 居民企业一般以企业登记注册地为纳税地点

D. 企业应当自年度终了之日起 5 个月内，向税务机关报送年度企业所得税纳税申报表，并汇算清缴，结清应缴应退税款

E. 企业在纳税年度内亏损要按规定报送有关资料

26. 下列关于境外注册中资控股居民企业所得税管理的说法，正确的有（   ）。

A. 非境内注册居民企业实际管理机构所在地变更为中国境外的，应当自变化之日起 30 日内报告主管税务机关

B. 非境内注册居民企业应当自收到居民身份认定书之日起 30 日内向主管税务机关申报办理税务登记

C. 非境内注册居民企业经税务总局确认终止居民身份的，应当自收到主管税务机关书面通知之日起 15 日内向主管税务机关申报办理注销税务登记

D. 发生扣缴义务的非境内注册居民企业应当自扣缴义务发生之日起 30 日内，向主管税务机关申报办理扣缴税款登记

E. 非境内注册居民企业发生终止生产经营或者居民身份变化情形的，应当自停止生产经营之日或者税务总局取消其居民企业之日起 60 日内，向其主管税务机关办理当期企业所得税汇算清缴

27. 根据企业所得税法相关规定，下列属于在资产收购时适用特殊性税务处理条件的有（   ）。

A. 具有合理的商业目的，且不以减少、免除或者推迟缴纳税款为主要目的

B. 受让企业收购的资产不低于转让企业全部资产的 85%

C. 受让企业在资产收购发生时的股权支付金额不低于其交易支付总额的 75%

D. 资产收购后的连续 12 个月内不改变收购资产原来的实质性经营活动

E. 取得股权支付的原主要股东，在资产收购后连续 12 个月内不得转让所取得的

股权

28. 下列关于非居民企业所得税管理的说法中，正确的有( )。

A. 非居民企业取得来源于中国境内的担保费，应按照企业所得税法对利息所得规定的税率计算缴纳企业所得税

B. 非居民企业在中国境内未设立机构、场所而转让中国境内土地使用权，应以其取得的土地使用权转让收入总额作为土地使用权转让所得计算缴纳企业所得税

C. 非居民企业出租位于中国境内的房屋、建筑物等不动产，对未在中国境内设立机构、场所进行日常管理的，以其取得的租金收入全额计算缴纳企业所得税

D. 非居民企业以程租、期租、湿租的方式出租船舶、飞机取得收入的经营活动属于国际运输业务

E. 企业在计算股权转让所得时，不得扣除被投资企业未分配利润等股东留存收益中按该项股权所可能分配的金额

29. 根据企业所得税法的规定，下列说法不正确的有( )。

A. 企业自年度终了之日起5个月内，向税务机关报送年度企业所得税纳税申报表，并汇算清缴，结清应缴应退税款

B. 企业在年度中间终止经营活动的，应当自实际经营终止之日起30日内，向税务机关办理当期企业所得税汇算清缴

C. 按月或按季预缴的，应当自月份或者季度终了之日起7日内，向税务机关报送预缴企业所得税纳税申报表，预缴税款

D. 非居民企业在中国境内未设立机构、场所的，以扣缴义务人所在地为纳税地点

E. 依照企业所得税法缴纳的企业所得税，以人民币以外的货币计算的，应当折合成人民币计算并缴纳税款

30. 关于企业所得税的纳税地点，下列表述正确的有( )。

A. 除另有规定外居民企业以企业登记注册地为纳税地点

B. 居民企业登记注册地在境外的，以实际管理机构所在地为纳税地点

C. 非居民企业在中国境内设立两个机构、场所的，分别申报缴纳企业所得税

D. 非居民企业在中国未设立机构、场所的，以扣缴义务人所在地为纳税地点

E. 非居民企业在中国境内设立机构、场所但取得的所得与其所设机构、场所没有实际联系的，以机构、场所所在地为纳税地点

31. 下列选项中，属于搬迁完成年度，企业应进行搬迁清算，计算搬迁所得的有( )。

A. 从搬迁开始，5年内(包括搬迁当年度)任何一年完成搬迁的

B. 从搬迁开始，搬迁时间满5年(包括搬迁当年度)的年度

C. 从搬迁的次年开始，5年内(包括搬迁当年度)任何一年完成搬迁的

D. 从搬迁的次年开始，搬迁时间满5年(包括搬迁当年度)的年度

E. 从搬迁开始，6年内(包括搬迁当年度)任何一年完成搬迁的

32. 企业应向主管税务机关报送的政策性搬迁依据、搬迁规划等相关材料，主要有( )。

A. 政府搬迁文件或公告

B. 搬迁重置总体规划

C. 拆迁补偿协议

D. 资产处置计划

E. 税务登记证原件

33. 下列关于跨地区经营汇总缴纳企业所得税征收管理的表述中，正确的有( )。

A. 总机构和具有主体生产经营职能的三级分支机构就地分摊缴纳企业所得税

B. 三级及三级以下分支机构，其营业收入、职工薪酬和资产总额等统一计入二级分支机构计算

C. 上年度认定为小型微利企业的，其二级分支机构不就地分摊缴纳企业所得税

D. 新设立的二级分支机构，设立当年不就地分摊缴纳企业所得税

E. 汇总纳税企业在中国境外设立的不具有法人资格的二级分支机构，不就地分摊缴纳企业所得税

三、计算题

1. 某非居民企业，未在我国境内设立机构、场所，2019 年发生的与我国境内相关的业务如下：

（1）以经营租赁的方式出租一批设备给我国境内 A 企业，取得租金收入 100 万元。

（2）为我国境内的 B 企业提供担保服务，取得担保费收入 20 万元。

（3）转让以前年度购进的我国境内的土地使用权给境内 C 企业，取得收入 1000 万元，转让时该土地的账面价值为 800 万元，计税基础为 700 万元。

（4）以融资租赁的方式，出租一套设备给我国境内的 D 企业，共收取租金 200 万元，2019 年 12 月租赁到期，D 企业另支付 10 万元取得了设备的所有权，已知该套设备的价款为 120 万元。

要求：上述金额不含增值税，根据上述资料，回答下列问题。

（1）A 企业应代扣代缴该非居民企业的企业所得税为（　　）万元。

A. 9.45　　　　　　B. 10

C. 20　　　　　　　D. 25

（2）B 企业应代扣代缴该非居民企业的企业所得税为（　　）万元。

A. 0　　　　　　　 B. 5

C. 2　　　　　　　 D. 4

（3）C 企业应代扣代缴该非居民企业的企业所得税为（　　）万元。

A. 250　　　　　　 B. 200

C. 100　　　　　　 D. 30

（4）D 企业应代扣代缴该非居民企业的企业所得税为（　　）万元。

A. 20　　　　　　　B. 21

C. 9　　　　　　　 D. 7.9

2. 我国居民企业甲在境外进行了投资，相关投资结构及持股比例如下：

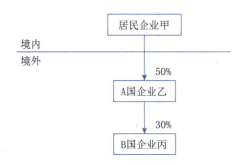

2019 年经营及分配状况如下：

（1）B 国企业所得税税率为 30%，预提所得税税率为 12%，丙企业应纳税所得总额 800 万元，丙企业将部分税后利润按持股比例进行了分配。

（2）A 国企业所得税税率为 20%，预提所得税税率为 10%。乙企业税前利润 1000 万元，其中来自丙企业的投资收益为 100 万元，按照 12% 的税率缴纳 B 国预提所得税 12 万元；乙企业在 A 国享受税收抵免后实际缴纳的税额 180 万元，乙企业将全部税后利润按持股比例进行了分配。

（3）居民企业甲适用的企业所得税税率为 25%，其中来自境内的应纳税所得额为 2400 万元。

要求：根据上述资料，回答下列问题。

（1）判断适用间接抵免的外国持股比例是（　　）。

A. 5%　　　　　　　B. 10%

C. 15%　　　　　　 D. 20%

（2）乙企业所纳税额属于甲企业负担的税额是（　　）万元。

A. 76　　　　　　　B. 85

C. 96　　　　　　　D. 98

（3）甲企业取得来源于乙企业投资收益的抵免限额是（　　）万元。

A. 120　　　　　　 B. 125

C. 128　　　　　　 D. 130

（4）甲企业取得来源于乙企业投资收益的实际抵免额是（　　）万元。

A. 120　　　　　　 B. 125

C. 128　　　　　　 D. 130

四、综合分析题

甲公司属于以境内外全部生产经营认定为高新技术企业的公司，在 2020 年年初汇算清缴 2019 年度企业所得税时，对有关收支项目进行纳税调整，自行将全年会计利润 500 万元调整为全年应纳税所得额 600 万元。全年已预缴所得税 75 万元。税务师事务所检查时，发现甲公司以下几项业务事项：

(1) 7 月企业购入机器设备一台，取得的增值税专用发票上注明价款 50 万元、增值税 6.5 万元，设备使用期为 5 年，预计无残值，当月投入使用。企业当年已计提了折旧费 11.7 万元。

(2) 8 月为解决职工子女上学问题，直接向某小学捐款 40 万元，在营业外支出中列支。在计算应纳税所得额时未作纳税调整。

(3) 9 月将在建工程应负担的贷款利息 10 万元计入当年财务费用。在计算应纳税所得额时未作纳税调整。

(4) 10 月与具有合法经营资格中介服务机构签订服务合同，合同上注明对方介绍给本企业 120 万元收入的劳务项目，本企业支付中介服务机构佣金 18 万元。在计算应纳税所得额时未作纳税调整。

(5) 将持有的乙公司 10 万股股权的 80% 转让给丙公司。假定收购日丙公司每股资产的计税基础为 7 元，每股资产的公允价值为 9 元。取得丙公司股权支付 66 万元、银行存款 6 万元。甲公司认为上述属于免税重组，未作纳税处理。

(6) 从境外分支机构取得税后利润 70 万元（境外缴纳所得税时适用的税率为 10%），未补缴企业所得税。

要求：根据上述资料，回答下列问题，每问需计算出合计数。

(1) 甲公司当年设备折旧税前扣除额为（ ）万元。

A. 11.7　　　　　B. 4.17

C. 5.12　　　　　D. 5.35

(2) 甲公司当年捐赠支出和在建工程贷款利息税前扣除额为（ ）万元。

A. 40　　　　　B. 50

C. 0　　　　　D. 10

(3) 甲公司当年佣金支出税前扣除额为（ ）万元。

A. 6　　　　　B. 18

C. 0　　　　　D. 12

(4) 甲公司股权重组中的应纳税所得额为（ ）万元。

A. 0　　　　　B. 1.33

C. 20　　　　　D. 1.68

(5) 甲公司境内所得当年应补缴的企业所得税税额为（ ）万元。

A. 17.72　　　　　B. 25.17

C. 25.63　　　　　D. 5.86

(6) 甲公司境外所得当年应补缴的企业所得税税额为（ ）万元。

A. 11.67　　　　　B. 3.89

C. 17.5　　　　　D. 19.44

本章综合练习参考答案及详细解析

一、单项选择题

1. D 【解析】利息所得、租金所得、特许权使用费所得，按照负担、支付所得的企业或者机构、场所所在地确定，或者按照负担、支付所得的个人的住所地确定。

2. D 【解析】选项 A，分期收款方式销售货物的，按照合同约定的收款日期确认收入的实现；选项 B，应当按扣除现金折扣前的金额确定销售商品收入金额，现金折扣在实际发生时作为财务费用扣除；选项 C，企业转让股权收入，应于转让协议生效且完成股权变更手续时，确认收入的实现。

3. B 【解析】销售商品涉及现金折扣的，应当按扣除现金折扣前的金额确定销售商品收入金额。企业已经确认销售收入的售出商品发生销售折让和销售退回，应当在发生当期冲减当期销售商品收入。国债利息收入免税。所以，应税收入 = (2025−25)+120+20+10 = 2150(万元)。

4. D 【解析】企业撤回或减少投资，其取得的资产中，相当于初始出资的部分，应确认为投资收回；相当于被投资企业累计未分配利润和累计盈余公积按减少实收资本比例计算的部分，应确认为股息所得；其余部分确认为投资资产转让所得。

5. B 【解析】对股权激励计划施行后，需待一定服务年限或者达到规定业绩条件方可行权的，上市公司等待期内会计上计算确认的相关成本费用，不得在对应年度计算缴纳企业所得税时扣除。在股权激励计划行权后，上市公司方可根据该股票实际行权时的公允价值与当年激励对象实际行权支付价格的差额及数量，计算确定作为当年上市公司工资薪金支出，依照税法规定进行税前扣除。

6. C 【解析】企业在筹建期间，发生的与筹办活动有关的业务招待费支出，可按实际发生额的60%计入企业筹办费，并按有关规定在税前扣除。可以扣除的开办费 = 300−50+50×60% = 280(万元)。

7. C 【解析】保险企业按企业当年全部保费收入扣除退保金后余额的18%计算限额；企业不得将手续费及佣金支出计入回扣、业务提成、返利、进场费等费用；企业为发行权益性证券支付给有关证券承销机构的手续费及佣金不得在税前扣除。

8. D 【解析】选项A，利息收入按照合同约定的债务人应付利息的日期确认收入的实现；选项B，纳税人自建商品房转为自用，是内部处置资产，不视同销售确认收入；选项C，企业发生《国家税务总局关于企业处置资产所得税处理问题的通知》(国税函

〔2008〕828号)第二条规定情形的，除另有规定外，应按照被移送资产的公允价值确定销售收入。

9. C 【解析】自2019年1月1日至2021年12月31日，对小型微利企业年应纳税所得额不超过100万元的部分，减按25%计入应纳税所得额，按20%的税率缴纳企业所得税；对年应纳税所得额超过100万元但不超过300万元的部分，减按50%计入应纳税所得额，按20%的税率缴纳企业所得税。

10. C 【解析】企业对房屋、建筑物固定资产在未足额提取折旧前进行改扩建的，如属于推倒重置的，该资产原值减除提取折旧后的净值，应并入重置后的固定资产计税成本，并在该固定资产投入使用后的次月起，按照税法规定的折旧年限，一并计提折旧。2019年的折旧额 = [360+(200−160)]÷20÷12×3 = 5(万元)。

11. B 【解析】企业计提的坏账准备不允许在税前扣除，因为没有发生实际的损失。

12. D 【解析】选项A，企业筹办期间不计算亏损年度；选项B，企业以前年度发生的资产损失，因各种原因，当年没有扣除的，不能结转以后年度扣除，但是可以按规定追补确认损失发生的年度扣除；选项C，企业因以前年度资产损失未扣除，造成多交税金，可以在审批确认年度的企业所得税税金中抵缴，抵缴不足的，可以在以后年度递延抵缴。

13. D 【解析】因客观原因无法真实、准确地确认应缴纳并已实际缴纳的境外所得额的，除就该所得直接缴纳及间接负担的税款在所得来源国的实际税率低于法定税率50%以上的除外，可按境外应纳税所得额的12.5%作为抵免限额。本题境外所得实际税负率为10%，所以按实际缴纳的境外所得税抵免，抵免限额为30万元。

14. C 【解析】企业在境外投资设立不具有独立纳税地位的分支机构，其计算生产、经营所得的纳税年度与我国规定的纳税

年度不一致的，与我国纳税年度当年度相对应的境外纳税年度，应为在我国有关纳税年度中任何一日结束的境外纳税年度。结束日为 2019 年 9 月 30 日，所以应该计入我国 2019 年纳税年度。

15. A 【解析】不得扣除的利息 = (100×7%÷12×10)×80÷100 = 4.67（万元）。

16. B 【解析】企业发生的与生产经营活动有关的业务招待费支出，按照发生额的 60% 扣除，但最高不得超过当年销售（营业）收入的 5‰，销售（营业）收入×5‰ = (2000+904－104)×5‰ = 14（万元），实际发生数×60% = 20×60% = 12（万元），业务招待费扣除限额为两者较小，即 12 万元。企业所得税税前扣除的管理费用 = 110－20+12 = 102（万元）。

17. A 【解析】下列固定资产不得计算折旧扣除：房屋、建筑物以外未投入使用的固定资产；以经营租赁方式租入的固定资产；以融资租赁方式租出的固定资产；已足额提取折旧仍继续使用的固定资产；与经营活动无关的固定资产；单独估价作为固定资产入账的土地；其他不得计算折旧扣除的固定资产。

18. B 【解析】应纳税额 = [3000－400－900－(1800－200)+(900－200－500)÷2]×25% = 50（万元）。

19. A 【解析】企业委托境外机构销售开发产品的，其支付境外销售费用（含佣金或手续费）不超过委托销售收入 10% 的部分，准予据实扣除。佣金、手续费扣除限额 = 5000×10% = 500（万元）。应缴纳企业所得税 = (5000－3000－500－375)×25% = 281.25（万元）。

20. B 【解析】选项 A、C、D 不适用跨地区汇总纳税企业所得税征收管理办法。

21. B 【解析】应缴纳企业所得税 = (20+2.6)×25%+(25－20)×25% = 6.9（万元）。

22. D 【解析】采取银行按揭方式销售开发产品的，应按销售合同或协议约定的价款确定收入额，其首付款应于实际收到日确认收入的实现，余款在银行按揭贷款办理转账之日确认收入的实现。

23. A 【解析】对于符合条件的节能服务公司，自项目取得第一笔生产经营收入起企业所得税三免三减半。应缴纳企业所得税 = (13820+1200－7800－1250－80)×50%×25%－1020×10% = 634.25（万元）。

24. C 【解析】甲公司股权转让所得 = 转让收入－取得该股权的成本 = 12000－4000 = 8000（万元），股权转让所得缴纳企业所得税 = 8000×25% = 2000（万元），注意与撤资的区别。

25. A 【解析】生产性生物资产的支出，准予摊销扣除，不得一次性扣除。

26. C 【解析】预约定价安排执行期间，企业发生影响预约定价安排的实质性变化，应当在发生变化之日起 30 日内书面报告主管税务机关。

27. D 【解析】企业采取银行按揭方式销售开发产品的，凡约定企业为购买方的按揭贷款提供担保的，其销售开发产品时向银行提供的保证金（担保金）不得从销售收入中减除，也不得作为费用在当期税前扣除，但实际发生损失时可据实扣除。

28. A 【解析】创投企业优惠，是指创业投资企业采取股权投资方式投资于未上市的中小高新技术企业 2 年以上的，可以按照其投资额的 70% 在股权持有满 2 年的当年抵扣该创业投资企业的应纳税所得额，当年不足抵扣的，可以在以后纳税年度结转抵扣。可抵扣的应纳税所得额 = 250×70% = 175（万元）。应纳税所得额 = 450－175 = 275（万元）。

29. C 【解析】该企业境内所得应纳税额 = 200×25% = 50（万元），境外所得已纳税款扣除限额 = 100×25% = 25（万元），境外实纳税额 = 100×20% = 20（万元），境外所得在境内应补税额 = 25－20 = 5（万元）。境内已预缴 40 万元，则汇总纳税应纳所

116

得税额＝50+5－40=15（万元）。

30. D 【解析】再销售价格法是指按照从关联方购进商品再销售给没有关联关系的交易方的价格，减除相同或者类似业务的销售毛利进行定价的方法。应纳税额＝[500000－500000×(1－20%)]×25%=25000（元）。

31. A 【解析】清算所得＝4200－3700－70－20+(3900－3500)－100=710（万元），清算所得税=710×25%=177.5（万元）。

32. C 【解析】选项A、B、D属于内部处置资产，不作收入处理。

33. D 【解析】股息、红利等权益性投资收益和利息、租金、特许权使用费所得，以收入全额为应纳税所得额。

34. C 【解析】享受高新技术企业优惠的条件之一，是近一年高新技术产品（服务)收入占总收入的比例不得低于60%。

35. A 【解析】预约定价安排适用于主管税务机关向企业送达接收其谈签意向的《税务事项通知书》之日所属纳税年度起3~5个年度的关联交易。

36. D 【解析】非居民企业从事国际运输业务，从收入总额中减除实际发生并与取得收入有关、合理的支出后的余额确定应纳税所得额。

37. B 【解析】会计利润＝5000+80－4100－700－60=220（万元）。
公益性捐赠扣除限额＝220×12%=26.4（万元），税前准予扣除的捐赠支出是26.4万元。
应纳企业所得税＝(220+50－26.4－30)×25%=53.4（万元）。

38. B 【解析】一般性税务处理条件下，企业股权收购、资产收购重组交易，相关交易应按以下规定处理：①被收购方应确认股权、资产转让所得或损失。②收购方取得股权或资产的计税基础应以公允价值为基础确定。③被收购企业的相关所得税事项原则上保持不变。

39. C 【解析】选项A，应该包含佣金或手续

费；选项B，企业开发产品转为自用的，其实际使用时间累计未超过12个月又销售的，不得在税前扣除折旧费用；选项D，物业完善费、出包工程未结算费用和公共配套设施未完工的费用可以预提。

40. C 【解析】选项A，境外营业机构的盈利可以弥补境内营业机构的亏损；选项B，企业以买一赠一等方式组合销售本企业商品的，不属于捐赠，应将总的销售金额按各项商品的公允价值的比例来分摊确认各项的销售收入；选项D，居民企业在中国境内设立不具有法人资格的营业机构的，应当汇总计算并缴纳企业所得税。

41. D 【解析】非居民企业取得下列所得免征企业所得税：①外国政府向中国政府提供贷款取得的利息所得。②国际金融组织向中国政府和居民企业提供优惠贷款取得的利息所得。③经国务院批准的其他所得。

42. B 【解析】A国的扣除限额＝50×25%=12.5（万元）。
在A国实际缴纳的所得税＝50×20%=10（万元），小于抵扣限额，需要补税。
企业在汇总纳税时在我国应缴纳的企业所得税＝1000×20%+(50×25%－10)=202.5（万元）。

43. B 【解析】税务机关依照规定作出纳税调整，需要补征税款的，应当补征税款，并按照规定自税款所属纳税年度的次年6月1日起至补缴税款之日止的期间，按日加收利息。加收利息，应当按照税款所属纳税年度中国人民银行公布的与补税期间同期的人民币贷款基准利率加5个百分点计算，并按一年365天折算日利率。企业依照规定提供有关资料的，可以只按规定的人民币贷款基准利率计算利息，上述该企业并未提供2018年关联企业往来资料，属于未按规定提供资料，所以，适用加5个百分点计算补交税额。本题加收利息从6月1日到11月1日一共是154天。

应加收利息 $= 50 \times (5\% + 5.5\%) \times 154 \div 365 = 2.22$（万元）。

44. C 【解析】企业汇总应纳税额 $= (150 + 50) \times 15\% = 30$（万元），境外已纳税款抵免限额 $= 30 \times 50 \div (150 + 50) = 7.5$（万元），境外实纳税款 10 万元，可抵免 7.5 万元。境内已预缴 10 万元，则汇算清缴应补缴税额 $= 30 - 7.5 - 10 = 12.5$（万元）。

45. C 【解析】应缴纳企业所得税 $= 565 \div (1 + 13\%) \times 10\% = 50$（万元）。

46. A 【解析】企业所得税应分月或者分季预缴。

47. C 【解析】股权在持有期间发生减值或者增值，按照国务院财政、税务主管部门规定可以确认损益的，股权净值应进行相应调整。

二、多项选择题

1. ABD 【解析】包含在商品售价内可区分的服务费，在提供服务的期间分期确认收入；属于提供设备和其他有形资产的特许权费，在交付资产或转移资产所有权时确认收入；属于提供初始及后续服务的特许权费，在提供服务时确认收入。

2. AC 【解析】选项 A，企业根据其工作性质和特点，由企业统一制作并要求员工工作时统一着装所发生的工作服饰费用，可以作为企业合理的支出准予税前扣除；选项 C，一般企业开展研发活动中实际发生的研发费用，未形成无形资产计入当期损益的，在按规定据实扣除的基础上，再按照实际发生额的 75% 在税前加计扣除。

3. ADE 【解析】选项 B，因为董事长的夫人不属于企业的职工，为其缴纳的社会保险费属于与本企业的收入没有关系的支出，所以不得在税前扣除；选项 C，企业为投资者或者职工支付的商业保险费，不得税前扣除。

4. BCD 【解析】选项 A，特许权使用费收入按照合同约定的特许权使用人应付特许权使用费的日期确认收入的实现；选项 E，股息等权益性投资收益应以被投资企业股东会或股东大会作出利润分配或转股决定的日期确认收入的实现。

5. ABCE 【解析】在计算应纳税所得额时，企业发生的下列支出作为长期待摊费用，按照企业所得税法的规定摊销的，准予扣除：①已足额提取折旧的固定资产的改建支出；②租入固定资产的改建支出；③固定资产的大修理支出；④其他应当作为长期待摊费用的支出。

6. ACD 【解析】选项 B，通过债务重组方式取得的固定资产，以该资产的公允价值和支付的相关税费为计税基础；选项 E，自行建造的固定资产，以竣工结算前发生的支出为计税基础。

7. ABCD 【解析】选项 E，被投资企业取得非货币性资产的计税基础，应按非货币性资产的公允价值确定。

8. BCE 【解析】选项 A，转让股权收入，应于转让协议生效且完成股权变更手续时，确认收入的实现；选项 D，以分期收款方式销售货物的，按照合同约定的收款日期确认收入的实现。

9. ABCE 【解析】选项 D，企业存款类资产的原始凭据是企业因金融机构清算而发生的存款类资产损失的确认材料之一。

10. CDE 【解析】选项 A，经济适用房开发项目，计税毛利率不得低于 3%；选项 B，企业销售未完工开发产品取得的收入，应先按预计计税毛利率分季（或月）计算出预计毛利额，计入当期应纳税所得额。开发产品完工后，企业应及时结算其计税成本并计算此前销售收入的实际毛利额，同时将其实际毛利额与其对应的预计毛利额之间的差额，计入当年度企业本项目与其他项目合并计算的应纳税所得额。

11. BD 【解析】外购原材料因管理不善发生非正常损失，净损失包括不得从销项税额中抵扣的进项税额。该企业资产净损失 $= 60 + 60 \times 13\% - 15 = 52.8$（万元）。

12. ABDE 【解析】选项 C，对企业委托给外单位进行开发的研发费用，凡符合条件的，由委托方按照规定计算加计扣除，受托方不得再进行加计扣除。

13. ABC 【解析】未经核定的准备金支出不得在税前扣除，企业营业机构之间支付的租金不得扣除。

14. ABE 【解析】选项C、D属于内部证据。

15. CDE 【解析】划入方企业取得被划转资产的计税基础以账面净值确定。

16. ADE 【解析】选项B，需要征收企业所得税，不属于免征企业所得税的情况；选项C，属于减半征收企业所得税的情况，不属于免征企业所得税的情况。

17. BCDE 【解析】小型微利企业购进用于生产经营的价值不超过500万元的固定资产允许一次性税前扣除。

18. ABCD 【解析】选项E，扣缴义务人每次代扣的税款，应当自代扣之日起7日内缴入国库，并向所在地的税务机关报送扣缴企业所得税报告表。

19. BDE 【解析】选项A，按规定，企业研发机构同时承担生产经营任务的，应对研发费用和生产经营费用进行区分核算，划分不清的，不允许加计扣除；选项C，对于企业委托外单位开发的研发费用，税法明确，由委托方加计扣除，受托方不得再进行加计扣除，而不是协商确定。

20. CDE 【解析】非营利组织的下列收入为免税收入：
(1)接受其他单位或者个人捐赠的收入；
(2)除税法规定的财政拨款以外的其他政府补助收入，但不包括因政府购买服务而取得的收入；
(3)按照省级以上民政、财政部门规定收取的会员费；
(4)不征税收入和免税收入孳生的银行存款利息收入；
(5)财政部、国家税务总局规定的其他收入。

21. AB 【解析】保险公司有下列情形之一的，其缴纳的保险保障基金不得在税前扣除：
(1)财产保险公司的保险保障基金余额达到公司总资产6%的；
(2)人身保险公司的保险保障基金余额达到公司总资产1%的。

22. ABCD 【解析】选项E，企业外购的软件，凡符合固定资产或无形资产确认条件的，可以按照固定资产或无形资产进行核算，其折旧或摊销年限可以适当缩短，最短可为2年(含)。

23. AC 【解析】选项B、E，应当准备本地文档；选项D，应当准备资本弱化特殊事项文档。

24. ABCD 【解析】企事业单位、社会团体以及其他组织捐赠住房作为公共租赁住房的，视同公益性捐赠，不超过年度利润总额12%的部分，准予扣除。

25. ACDE 【解析】企业应当自月份或者季度终了之日起15日内，向税务机关报送预缴企业所得税纳税申报表，预缴税款。

26. BCDE 【解析】选项A，非境内注册居民企业实际管理机构所在地变更为中国境外的，应当自变化之日起15日内报告主管税务机关。

27. ADE 【解析】选项B，受让企业收购的资产不低于转让企业全部资产的50%而非85%；选项C，对于股权支付额，应该是在资产收购发生时的股权支付金额不低于其交易支付总额的85%而非75%。

28. ACDE 【解析】选项B，非居民企业在中国境内未设立机构、场所而转让中国境内土地使用权，应以其取得的土地使用权转让收入总额减除计税基础后的余额作为土地使用权转让所得计算缴纳企业所得税。

29. BC 【解析】选项B，企业在年度中间终止经营活动的，应当自实际经营终止之日起60日内，向税务机关办理当期企业所得税汇算清缴；选项C，按月或按季预缴的，应当自月份或者季度终了之日起15日内，向税务机关报送预缴企业所得税纳税申报表，预缴税款。

30. ABD 【解析】选项C，非居民企业在中国境内设立两个或者两个以上机构、场所的，符合国务院税务主管部门规定条件的，可以选择由其主要机构、场所汇总申报缴纳企业所得税；选项E，非居民企业在中国境内设立机构、场所但取得的所得与其所设机构、场所没有实际联系的，以扣缴义务人所在地为纳税地点。

31. AB 【解析】下列情形之一的，为搬迁完成年度，企业应进行搬迁清算，计算搬迁所得：①从搬迁开始，5年内(包括搬迁当年度)任何一年完成搬迁的；②从搬迁开始，搬迁时间满5年(包括搬迁当年度)的年度。

32. ABCD 【解析】企业应向主管税务机关报送的政策性搬迁依据、搬迁规划等相关材料，包括：①政府搬迁文件或公告；②搬迁重置总体规划；③拆迁补偿协议；④资产处置计划；⑤其他与搬迁相关的事项。

33. BCDE 【解析】选项A，总机构和具有主体生产经营职能的二级分支机构就地分摊缴纳企业所得税。

三、计算题

1. (1)B；(2)C；(3)D；(4)C。
【解析】(1)A企业应代扣代缴企业所得税=100×10%=10(万元)。
(2)B企业应代扣代缴企业所得税=20×10%=2(万元)。
(3)C企业应代扣代缴企业所得税=(1000-700)×10%=30(万元)。
(4)D企业应代扣代缴企业所得税=(200+10-120)×10%=9(万元)。

2. (1)D；(2)C；(3)B；(4)B。
【解析】(1)居民企业取得的境外投资收益实际间接负担的税额，是指根据直接或间接持股方式合计持股20%以上(含20%)的规定层级的外国企业股份，由此应分得的股息、红利等权益性投资收益中，从最低一层外国企业起逐层计算的属于由上一层

企业负担的税额。

(2)乙企业所纳税额属于甲企业负担的税额=(180+12+0)×50%=96(万元)。

(3)境外所得(还原后)=(1000-180-12)×50%+96=500(万元)，抵免限额=(2400+500)×25%×500÷(2400+500)=125(万元)。

(4)可抵免境外税额=96+(1000-180-12)×50%×10%=136.4(万元)。
抵免限额=125(万元)。
当年实际可抵免的税额为125万元。

四、综合分析题

(1)B；(2)C；(3)A；(4)B；(5)C；(6)B。

【解析】(1)纳税人新购置的固定资产，增值税已作为进项税额抵扣，不再计入原值计提折旧；应当从投入使用月份的次月起计提折旧，即8—12月共5个月。

甲公司当年设备折旧税前扣除额=50÷5÷12×5=4.17(万元)。

(2)直接向某小学捐款40万元，不属于公益性捐赠支出，在计算应纳税所得额时不得扣除。在建工程应负担的贷款利息10万元应予资本化，在计算应纳税所得额时不得扣除。

(3)非保险企业，佣金支出的税前扣除限额为服务协议或合同确认的收入金额的5%。
当年佣金支出税前扣除额=120×5%=6(万元)。

(4)企业虽然适用特殊性税务处理，但是非股权支付对应的股权转让所得是不免的。甲公司股权重组中取得非股权支付额对应的股权转让所得=(9-7)×10×80%×(6÷72)=1.33(万元)。

(5)甲公司当年境内应纳税所得额=600+(11.7-4.17)+40+10+(18-6)+1.33=670.86(万元)。
甲公司当年度应补缴企业所得税税额=670.86×15%-75=25.63(万元)。

(6)境外所得应补缴所得税税额=70÷(1-10%)×(15%-10%)=3.89(万元)。

第2章 个人所得税

JINGDIAN TIJIE

考 情 分 析

➤ 历年考情分析

本章属于"税法（Ⅱ）"考试中重要性仅次于企业所得税的重点章节。相比较企业所得税综合性强的特点而言，个人所得税知识点比较分散，考试时针对 9 类所得项目，分别考核每个项目的征税范围、计税依据、应纳税额计算和税收优惠政策。如 2019 年的考试中就考核了工资薪金所得、劳务报酬所得、经营所得、财产租赁所得和偶然所得。

从近几年考试情况来看，个人所得税题型涵盖全面，考核难度适中，几乎每年都会考核一道涉及个人所得税的计算题或综合分析题，如在 2019 年的考试中第二道综合题就以考核个人所得税为主，而且考核了最新的综合所得预缴税款和汇算清缴相关内容。因为个人所得税考题分值不低，难易适中，比较容易拿到分数，所以考生要对本章内容给予足够的重视。尤其是2019 年我国实施了全新的个人所得税税法，本章内容变化较大，一些重要知识点还未考到，这更应引起考生的重视。

结合上述特点，在学习时考生需要对 9 类所得进行各个击破，首先对各类所得分别进行学习，然后分类比较学习，对于每类所得有共性的知识进行归纳总结。

➤ 本章 2020 年考试主要变化

1. 增加了非居民个人取得数月奖金及股权激励所得等来源地的规定。
2. 增加了针对新型冠状病毒感染肺炎疫情防控的个人所得税优惠政策。
3. 增加了工伤职工、退役士兵等多项减免税优惠措施。
4. 调整了无住所居民个人综合所得计算方法的相关内容。
5. 增加了商业健康险、远洋船员的个人所得税政策。
6. 增加了以企业资金为个人购置财产的个人所得税政策。
7. 增加了外籍个人有关津补贴的个人所得税政策。
8. 调整了沪深港股票市场交易互联互通机制试点的税收政策。
9. 增加了个人转让"新三板"挂牌公司股票的所得税政策。
10. 增加了个人住房转让的所得税政策。
11. 增加了创业投资企业和天使投资个人的税收政策。
12. 增加了创业投资企业个人合伙人的所得税政策。
13. 调整了公益慈善事业捐赠的个人所得税政策。
14. 重新编写应纳税所得额的一般规定。
15. 新增境外取得的所得抵免内容。
16. 重新编写征收管理。

核心考点及真题详解

考点一 纳税义务人及纳税义务 ★★

扫我解疑难

【例题 1·多选题】（2019 年）非居民个人取得的下列所得中，属于来源于中国境内所得的有（ ）。

A. 在境外通过网上指导获得境内机构支付的培训所得

B. 转让其在中国境内的房产而取得的财产转让所得

C. 施工机械出租给中国公民在美国使用而取得的租金所得

D. 持有中国境内公司债券取得的利息所得

E. 将专利权转让给中国境内公司取得的特许权使用费所得

【答案】 BDE

【解析】 除国务院财政、税务主管部门另有规定外，下列所得，不论支付地点是否在中国境内，均为来源于中国境内的所得：

(1)因任职、受雇、履约等在中国境内提供劳务取得的所得；

(2)将财产出租给承租人在中国境内使用而取得的所得；

(3)许可各种特许权在中国境内使用而取得的所得；

(4)转让中国境内的不动产等财产或者在中国境内转让其他财产取得的所得；

(5)从中国境内企业、事业单位、其他组织以及居民个人取得的利息、股息、红利所得。

【例题 2·单选题】（2009 年改）琼斯为外籍个人，在中国境内无住所，同时在中国境内、境外机构担任职务，2019 年 3 月 6 日来华，12 月 20 日离开。其间琼斯因工作原因，曾于 6 月 8 日离境，6 月 14 日返回。在计算个人所得税时，琼斯在中国境内实际工作天数为（ ）天。

A. 282

B. 283

C. 284

D. 285

【答案】 B

【解析】 3 月 6 日、6 月 8 日、6 月 14 日和 12 月 20 日，因停留时间不超过 24 小时，均按半天计算在华实际工作天数。

中国境内实际工作天数 = 25.5＋30＋31＋24＋31＋31＋30＋31＋30＋19.5＝283（天）。或者是倒算的方法，1 月、2 月、3 月、6 月、12 月不在华的工作天数分别是 31 天、28 天、5.5 天、6 天、11.5 天，不在华工作总共是 82 天，所以在华工作的天数就是 365－82＝283（天）。

1. 纳税义务人和纳税义务的一般规定（见表 2-1）

表 2-1 纳税义务人和纳税义务的一般规定

类别	判定标准	纳税义务
居民个人	1. 境内有住所 2. 没有住所，但居住满 183 天 注意： (1)在境内居住满 183 天，是指在一个纳税年度（即 1 月 1 日起至 12 月 31 日止）内，在中国境内居住满 183 日 (2)在中国境内居住累计满 183 天的任一年度中有一次离境超过 30 天的，其在中国境内居住累计满 183 天的年度的连续年限重新起算	无限纳税义务（境内所得＋境外所得）

类别	判定标准	纳税义务
非居民个人	1. 境内无住所又不居住 2. 无住所，而一个纳税年度内在境内居住累计不满183天	**有限纳税义务** （境内所得）

2. 无住所纳税人纳税义务范围判定

（1）不同居住时间下无住所纳税人的纳税义务如表2-2所示。

表2-2　不同居住时间下无住所纳税人纳税义务

居住时间	纳税人	境内所得		境外所得	
		境内支付或境内机构负担	境外支付且非境内机构负担	境内支付	境外支付
≤90天（或税收协定规定期间≤183天）	非居民	√	免税	×（不包括高管）	×
>90天且<183天（或税收协定规定期间>183天且<1年）	非居民	√	√	×（不包括高管）	×
累计满183天的年度连续不满6年	居民	√	√	√	在税务机关备案后，免税
累计满183天的年度连续满6年	居民	√	√	√	√

（注：√表示征税；×表示不征税）

境外支付：由境外雇主支付且不由该雇主在中国境内的机构、场所负担的部分。

针对境内所得境外支付适用免税部分：凡境内雇主采取核定征收所得税或者无营业收入未征收所得税的，无住所个人为其工作取得工资薪金所得，不论是否在该境内雇主会计账簿中记载，均视为由该境内雇主支付或者负担。所称工资薪金所属工作期间的公历天数，是指无住所个人取得工资薪金所属工作期间按公历计算的天数。

表中高管的税务处理：

非居民个人为高管人员的，按照以下规定处理：

①高管人员在境内居住时间累计不超过90天的情形。

在一个纳税年度内，在境内累计居住不超过90天的高管人员，其取得由境内雇主支付或者负担的工资薪金所得应当计算缴纳个人所得税；不是由境内雇主支付或者负担的工资薪金所得，不缴纳个人所得税。当月工资薪金收入额为当月境内支付或者负担的工资薪金收入额。

②高管人员在境内居住时间累计超过90天不满183天的情形。

在一个纳税年度内，在境内居住累计超过90天但不满183天的高管人员，其取得的工资薪金所得，除归属于境外工作期间且不是由境内雇主支付或者负担的部分外，应当计算缴纳个人所得税。

（2）在我国境内无住所的个人天数计算。

自2019年1月1日起，无住所个人一个纳税年度内在中国境内累计居住天数，按照个人在中国境内累计停留的天数计算。在中国境内停留的当天满24小时的，计入中国境内居住天数；在中国境内停留的当天不足24小时的，不计入中国境内居住天数。

第2章 个人所得税

境内工作期间按照个人在境内工作天数计算，包括其在境内的实际工作日以及境内工作期间在境内、境外享受的公休假、个人休假、接受培训的天数。在境内、境外单位同时担任职务或者仅在境外单位任职的个人，在境内停留的当天不足24小时的，按照半天计算境内工作天数。

3. 所得来源地的确定

（1）下列所得，不论支付地点是否在中国境内，均为来源于中国境内的所得（见表2-3）。

表2-3 所得来源地的确定

来源地	所得类别
劳务发生地	因任职、受雇、履约等而在中国境内提供劳务取得的所得，包括工资薪金所得、劳务报酬所得、经营所得
支付或负担的主体在境内	董事、监事及高层管理人员取得报酬所得 个人取得稿酬所得
资产使用地	将财产出租给承租人在中国境内使用而取得的所得
	许可各种特许权在中国境内使用而取得的所得，包括：专利权、非专利技术、商标权、著作权等
土地、不动产所在地或转让地	转让中国境内的建筑物、土地使用权等财产或在中国境内转让其他财产取得的所得
利息、股息和红利分配地	从中国境内企业、事业单位、其他组织以及居民个人取得的利息、股息、红利所得

（2）下列所得，为来源于中国境外的所得：

①因任职、受雇、履约等在中国境外提供劳务取得的所得；

②中国境外企业以及其他组织支付且负担的稿酬所得；

③许可各种特许权在中国境外使用而取得的所得；

④在中国境外从事生产、经营活动而取得的与生产、经营活动相关的所得；

⑤从中国境外企业、其他组织以及非居民个人取得的利息、股息、红利所得；

⑥将财产出租给承租人在中国境外使用而取得的所得；

⑦转让中国境外的不动产、转让对中国境外企业以及其他组织投资形成的股票、股权以及其他权益性资产（以下称权益性资产）或者在中国境外转让其他财产取得的所得。

但转让对中国境外企业以及其他组织投资形成的权益性资产，该权益性资产被转让前三年（连续36个公历月份）内的任一时间，被投资企业或其他组织的资产公允价值50%以上直接或间接来自位于中国境内的不动产的，取得的所得为来源于中国境内的所得；

⑧中国境外企业、其他组织以及非居民个人支付且负担的偶然所得。

4. 扣缴义务人

扣缴义务人：支付的单位或个人（不包括向取得生产经营所得的纳税人进行支付的主体，如向个体工商户支付的主体不构成扣缴义务人）。

考点二　工资、薪金所得的征税对象及预扣预缴的计算 ★★★

扫我解疑难

📝 经典例题

【例题1·多选题】（2019年）下列关于专项附加扣除的说法，符合个人所得税相关规定的有（　　）。

A. 住房贷款利息扣除的期限最长不得超过240个月

B. 直辖市的住房租金支出的扣除标准是每月1500元

C. 职业资格技术教育在取得相关证书的当年，按照3600元定额标准扣除

D. 同一学历的继续教育扣除期限不得超过36个月

E. 赡养老人专项附加扣除的起始时间为被赡养人年满60周岁的当月

【答案】ABCE

【解析】选项D，同一学历(学位)继续教育的扣除期限不能超过48个月。

【例题2·多选题】(2018年)下列各项中，应按照"工资、薪金所得"项目征收个人所得税的有( )。

A. 企业支付给营销人员的年终奖

B. 个体工商户业主的工资

C. 企业支付给在本企业任职董事长的董事费

D. 电视剧制作单位支付给本单位编剧的剧本使用费

E. 企业支付给职工的过节费

【答案】ACE

【解析】选项B，应计入个体工商户的生产、经营所得，按照"经营所得"项目计征个人所得税；选项D，按照"特许权使用费所得"项目征收个人所得税。

【例题3·单选题】(2018年改)下列各项所得，应缴纳个人所得税的是( )。

A. 托儿补助费

B. 个人因通讯制度改革而取得通讯补贴收入

C. 差旅费津贴

D. 工伤赔偿金

【答案】B

【解析】个人因公务用车和通讯制度改革而取得的公务用车、通讯补贴收入，扣除一定标准的公务费用后，按照"工资、薪金"所得项目计征个人所得税。

【例题4·单选题】(2017年)个人取得的下列所得，应按"工资、薪金所得"缴纳个人所得税的是( )。

A. 杂志社财务人员在本单位的报刊上发表作

品取得的所得

B. 因公务用车制度改革个人以现金、报销等形式取得的所得

C. 员工因拥有股权而参与企业税后利润分配取得的所得

D. 股东取得股份制公司为其购买并登记在该股东名下的小轿车

【答案】B

【解析】选项A，应按照"稿酬所得"项目征收个人所得税；选项C、D，均应按照"利息、股息、红利所得"项目征收个人所得税。

【例题5·单选题】(2016年)下列各项所得，按工资、薪金所得计算缴纳个人所得税的是( )。

A. 个人合伙人从合伙企业按月取得的劳动所得

B. 律师以个人名义聘请的其他人员从律师处获得的报酬

C. 任职于杂志社的记者在本杂志社上发表作品取得的稿费

D. 出版社的专业作者的作品，由本社以图书形式出版而取得的稿费

【答案】C

【解析】选项A，按照"经营所得"缴纳个人所得税；选项B，按照"劳务报酬所得"缴纳个人所得税；选项D，按照"稿酬所得"缴纳个人所得税。

【例题6·多选题】(2016年改)下列各项所得，应按工资、薪金所得缴纳个人所得税的有( )。

A. 个人因通讯制度改革而取得通讯补贴收入

B. 从任职单位取得的集资利息

C. 转让限售股所得

D. 个人独资企业员工每月从该企业取得的劳动所得

E. 股票增值权所得

【答案】ADE

【解析】选项B，按照利息所得征收个人所得税；选项C，转让限售股按照财产转让所得征收个人所得税。

1. 工资、薪金所得及征税对象的确认

工资、薪金所得是指个人因任职或受雇而取得的工资、薪金、奖金、年终加薪、劳动分红、津贴、补贴以及与任职或者受雇有关的其他所得。

『提示』工资薪金与劳务报酬的区别：工资薪金体现在岗位所得，劳动的非独立性；劳务报酬体现在劳务所得，劳动的独立性。

（1）不征税项目包括：

①独生子女补贴；

②执行公务员工资制度未纳入基本工资的补贴、津贴差额和家属成员的副食品补贴；

③托儿补助费；

④差旅费津贴、误餐补助，但不包括单位以误餐补助名义发给职工的补助、津贴。

（2）特殊情形下征税对象的确认：

①出租汽车经营单位对驾驶员采取单车承包、承租的，驾驶员的客运收入按工资、薪金所得征税。

②对商品营销活动中，企业和单位对营销业绩突出的员工以培训班、研讨会、工作考察等名义组织旅游活动，通过免收差旅费、旅游费对个人实行的营销业绩奖励（包括实物、有价证券等），应将所发生的费用金额按下列方式处理：

a. 针对雇员，并入雇员当期工资、薪金，按"工资、薪金所得"征税；

b. 针对非雇员，按"劳务报酬所得"征税。

③个人因公务用车和通讯制度改革而取得的公务用车、通讯补贴收入，扣除一定标准的公务费用后，按照"工资、薪金"所得项目计征个人所得税。按月发放的，并入当月"工资、薪金"所得计征个人所得税；不按月发放的，分解到所属月份并与该月份"工资、薪金"所得合并后计征个人所得税。

④个人领取的税收递延型商业养老保险的养老金收入，其中25%部分予以免税，其余75%部分按照10%的比例税率计算缴纳个人所得税，税款计入"工资、薪金所得"项目，由保险机构代扣代缴后，在个人购买税延养老保险的机构所在地办理全员全额扣缴申报。

⑤任职、受雇于报社、杂志社等单位的记者、编辑等专业人员，在本单位的报刊、杂志上发表作品取得的所得。

2. 减除费用金额：5000元/每月

『提示』累计减除费用金额按照5000元/月乘以纳税人当年截至本月在本单位的任职受雇月份数计算。

3. 专项扣除

包括居民个人按照国家规定的范围和标准缴纳的基本养老保险、基本医疗保险、失业保险等社会保险费和住房公积金等。

4. 专项附加扣除

专项附加扣除包含了子女教育、继续教育、大病医疗、住房贷款利息或者住房租金、赡养老人6项支出。取得综合所得和经营所得的居民个人可以享受专项附加扣除，同时专项附加扣除在一个纳税年度扣不完的，不得结转以后年度扣除。

（1）子女教育。

纳税人年满3岁的子女接受学前教育和学历教育的相关支出，按照每个子女每月1000元（每年12000元）的标准定额扣除。

父母可以选择由其中一方按扣除标准的100%扣除，也可以选择由双方分别按扣除标准的50%扣除，具体扣除方式在一个纳税年度内不能变更。

（2）继续教育。

纳税人在中国境内接受学历（学位）继续教育的支出，在学历（学位）教育期间按照每月400元（每年4800元）定额扣除。同一学历（学位）继续教育的扣除期限不能超过48个月（4年）。纳税人接受技能人员职业资格继续教育、专业技术人员职业资格继续教育支出，在取得相关证书的当年，按照3600元定额扣除。

个人接受本科及以下学历（学位）继续教

育，符合税法规定扣除条件的，可以选择由其父母扣除，也可以选择由本人扣除。

（3）大病医疗。

在一个纳税年度内，纳税人发生的与基本医保相关的医药费用支出，扣除医保报销后个人负担（指医保目录范围内的自付部分）累计超过15000元的部分，由纳税人在办理年度汇算清缴时，在80000元限额内据实扣除。

纳税人发生的医药费用支出可以选择由本人或者其配偶扣除；未成年子女发生的医药费用支出可以选择由其父母一方扣除。

（4）住房贷款利息。

纳税人本人或配偶，单独或共同使用商业银行或住房公积金个人住房贷款，为本人或其配偶购买中国境内住房，发生的首套住房贷款利息支出，在实际发生贷款利息的年度，按照每月1000元（每年12000元）的标准定额扣除，扣除期限最长不超过240个月（20年）。纳税人只能享受一套首套住房贷款利息扣除。

经夫妻双方约定，可以选择由其中一方扣除，具体扣除方式在确定后，一个纳税年度内不得变更。

（5）住房租金。

纳税人在主要工作城市没有自有住房而发生的住房租金支出，可以按照以下标准定额扣除：

①直辖市、省会（首府）城市、计划单列市以及国务院确定的其他城市，扣除标准为每月1500元（每年18000元）。

②除上述所列城市外，市辖区户籍人口超过100万的城市，扣除标准为每月1100元（每年13200元）；市辖区户籍人口不超过100万的城市，扣除标准为每月800元（每年9600元）。

夫妻双方主要工作城市相同的，只能由一方扣除住房租金支出。住房租金支出由签订租赁住房合同的承租人扣除。纳税人及其配偶在一个纳税年度内不得同时分别享受住房贷款利息专项附加扣除和住房租金专项附加扣除。

（6）赡养老人。

纳税人赡养一位及以上被赡养人的赡养支出，统一按以下标准定额扣除：

①纳税人为独生子女的，按照每月2000元（每年24000元）的标准定额扣除；

②纳税人为非独生子女的，由其与兄弟姐妹分摊每月2000元（每年24000元）的扣除额度，每人分摊的额度最高不得超过每月1000元（每年12000元）。可以由赡养人均摊或者约定分摊，也可以由被赡养人指定分摊。约定或者指定分摊的须签订书面分摊协议，指定分摊优于约定分摊。具体分摊方式和额度在一个纳税年度内不得变更。

所称被赡养人是指年满60岁的父母，以及子女均已去世的年满60岁的祖父母、外祖父母。

5. 其他扣除

包括个人缴付符合国家规定的企业年金、职业年金，个人购买符合国家规定的商业健康保险、税收递延型商业养老保险的支出，以及国务院规定可以扣除的其他项目。

6. 工资、薪金所得预扣预缴环节应纳税额的计算

居民纳税人取得工资、薪金所得，有扣缴义务人的，由扣缴义务人按月预扣预缴税款；符合条件，需要办理汇算清缴的，应当在取得所得的次年3月1日至6月30日内办理汇算清缴。

按月预扣预缴税款计算公式如下：

本期应预扣预缴税额＝（累计预扣预缴应纳税所得额×预扣率-速算扣除数）-累计减免税额-累计已预扣预缴税额

累计预扣预缴应纳税所得额＝累计收入-累计免税收入-累计减除费用-累计专项扣除-累计专项附加扣除-累计依法确定的其他扣除

7. 无住所个人工资、薪金个人所得税计算

（1）普通无住所个人税额计算（见表2-4）。

表 2-4　普通无住所个人税额计算

居住时间	收入额计算公式
≤90 日	当月工资薪金收入额＝当月境内外工资薪金总额×(当月境内支付工资薪金数额÷当月境内外工资薪金总额)×(当月工资薪金所属工作期间境内工作天数÷当月工资薪金所属工作期间公历天数)
>90 日且<183 日	当月工资薪金收入额＝当月境内外工资薪金总额×(当月工资薪金所属工作期间境内工作天数÷当月工资薪金所属工作期间公历天数)
累计满 183 天的年度连续不满 6 年	当月工资薪金收入额＝当月境内外工资薪金总额×[1－(当月境外支付工资薪金数额÷当月境内外工资薪金总额)×(当月工资薪金所属工作期间境外工作天数÷当月工资薪金所属工作期间公历天数)]
累计满 183 天的年度连续满 6 年	当月工资薪金收入额＝境内、境外取得的全部工资薪金收入

(2)无住所企业高管人员税额计算(见表2-5)。

表 2-5　无住所企业高管人员税额计算

居住时间	税额计算公式
≤90 日	当月工资薪金收入额＝当月境内支付或负担的工资薪金收入额
>90 日且<183 日 累计满 183 天的年度连续不满 6 年	当月工资薪金收入额＝当月境内外工资薪金总额×[1－(当月境外支付工资薪金数额÷当月境内外工资薪金总额)×(当月工资薪金所属工作期间境外工作天数÷当月工资薪金所属工作期间公历天数)]
累计满 183 天的年度连续满 6 年	当月工资薪金收入额＝境内、境外取得的全部工资薪金收入

8. 非居民个人一个月内取得**数月奖金**的个人所得税计算

非居民个人一个月内取得数月奖金，单独按税法规定计算当月收入额，不与当月其他工资薪金合并，按 6 个月分摊计税，不减除费用，适用月度税率表计算应纳税额，在一个公历年度内，对每一个非居民个人，该计税办法只允许适用一次。计算公式如下：

当月数月奖金应纳税额＝[(数月奖金收入额÷6)×适用税率－速算扣除数]×6

9. 非居民个人一个月内取得**股权激励**所得的个人所得税计算

非居民个人一个月内取得股权激励所得，单独按税法规定计算当月收入额，不与当月其他工资薪金合并，按 6 个月分摊计税(一个公历年度内的股权激励所得应合并计算)，不减除费用，适用月度税率表计算应纳税额，计算公式如下：

当月股权激励所得应纳税额＝[(本公历年度内股权激励所得合计额÷6)×适用税率－速算扣除数]×6－本公历年度内股权激励所得已纳税额

10. 远洋船员的个人所得税政策

在 2019 年 1 月 1 日－2023 年 12 月 31 日，一个纳税年度内在船航行时间累计满 183 天的远洋船员，其取得的工资薪金收入**减按50%**计入应纳税所得额，依法缴纳个人所得税。

考点三　全年一次性奖金个人所得税的计算★★

扫我解疑难

📝**经典例题**

【例题·单选题】中国公民王某 2019 年 1 月取得当月工资收入 2500 元和全年一次性奖金 36000 元。王某对全年一次性奖金选择适用单独计算。王某 1 月应纳个人所得税( )元。

A. 0　　　　　　　B. 45

C. 1080　　　　　D. 3600

【答案】 C

【解析】 当月一般工资薪金 2500 元不到 5000 元，因此纳税为 0。全年一次性奖金应纳税额计算如下：

36000÷12 = 3000（元），确定奖金适用税率 3%，速算扣除数 0。应纳个人所得税 = 36000×3%−0 = 1080（元）。

考点精析

全年一次性奖金：年终加薪、年薪、双薪、全年加班奖和全年绩效工资等具有全年性、一次性的奖金。

1. 在 2021 年 12 月 31 日前，居民个人取得全年一次性奖金，不并入当年综合所得，以全年一次性奖金收入除以 12 个月得到的数额，按照按月换算后的综合所得税率表，确定适用税率和速算扣除数，单独计算纳税。计算公式为：

应纳税额=全年一次性奖金收入×适用税率−速算扣除数

居民个人取得全年一次性奖金，也可以选择并入当年综合所得计算纳税。

2. 自 2022 年 1 月 1 日起，居民个人取得全年一次性奖金，应并入当年综合所得缴纳个人所得税。

『提示1』在一个纳税年度内，对每一个纳税人，该方法只允许采用一次。

『提示2』除全年一次性奖金以外的其他各种名目奖金，如半年奖、季度奖、加班奖、先进奖、考勤奖等，一律与当月工资、薪金收入合并，按一般方法计税。

考点四　单位低价向职工售房个人所得税政策 ★

扫我解疑难

经典例题

【例题·单选题】（2012 年改）2019 年 4 月田某作为人才被引入某公司，该公司将购置价 800000 元的一套住房以 500000 元的价格出售给田某。田某取得该住房应缴纳个人所得税

（　　）元。

A. 21500　　　　　B. 37500
C. 52440　　　　　D. 58590

【答案】 D

【解析】 低价售房按全年一次性奖金的办法计算缴纳个人所得税。（800000−500000）÷12 = 25000（元），对应税率 20%，速算扣除数 1410。应缴纳个人所得税 = 300000×20% − 1410 = 58590（元）。

考点精析

单位按低于购置或建造成本价格出售住房给职工，职工因此而少支出的差价部分，不并入当年综合所得，以差价收入除以 12 个月得到的数额，按照月度税率表确定适用税率和速算扣除数，单独计算纳税。计算公式为：

应纳税额=职工实际支付的购房价款低于该房屋的购置或建造成本价格的差额×适用税率−速算扣除数

考点五　对个人因解除劳动合同取得经济补偿金的个人所得税计算 ★★

扫我解疑难

经典例题

【例题·单选题】 2019 年 10 月，中国公民张某与公司解除聘用关系，并取得所在公司一次性补偿金 100000 元。公司所在地区上年年平均工资为 60000 元。张某取得的补偿收入应缴纳个人所得税（　　）元。

A. 13200　　　　　B. 8576
C. 1252　　　　　D. 0

【答案】 D

【解析】 因为 100000<60000×3，所以张某取得的解除劳动关系的一次性补偿收入应纳税额为 0。

考点精析

1. 企业依法宣告破产，职工从该企业取

得一次性安置费收入，免征个人所得税。

2. 个人与用人单位解除劳动关系取得一次性补偿收入（包括用人单位发放的经济补偿金、生活补助费和其他补助费），在当地上年职工平均工资 3 倍数额以内的部分，免征个人所得税；超过 3 倍数额的部分，不并入当年综合所得，单独适用综合所得税率表，计算纳税。

考点六　个人提前退休取得一次性补贴个人所得税的计算 ★★★

扫我解疑难

📋 经典例题

【例题·单选题】2019 年 10 月张某办理了提前退休手续，距法定退休年龄还有 2 年，取得一次性补贴收入 160000 元。张某就一次性补贴收入应缴纳的个人所得税为（ ）元。

A. 970　　　　　　B. 1200

C. 3200　　　　　　D. 5210

【答案】B

【解析】应纳税所得额＝（160000÷2）－60000＝20000（元），应纳税额＝（20000×3%－0）×2＝1200（元）。

📋 考点精析

个人办理提前退休手续而取得的一次性补贴收入，应按照办理提前退休手续至法定离退休年龄之间实际年度数平均分摊，确定适用税率和速算扣除数，单独适用综合所得税率表，计算纳税。计算公式：

应纳税额＝｛［（一次性补贴收入÷办理提前退休手续至法定退休年龄的实际年度数）－费用扣除标准］×适用税率－速算扣除数｝×办理提前退休手续至法定退休年龄的实际年度数

考点七　个人取得上市公司股权激励所得的税额计算 ★★

扫我解疑难

📋 经典例题

【例题·单选题】（2019 年）在 2021 年 12 月 31 日前，居民个人取得股票期权、股权激励的个人所得税处理正确的是（ ）。

A. 必须并入当年综合所得计算纳税

B. 不作为应税所得征收个人所得税

C. 不并入当年综合所得，全额单独适用综合所得税率计算纳税

D. 不并入当年综合所得，单独适用综合所得税率按月份数分摊计算纳税

【答案】C

【解析】居民个人取得符合税法规定的股票期权、股票增值权、限制性股票、股权奖励等股权激励所得，在 2021 年 12 月 31 日前，可以不并入当年综合所得，全额单独适用综合所得税率表计算纳税。

📋 考点精析

居民个人取得股票期权、股票增值权、限制性股票、股权奖励等股权激励（以下简称股权激励），符合规定条件的，按以下方式计税：

（1）在 2021 年 12 月 31 日前，不并入当年综合所得，全额单独适用综合所得税率表，计算纳税。计算公式为：应纳税额＝股权激励收入×适用税率－速算扣除数。

居民个人一个纳税年度内取得两次以上（含两次）股权激励的，应合并按上述公式计算纳税。

（2）2022 年 1 月 1 日之后的股权激励政策另行明确。

第 2 章　个人所得税

考点八 年金的个人所得税政策★★

扫我解疑难

经典例题

【例题·单选题】（2019年）个人领取年金的下列方式，适用税率错误的是（　）。

A. 年金按月领，适用月度税率表

B. 年金按季领，适用月度税率表

C. 年金按年领，适用综合税率表

D. 因出国定居一次性领取年金的，适用月度税率表

【答案】D

【解析】个人因出境定居而一次性领取的年金个人账户资金，或个人死亡后，其指定的受益人或法定继承人一次性领取的年金个人账户余额，适用综合所得税率表计算纳税。对个人除上述特殊原因外一次性领取年金个人账户资金或余额的，适用月度税率表计算纳税。

考点精析

个人达到国家规定的退休年龄，领取的企业年金、职业年金，符合税法规定的，按以下计税（见表2-6）。

表2-6 个人领取企业年金、职业年金计税方法汇总表

领取方式		计算方法	适用税率表
按月领取		全额单独计税	月度税率表
按季领取		先按月平摊，按月全额计税，再汇总税额	
按年领取		全额单独计税	综合所得税率表
一次全部领取	(1)出境定居 (2)个人死亡后，其指定的受益人或法定继承人一次性全部领取	全额单独计税	综合所得税率表
	除(1)(2)以外其他原因	全额单独计税	月度税率表

阶段性测试

1.【单选题】下列各项中，不属于个人所得税中居民纳税人的是（　）。

A. 在中国境内无住所，但一个纳税年度内在中国境内居住满183天的个人

B. 在中国境内无住所，而在境内居住超过90天但不满183天的个人

C. 在中国境内有住所的个人

D. 在中国境内无住所，并在境内居住满183天且连续不满6年的个人

2.【多选题】非居民纳税人的下列收入中，应在中国按规定计算缴纳个人所得税的有（　）。

A. 在中国境内任职取得的工资、薪金收入

B. 出租境外房屋而取得的收入

C. 从我国境内的外商投资企业取得的红利收入

D. 因履行合约而在中国境外提供各种劳务取得的报酬

E. 将专利权转让给中国境内企业使用而取得的特许权使用费收入

3.【单选题】根据个人所得税法律制度的规定，下列各项中，属于工资、薪金所得项目的是（　）。

A. 年终加薪

B. 托儿补助费

C. 差旅费津贴

D. 独生子女补贴

4.【单选题】下列关于个人所得税专项附加

扣除的说法, 不正确的是( )。

A. 子女教育支出按照子女数量扣除

B. 赡养老人支出按照被赡养老人数量扣除

C. 大病医疗支出实行限额扣除

D. 大病医疗支出只能在汇算清缴时扣除

5. 【单选题】2019 年 1 月李某办理了提前退休手续, 距法定退休年龄还有 2 年, 取得一次性补贴收入 54000 元。李某就一次性补贴收入应缴纳的个人所得税为( )元。

A. 0   B. 45

C. 150   D. 100

6. 【单选题】中国公民王某在甲公司工作了 10 年, 2019 年 2 月与该公司解除聘用关系, 取得一次性补偿收入 92000 元。甲公司所在地上年年平均工资为 18000 元。王某取得的补偿收入应缴纳个人所得税( )元。

A. 1280   B. 150

C. 125   D. 85

7. 【单选题】杰西卡是 A 国公民, 杰西卡 2019 年 4 月 15 日来北京工作, 10 月 13 日离开中国。在中国工作期间, 境内机构每月支付工资 30000 元, A 国公司每月支付工资折合人民币 60000 元。2019 年 10 月杰西卡应缴纳个人所得税( )元。

A. 3338.04   B. 5162.58

C. 9558.47   D. 9940.81

8. 【多选题】2019 年 2 月中国公民钱某取得工资薪金收入 4000 元, 全年一次性奖金 15000 元, 从兼职的甲公司取得收入 3000 元。关于钱某 2019 年 2 月个人所得税的处理中, 正确的有( )。

A. 兼职收入应并入当月工资薪金纳税

B. 全年一次性奖金必须并入 2 月工资纳税

C. 全年一次性奖金如果单独纳税, 应纳个税为 450 元

D. 钱某当月工资和劳务报酬共计预缴个税为 440 元

E. 兼职收入应按劳务报酬所得预缴税款

阶段性测试答案精析

1. B 【解析】个人所得税法规定, 在中国境内有住所, 或者在中国境内无住所但一个纳税年度中在中国境内居住满 183 天的个人, 为个人所得税的居民纳税人。

2. AE 【解析】下列所得, 不论支付地点是否在中国境内, 均为来源于中国境内的所得:

(1)因任职、受雇、履约等而在中国境内提供各种劳务取得的劳务报酬所得。

(2)将财产出租给承租人在中国境内使用而取得的所得。

(3)转让中国境内的不动产等财产, 或者在中国境内转让其他财产取得的所得。

(4)许可各种特许权在中国境内使用而取得的所得。

(5)从中国境内企业、事业单位、其他组织以及居民个人取得的利息、股息、红利所得。

选项 C, 为境内所得, 但属于免税收入。

3. A 【解析】工资、薪金所得是指个人因任职或者受雇而取得的工资、薪金、奖金、年终加薪、劳动分红、津贴、补贴以及与任职或者受雇有关的其他所得。

4. B 【解析】确定税前可以扣除的赡养老人支出时不考虑被赡养人的数量。

5. A 【解析】因为 $54000 \div 2 - 60000 < 0$, 所以应缴纳个人所得税 $= 0$。

6. A 【解析】超过上年平均工资三倍以上的部分 $= 92000 - 18000 \times 3 = 38000$(元), 应缴纳个人所得税 $= 38000 \times 10\% - 2520 = 1280$(元)。

7. B 【解析】在中国境内无住所而在中国境内连续或累计居住超过 90 天不满 183 天的个人, 负有纳税义务的, 适用下述公式:

当月工资薪金收入额 = 当月境内外工资薪金总额 ×(当月工资薪金所属工作期间境内工作天数 ÷ 当月工资薪金所属工作期间公历天数)=(30000 + 60000)× 12.5 ÷ 31 = 36290.32(元)。

应纳税额 =(当月工资薪金收入额 - 减除费用)× 适用税率 - 速算扣除数 =(36290.32 - 5000)× 25% - 2660 = 5162.58(元)。

8. CDE 【解析】选项 A、E，兼职收入应作为劳务报酬预缴个税，不并入当月工资薪金计税。选项 B，全年一次性奖金在2021年12月31日之前，可以单独计算纳税，而不是必须并入当月工资、薪金所得。选项 C，年终一次性奖金应纳个税 = 15000×3% = 450（元）。选项 D，月工资预缴个税 =（4000−5000）<0，预缴个税为0；兼职收入预缴个税 =（3000−800）×20% = 440（元），合计预缴个税为440元。

考点九　经营所得★★★

扫我解疑难

📝 经典例题

【例题1·单选题】（2018年）根据个人所得税的规定，个人独资企业的投资者及其家属发生的生活费用与企业生产经营费用混合在一起且难以划分的，其正确的账务处理是（　）。

A. 实际发生额不得在税前扣除
B. 实际发生额的60%可以在税前扣除
C. 实际发生额的40%可以在税前扣除
D. 实际发生额的10%可以在税前扣除

【答案】A

【解析】个人独资企业的投资者及其家庭发生的生活费用与企业生产经营费用混合在一起，并且难以划分的，全部视为投资者个人及其家庭发生的生活费用，不允许税前扣除。

【例题2·单选题】（2018年）根据个人所得税相关规定，计算合伙企业生产经营所得时准予扣除的是（　）。

A. 合伙企业留存的利润
B. 分配给合伙人的利润
C. 支付的工商业联合会会费
D. 合伙个人缴纳的个人所得税

【答案】C

【解析】合伙企业按照规定缴纳的摊位费、行政性收费、协会会费等，按实际发生数额扣除。

【例题3·单选题】（2017年改）2019年度某个人独资企业发生生产经营费用30万元，经主管税务机关审核，与其家庭生活费用无法划分，依据个人所得税法的相关规定，该个人独资企业允许税前扣除的生产经营费用为（　）万元。

A. 12 B. 18
C. 0 D. 30

【答案】C

【解析】个人独资企业投资者及其家庭发生的生活费用不允许在税前扣除。投资者及其家庭发生的生活费用与企业生产经营费用混合在一起，并且难以划分的，全部视为投资者个人及其家庭发生的生活费用，不允许在税前扣除。

【例题4·单选题】（2017年）依据个人所得税法的相关规定，下列关于个体工商户税前扣除的说法，正确的是（　）。

A. 个体工商户为业主本人支付的商业保险金，可以在税前扣除
B. 个体工商户被税务机关加收的税收滞纳金，可以在税前扣除
C. 个体工商户按照规定缴纳的行政性收费，按实际发生额在税前扣除
D. 个体工商户发生的经营费用与生活费用划分不清的，可全额在税前扣除

【答案】C

【解析】选项 A，除个体工商户依照国家有关规定为特殊工种从业人员支付的人身安全保险费和财政部、国家税务总局规定可以扣除的其他商业保险费外，个体工商户业主本人或者为从业人员支付的商业保险费，不得扣除；选项 B，税收滞纳金不能扣除；选项 D，个体工商户生产经营活动中，应当分别核算生产经营费用和个人、家庭费用，对于生产经营与个人、家庭生活混用难以分清的费用，其40%视为与生产经营有关费用，准予扣除。

【例题5·多选题】（2017年）下列税务处理中，符合个人独资企业所得税相关规定的有（　）。

A. 个人独资企业计提的各种准备金不得税前扣除

B. 个人独资企业用于家庭的支出不得税前扣除

C. 个人独资企业支付给环保部门的罚款允许税前扣除

D. 个人独资企业发生的与生产经营有关的业务招待费，可按规定扣除

E. 投资者兴办两个或两个以上企业的，其年度经营亏损不可跨企业弥补

【答案】ABDE

【解析】选项C，个人独资企业支付给环保部门的罚款，不得税前扣除。

【例题6·多选题】(2016年)下列支出，允许从个体工商户生产经营收入中扣除的有( )。

A. 参加财产保险支付的保险费

B. 个体工商户从业人员的实发工资

C. 代扣代缴的个人所得税税额

D. 货物出口过程中发生的汇兑损失

E. 为特殊工种从业人员支付的人身安全保险费

【答案】ABDE

【解析】选项C不得扣除。

【例题7·单选题】(2015年)计算个人独资企业的所得税时，下列费用不得税前扣除的是( )。

A. 企业缴纳的行政性收费

B. 投资者的亲属就职于该个人独资企业而取得的工资薪金

C. 企业生产经营和投资者及其家庭生活共用但难以划分的固定资产折旧费

D. 企业计提的坏账准备金

【答案】D

【解析】选项A、B、C，是可以税前扣除的。企业生产经营和投资者及其家庭生活共用的固定资产，难以划分的，由主管税务机关根据企业的生产经营类型、规模等具体情况，核定准予税前扣除的折旧费用数额或比例。

【例题8·多选题】(2011年)下列费用中，在计算个体工商户个人所得税应纳税所得额时

准予扣除的有( )。

A. 摊位费

B. 工商管理费

C. 个体劳动者协会会费

D. 用于家庭的费用支出

E. 各种赞助的费用支出

【答案】ABC

【解析】个体工商户按规定缴纳的工商管理费、个体劳动者协会会费、摊位费，按实际发生数扣除。用于家庭的费用支出、各种赞助的费用支出在计算个体工商户个人所得税应纳税所得额时不得扣除。

📖 考点精析

『提示』此部分内容学习时，可以参照企业所得税的税务处理。

1. 经营所得的范围

(1)个体工商户从事生产、经营活动取得的所得，个人独资企业投资人、合伙企业的个人合伙人来源于境内注册的个人独资企业、合伙企业生产、经营的所得；

(2)个人依法从事办学、医疗、咨询以及其他有偿服务活动取得的所得；

(3)个人对企业、事业单位承包经营、承租经营以及转包、转租取得的所得；

(4)个人从事其他生产、经营活动取得的所得。

2. 应纳税所得额的计算

经营所得，以每一纳税年度的收入总额减除成本、费用以及损失后的余额，为应纳税所得额。

(1)取得经营所得的个人，没有综合所得的，计算其每一纳税年度的应纳税所得额时，应当减除费用6万元、专项扣除、专项附加扣除以及依法确定的其他扣除。专项附加扣除在办理汇算清缴时减除。

(2)从事生产、经营活动，未提供完整、准确的纳税资料，不能正确计算应纳税所得额的，由主管税务机关核定应纳税所得额或者应纳税额。

3. 应纳税额

经营所得适用5%至35%的超额累进税率。

应纳税额=应纳税所得额×适用税率-速算扣除数

考点十 劳务报酬所得★★★
扫我解疑难

📝 **经典例题**

【例题1·单选题】（2019年）2019年某保险营销员取得不含税佣金收入37.5万元，假定不考虑其他附加税费、专项扣除和专项附加扣除，2019年该营销员应缴纳个人所得税（ ）元。

A. 9480   B. 16080

C. 19080   D. 28080

【答案】 B

【解析】 收入额=375000×（1-20%）=300000（元）；展业成本=300000×25%=75000（元）；并入综合所得的金额=300000-75000=225000（元）；应缴纳个人所得税=（225000-60000）×20%-16920=16080（元）。

【例题2·单选题】（2013年改）郑某为某上市公司独立董事（未在该公司任职），2019年12月份取得董事费收入8万元，向中国教育发展基金会捐款3万元。2019年12月郑某应缴纳个人所得税（ ）元。

A. 18600   B. 10000

C. 11440   D. 13000

【答案】 A

【解析】 居民个人取得劳务报酬所得、稿酬所得、特许权使用费所得的预扣预缴时不扣除公益捐赠支出，统一在汇算清缴时扣除。应缴纳的个人所得税=80000×（1-20%）×40%-7000=18600（元）。

【例题3·单选题】（2011年）下列收入中，应按"劳务报酬所得"缴纳个人所得税的是（ ）。

A. 在其他单位兼职取得的收入

B. 个人因公务用车制度改革而取得的公务用车补贴收入

C. 在任职单位取得董事费收入

D. 个人购买彩票取得的中奖收入

【答案】 A

【解析】 选项A，在其他单位兼职取得的收入属于劳务报酬所得。选项B，个人因公务用车和通讯制度改革而取得的公务用车、通讯补贴收入，扣除一定标准的公务费用后，按照"工资、薪金"所得项目计征个人所得税。选项C，在任职单位取得的董事费收入，属于工资薪金所得；在非任职单位取得的董事费收入，属于劳务报酬所得。选项D，个人购买彩票取得的中奖收入属于偶然所得。

📝 **考点精析**

1. 劳务报酬所得的范围

劳务报酬所得，指个人独立从事各种非雇佣的各种劳务所取得的所得。

与工资薪金所得最大的区别就是工资薪金所得是雇佣关系下取得的所得。

『提示』对商品营销活动中，企业和单位对其营销业绩突出的非雇员以培训班、研讨会、工作考察等名义组织旅游活动，通过免收差旅费、旅游费对个人实行的营销业绩奖励（包括实物、有价证券等），应按照"劳务报酬所得"征税。

2. 劳务报酬所得中"次"的确定方法

（1）只有一次性收入的，以取得该项收入为一次。例如从事设计、安装等劳务，往往是接受客户的委托，按照客户的要求，完成一次劳务后取得收入。因此，是属于只有一次性的收入，应以每次提供劳务取得的收入为一次。

（2）属于同一事项连续取得收入的，以1个月内取得的收入为一次。

3. 费用扣除

每次收入不超过4000元的，减除费用800元；4000元以上的，减除20%的费用，

第2章 个人所得税

其余额为收入额。

『提示』收入与收入额不是一个概念，收入额＝收入－费用扣除。

4. 应纳税额的计算

（1）居民个人劳务报酬所得预扣预缴税额的计算方法（见表2-7）。

表2-7 劳务报酬所得预扣预缴税额的计算方法

每次收入	计算方法
<4 000元	预扣预缴税额＝应纳税所得额×预扣率＝（每次收入－800）×20%
≥4 000元	预扣预缴税额＝应纳税所得额×预扣率－速算扣除数 ＝每次收入×（1－20%）×预扣率－速算扣除数

（2）非居民个人劳务报酬所得应纳税额的计算。

应纳税额＝应纳税所得额×税率－速算扣除数

非居民个人劳务报酬所得，以每次收入额为应纳税所得额，适用按月换算后的非居民个人月度税率表计算应纳税额。其中，劳务报酬所得以收入减除20%的费用后的余额为收入额。

（3）保险营销员、证券经纪人佣金收入的个人所得税计算。

保险营销员、证券经纪人取得的佣金收入，属于劳务报酬所得，以不含增值税的收入减除20%的费用后的余额为收入额，收入额减去展业成本以及附加税费后，并入当年综合所得，计算缴纳个人所得税。保险营销员、证券经纪人展业成本按照收入额的25%计算。

扣缴义务人向保险营销员、证券经纪人支付佣金收入时，应按照累计预扣法计算预扣税款。

（4）汇算清缴。劳务报酬所得属于综合所得之一，因此在符合条件的情况下，需要做汇算清缴。

（5）居民个人取得劳务报酬所得、稿酬所得、特许权使用费所得的预扣预缴时不扣除公益捐赠支出，统一在汇算清缴时扣除。

考点十一　稿酬所得★★★

扫我解疑难

📖 经典例题

【例题1·单选题】（2019年）居民纳税人方某一次性取得稿酬收入20000元，按现行个人所得税的相关规定，其预扣预缴个人所得税的应纳税所得额是（　　）元。

A. 10000　　　　　　B. 11200

C. 16000　　　　　　D. 20000

【答案】B

【解析】预扣预缴的应纳税所得额＝20000×（1－20%）×70%＝11200（元）。

【例题2·单选题】（2017年）个人取得的下列报酬，应按"稿酬所得"缴纳个人所得税的是（　　）。

A. 杂志社记者在本社刊物发表文章取得的报酬

B. 演员在企业的广告制作过程中提供形象取得的报酬

C. 高校教授为某杂志社审稿取得的报酬

D. 出版社的专业作者翻译的小说由该出版社出版取得的报酬

【答案】D

【解析】选项A，应按"工资、薪金所得"项目缴纳个人所得税；选项B、C，均应按"劳务报酬所得"项目缴纳个人所得税。

【例题3·多选题】（2013年改）下列说法，符合个人所得税稿酬所得相关规定的有（　　）。

A. 小说连载的，以一个月内取得的稿酬为一次

B. 编剧从电视剧制作单位取得的剧本使用费属于稿酬所得

C. 杂志社员工在本单位杂志上发表作品取得的报酬属于稿酬所得

D. 专业作者翻译的作品以图书形式出版取得的报酬属于稿酬所得

E. 出版同一作品分笔取得的稿酬应合并为一

次征税

【答案】 ADE

【解析】 选项 B，编剧从电视剧制作单位取得的剧本使用费属于特许权使用费所得。选项 C，任职、受雇于报纸、杂志等单位的记者、编辑等专业人员，因在本单位的报纸、杂志上发表作品取得的所得，属于因任职、受雇而取得的所得，应与其当月工资收入合并，按"工资、薪金所得"项目征收个人所得税。除上述专业人员以外，其他人员在本单位的报纸、杂志上发表作品取得的所得，应按"稿酬所得"项目征收个人所得税。

【例题 4·单选题】 中国公民方某为某出版社专业作家。2019 年 2 月该出版社出版了方某的中篇小说，支付稿费 4000 元，同月方某从电视剧制作中心获得剧本使用费 20000 元。假设当月无其他所得。2019 年 2 月方某应预缴个人所得税( )元。

A. 3648

B. 3643

C. 4273

D. 5313

【答案】 A

【解析】 应纳个人所得税 = (4000 – 800)× 70% × 20% + 20000 × (1 – 20%) × 20% = 3648 (元)。

考点精析

1. 稿酬所得的范围

稿酬所得，是指个人因其作品以图书、报刊形式出版、发表而取得的所得。

2. 稿酬所得"次"的确定

(1)属于一次性收入的，以取得该项收入为一次；

(2)属于同一项目连续性收入的，以一个月内取得的收入为一次。

3. 费用扣除

每次收入不超过 4000 元的，减除费用 800 元；4000 元以上的，减除 20% 的费用，其余额为收入额。

『提示』稿酬所得的收入额减按 70% 计算。

4. 应纳税额的计算

(1)居民个人稿酬所得预扣预缴税额的计算方法(见表 2-8)。

表 2-8　稿酬所得预扣预缴税额计算方法

每次收入	计算方法
<4000 元	预扣预缴税额 = 应纳税所得额 × 预扣率 = (每次收入 – 800)× 70% × 20%
≥4000 元	预扣预缴税额 = 应纳税所得额 × 预扣率 = 每次收入 × (1 – 20%)× 70% × 20%

(2)非居民个人稿酬所得应纳税额的计算(同劳务报酬所得的税务处理)。

(3)汇算清缴。稿酬所得属于综合所得之一，因此在符合条件的情况下，需要做汇算清缴。

考点十二　特许权使用费所得 ★★★

扫我解疑难

经典例题

【例题·单选题】 刘某 2019 年取得两次特许权使用费收入，分别为 3000 元和 4500 元。则刘某取得的特许权使用费应预扣预缴的个人所得税为( )元。

A. 1160

B. 1200

C. 1360

D. 1500

【答案】 A

【解析】 应预扣预缴个人所得税 = (3000 – 800)× 20% + 4500 × (1 – 20%)× 20% = 1160 (元)

考点精析

1. 特许权使用费所得的范围

特许权使用费所得，是指个人提供专利权、商标权、著作权、非专利技术以及其他特许权的使用权取得的所得。

『提示』提供著作权的使用权取得的所得，不属于稿酬所得。

(1)作者将自己的文字作品手稿原件或复印件公开拍卖取得的所得，属于提供著作权的使用所得，按特许权使用费所得项目征税。

（2）个人取得特许权的经济赔偿收入，按特许权使用费所得缴纳个税，税款由支付人扣缴。

（3）编剧从电视剧的制作单位取得的剧本使用费，一律按特许权使用费所得征税。

2. 特许权使用费所得"次"的规定

（1）属于一次性收入的，以取得该项收入为一次；

（2）属于同一项目连续性收入的，以一个月内取得的收入为一次。

3. 费用扣除

每次收入不超过 4000 元的，减除费用 800 元；4000 元以上的，减除 20% 的费用，其余额为收入额。

4. 应纳税额的计算

（1）居民个人特许权使用费所得预扣预缴税额的计算方法（见表 2-9）。

表 2-9　特许权使用费所得预扣预缴税额计算方法

每次收入	计算方法
<4000 元	预扣预缴税额＝应纳税所得额×预扣率＝（每次收入－800）×20%
≥4000 元	预扣预缴税额＝应纳税所得额×预扣率＝每次收入×（1－20%）×20%

（2）非居民个人特许权使用费所得应纳税额的计算（同劳务报酬所得的税务处理）。

（3）汇算清缴。特许权使用费所得属于综合所得之一，因此在符合条件的情况下，需要做汇算清缴。

考点十三　综合所得汇算清缴管理办法 ★ ★

扫我解疑难

📝 经典例题

【例题 1·单选题】（2019 年）计算个人所得税综合所得应纳税所得额时，下列支出不得扣除的是（　　）。

A. 个人购买的互助型医疗保险支出

B. 个人购买的税收递延型商业养老保险支出

C. 个人缴付符合国家规定的企业年金支出

D. 个人购买符合国家规定的商业健康保险支出

【答案】A

【解析】选项 B、C、D，属于依法确定的其他扣除，可以在计算个人所得税综合所得应纳税所得额时扣除。其他扣除，包括个人缴付符合国家规定的企业年金、职业年金，个人购买符合国家规定的商业健康保险、税收递延型商业养老保险的支出，以及国务院规定可以扣除的其他项目。

【例题 2·单选题】（2019 年）居民个人的下列所得，不并入综合所得计税的是（　　）。

A. 稿酬所得　　　　B. 劳务报酬所得

C. 财产租赁所得　　D. 工资薪金所得

【答案】C

【解析】综合所得包含工资薪金所得、劳务报酬所得、稿酬所得、特许权使用费所得。

【例题 3·多选题】针对 2019 年发生的下列行为，不需要办理汇算清缴的有（　　）。

A. 纳税人年度汇算需补税但年度综合所得收入不超过 12 万元的

B. 纳税人年度汇算需补税金额为 900 元

C. 纳税人已预缴税额与年度应纳税额一致或者不申请年度汇算退税的

D. 2019 年度综合所得收入额不超过 6 万元但已预缴个人所得税且申请退税的

E. 在 2019 年度劳务报酬、稿酬、特许权使用费适用的预扣率高于综合所得年适用税率且申请退税的

【答案】AC

【解析】选项 B，纳税人年度汇算需补税金额不超过 400 元的，无需办理年度汇算；选项 C、D、E，针对综合所得汇算清缴，只要涉及申请退税，那么必须要参与汇算清缴申报程序。

【例题 4·综合分析题】（2019 年节选）假设 2019 年甲公司员工王某的收支情况如下：

员工王某每月工资 18000 元，每月符合规定的专项扣除 2800 元，专项附加扣除 1500 元，

另外王某 2019 年 2 月从其他单位取得劳务报酬收入 35000 元。

根据上述资料，回答下列问题：

(1)2019 年 2 月，甲公司应预扣预缴王某的个人所得税是( )元。

A. 261
B. 522
C. 1410
D. 6661

(2)王某的劳务报酬应预扣预缴的个人所得税是( )元。

A. 4680
B. 5600
C. 6400
D. 8400

(3)王某 2019 年个人所得税汇算清缴时，应退个人所得税是( )元。

A. 3500
B. 3600
C. 6400
D. 7920

【答案】(1)A；(2)C；(3)B。

【解析】

(1)1 月甲公司预扣预缴王某个人所得税 =(18000−5000−2800−1500)×3%=261(元)

2 月甲公司预扣预缴王某个人所得税 =(18000×2−5000×2−2800×2−1500×2)×3%−261=261(元)

(2)王某劳务报酬预扣预缴个人所得税 =35000×(1−20%)×30%−2000=6400(元)

(3)汇算清缴应纳个人所得税 =〔18000×12+35000×(1−20%)−5000×12−2800×12−1500×12〕×10%−2520=10720(元)

工资薪金预扣预缴个人所得税 =(18000×12−5000×12−2800×12−1500×12)×10%−2520=7920(元)

应退个人所得税 =7920+6400−10720=3600(元)

考点精析

1. 办理时间

纳税人办理 2019 年度汇算的时间为 2020 年 3 月 1 日至 6 月 30 日。在中国境内无住所的纳税人在 2020 年 3 月 1 日前离境的，可以在离境前办理年度汇算。

2. 无需办理年度汇算的纳税人

纳税人在 2019 年度已依法预缴个人所得税且符合下列情形之一的，无需办理年度汇算：

(1)纳税人年度汇算需补税但年度综合所得收入不超过 12 万元的；

(2)纳税人年度汇算需补税金额不超过 400 元的；

(3)纳税人已预缴税额与年度应纳税额一致或者不申请年度汇算退税的。

『提示』上述第(1)(2)条无需办理年度汇算的情形，仅适用于 2019 年和 2020 年。

3. 需要办理年度汇算的纳税人

依据税法规定，符合下列情形之一的，纳税人需要办理年度汇算：

(1)2019 年度已预缴税额大于年度应纳税额且申请退税的。包括 2019 年度综合所得收入额不超过 6 万元但已预缴个人所得税；年度中间劳务报酬、稿酬、特许权使用费适用的预扣率高于综合所得年适用税率；预缴税款时，未申报扣除或未足额扣除减除费用、专项扣除、专项附加扣除、依法确定的其他扣除或捐赠，以及未申报享受或未足额享受综合所得税收优惠等情形。

(2)2019 年度综合所得收入超过 12 万元且需要补税金额超过 400 元的。包括取得两处及以上综合所得，合并后适用税率提高导致已预缴税额小于年度应纳税额等情形。

4. 2019 年综合所得汇算清缴应补退税额计算公式

2019 年度汇算应退或应补税额 =〔(综合所得收入额−60000 元−"三险一金"等专项扣除−子女教育等专项附加扣除−依法确定的其他扣除−捐赠)×适用税率−速算扣除数〕−2019 年已预缴税额

5. 可享受的税前扣除

下列未申报扣除或未足额扣除的税前扣除项目，纳税人可在年度汇算期间办理扣除或补充扣除：

(1)纳税人及其配偶、未成年子女在 2019 年度发生的，符合条件的大病医疗支出；

（2）纳税人在 2019 年度未申报享受或未足额享受的子女教育、继续教育、住房贷款利息或住房租金、赡养老人专项附加扣除，以及减除费用、专项扣除、依法确定的其他扣除；

（3）纳税人在 2019 年度发生的符合条件的捐赠支出。

6. 办理方式

纳税人可自主选择下列办理方式：

（1）自行办理年度汇算。

（2）通过取得工资薪金或连续性取得劳务报酬所得的扣缴义务人代为办理。

（3）委托涉税专业服务机构或其他单位及个人（以下称"受托人"）办理，受托人需与纳税人签订授权书。

7. 反避税规定

（1）有下列情形之一的，税务机关有权按照合理方法进行纳税调整：

①个人与其关联方之间的业务往来不符合独立交易原则而减少本人或者其关联方应纳税额，且无正当理由。

②居民个人控制的，或者居民个人和居民企业共同控制的设立在实际税负明显偏低的国家（地区）的企业，无合理经营需要，对应当归属于居民个人的利润不作分配或者减少分配。

③个人实施其他不具有合理商业目的的安排而获取不当税收利益。

（2）反避税措施。

①税务机关依照前述规定情形作出纳税调整，需要补征税款的，应当补征税款，并依法加收利息。

②依法加征的利息，应当按照税款所属纳税申报期最后一日中国人民银行公布的与补税期间同期的人民币贷款基准利率计算，自税款纳税申报期满次日起至补缴税款期限届满之日止按日加收。纳税人在补缴税款期限届满前补缴税款的，利息加收至补缴税款之日。

考点十四 利息、股息、红利所得★★★

扫我解疑难

📝 经典例题

【例题 1·多选题】（2015 年）下列各项中，应按"利息、股息、红利所得"项目征收个人所得税的有（　）。

A. 法人企业为其股东购买小汽车将汽车办理在股东名下

B. 个人取得的国债转让所得

C. 个人独资企业业主用企业资金进行个人消费部分

D. 职工因拥有股票期权且在行权后取得企业税后利润分配收益

E. 个人合伙企业的自有利润

【答案】 AD

【解析】 选项 B，属于资产转让所得，按照"财产转让所得"项目征收个人所得税；选项 C、E，按照"经营所得"项目征收个人所得税。

【例题 2·单选题】 张某为自由职业者，2019 年 12 月取得如下所得：从境内 A 上市公司取得股息所得 16000 元，持股满 6 个月，从境内 B 非上市公司取得股息所得 7000 元，取得国债利息 5000 元。张某上述所得应缴纳个人所得税（　）元。

A. 4600　　　　　　　B. 3000

C. 2000　　　　　　　D. 5600

【答案】 B

【解析】 国债利息收入免征个人所得税。股息所得应纳个人所得税 = $16000 \times 50\% \times 20\% + 7000 \times 20\% = 3000$（元）。

📝 考点精析

1. "利息、股息、红利所得"的范围

利息、股息、红利所得，是指个人拥有债权、股权而取得的利息、股息、红利所得。

（1）除个人独资企业、合伙企业以外的其

他企业的个人投资者，以企业资金为本人、家庭成员及其相关人员支付与企业生产经营无关的消费性支出及购买汽车、住房等财产性支出，视为企业对个人投资者的红利分配，依照"利息、股息、红利所得"项目计征个人所得税。企业的上述支出不允许在企业所得税税前扣除。

（2）纳税年度内个人投资者从其投资企业（个人独资企业、合伙企业除外）借款，在该纳税年度终了后既不归还又未用于企业生产经营的，其未归还的借款可视为企业对个人投资者的红利分配，依照"利息、股息、红利所得"项目计征个人所得税。

（3）职工个人取得的量化资产。

①对职工个人以股份形式取得的仅作为分红依据，不拥有所有权的企业量化资产，不征收个人所得税。

②对职工个人以股份形式取得的企业量化资产参与企业分配而获得的股息、红利，应按利息、股息、红利所得征税。

（4）企业购买车辆并将车辆所有权办到股东个人名下，其实质为企业对股东进行了红利性质的实物分配，应按照"利息、股息、红利所得"项目征收个人所得税。

（5）除个人独资企业、合伙企业以外的其他企业的个人投资者，以企业资金为本人、家庭成员及其相关人员支付与企业生产经营无关的消费性支出及购买汽车、住房等财产性支出，视为企业对个人投资者的红利分配，依照"利息、股息、红利所得"项目计征个人所得税。

2. 计税方法

应纳税额＝应纳税所得额×适用税率＝每次收入额×20%

每次收入的确定：

（1）以对方支付利息、股息、红利时取得的收入为一次。

（2）股份制企业以股票形式向股东个人支付应得的股息、红利时，应以派发红股的股票票面金额为所得额，计征个税。

3. 实施上市公司股息红利差别化个人所得税政策

（1）个人从公开发行和转让市场取得的上市公司股票及从全国中小企业股份转让系统（全国股份转让系统）挂牌公司股票所获得股息红利所得额的确认（见表2-10）。

表 2-10　上市公司股息红利差别化所得额确认表

持股期限		所得额确认
1个月以内（含1个月）		全额计入应纳税所得额
在1个月以上至1年（含1年）		减按 50% 计入应纳税所得额
超过1年	公开市场	免征
	全国股份转让系统	自2019年7月1日起2024年6月30日止，免征

『提示』持股期限是指个人从上述市场或系统取得股票之日至转让交割该股票之日前一日的持有时间。个人转让股票时，按照先进先出的原则计算持股期限，即证券账户中先取得的股票视为先转让。

（2）对个人持有的上市公司限售股，解禁后取得的股息红利，按上述规定计算纳税，持股时间自解禁日起计算；解禁前取得的股息红利继续暂减按50%计入应纳税所得额，适用20%的税率计征个人所得税。

『提示』上述规定中的年（月）是指自然年（月），即持股一年是指从上一年某月某日至本年同月同日的前一日连续持股，持股一个月是指从上月某日至本月同日的前一日连续持股。

4. 沪港股票市场交易互联互通机制试点个人所得税的处理

（1）对内地个人投资者通过沪港通投资香港联交所上市H股取得的股息红利，按股息、红利所得征收个税。

（2）对香港市场个人投资者投资上交所上市A股取得的股息红利所得，由上市公司按照10%的税率代扣所得税，享受税收协定待遇的，对于多缴部分，可以申请退税。

5．转增股本的所得税处理

（1）个人投资者收购企业股权后将原盈余积累转增股本的个人所得税处理。

①新股东以不低于净资产价格收购股权的，企业原盈余积累（资本公积、盈余公积、未分配利润）已全部计入股权交易价格，新股东取得盈余积累转增股本的部分，不征收个人所得税。

②新股东以低于净资产价格收购股权的，企业原盈余积累中，对于股权收购价格减去原股本的差额部分已经计入股权交易价格，新股东取得盈余积累转增股本的部分，不征收个人所得税；对于股权收购价格低于原所有者权益的差额部分未计入股权交易价格，新股东取得盈余积累转增股本的部分，应按照"利息、股息、红利所得"项目征收个人所得税。

（2）非上市及未在全国中小企业股份转让系统挂牌的中小高新技术企业以未分配利润、盈余公积、资本公积向个人股东转增股本，可分期缴纳个人所得税。

（3）上市公司或在全国中小企业股份转让系统挂牌的企业转增股本（不含以股票发行溢价形成的资本公积转增股本），按现行有关股息红利差别化政策执行。

考点十五　财产租赁所得★★

扫我解疑难

📝 **经典例题**

【例题1·单选题】（2018年）计算商铺租赁所得个人所得税时，不得在税前扣除的是（　　）。

A. 缴纳的印花税

B. 缴纳的城市维护建设税

C. 经核准的修缮费用

D. 违章租赁的行政罚款

【答案】D

【解析】个人出租财产取得的财产租赁收入，在计算缴纳个人所得税时，应依次扣除以下费用：

（1）财产租赁过程中缴纳的税费；

（2）向出租方支付的租金；

（3）由纳税人负担的该出租财产实际开支的修缮费用；

（4）税法规定的费用扣除标准。

【例题2·单选题】2019年年初余某将自有商铺对外出租，不含增值税租金8000元/月。在不考虑其他税费的情况下，余某每月租金应缴纳个人所得税（　　）元。

A. 528　　　　　　　　B. 640

C. 1280　　　　　　　D. 1440

【答案】C

【解析】应缴纳个人所得税 = 8000×（1-20%）×20% = 1280（元）。

【例题3·多选题】下列收入中，应按"财产租赁所得"缴纳个人所得税的有（　　）。

A. 房产转租收入

B. 将房产提供给债权人使用而放弃的租金收入

C. 将非专利技术的使用权让渡给他人使用的收入

D. 民营企业将企业仓库对外出租而获得的租金收入

E. 个体工商户将私有住房对外出租而获得的租金收入

【答案】ABE

【解析】选项C，非专利技术使用权让渡给他人使用取得的收入属于特许权使用费所得；选项D，民营企业将企业仓库对外出租而获得的租金收入，缴纳企业所得税。

📝 **考点精析**

1．"财产租赁所得"的范围

财产租赁所得，是指个人出租不动产、机器设备、车船以及其他财产取得的所得。

个人取得的财产转租收入，属于"财产租

赁所得"的征税范围，由财产转租人缴纳个人所得税。

2. 费用扣除及"次"的规定（见表 2-11）

表 2-11　费用扣除及"次"的规定

费用扣除项目（按下列顺序依次扣除）	具体规定
财产租赁过程中缴纳的**税费**	城市维护建设税、教育费附加、房产税等
向出租方支付的**租金**	适用于转租的情形
由纳税人负担的租赁财产实际开支的**修缮费**	以每次 800 元为限。一次扣除不完的，准予在下一次继续扣除，直到扣完为止
税法规定的**费用扣除标准**	每次收入不超过 4000 元，定额减除费用 800 元；每次收入在 4000 元以上，定率减除 20% 的费用

『提示』①个人出租住房，个人所得税税率为 10%；房产税税率为 4%。②自 2016 年 5 月 1 日起，房产出租的，计征房产税的租金收入不含增值税；个人出租房屋的个人所得税应税收入不含增值税，计算房屋出租所得可扣除的税费不包括本次出租缴纳的增值税。个人转租房屋的，其向房屋出租方支付的租金及增值税税额，在计算转租所得时予以扣除。

3. 应纳税所得额的计算

（1）每次（月）收入不足 4000 元的：

应纳税所得额 = 每次（月）收入额 – 准予扣除项目 – 修缮费（800 元为限）– 800 元

（2）每次（月）收入在 4000 元以上的：

应纳税所得额 = [每次（月）收入额 – 准予扣除项目 – 修缮费（800 元为限）] × (1 – 20%)

考点十六　财产转让所得★★

扫我解疑难

📝 **经典例题**

【例题 1·单选题】（2019）依据个人所得税的相关规定，个人转让股权所得的主管税务机关是（　）。

A. 交易行为发生地税务机关
B. 新股东户籍所在地税务机关
C. 原股东经常居住地税务机关
D. 股权变更企业所在地税务机关

【答案】D

【解析】个人股东股权转让所得个人所得税以发生股权变更企业所在地税务机关为主管税务机关。

【例题 2·单选题】2019 年 2 月中国公民赵某买进某公司债券 20000 份，每份买价 8 元，共支付手续费 800 元；11 月份卖出 10000 份，每份卖价 8.3 元，共支付手续费 415 元；12 月底其余债券到期，取得债券利息 2700 元。赵某 2019 年以上收入应缴纳个人所得税（　）元。

A. 977　　　　　　　　B. 940
C. 697　　　　　　　　D. 437

【答案】A

【解析】应缴纳个人所得税 = (10000 × 8.3 – 10000 × 8 – 800 ÷ 2 – 415) × 20% + 2700 × 20% = 977（元）

【例题 3·单选题】吴某购买"打包"债权实际支出为 40 万元，2019 年 3 月处置该债权的 40%，处置收入 25 万元，在债权处置过程中发生评估费用 2 万元。吴某处置"打包"债权应缴纳个人所得税（　）万元。

A. 1.2　　　　　　　　B. 1.4
C. 1.56　　　　　　　　D. 1.8

【答案】B

【解析】处置债权成本费用 = 个人购置"打包"债权实际支出 × 当次处置债权账面价值（或拍卖机构公布价值）÷ "打包"债权账面价值（或拍卖机构公布价值）

个人购买和处置债权过程中发生的拍卖招标

手续费、诉讼费、审计评估费以及缴纳的税金等合理税费，在计算个人所得税时允许扣除。

处置债权成本费用=40×40%=16（万元）。

应缴纳个人所得税=（25-16-2）×20%=1.4（万元）。

【例题4·多选题】下列关于个人财产转让所得的个人所得税的说法中，正确的有（　）。

A. 转让债券时，通常采用"移动平均法"确定其应予减除的财产原值和合理费用

B. 转让债权时，允许扣除购买和处置债权时缴纳的税金、诉讼费和审计评估费用

C. 转让债券时，允许从转让收入中扣除买价，但不能扣除转让和买入时发生的有关费用

D. 个人通过招标购置债权以后，处置部分债权时的应税收入为取得的货币资产和非货币资产的评估价值或市场价值的合计数

E. 个人转让自用5年以上并且是家庭唯一生活用房取得的所得，免征个人所得税

【答案】BDE

【解析】选项A，转让债券时，通常采用"加权平均法"确定其应予减除的财产原值和合理费用；选项C，对于有价证券，其原值为买入价以及买入时按规定缴纳的有关费用，所以可以扣除转让和买入时发生的有关费用。

考点精析

1. 财产转让所得征税对象

其征税对象为个人通过转让财产所有权获得的所得。

（1）股票转让所得。

个人转让境内上市公司的股票暂不征收个人所得税。

（2）量化资产股份转让。

①对职工个人以股份形式取得的拥有所有权的企业量化资产，暂缓征税；

②待个人将股份转让时，就其转让收入额，减除取得该股份时实际支付的费用和合理转让费用后的余额，按财产转让所得征税。

（3）对个人转让自用5年以上并且是家庭唯一生活用房取得的所得，免征个税。

2. 应纳税所得额及税额计算

应纳税所得额=转让收入-财产原值-相关税费

应纳税额=应纳税所得额×20%

上述财产原值的确定见表2-12。

表2-12　财产转让中财产原值的确定

财产类别	原值确定
建筑物	建造价或购进价+相关税费
土地使用权	买价+相关税费
机器设备、车船	买价+运费+安装费等

（1）转让有价证券的税务处理。

每次卖出债券应纳税额=（该次卖出该类债券收入-该次卖出该类债券允许扣除的买价和费用）×20%

一次卖出某一种类的债券允许扣除的买价和费用=（买入价+买进时税费）×（一次卖出的数量÷购进总数量）+卖出时的税费

（2）个人出售自有住房。

①自2010年10月1日起，对出售自有住房并在1年内重新购房的纳税人不再减免个人所得税。

②对个人转让自用5年以上并且是家庭唯一生活用房取得的所得，继续免征个人所得税。

（3）个人因购买和处置债权取得所得的征税方法。

①个人通过招标、竞拍或其他方式购置债权以后，通过相关司法或行政程序主张债权而取得的所得，应按照财产转让所得征税。

②个人通过上述方式取得"打包"债权，只处置部分债权的，其应纳税所得额按以下方式确定：

·以每次处置部分债权的所得，作为一次财产转让所得征税。

·每次应税收入按照个人取得的货币资产和非货币资产的评估价值或市场价值的合计数确定。

·所处置债权成本费用(财产原值)，按下列公式计算：

当次处置债权成本费用=个人购置"打包"债权实际支出×当次处置债权账面价值(或拍卖机构公布价值)÷"打包"债权账面价值(或拍卖机构公布价值)

·个人购买和处置债权过程中发生的拍卖招标手续费、诉讼费、审计评估费以及税金等合理税费，在计算个税时允许扣除。

(4)股权转让所得个人所得税管理办法。

①适用对象：个人转让投资于在境内成立的企业或组织(不含个人独资企业和合伙企业)股权或股份的所得。

具体包括获得所得的以下转让行为：

·出售股权；

·公司回购股权；

·发行人首次公开发行新股时，被投资企业股东将其持有的股份以公开发行方式一并向投资者发售；

·股权被司法或行政机关强制过户；

·以股权对外投资或进行其他非货币性交易；

·以股权抵偿债务。

『提示』上述行为都体现了股权转移行为。

②应纳税额=(股权转让收入-股权原值-合理费用)×20%。

纳税人：转让方。

扣缴义务人：受让方。

③股权转让收入包括：

·获得的现金、实物、有价证券和其他形式的经济利益。

·与股权转让相关的各种款项：违约金、补偿金以及其他名目的款项、资产、权益等。

·按照合同约定，在满足约定条件后取得的后续收入。

④未遵从公平交易原则，核定股权转让收入的情形：

·申报的股权转让收入明显偏低且无正当理由的；

·未按照规定期限办理纳税申报，经税务机关责令限期申报，逾期仍不申报的；

·转让方无法提供或拒不提供股权转让收入的有关资料。

『提示1』符合下列情形之一，视为股权转让收入明显偏低：

a. 申报的股权转让收入低于股权对应的净资产份额的；

b. 申报的股权转让收入低于初始投资成本或低于取得该股权所支付的价款及相关税费的；

c. 申报的股权转让收入低于相同或类似条件下同一企业同一股东或其他股东股权转让收入的；

d. 申报的股权转让收入低于相同或类似条件下同类行业的企业股权转让收入的；

e. 不具合理性的无偿让渡股权或股份。

『提示2』符合下列条件之一的股权转让收入明显偏低，视为有正当理由，不在核定的范围：

a. 能出具有效文件，证明被投资企业因国家政策调整，生产经营受到重大影响，导致低价转让股权；

b. 继承或将股权转让给其能提供具有法律效力身份关系证明的配偶、父母、子女、祖父母、外祖父母、孙子女、外孙子女、兄弟姐妹以及对转让人承担直接抚养或者赡养义务的抚养人或者赡养人；

c. 按法律、政府文件或章程规定，并有相关资料充分证明转让价格合理且真实的本企业员工持有的不能对外转让股权的内部转让。

⑤税务机关应依次按照下列方法核定股权转让收入：

·净资产核定法。

股权转让收入按照每股净资产或股权对应的净资产份额核定。

被投资企业的土地使用权、房屋、采矿权、股权等资产占企业总资产比例超过20%的，税务机关可参照纳税人提供的具有法定资质的中介机构出具的资产评估报告核定股权转让收入。

6个月内再次发生股权转让且被投资企业净资产未发生重大变化的，主管税务机关可参照上一次股权转让时的资产评估报告核定此次股权转让收入。

·类比法。

a. 参照相同或类似条件下同一企业同一股东或其他股东股权转让收入核定；

b. 参照相同或类似条件下同类行业企业股权转让收入核定。

⑥股权原值的确认(见表2-13)。

表2-13 不同出资方式下股权原值确认表

出资方式	股权原值
现金	买价+合理税费
非货币性资产	税务机关认可或核定的资产价值+合理税费
无偿让渡	原持有人的股权原值+合理税费
被投资企业以资本公积、盈余公积、未分配利润转增股本	转增额和相关税费
其他情形	税务机关按避免重复征税原则确认

『提示』个人转让股权未提供完整、准确的股权原值凭证，由税务机关核定股权原值。对个人多次取得同一被投资企业股权的，转让部分股权时，采用"加权平均法"确定原值。

⑦个人在上海证券交易所、深圳证券交易所转让从上市公司公开发行和转让市场取得的上市公司股票，转让限售股等，不适用上述规定。

(5)纳税人收回转让的股权的税务处理(见表2-14)。

表2-14 收回转让股权的税务处理

情形	税务处理
转让合同已履行，又收回原股权的	对原转让人已征税款不退
转让合同未履行，又收回原股权的(仲裁委员会作出的解除股权转让合同及补充协议的裁决、停止执行原股权转让合同)	不属于征税范围

(6)个人非货币性资产投资有关个人所得税政策。非货币性资产投资是指现金、银行存款等货币性资产以外的资产投资，包括以非货币性资产出资设立新的企业，以及以非货币性资产出资参与企业增资扩股、定向增发股票、股权置换、重组改制等投资行为。

税务处理：非货币性资产投资 = 资产转让+投资

对上述资产转让行为获取的所得按"财产转让所得"计税。

①应纳税所得额的确认。

应纳税所得额 = 非货币性资产转让收入 - 资产原值 - 合理税费

·非货币性资产转让收入的确认。

个人以非货币性资产投资，应按评估后的公允价值确认非货币性资产转让收入，并于非货币性资产转让、取得被投资企业股权时，确认非货币性资产转让收入的实现。

·对2015年4月1日之前发生的个人非货币性资产投资，尚未进行税收处理且自发生上述应税行为之日起期限未超过5年的，可在剩余的期限内分期缴纳其应纳税款。

②征收管理。

·个人以非货币性资产投资交易过程中取得现金补价的，现金部分应优先用于缴税；现金不足以缴纳的部分，可分期缴纳。

·个人在分期缴税期间转让其持有的上述全部或部分股权，并取得现金收入的，该现金收入应优先用于缴纳尚未缴清的税款。

·纳税人一次性缴税有困难的，可报税务机关备案后，自发生应税行为之日起不超过5个年内(含)分期纳税。

(7)个人转让新三板挂牌公司股票个人所得税处理。

①对个人转让新三板挂牌公司非原始股取得的所得，暂免征收个人所得税。

②对个人转让新三板挂牌公司原始股取得的所得，按照"财产转让所得"，适用20%的比例税率征收个人所得税。

（8）个人转让房产的个人所得税处理。

对转让住房收入计算个人所得税应纳税所得额时，纳税人可凭原购房合同、发票等有效凭证，经税务机关审核后，允许从其转让收入中减除房屋原值、转让住房过程中缴纳的税金及有关合理费用。

合理费用是指：纳税人按照规定实际支付的住房装修费用、住房贷款利息、手续费、公证费等费用。

①支付的住房装修费用。纳税人能提供实际支付装修费用的税务统一发票，并且发票上所列付款人姓名与转让房屋产权人一致的，经税务机关审核，其转让的住房在转让前实际发生的装修费用，可在以下规定比例内扣除：

a. 已购公有住房、经济适用房：最高扣除限额为房屋原值的15%；

b. 商品房及其他住房：最高扣除限额为房屋原值的10%。

纳税人原购房为装修房，即合同注明房价款中含有装修费（铺装了地板，装配了洁具、厨具等）的，不得再重复扣除装修费用。

②支付的住房贷款利息。纳税人出售以按揭贷款方式购置的住房的，其向贷款银行实际支付的住房贷款利息，凭贷款银行出具的有效证明据实扣除。

③纳税人按照有关规定实际支付的手续费、公证费等，凭有关部门出具的有效证明据实扣除。

考点十七　个人转让上市公司限售股 ★★

扫我解疑难

📝 经典例题

【例题·单选题】（2013年）钱某在某上市公司任职，任职期间该公司授予钱某限售股3万股，该批限售股已于2012年年初解禁，钱某在8月之前陆续买进该公司股票2万股，股票平均买价为5.4元/股，但限售股授予价格不明确。2012年8月钱某以8元/股的价格卖出公司股票4万股。在不考虑股票买卖过程中其他相关税费的情况下，钱某转让4万股股票应缴纳个人所得税（　）元。

A. 27200　　　　　　B. 32400

C. 37600　　　　　　D. 40800

【答案】D

【解析】纳税人同时持有限售股及该股流通股的，其股票转让所得，按照限售股优先原则，即转让股票视同为先转让限售股，按照规定计算缴纳个人所得税。纳税人未能提供完整、真实的限售股原值凭证，不能准确计算该限售股原值的，一律按照限售股转让收入的15%，核定为该限售股原值和合理税费。剩余1万股属于个人转让上市公司的流通股股票，暂免征收个人所得税。应缴纳个人所得税=30000×8×(1−15%)×20%=40800(元)。

📝 考点精析

对个人转让限售股取得的所得，按照"财产转让所得"，适用20%的比例税率征收个人所得税。

限售股转让所得个人所得税，以限售股持有者为纳税义务人，以个人股东开户的证券机构为扣缴义务人。限售股个人所得税由证券机构所在地主管税务机关负责征收管理。

限售股的计税方法：

应纳税所得额=限售股转让收入−(限售股原值+合理税费)

应纳税额=应纳税所得额×20%

上述所称限售股转让收入，是指转让限售股股票实际取得的收入。限售股原值，是指限售股买入时的买入价及按照规定缴纳的有关费用。合理税费，是指转让限售股过程中发生的印花税、佣金、过户费等与交易相关的税费。

纳税人未能提供完整、真实的限售股原值凭证的，不能准确计算限售股原值的，主管税务机关一律按限售股转让收入的15%核定限售股原值及合理税费。

限售股在解禁前被多次转让的，转让方对每一次转让所得均应按规定缴纳个人所得税。

考点十八　偶然所得★★

扫我解疑难

【例题1·单选题】（2018年改）某商场对累积消费达到一定额度的消费者给予额外抽奖的机会，消费者个人因此而获得的中奖所得，其正确的税务处理是（　）。

A. 属于偶然所得，但免征个人所得税

B. 属于偶然所得，减除20%的费用后征收个人所得税

C. 属于偶然所得，按20%的税率征收个人所得税

D. 属于偶然所得，不超过1万元的，免征个人所得税

【答案】C

【解析】企业对累积消费达到一定额度的顾客，给予额外抽奖机会，个人的获奖所得，按照"偶然所得"项目，全额适用20%的税率缴纳个人所得税。

【例题2·多选题】在下列行为中，纳税人按照"偶然所得"项目计算缴纳个人所得税的有（　）。

A. 个人为单位提供担保获得收入

B. 受赠人因无偿受赠房屋取得的受赠收入

C. 纳税人在其他单位业务宣传活动中，随机获得的赠品

D. 纳税人在其他单位年会活动中获得的礼品

E. 纳税人在商场促销活动中获赠的代金券

【答案】ABCD

【解析】个人获得企业赠送的具有价格折扣或

折让性质的消费券、代金券、抵用券、优惠券等礼品不属于"偶然所得"项目，且不缴纳个人所得税。

📝 考点精析

1. 偶然所得的范围

偶然所得，是指个人得奖、中奖、中彩以及其他偶然性质的所得。

（1）个人为单位或他人提供担保获得收入，按照"偶然所得"项目计算缴纳个人所得税。

（2）房屋产权所有人将房屋产权无偿赠与他人的，受赠人因无偿受赠房屋取得的受赠收入，按照"偶然所得"项目计算缴纳个人所得税。

符合以下情形的，对当事双方不征收个人所得税：

①房屋产权所有人将房屋产权无偿赠与配偶、父母、子女、祖父母、外祖父母、孙子女、外孙子女、兄弟姐妹；

②房屋产权所有人将房屋产权无偿赠与对其承担直接抚养或者赡养义务的抚养人或者赡养人；

③房屋产权所有人死亡，依法取得房屋产权的法定继承人、遗嘱继承人或者受遗赠人。

（3）企业在业务宣传、广告等活动中，随机向本单位以外的个人赠送礼品（包括网络红包，下同），以及企业在年会、座谈会、庆典以及其他活动中向本单位以外的个人赠送礼品，个人取得的礼品所得，按照"偶然所得"项目计算缴纳个人所得税，但企业赠送的具有价格折扣或折让性质的消费券、代金券、抵用券、优惠券等礼品除外。

2. 特殊规定

（1）企业对累积消费达到一定额度的顾客，给予额外抽奖机会，个人的获奖所得，按"偶然所得"项目计税。

（2）对个人购买社会福利有奖募捐奖券和体育彩票一次中奖收入不超过10000元的，

暂免征收个人所得税；超过 10000 元的按全额征税。

3. 计税方法

应纳税额＝收入×20%

📝 阶段性测试

1.【单选题】以下项目所得，应按"劳务报酬所得"缴纳个人所得税的是( )。

A. 李某在关联公司任职同时兼任董事的收入

B. 个人从非雇佣单位取得的营销业绩奖励

C. 出租汽车经营单位将出租车所有权转移给驾驶员的，出租车驾驶员从事客货运营取得的收入

D. 出租汽车经营单位对出租车驾驶员采取单车承包或承租方式运营，出租车驾驶员从事客货营运取得的收入

2.【单选题】个人作品以图书、报刊形式出版、发表取得的所得应按( )税目计征个人所得税。

A. 工资、薪金所得

B. 劳务报酬所得

C. 特许权使用费所得

D. 稿酬所得

3.【单选题】下列各项中，不按照"财产转让所得"项目计征个人所得税的是( )。

A. 个人销售无偿受赠不动产的所得

B. 职工将企业改制中取得的量化资产转让

C. 个人转让房屋

D. 股份制企业为个人股东购买住房而支出的款项

4.【多选题】下列所得中，应按"偶然所得"征收个人所得税的有( )。

A. 将苏东坡的书法作品拍卖取得的所得

B. 企业对累积消费达到一定额度的顾客，给予额外抽奖机会，个人的获奖所得

C. 独立董事取得的董事费收入

D. 购买福利彩票所得奖金

E. 个人处置"打包"债权取得的收入

5.【多选题】在下列行为中，不涉及缴纳个人所得税的有( )。

A. 企业在广告活动中，随机个人赠送礼品

B. 子女无偿受赠父母的房屋

C. 个人为他人提供担保获得收入

D. 个人在其他单位的年会、座谈会、庆典以及其他活动中获赠的礼品

E. 个人获取企业赠送的具有价格折扣或折让性质的消费券、代金券、抵用券、优惠券等礼品

📝 阶段性测试答案精析

1. B 【解析】选项 C，按"经营所得"缴纳个人所得税；选项 A、D，按"工资、薪金所得"缴纳个人所得税。

2. D 【解析】个人作品以图书、报刊形式出版、发表取得的所得按稿酬所得计征个人所得税。

3. D 【解析】选项 D，应按照"利息、股息、红利所得"征收个人所得税。

4. BD 【解析】选项 A，按"财产转让所得"项目缴纳个人所得税；选项 C，独立董事取得的董事费收入，按"劳务报酬所得"项目缴纳个人所得税；选项 E，个人处置"打包"债权取得的收入，按"财产转让所得"项目缴纳个人所得税。

5. BE 【解析】选项 A、C、D，应按照"偶然所得"项目计算缴纳个人所得税。

考点十九　公益慈善事业捐赠扣除★★★

扫我解疑难

📝 经典例题

【例题·单选题】(2019 年)个人下列公益性捐赠，以其申报的应纳税所得额30%为限额扣除的是( )。

A. 通过县政府对贫困地区的捐赠

B. 对中国教育发展基金会的捐赠

C. 对公益性青少年活动场所的捐赠

D. 对中国老龄事业发展基金会的捐赠

【答案】A

【解析】选项B、C、D，准予在个人所得税税前100%（全额）扣除。个人将其所得通过中国境内的社会团体、国家机关向教育和其他社会公益事业以及遭受严重自然灾害地区、贫困地区的捐赠，捐赠额未超过纳税人申报的应纳税所得额30%的部分，可以从应纳税所得额中扣除，超过部分不得扣除。

📝考点精析

1. 直接捐赠税前不得扣除

2. 公益捐赠的界定

公益慈善事业捐赠是个人通过中华人民共和国境内公益性社会组织、县级以上人民政府及其部门等国家机关，向教育、扶贫、济困等公益慈善事业的捐赠（以下简称公益捐赠）。

3. 公益捐赠支出金额的确定

（1）捐赠货币性资产的，按照实际捐赠金额确定；

（2）捐赠股权、房产的，按照个人持有股权、房产的财产原值确定；

（3）捐赠除股权、房产以外的其他非货币性资产的，按照非货币性资产的市场价格确定。

4. 公益捐赠的税前扣除规则

（1）居民个人发生的公益捐赠支出可以在财产租赁所得、财产转让所得、利息股息红利所得、偶然所得（以下统称分类所得）、综合所得或者经营所得中扣除。在当期一个所得项目扣除不完的公益捐赠支出，可以按规定在其他所得项目中继续扣除。

（2）居民个人发生的公益捐赠支出，在综合所得、经营所得中扣除的，扣除限额分别为当年综合所得、当年经营所得应纳税所得额的百分之三十；在分类所得中扣除的，扣除限额为当月分类所得应纳税所得额的百分之三十。

（3）居民个人根据各项所得的收入、公益捐赠支出、适用税率等情况，自行决定在综合所得、分类所得、经营所得中扣除的公益捐赠支出的顺序。

（4）居民个人取得工资薪金所得的，可以选择在预扣预缴时扣除，也可以选择在年度汇算清缴时扣除。

居民个人选择在预扣预缴时扣除的，应按照累计预扣法计算扣除限额，其捐赠当月的扣除限额为截至当月累计应纳税所得额的百分之三十（全额扣除的从其规定，下同）。个人从两处以上取得工资薪金所得，选择其中一处扣除，选择后当年不得变更。

（5）居民个人取得劳务报酬所得、稿酬所得、特许权使用费所得的，预扣预缴时不扣除公益捐赠支出，统一在汇算清缴时扣除。

（6）居民个人取得全年一次性奖金、股权激励等所得，且按规定采取不并入综合所得而单独计税方式处理的，公益捐赠支出扣除比照分类所得的扣除规定处理。

（7）非居民个人发生的公益捐赠支出，未超过其在公益捐赠支出发生的当月应纳税所得额百分之三十的部分，可以从其应纳税所得额中扣除；扣除不完的公益捐赠支出，可以在经营所得中继续扣除。

（8）在经营所得中扣除公益捐赠支出，应按以下规定处理：

①个体工商户发生的公益捐赠支出，在其经营所得中扣除。

②个人独资企业、合伙企业发生的公益捐赠支出，其个人投资者应当按照捐赠年度合伙企业的分配比例（个人独资企业分配比例为百分之百），计算归属于每一个人投资者的公益捐赠支出，个人投资者应将其归属的个人独资企业、合伙企业公益捐赠支出和本人需要在经营所得扣除的其他公益捐赠支出合并，在其经营所得中扣除。

③在经营所得中扣除公益捐赠支出的，可以选择在预缴税款时扣除，也可以选择在汇算清缴时扣除。

④经营所得采取核定征收方式的，不扣除公益捐赠支出。

5. 下列公益捐赠准予在税前全额扣除

（1）对红十字事业的捐赠。

（2）对福利性、非营利性老年服务机构的捐赠。

（3）对公益性青少年活动场所的捐赠。

（4）对农村义务教育的捐赠。

（5）对教育事业的捐赠。

（6）向宋庆龄基金会等6家单位的捐赠。

（7）对中国医药卫生事业发展基金会的捐赠。

（8）对中国教育发展基金会的捐赠。

（9）对中国老龄事业发展基金会等8家单位的捐赠。

（10）对中华健康快车基金会等5家单位的捐赠。

（11）向地震灾区的捐赠。

（12）依据《关于支持新型冠状病毒感染的肺炎疫情防控有关捐赠税收政策的公告》（财政部税务总局公告2020年第9号）规定：

①自2020年1月1日起，个人通过公益性社会组织或者县级以上人民政府及其部门等国家机关，捐赠用于应对新型冠状病毒感染的肺炎疫情的现金和物品，允许在计算应纳税所得额时全额扣除。

②自2020年1月1日起，个人直接向承担疫情防治任务的医院捐赠用于应对新型冠状病毒感染的肺炎疫情的物品，允许在计算应纳税所得额时全额扣除。

注：上述政策的截止日期视疫情情况由税务总局另行公告。

考点二十　取得境外所得的个人所得税政策 ★★★

扫我解疑难

📝 经典例题

【例题·单选题】某中国公民2019年在A国取得劳务报酬26000元，在A国已纳税款1000元，已知该中国公民2019年境内取得工资薪金所得为150000元，无其他收入项目和扣除项目。则该公民就境外所得在我国应补缴的税款是（　）元。

A. 42.44　　　　　　B. 1042.44

C. 6640　　　　　　D. 0

【答案】A

【解析】来源于一国（地区）综合所得的抵免限额=中国境内、境外综合所得依照规定计算的综合所得应纳税总额×来源于该国（地区）的综合所得收入额÷中国境内、境外综合所得收入总额

中国境内、境外综合所得收入总额=150000+26000×（1−20%）=170800（元）

中国境内、境外综合所得依照规定计算的综合所得应纳税总额=（170800−60000）×10%−2520=8560（元）

来源于一国（地区）综合所得的抵免限额=8560×26000×（1−20%）÷170800=1042.44（元）

已知该公民已在A国缴纳1000元，所以应该补缴税款=1042.44−1000=42.44（元）。

📝 考点精析

居民个人从中国境外取得的所得，可以从其应纳税额中抵免已在境外缴纳的个人所得税税额，但抵免额不得超过该纳税人境外所得依照规定计算的抵免限额。

1. 居民个人应当按照以下方法计算当期境内和境外所得应纳税额

（1）居民个人来源于中国境外的综合所得，应当与境内综合所得合并计算应纳税额。

（2）居民个人来源于中国境外的经营所得，应当与境内经营所得合并计算应纳税额。

居民个人来源于境外的经营所得，按照个人所得税法及其实施条例的有关规定计算的亏损，不得抵减其境内或他国（地区）的应纳税所得额，但可以用来源于同一国家（地区）以后年度的经营所得按中国税法规定弥补。

（3）居民个人来源于中国境外的利息、股息、红利所得，财产租赁所得，财产转让所得和偶然所得（以下称其他分类所得），不与境内所得合并，应当分别单独计算应纳税额。

2. 可抵免的境外所得税税额

可抵免的境外所得税税额，是指居民个人取得境外所得，依照该所得来源国（地区）税收法律应当缴纳且实际已经缴纳的所得税性质的税额。

可抵免的境外所得税税额不包括以下情形：

（1）按照境外所得税法律属于错缴或错征的境外所得税税额；

（2）按照我国政府签订的避免双重征税协定以及内地与香港、澳门签订的避免双重征税安排（以下统称税收协定）规定不应征收的境外所得税税额；

（3）因少缴或迟缴境外所得税而追加的利息、滞纳金或罚款；

（4）境外所得税纳税人或者其利害关系人从境外征税主体得到实际返还或补偿的境外所得税税款；

（5）按照我国个人所得税法及其实施条例规定，已经免税的境外所得负担的境外所得税税款。

3. 抵免限额

居民个人来源于一国（地区）的综合所得、经营所得以及其他分类所得项目的应纳税额为其抵免限额。居民个人可抵免的境外所得税额不得超过抵免限额，因此抵免限额是一个保护本国税收利益的尺度。抵免限额，按照下列公式计算：

（1）来源于一国（地区）综合所得的抵免限额＝中国境内和境外综合所得依照规定计算的综合所得应纳税额×来源于该国（地区）的综合所得收入额÷中国境内和境外综合所得收入额合计

（2）来源于一国（地区）经营所得的抵免限额＝中国境内和境外经营所得依照规定计算的经营所得应纳税额×来源于该国（地区）的经营所得应纳税所得额÷中国境内和境外经营所得应纳税所得额合计

（3）来源于一国（地区）其他分类所得的抵免限额＝该国（地区）的其他分类所得依照规定计算的应纳税额

（4）来源于一国（地区）所得的抵免限额＝来源于该国（地区）综合所得抵免限额＋来源于该国（地区）经营所得抵免限额＋来源于该国（地区）其他分类所得抵免限额

4. 居民个人在中国境外一个国家（地区）实际已经缴纳的个人所得税税额，低于来源于该国家（地区）所得抵免限额的，应当在中国缴纳差额部分的税款；超过来源于该国家（地区）所得抵免限额的，其超过部分不得在本纳税年度的应纳税额中抵免，但是可以在以后纳税年度来源于该国家（地区）所得的抵免限额的余额中补扣。补扣期限最长不得超过5年。

考点二十一　个人取得拍卖收入★★

扫我解疑难

📝 经典例题

【例题·单选题】关于计算个人所得税时可扣除的财产原值，下列表述正确的是（　　）。

A. 拍卖受赠获得的物品，原值为该拍卖品的市场价值

B. 拍卖通过拍卖行拍得的物品，原值为该物品的评估价值

C. 拍卖祖传的藏品，原值为该拍卖品的评估价值

D. 拍卖从画廊购买的油画，原值为购买拍卖品时实际支付的价款

【答案】D

【解析】选项A，通过赠送取得的，为其受赠该拍卖品时发生的相关税费；选项B，通过拍卖行拍得的，为拍得该拍卖品实际支付的价款及缴纳的相关税费；选项C，通过祖传收藏的，为其收藏该拍卖品而发生的费用。

1. 个人拍卖中不同拍卖对象的税务处理(见表2-15)

表2-15　个人拍卖中不同拍卖对象的税务处理

拍卖对象	税务处理
文字作品手稿原件或复印件	按"**特许权使用费所得**"计税
除上述以外的资产	按"**财产转让所得**"计税 应纳税额=(转让收入-财产原值-相关税费-合理费用)×20% 拍卖财产原值的确认: 购买获得:为购买该拍卖品时实际支付的价款 拍卖获得:为拍得该拍卖品实际支付的价款及相关税费 祖传器物:收藏该器物发生的费用 受赠资产:受赠时的相关税费 纳税人的财产原值凭证不能准确核定的,按转让收入额的**3%**征收率计算缴纳个人所得税 拍卖品为经文物部门认定是海外回流文物的,按转让收入额的**2%**征收率计算缴纳个人所得税

2. 征收管理

(1)纳税人的财产原值凭证内容填写不规范,或者一份财产原值凭证包括多件拍卖品且无法确认每件拍卖品一一对应的原值的,不得将其作为扣除财产原值的计算依据,应视为不能提供合法、完整、准确的财产原值凭证,并按规定的征收率计算缴纳个人所得税。

(2)纳税人能够提供合法、完整、准确的财产原值凭证,但不能提供有关税费凭证的,不得按征收率计算纳税,应当就财产原值凭证上注明的金额据实扣除,并按照税法规定计算缴纳个人所得税。

(3)个人财产拍卖所得扣缴义务人——拍卖单位。

考点二十二　个人从事建筑安装取得的所得 ★

扫我解疑难

📝 **经典例题**

【例题·多选题】 根据个人所得税法相关规定,下列说法中正确的有(　　)。

A. 建筑安装工程承包中,对经营成果归承包人个人所有的所得,按经营所得项目征税

B. 对从事建筑安装业工程作业的其他人员取得的所得,分别按照"工资、薪金所得"项目和"劳务报酬所得"项目计征个人所得税

C. 建筑安装业的个人所得税,由扣缴义务人代扣代缴和纳税人申报缴纳

D. 除特殊情况外,在异地从事建筑安装业工程作业的单位,应在工程作业所在地扣缴个人所得税

E. 建筑安装工程承包中,对经营成果归承包人个人所有的所得,按工资薪金所得项目征税

【答案】 ABCD

【解析】 建筑安装工程承包中,对经营成果归承包人个人所有的所得,按经营所得项目征税。

📝 **考点精析**

对从事建筑安装业个人取得所得的征税办法:

(1)凡建筑安装业各项工程作业实行承包经营,对承包人取得的所得,分两种情况处

理：对经营成果归承包人个人所有的所得，或按合同（协议）规定，将一部分经营成果留归承包人个人的所得，按经营所得项目征税；对承包人以其他方式取得的所得，按工资、薪金所得项目征税。

（2）从事建筑安装业的个体工商户和未领取营业执照承揽建筑安装业工程作业的建筑安装队和个人，以及建筑安装企业实行个人承包后，工商登记改变为个体经济性质的，其从事建筑安装业取得的收入，应按经营所得项目计征个人所得税。

（3）对从事建筑安装业工程作业的其他人员取得的所得，分别按照工资、薪金所得项目和劳务报酬所得项目计征个人所得税。

（4）征收管理。

①建筑安装业的个人所得税，由扣缴义务人代扣代缴和纳税人申报缴纳。没有扣缴义务人和扣缴义务人未按规定代扣代缴税款的，纳税人应自行向主管税务机关申报纳税。

②除特殊情况外，在异地从事建筑安装业工程作业的单位，应在工程作业所在地扣缴个人所得税。

考点二十三　减免税优惠 ★★★

扫我解疑难

📝 经典例题

【例题1·单选题】（2019年改）下列工资、薪金所得免征个人所得税的是（　）。

A. 年终加薪

B. 个人因公务用车和通讯制度改革而取得的公务用车、通讯补贴收入

C. 劳动分红

D. 外籍人员取得任职单位的非现金住房补贴

【答案】D

【解析】对外籍个人的下列所得，暂免征个人所得税：

（1）外籍个人以非现金形式或实报实销形式取得的住房补贴、伙食补贴、搬迁费、洗衣费；

（2）外籍个人按合理标准取得的境内、外出差补贴；

（3）外籍个人取得的探亲费、语言培训费、子女教育费等，经审核批准为合理的部分。

【例题2·单选题】（2019年）自2016年9月1日起，非上市公司员工获得本公司符合条件的股票期权、限制性股票等奖励，可享受的税收优惠政策是（　）。

A. 减税政策　　　　　B. 免税政策

C. 递延纳税政策　　　D. 先征后退政策

【答案】C

【解析】非上市公司授予本公司员工的股票期权、股权期权、限制性股票和股权奖励，符合规定条件的，经向主管税务机关备案，可实行递延纳税政策。

【例题3·单选题】（2017年）非上市公司授予本公司员工的股票期权，符合规定条件并向主管税务机关备案的，可享受个人所得税的（　）。

A. 免税政策　　　　　B. 不征税政策

C. 减税政策　　　　　D. 递延纳税政策

【答案】D

【解析】非上市公司授予本公司员工的股票期权、股权期权、限制性股票和股权奖励，符合规定条件的，经向主管税务机关备案，可实行递延纳税政策，即员工在取得股权激励时可暂不纳税，递延至转让该股权时纳税；股权转让时，按照股权转让收入减除股权取得成本以及合理税费后的差额，适用"财产转让所得"项目，按照20%的税率计算缴纳个人所得税。

『提示』例题2和例题3均出自历年真题，从内容上看极为近似，因此建议考生多做历年真题，做到熟能生巧，这样可以提高答题效率，获取更多的分值。

【例题4·单选题】（2017年）个人取得的下列所得，免征个人所得税的是（　）。

A. 县级人民政府颁发的教育方面奖金

B. 按国家统一规定发放的补贴、津贴

C. 提前退休发放的一次性补贴

D. 转让国债的所得

【答案】B

【解析】选项A，省级人民政府颁发的教育方面的奖金，免征个人所得税，县级人民政府颁发的不免个人所得税；选项C，提前退休发放的一次性补贴，不属于免税的离退休工资收入，应按照"工资、薪金所得"项目征收个人所得税；选项D，国债利息免征个人所得税，转让国债的所得不免，要交个人所得税。

【例题5·单选题】（2013年）下列各项所得，免征个人所得税的是（ ）。

A. 个人的房屋租赁所得

B. 个人根据遗嘱继承房产的所得

C. 外籍个人取得的现金住房补贴所得

D. 个人因任职从上市公司取得的股票增值权所得

【答案】B

【解析】选项A，个人的房屋租赁所得，需要按照"财产租赁所得"计算缴纳个人所得税；选项C，外籍个人以非现金形式或实报实销形式取得的住房补贴，暂免征收个人所得税，以现金形式取得的住房补贴不免个人所得税；选项D，个人因任职从上市公司取得的股票增值权所得，按照"工资薪金所得"的相关规定计算缴纳个人所得税。

📝 **考点精析**

1. 法定免税项目

（1）**省级人民政府**、国务院部委和中国人民解放军军以上单位，以及外国组织、国际组织颁发的**科学、教育、技术、文化、卫生、体育、环境保护**等方面的奖金；

（2）国债和国家发行的金融债券利息；

（3）按照国家统一规定发给的补贴、津贴；

（4）福利费、抚恤金、救济金；

（5）保险赔款；

（6）军人的转业费、复员费、退役金；

（7）按照国家统一规定发给干部、职工的安家费、退职费、基本养老金或者退休费、离休费、离休生活补助费；

（8）依照有关法律规定应予免税的各国驻华使馆、领事馆的外交代表、领事官员和其他人员的所得；

（9）中国政府参加的国际公约、签订的协议中规定免税的所得；

（10）国务院规定的其他免税所得。

2. 法定减税项目

（1）残疾、孤老人员和烈属的所得；

（2）因严重自然灾害造成重大损失的；

（3）其他经国务院财政部门批准减税的。

3. 其他减免税项目

根据财政部、国家税务总局的若干规定，对个人下列所得免征或暂免征收个人所得税：

（1）外籍个人以非现金形式或实报实销形式取得的住房补贴、伙食补贴、搬迁费、洗衣费。

（2）外籍个人按合理标准取得的境内、境外出差补贴。

（3）外籍个人取得的探亲费、语言训练费、子女教育费等，经当地税务机关审核批准为合理的部分。

（4）凡符合下列条件之一的外籍专家取得的工资、薪金所得，可免征个人所得税：

①根据世界银行专项贷款协议，由世界银行直接派往我国工作的外国专家。

②联合国组织直接派往我国工作的专家。

③为联合国援助项目来华工作的专家。

④援助国派往我国专为该国援助项目工作的专家，其取得的无论我方或外国支付的工资、薪金和生活补贴。

⑤根据两国政府签订的文化交流项目来华工作2年以内的文教专家，其工资、薪金所得由该国负担的。

⑥根据我国大专院校国际交流项目来华工作2年以内的文教专家，其工资、薪金所得由该国负担的。

⑦通过民间科研协定来华工作的专家，其工资、薪金所得由该国政府机构负担的。

（5）个人举报、协查各种违法、犯罪行为而获得的奖金。

（6）个人办理代扣代缴税款手续，按规定取得的扣缴手续费。

（7）个人转让自用达5年以上，并且是唯一的家庭生活用房取得的所得。

（8）对个人购买社会福利有奖募捐奖券、体育彩票，一次中奖收入在1万元以下（含）的暂免征收个人所得税，超过1万元的，全额征收个人所得税。

（9）达到离休、退休年龄，但确因工作需要，适当延长离休、退休年龄的高级专家（指享受国家发放的政府特殊津贴的专家、学者），其在延长离休、退休期间的工资、薪金所得，视同离休费、退休费免征个人所得税。

（10）对个人取得的教育储蓄存款利息所得以及国务院财政部门确定的其他专项储蓄存款或储蓄型专项基金存款的利息所得，免征个人所得税。自2008年10月9日起，对居民个人储蓄存款利息和证券市场个人投资者取得的证券交易结算资金利息所得，暂免征收个人所得税。

（11）居民个人按照国家规定的范围和标准缴纳的基本养老保险、基本医疗保险、失业保险等社会保险费和住房公积金，允许在个人应纳税所得额中扣除，免于征收个人所得税。

（12）个人实际领（支）取原提存的基本养老保险金、基本医疗保险金、失业保险金和住房公积金时，免征个人所得税。

（13）生育妇女按照县级以上人民政府根据国家有关规定制定的生育保险办法，取得的生育津贴、生育医疗费或其他属于生育保险性质的津贴、补贴，免征个人所得税。

（14）对工伤职工及其近亲属按照《中华人民共和国工伤保险条例》规定取得的一次性伤残保险待遇，免征个人所得税。

（15）对退役士兵按照《退役士兵安置条例》（国务院、中央军委令第608号）规定，取得的一次性退役金以及地方政府发放的一次性经济补助，免征个人所得税。

（16）对个人取得的2012年及以后年度发行的地方政府债券利息收入，免征个人所得税。

地方政府债券，是指经国务院批准同意，以省、自治区、直辖市、计划单列市政府为发行和偿还主体的债券。

（17）对个人投资者持有2019-2023年发行的铁路债券取得的利息收入，减按50%计入应纳税所得额计算征收个人所得税。税款由兑付机构在向个人投资者兑付利息时代扣代缴。

（18）公共租赁住房的税收优惠。

个人捐赠住房作为公租房，符合税收法律法规规定的，对其公益性捐赠支出未超过其申报的应纳税所得额30%的部分，准予从其应纳税所得额中扣除；对符合地方政府规定条件的城镇住房保障家庭从地方政府领取的住房租赁补贴，免征个人所得税。

该优惠政策的执行期限为2019年1月1日至2020年12月31日。

（19）对国际奥委会及其相关实体的外籍雇员、官员、教练员、训练员以及其他代表在2019年6月1日至2022年12月31日期间临时来华，从事与北京冬奥会相关的工作，取得由北京冬奥组委支付或认定的收入，免征增值税和个人所得税。

（20）支持新型冠状病毒感染的肺炎疫情防控的税收优惠。

为支持新型冠状病毒感染的肺炎疫情防控工作，自2020年1月1日起，下列所得免征个人所得税：

①对参加疫情防治工作的医务人员和防疫工作者按照政府规定标准取得的临时性工作补助和奖金，免征个人所得税。政府规定标准包括各级政府规定的补助和奖金标准。

对省级及省级以上人民政府规定的对参与疫情防控人员的临时性工作补助和奖金，比照执行。

②单位发给个人用于预防新型冠状病毒感染的肺炎的药品、医疗用品和防护用品等实物（不包括现金），不计入工资、薪金收入，免征个人所得税。

1.【多选题】下列公益捐赠支出税前扣除的表述正确的有( )。

A. 居民个人发生的公益捐赠支出可以在财产租赁所得、财产转让所得、利息股息红利所得、偶然所得、综合所得或者经营所得中扣除

B. 在当期一个所得项目扣除不完的公益捐赠支出，可以按规定在其他所得项目中继续扣除

C. 居民个人发生的公益捐赠支出，在综合所得、经营所得中扣除的，扣除限额分别为当年综合所得、当年经营所得应纳税所得额的12%

D. 居民个人发生的公益捐赠支出，在分类所得中扣除的，扣除限额为当月分类所得应纳税所得额的30%

E. 居民个人根据各项所得的收入、公益捐赠支出、适用税率等情况在进行公益捐赠支出扣除时，应按先综合所得，再经营所得，最后分类所得的扣除顺序

2.【多选题】以下关于个人转让上市公司限售股所得征收个人所得税的表述中，正确的有( )。

A. 对个人转让限售股取得的所得，按照"财产转让所得"征收个人所得税

B. 个人转让限售股，以每次转让的全部收入为应纳税所得额，不扣除任何费用

C. 纳税人不能提供完整、真实的限售股原值凭证，不能准确计算限售股原值，主管税务机关按限售股转让收入的10%核定限售股原值及合理费用

D. 限售股转让所得个人所得税，采取证券机构预扣预缴、纳税人自行申报清算和证券机构直接扣缴相结合的方式征收

E. 个人转让境内上市公司公开发行的股票所得，免征个人所得税

3.【单选题】个人取得的下列所得中，免征个人所得税的是( )。

A. 转让国债取得的所得

B. 对工伤职工及其近亲属按照规定取得的一次性伤残保险待遇

C. 转让自用达3年的家庭唯一生活用房取得的所得

D. 个人与原单位解除劳动合同后再次任职取得的工资、薪金所得

📝 **阶段性测试答案精析**

1. **ABD**【解析】选项C，居民个人发生的公益捐赠支出，在综合所得、经营所得中扣除的，扣除限额分别为当年综合所得、当年经营所得应纳税所得额的30%；选项E，居民个人根据各项所得的收入、公益捐赠支出、适用税率等情况，自行决定在综合所得、分类所得、经营所得中扣除的公益捐赠支出的顺序。

2. **ADE**【解析】选项B，个人转让限售股，以每次限售股转让收入，减除股票原值和合理税费后的余额，为应纳税所得额；选项C，纳税人未能提供完整、真实的限售股原值凭证，不能准确计算限售股原值，主管税务机关一律按限售股转让收入的15%核定限售股原值及合理税费。

3. **B**【解析】选项A，国债和国家发行的金融债券利息免征个人所得税，国债转让所得不免税；选项C，转让自用达5年以上家庭唯一生活用房取得的所得，暂免征收个人所得税；选项D，个人与原单位解除劳动合同后再次任职取得的工资、薪金所得，按正常情况纳税。

考点二十四　征收管理★★

扫我解疑难

📝 **经典例题**

【例题1·多选题】(2019年)关于个人独资企业和合伙企业所得税核定征收管理的说法，正确的有( )。

第2章 个人所得税

A. 核定征收可采用定额征收、核定应税所得率征收以及其他合理方式

B. 实行核定征税的合伙企业投资者，不能享受个人所得税的优惠政策

C. 查账征收方式改为核定征税方式后，在查账征税方式下认定的年度经营亏损未弥补完的部分，可以继续弥补

D. 企业经营多业的，根据其主营项目确定其适用的应税所得率

E. 纳税人依照国家有关规定应当设置，但未设置账簿的应采取核定征收

【答案】ABDE

【解析】选项C，实行查账征税方式的个人独资企业和合伙企业改为核定征税方式后，在查账征税方式下认定的年度经营亏损未弥补完的部分，不得再继续弥补。

【例题2·单选题】(2019年)非居民个人取得工资薪金所得的征收管理，下列说法正确的是( )。

A. 依据综合所得税率表，按月代扣代缴税款

B. 向扣缴义务人提供专项附加扣除信息的，可按扣除专项附加后的余额代扣税款

C. 扣缴义务人可将同期的工资薪金和股息红利所得合并代扣代缴税款

D. 由扣缴义务人按月代扣代缴税款，不办理汇算清缴

【答案】D

【解析】非居民个人取得工资、薪金所得，有扣缴义务人的，由扣缴义务人按月代扣代缴税款，不办理汇算清缴。

【例题3·多选题】下列情形，纳税人应当自行向税务机关申报缴纳个人所得税的有( )。

A. 取得综合所得需要办理汇算清缴

B. 从中国境外取得所得的

C. 取得应税所得，扣缴义务人已扣缴税款

D. 取得应税所得没有扣缴义务人的

E. 因移居境外注销中国户籍

【答案】ABDE

【解析】税法规定，有下列情形之一的，纳税人应当自行申报纳税：

(1)取得综合所得需要办理汇算清缴。

(2)取得应税所得没有扣缴义务人。

(3)取得应税所得，扣缴义务人未扣缴税款。

(4)取得境外所得。

(5)因移居境外注销中国户籍。

(6)非居民个人在中国境内从两处以上取得工资、薪金所得。

(7)国务院规定的其他情形。

【例题4·单选题】纳税人在两处或两处以上取得工资、薪金所得的，申报纳税地点是( )。

A. 收入来源地

B. 税务局指定地点

C. 纳税人户籍所在地

D. 纳税人可选择并固定在一地税务机关

【答案】D

【解析】申报纳税地点一般应为收入来源地的税务机关。但是，纳税人在两处或两处以上取得工资、薪金所得的，可选择并固定在一地税务机关申报纳税。

考点精析

1. 扣缴申报管理办法

个人所得税以所得人为纳税人，以支付所得的单位或者个人为扣缴义务人。

(1)实行全员全额扣缴申报的应税所得范围。

按照《个人所得税法》规定，扣缴义务人应当按照国家规定办理全员全额扣缴申报，并向纳税人提供其个人所得和已扣缴税款等信息。

全员全额扣缴申报，是指扣缴义务人应当在代扣税款的次月15日内，向主管税务机关报送其支付所得的所有个人的有关信息、支付所得数额、扣除事项和数额、扣缴税款的具体数额和总额以及其他相关涉税信息资料。

实行个人所得税全员全额扣缴申报的应税所得包括：除了"经营所得"外的其他8项所得。

(2)扣缴义务人的法定义务。

扣缴义务人每月或者每次预扣、代扣的

税款，应当在次月15日内缴入国库，并向税务机关报送《个人所得税扣缴申报表》。

扣缴义务人首次向纳税人支付所得时，应当按照纳税人提供的纳税人识别号等基础信息，填写《个人所得税基础信息表（A表）》，并于次月扣缴申报时向税务机关报送。扣缴义务人对纳税人向其报告的相关基础信息变化情况，应当于次月扣缴申报时向税务机关报送。

支付工资、薪金所得的扣缴义务人应当于年度终了后两个月内，向纳税人提供其个人所得和已扣缴税款等信息。纳税人年度中间需要提供上述信息的，扣缴义务人应当提供。

（3）代扣代缴税款的手续费。

税务机关对应扣缴义务人按照规定扣缴的税款（不包括税务机关、司法机关等查补或者责令补扣的税款），按年付给2%的手续费，扣缴义务人领取的扣缴手续费可用于提升办税能力、奖励办税人员。

2. 取得综合所得且符合下列情形之一的纳税人，应当依法办理汇算清缴：

（1）从两处以上取得综合所得，且综合所得年收入额减除专项扣除后的余额超过60000元。

（2）取得劳务报酬所得、稿酬所得、特许权使用费所得中一项或者多项所得，且综合所得年收入额减除专项扣除的余额超过60000元。

（3）纳税年度内预缴税额低于应纳税额。

（4）纳税人申请退税。

3. 纳税办法

个人所得税的纳税办法，有自行申报纳税（见表2-16）和代扣代缴两种。

表2-16　自行申报

纳税办法	具体情形
自行申报	（1）取得综合所得需要办理汇算清缴 （2）取得应税所得没有扣缴义务人 （3）取得应税所得，扣缴义务人未扣缴税款 （4）取得境外所得 （5）因移居境外注销中国户籍 （6）非居民个人在中国境内从两处以上取得工资、薪金所得 （7）国务院规定的其他情形

4. 纳税与申报期限（见表2-17）

表2-17　纳税与申报期限

所得类型或特殊情形		纳税与申报期限
工资、薪金所得，劳务报酬所得，稿酬所得和特许权使用费所得	居民个人	（1）按年计算个人所得税 （2）有扣缴义务人的，由扣缴义务人按月或者按次预扣预缴税款 （3）需要办理汇算清缴的，应当在取得所得的次年3月1日至6月30日内办理汇算清缴
	非居民个人	有扣缴义务人的，由扣缴义务人按月或者按次代扣代缴税款，不办理汇算清缴
经营所得		（1）按年计算个人所得税，由纳税人在月度或者季度终了后15日内向税务机关报送纳税申报表，并预缴税款 （2）在取得所得的次年3月31日前办理汇算清缴

所得类型或特殊情形	纳税与申报期限
利息、股息、红利所得，财产租赁所得，财产转让所得和偶然所得	按月或者按次计算个人所得税，有扣缴义务人的，由扣缴义务人按月或者按次代扣代缴税款
居民个人从中国境外取得所得	应当在取得所得的次年3月1日至6月30日内申报纳税。居民个人取得境外所得的境外纳税年度与公历年度不一致的，取得境外所得的境外纳税年度最后一日所在的公历年度，为境外所得对应的我国纳税年度
非居民个人在中国境内从两处以上取得工资、薪金所得	应当在取得所得的次月15日内申报纳税
没有扣缴义务人的	纳税人应当在取得所得的次月15日内向税务机关报送纳税申报表，并缴纳税款
扣缴义务人未扣缴税款	纳税人应当在取得所得的次年6月30日前，缴纳税款；税务机关通知限期缴纳的，纳税人应当按照期限缴纳税款

5.纳税申报地点

(1)取得综合所得。

纳税人有两处以上任职、受雇单位的，选择向其中一处任职、受雇单位所在地主管税务机关办理纳税申报；纳税人没有任职、受雇单位的，向户籍所在地或经常居住地主管税务机关办理纳税申报。

(2)取得经营所得。

向经营管理所在地主管税务机关办理预缴纳税申报；从两处以上取得经营所得的，选择向其中一处经营管理所在地主管税务机关办理年度汇总申报。

(3)取得应税所得，扣缴义务人未扣缴税款。

向扣缴义务人所在地主管税务机关办理；有两个以上扣缴义务人均未扣缴税款的，选择向其中一处扣缴义务人所在地主管税务机关办理纳税申报。

(4)取得境外所得。

向中国境内任职、受雇单位所在地主管税务机关办理纳税申报；在中国境内没有任职、受雇单位的，向户籍所在地或中国境内经常居住地主管税务机关办理纳税申报；户籍所在地与中国境内经常居住地不一致的，选择其中一地主管税务机关办理纳税申报；在中国境内没有户籍的，向中国境内经常居住地主管税务机关办理纳税申报。

(5)因移居境外注销中国户籍。

纳税人因移居境外注销中国户籍的，应当在申请注销中国户籍前，向户籍所在地主管税务机关办理纳税申报，进行税款清算。

(6)非居民个人在中国境内从两处以上取得工资、薪金所得。

非居民个人在中国境内从两处以上取得工资、薪金所得的，向其中一处任职、受雇单位所在地主管税务机关办理纳税申报。

本章综合练习 限时220分钟

一、单项选择题

1. 非居民纳税人的下列收入中，应在中国按规定计算缴纳个人所得税的是( )。

   A. 在中国境内任职取得的工资、薪金收入

   B. 出租境外房屋而取得的收入

   C. 从我国境内的外商投资企业取得的红利收入

   D. 因履行合约而在中国境外提供各种劳

务取得的报酬

2. 个人取得下列所得，属于来源于中国境内所得的是( )。

A. 因任职、受雇、履约等在中国境外提供劳务取得的所得

B. 许可各种特许权在中国境外使用而取得的所得

C. 从中国境外企业、其他组织以及非居民个人取得的利息、股息、红利所得

D. 向境外企业转让中国境内不动产获得的所得

3. 根据个人所得税法相关规定，无住所居民个人在境内居住累计满183天的年度连续满5年，对其第6年来源于境内外的所得，下列税务处理中，正确的是( )。

A. 应就其来源于中国境内、境外的所得缴纳个人所得税

B. 凡在境内居住满183天连续满6年，应当就其来源于境内、境外的所得缴纳个人所得税

C. 个人在临时离境工作期间的工资、薪金所得，仅就由中国境内的企业或个人雇主支付的部分缴纳个人所得税

D. 在境内居住不超过90天，其来源于中国境内的所得，由境外雇主支付并且不由该雇主在中国境内的机构、场所负担的部分，应全额缴纳个人所得税

4. 下列人员中属于个人所得税居民个人的是( )。

A. 2019年在中国境内居住时间为156天的台湾同胞

B. 自2019年3月12日至2019年5月31日，在中国境内工作的外籍专家

C. 在中国境内无住所且不居住的外籍人员

D. 在北京开设小卖部的个体工商户中国居民王某

5. 根据个人所得税法相关规定，下列收入中，按"劳务报酬所得"纳税的是( )。

A. 来源于非任职公司的董事费收入

B. 个人因公务用车制度改革而取得的公务

用车补贴收入

C. 个人因与用人单位解除劳务关系而取得的一次性补偿收入

D. 在任职公司担任监事的监事费收入

6. 下列关于专项附加扣除的计算时间，不符合个人所得税相关规定的是( )。

A. 学前教育阶段的子女教育支出扣除计算时间为子女年满3周岁当月至小学入学当月

B. 学历教育的子女教育支出扣除计算时间为子女接受全日制学历教育入学的当月至全日制学历教育结束的当月

C. 学历(学位)继续教育支出扣除计算时间，为在中国境内接受学历(学位)继续教育入学的当月至学历(学位)继续教育结束的当月

D. 技能人员职业资格继续教育、专业技术人员职业资格继续教育支出扣除计算时间，为取得相关证书的当年

7. 2020年1月，某电视剧制作中心编剧张某从该中心取得工资3000元、2019年第四季度的奖金1500元及剧本使用费10000元。张某1月应预扣预缴个人所得税( )元。

A. 1530   B. 1550

C. 1600   D. 1830

8. 王某在甲公司工作了15年，2020年1月与该单位解除聘用关系，取得一次性补偿收入120000元。甲公司所在地上年平均工资为20000元。王某的补偿收入应缴纳个人所得税( )元。

A. 500   B. 520

C. 3480   D. 6000

9. 某歌手与某酒吧签订演出协议，每次演出出场费1000元，按月发放演出酬劳。第一个月演出4次，第二个月演出5次，该歌手两个月共预扣预缴个人所得税( )元。

A. 800   B. 1152

C. 1440   D. 1280

10. 李某就职于某外商投资企业，2020年

1月取得工资收入20000元，申报的专项附加扣除3000元，则公司本月应预扣预缴李某的个人所得税（ ）元。

A. 990　　　　　　B. 3768.30

C. 360　　　　　　D. 3215.60

11. 约翰逊先生受英国某机构委托来华工作，于2019年4月10日来华，7月25日回国。在华工作期间，中国企业每月向约翰逊先生支付工资10000元，同时其所在英国机构每月支付工资折合人民币60000元。约翰逊先生7月应就其所得在中国境内缴纳个人所得税（ ）元。

A. 10686.77　　　B. 12311.39

C. 1665　　　　　D. 1745.58

12. 王某于2019年年初购买了某上市公司的股票，2019年12月31日取得该上市公司分配的股息10000元，同时转让该股票。该股息所得应缴纳的个人所得税为（ ）元。

A. 1000　　　　　B. 600

C. 2000　　　　　D. 1500

13. 2019年1月，中国公民杨某获得所在公司授予的10000股本公司的股票期权，授予价为5元/股。2020年1月，杨某按照公司的规定行权，行权当天公司股票的市场价为11元/股，杨某的月工资收入为5500元。假设杨某当月除规定费用外，无任何扣除项目。2020年1月杨某应缴纳个人所得税（ ）元。

A. 4500　　　　　B. 4675

C. 3495　　　　　D. 3345

14. 李某业余时间为客户提供一项工程设计，客户按照合同规定向李某支付工程设计费60000元。李某取得设计费应预扣预缴个人所得税（ ）元。

A. 12160　　　　　B. 12300

C. 12400　　　　　D. 12600

15. 2020年2月李某办理了提前退休手续，距法定退休年龄还有1年，取得一次性补贴收入48000元。李某就一次性补贴收入

应缴纳的个人所得税为（ ）元。

A. 200　　　　　　B. 0

C. 150　　　　　　D. 300

16. 陈某2020年5月转让某公司限售股1万股，取得转让收入10万元，提供的原值凭证上注明限售股原值为5万元，转让时缴纳的相关税费300元。该业务陈某应缴纳个人所得税（ ）元。

A. 20000　　　　　B. 5840

C. 19940　　　　　D. 9940

17. 某高级工程师2020年3月从A国取得股票转让所得20000元，该收入在A国已纳个人所得税3000元。同时从A国取得利息收入1400元，该收入在A国已纳个人所得税400元。该工程师当月应在我国补缴个人所得税（ ）元。

A. 0　　　　　　B. 880

C. 100　　　　　D. 180

18. 中国公民潘某为外资企业工作人员，2020年全年被派往境外工作，每月工资12000元。2020年1月潘某转让2019年获得的已经行权的境外上市公司股票期权，取得转让净所得500000元人民币。假设潘某当月除规定费用外，无任何扣除项目。按我国税法规定，潘某2020年1月的所得应缴纳个人所得税（ ）元。

A. 15480　　　　　B. 20640

C. 62780　　　　　D. 100210

19. 个人下列公益性捐赠支出，以其申报的应纳税所得额30%为限额扣除的是（ ）。

A. 通过县级以上民政部门对公立医院的捐赠

B. 向地震灾区的捐赠

C. 2020年2月，个人通过公益性社会组织，捐赠用于应对新型冠状病毒感染的肺炎疫情的现金

D. 2020年2月，个人直接向承担疫情防治任务的医院捐赠用于应对新型冠状病毒感染的肺炎疫情的物品

20. 以下项目所得，应按"劳务报酬所得"缴

纳个人所得税的是（　　）。

A. 个人取得特许权的经济赔偿收入

B. 个人从非雇佣单位取得的营销业绩奖励

C. 出租汽车经营单位将出租车所有权转移给驾驶员的，出租车驾驶员从事客货运营取得的收入

D. 出租汽车经营单位对出租车驾驶员采取单车承包或承租方式运营，出租车驾驶员从事客货营运取得的收入

21. 下列所得中，应按"偶然所得"征收个人所得税的是（　　）。

A. 个人因参加企业的有奖销售活动而取得的奖品所得

B. 个人处置"打包"债权取得的收入

C. 个人兼职取得的收入

D. 个人因通讯制度改革而取得通讯补贴收入

22. 赵某 2020 年取得特许权使用费两次，一次收入为 3000 元，另一次收入为 4500 元。假设当月无其他所得。则赵某取得的特许权使用费应预扣预缴的个人所得税为（　　）元。

A. 1160　　　　　B. 1200

C. 1360　　　　　D. 1500

23. 个人取得下列所得应缴纳个人所得税的是（　　）。

A. 个人购买体育彩票中奖 8000 元

B. 职工领取的原提存的住房公积金 30000 元

C. 学生参加勤工俭学活动取得劳务报酬 1500 元

D. 退休职工每月取得的退休工资 4000 元

24. 个人独资企业和合伙企业投资者应纳的个人所得税税款，按年计算，分月或者分季预缴，由投资者在每月或每季度终了后（　　）日内预缴。

A. 5　　　　　　B. 15

C. 10　　　　　D. 8

二、多项选择题

1. 下列收入中，可按全年一次性奖金的计税

方法计算缴纳个人所得税的有（　　）。

A. 年终加薪

B. 与单位解除劳动关系而取得的一次性补偿收入

C. 实行年薪制而兑现的年薪

D. 实行绩效工资办法兑现的绩效工资

E. 办理内部退养手续后从原任职单位取得的一次性收入

2. 纳税人取得的以下所得或发生的以下事项应按照"工资、薪金所得"缴纳个人所得税的有（　　）。

A. 个人因公务用车和通讯制度改革而取得的公务用车、通讯补贴收入

B. 员工因拥有股权而参与企业税后利润分配取得的所得

C. 单位为职工个人购买商业性保险

D. 某股份公司为股东购买车辆并将车辆所有权办到股东个人名下

E. 非本单位报刊的专业人员在本单位的报刊上发表作品取得的所得

3. 纳税人取得下列所得，应按经营所得类别进行纳税申报的有（　　）。

A. 个体工商户从事生产、经营活动取得的所得

B. 合伙企业个人合伙人从事生产、经营活动的个人取得经营所得

C. 个人为他人提供担保获得收入

D. 个人依法从事办学、医疗、咨询以及其他有偿服务活动取得的所得

E. 个人对企业、事业单位承包经营、承租经营以及转包、转租取得的所得

4. 下列关于专项附加扣除的表述，符合个人所得税相关规定的有（　　）。

A. 纳税人同时从两处以上取得工资、薪金所得，并由扣缴义务人办理上述专项附加扣除的，对同一专项附加扣除项目，一个纳税年度内，纳税人只能选择从其中一处扣除

B. 享受大病医疗专项附加扣除的纳税人，由其在次年 3 月 1 日至 6 月 30 日内，自行

向汇缴地主管税务机关办理汇算清缴申报时扣除

C. 纳税人未取得工资、薪金所得，仅取得劳务报酬所得、稿酬所得、特许权使用费所得需要享受专项附加扣除的，应当在次年3月1日至6月30日内，办理汇算清缴申报时扣除

D. 一个纳税年度内，纳税人在扣缴义务人预扣预缴税款环节未享受或未足额享受专项附加扣除的，可以在当年内向支付工资、薪金的扣缴义务人申请在剩余月份发放工资、薪金时补充扣除

E. 纳税人年度中间更换工作单位的，在原单位任职、受雇期间已享受的专项附加扣除金额，可以在新任职、受雇单位继续累计扣除

5. 下列关于继续教育专项附加扣除的表述错误的有（　　）。

A. 纳税人在中国境内接受学历（学位）继续教育的支出，在学历（学位）教育期间按照每月400元定额扣除

B. 同一学历（学位）继续教育的扣除期限不能超过36个月

C. 纳税人接受技能人员职业资格继续教育、专业技术人员职业资格继续教育的支出，在取得相关证书的当年，按照每个证书3600元的标准扣除

D. 个人接受本科及以下学历（学位）继续教育，符合税法规定扣除条件的，可以选择由其父母扣除，也可以选择由本人扣除

E. 纳税人接受技能人员职业资格继续教育、专业技术人员职业资格继续教育的，应当留存相关证书等资料备查

6. 中国公民赵某任职于甲公司，并在乙公司兼职，2020年1月赵某工资收入4500元，兼职收入3800元，另外从甲公司领取全年一次性奖金24000元。下列关于赵某2020年1月个人所得税的处理中，表述正确的有（　　）。

A. 兼职收入应并入当月工资申报纳税

B. 兼职收入应按劳务报酬所得缴纳个人所得税

C. 纳税人可以选择将全年一次性奖金并入1月工资合并纳税

D. 在2022年12月31日前，全年一次性奖金可以单独作为一个月的工资纳税

E. 如果全年一次性奖金单独作为一个月的工资纳税，赵某1月共应缴纳个人所得税1320元

7. 关于不可公开交易的股票期权的个人所得税处理，下列表述正确的有（　　）。

A. 员工接受股票期权时，除另有规定外，一般不作为应税所得征收个人所得税

B. 员工因特殊情况在行权日之前将股票期权转让的，以股票期权的净收入，作为财产转让所得征收个人所得税

C. 员工因拥有股权而参与股票期权实施企业税后利润分配取得的所得，应按照利息、股息、红利所得征收个人所得税

D. 高新技术企业转化科技成果，给予本企业相关技术人员的股权奖励，可在不超过5个公历年度内（含）分期缴纳个人所得税

E. 取得股票期权的员工在行权日不实际买卖股票，而是直接从授权企业取得行权日股票期权所指定的股票市场价与施权价之间的差额，差价收益作为财产转让所得征收个人所得税

8. 下列关于个人所得税的说法中正确的有（　　）。

A. 房屋产权所有人将房屋产权无偿赠与子女不征收个人所得税

B. 房屋产权所有人将房屋产权无偿赠与承担直接抚养义务的抚养人不征收个人所得税

C. 房屋产权所有人死亡，依法取得房屋产权的法定继承人不征收个人所得税

D. 房屋产权所有人将房屋产权无偿赠与其表弟不征收个人所得税

E. 房屋产权所有人死亡，依法取得房屋产

权的遗嘱继承人不征收个人所得税

9. 下列所得中，应按"偶然所得"征收个人所得税的有（　　）。

A. 雇主为员工购买的商业性补充养老保险

B. 参加有奖销售所得奖金

C. 个人取得独立董事费收入

D. 购买福利彩票所得奖金

E. 个人股东获得公司赠送的小汽车

10. 按照个人所得税法的有关规定，下列各项个人所得中，属于稿酬所得征税范围的有（　　）。

A. 文学作品发表取得的所得

B. 文学作品手稿原件公开拍卖所得

C. 文学作品出版取得的所得

D. 非记者、杂志的专业作者在本单位的报刊上发表作品的所得

E. 记者在自己杂志社的杂志上发表作品取得的所得

11. 下列关于对企事业单位承包、承租经营所得的说法中，正确的有（　　）。

A. 个人对企事业单位承包、承租经营后，工商登记改变为个体工商户的，应先征收企业所得税，再按"经营所得"缴纳个人所得税

B. 个人对企事业单位承包、承租经营后，工商登记改变为个体工商户的，不再征收企业所得税，仅按"经营所得"缴纳个人所得税

C. 个人对企事业单位承包、承租经营后，工商登记仍为企业的，承包、承租人对企业经营成果不拥有所有权，仅按合同规定取得固定所得的，承包、承租人取得的所得按"工资、薪金所得"缴纳个人所得税

D. 个人对企事业单位承包、承租经营后，工商登记仍为企业的，承包、承租人按合同规定只向发包方、出租方缴纳一定的费用，缴纳承包、承租费后的企业的经营成果归承包、承租人所有的，

其取得的所得，按"经营所得"缴纳个人所得税

E. 个人对企事业单位承包、承租经营后，工商登记仍为企业的，既涉及企业所得税也涉及个人所得税

12. 计算个体工商户的生产经营所得时，不得在个人所得税税前扣除的项目有（　　）。

A. 被没收的财物

B. 分配给投资者的股利

C. 经营租赁费

D. 缴纳的城市维护建设税

E. 缴纳的个人所得税

13. 根据个人所得税法的有关规定，下列说法正确的有（　　）。

A. 个人独资企业以投资者为纳税义务人，合伙企业以合伙企业为纳税义务人

B. 个人独资企业和合伙企业的投资者兴办两个或两个以上企业的，企业年度经营亏损可以跨企业弥补

C. 个人投资者兴办两个或者两个以上企业的，其费用扣除标准，由税务机关决定在其中一个企业的生产经营所得中扣除

D. 实行查账征税方式的个人独资企业和合伙企业改为核定征税方式后，在查账征税方式下认定的年度经营亏损未弥补完的部分，不得再继续弥补

E. 个人独资企业的投资者及其家庭发生的生活费用与企业生产经营费用混合在一起，并且难以划分的，全部视为投资者个人及其家庭发生的生活费用，不允许在税前扣除

14. 下列财产转让中，不征收或免征个人所得税的有（　　）。

A. 个人转让金融债券的所得

B. 个人因离婚办理房屋产权过户手续

C. 个人转让机器设备的所得

D. 个人转让境内上市公司股票所得

E. 个人转让离婚析产房屋所取得的收入

15. 下列各项行为，应征收个人所得税的

有( )。

A. 取得财产转租收入

B. 离婚析产分割房屋产权

C. 领取企业年金

D. 转让境外上市公司股票

E. 对退役士兵按照规定取得的一次性退役金

16. 下列各项中,免征或暂免征收个人所得税的有( )。

A. 个人转让自用达五年以上并且是唯一的家庭生活用房取得的所得

B. 个人取得上市公司股票,持股期限超过1年,取得的股息红利所得

C. 国家发行的金融债券利息收入

D. 选择享受津补贴优惠政策的外籍个人以现金形式取得的住房补贴和伙食补贴

E. 2020年2月参加疫情防治工作的医务人员和防疫工作者按照政府规定标准取得的临时性工作补助和奖金

17. 下列收入中,应按照特许权使用费所得缴纳个人所得税的有( )。

A. 个人取得特许权经济赔偿收入

B. 某作家的文字作品手稿复印件公开拍卖取得的收入

C. 某电视剧编剧从任职的电视剧制作中心获得的剧本使用费收入

D. 个人在非任职的公司担任公司董事取得的董事费收入

E. 出版社专业作者翻译作品后,由本社以图书形式出版而取得的收入

18. 计算个人所得税时,下列捐赠可以全额从应纳税所得额中扣除的有( )。

A. 通过非营利的社会团体,对青少年活动中心的捐赠

B. 通过国家机关,对农村义务教育的捐赠

C. 通过非营利的社会团体,对贫困山区的捐赠

D. 通过公益性社会团体向红十字事业的捐赠

E. 个人通过中国教育发展基金会用于公益救济性的捐赠

19. 根据个税规定,下列转让行为应被视为股权转让收入明显偏低的有( )。

A. 申报的股权转让收入低于股权对应的净资产份额的

B. 申报的股权转让收入低于取得该股权所支付的价款和相关税费的

C. 不具有合理性的无偿转让股权

D. 申报的股权转让收入低于相同或相似条件下同行业的企业股权转让

E. 被投资企业拥有土地使用权等资产的个人申报的股权转让收入低于股权对应的净资产公允价值份额20%的转让

20. 下列关于个人取得拍卖收入,表述正确的有( )。

A. 作者将自己的文字作品手稿原件或复印件拍卖取得的所得,按"财产转让所得"征税

B. 对个人财产拍卖所得征收个人所得税时,以该项财产最终拍卖成交价格为其转让收入额

C. 纳税人按照规定实际支付的拍卖费(佣金)、鉴定费、评估费、图录费、证书费可在税前扣除

D. 纳税人如不能提供合法、完整、准确的财产原值凭证,不能正确计算财产原值的,按转让收入额的2%征收率计算缴纳个人所得税

E. 个人财产拍卖所得应纳的个人所得税税款,由拍卖单位负责代扣代缴

三、计算题

李某为一境内上市公司员工,每月工资12000元。该公司实行股权激励计划,2016年李某被授予股票期权,授予价4.5元/股,共60000股。按公司股权激励计划的有关规定,李某于2019年3月2日进行第一次行权,行权数量为30000股,该股票当日收盘价12元/股。2019年9月9日进行第二次行权,行权数量为

20000 股。该股票当日收盘价 10.5 元/股，2019 年 11 月 9 日李某将已行权的 50000 股股票全部转让，取得转让收入 650000 元，缴纳相关税费 1625 元。

要求：根据上述资料，回答下列问题。

（1）李某第一次行权所得应缴纳个人所得税（ ）元。

A. 55245　　　　B. 44745

C. 28080　　　　D. 23690

（2）李某第二次行权所得应缴纳个人所得税（ ）元。

A. 35250　　　　B. 30000

C. 25440　　　　D. 26250

（3）李某转让已行权的 50000 股股票应缴纳个人所得税（ ）元。

A. 130000　　　B. 129700

C. 65000　　　　D. 0

（4）李某以上各项交易合计应缴纳个人所得税（ ）元。

A. 192910　　　B. 191830

C. 127130　　　D. 54330

四、综合分析题

1. 张某为一国企员工，该企业实行绩效工资制度。2019 年 1 月张某收入情况如下：

（1）1 月应税工资 8500 元，餐补 500 元。

（2）1 月公务交通、通信补贴 800 元，所在省规定的标准为 600 元/月。

（3）1 月取得全年一次性奖金 4000 元张某选择单独计税。

（4）张某购买福利彩票，中奖 9200 元。

（5）1 月取得省政府颁发的科技创新奖 10000 元。

（6）1 月取得独立董事费 50000 元，储蓄存款利息 2000 元，保险赔偿 5000 元。

（7）张某喜好写作，每周在当地报纸上回复读者的信件及发表文章，1 月取得报社支付稿酬 4000 元。

假设张某 1 月工资薪金所得除规定费用外，无任何扣除项目。

要求：根据上述资料，回答下列问题。

（1）张某取得全年一次性奖金应缴纳个人所得税（ ）元。

A. 0　　　　　　B. 40

C. 120　　　　　D. 180

（2）张某取得独立董事费应预扣预缴个人所得税（ ）元。

A. 9000　　　　B. 7590

C. 10000　　　　D. 4445

（3）张某 1 月工资、薪金所得应预扣预缴个人所得税（ ）元。

A. 185　　　　　B. 145

C. 126　　　　　D. 120

（4）张某福利彩票中奖所得应纳税额为（ ）元。

A. 0　　　　　　B. 1810

C. 985　　　　　D. 495

（5）张某免于缴纳个人所得税的项目有（ ）。

A. 公务交通、通信补贴

B. 储蓄存款利息

C. 保险赔偿

D. 省政府颁发的科技创新奖

E. 误餐补贴

（6）张某 1 月稿酬所得应预扣预缴个人所得税（ ）元。

A. 80　　　　　　B. 140

C. 448　　　　　D. 810

2. 2019 年 1 月中国公民钱某有如下所得：

（1）1 月工资 6000 元，已按照所在省规定的办法和比例个人负担的扣除了住房公积金和各项社会保险费 1000 元，1 月取得除当月工资外的提成奖励 3600 元。

（2）2019 年 1 月钱某将王某无偿赠与自己的一处住房转让，取得转让收入 100 万元，支付转让环节的税费 3 万元。原捐赠人王某取得该房屋实际购置成本是 60 万元，受赠时钱某支付相关税费 2 万元。

（3）2018 年 5 月购入甲种债券 20000 份，每份买入价 5 元，支付相关税费共计 1000 元。2019 年 1 月卖出债券 10000 份，每份卖出价 7 元，支付税费共计 700 元。

（4）利用业余时间兼职，1 月份每月从兼职单位取得报酬 3000 元。

（5）通过拍卖行将一幅珍藏多年的字画拍卖，取得收入 500000 元，主管税务机关核定钱某收藏该字画发生的费用为 100000 元，拍卖时支付相关税费 50000 元。

（6）从 B 国取得股息折合人民币 10000 元，在 B 国缴纳了个人所得税 1000 元。

假设钱某 1 月工资薪金所得除规定费用外，无任何扣除项目。

要求：根据上述资料，回答下列问题。

（1）2019 年 1 月钱某的工资、薪金所得应预扣预缴个人所得税（　　）元。

A. 20　　　　　　　　B. 108

C. 110　　　　　　　D. 3115

（2）依据个人所得税法的有关规定，关于钱某转让受赠住房下列说法正确的有（　　）。

A. 钱某转让住房按"财产转让所得"缴纳个人所得税

B. 钱某转让住房应按转让收入全额计算缴纳增值税

C. 原捐赠人王某取得房屋的实际购置成本可以税前扣除

D. 钱某转让房屋支付的相关税费可以税前扣除，但是受赠房屋时支付的税费不可以扣除

E. 钱某应缴纳个人所得税 7 万元

（3）钱某转让债券所得应缴纳个人所得税（　　）元。

A. 1880　　　　　　B. 1980

C. 3760　　　　　　D. 3960

（4）1 月钱某兼职所得应预扣预缴个人所得税（　　）元。

A. 520　　　　　　B. 484

C. 440　　　　　　D. 216

（5）钱某拍卖字画所得应缴纳个人所得税（　　）元。

A. 50000　　　　　B. 70000

C. 90000　　　　　D. 100000

（6）钱某来源于境外的所得在我国应缴纳个人所得税（　　）元。

A. 0　　　　　　　B. 1000

C. 1800　　　　　D. 2800

3. 杰西卡为在华工作的外籍人士，在中国境内无住所，在境内居住累计满 183 天的年度连续已经满六年。2019 年是在中国境内居住的第 7 年且居住满 183 天，取得收入如下：

（1）每月从中国境内任职企业取得工资收入 25000 元；从境外取得工资折合人民币 15000 元。

（2）2019 年 1 月 1 日将境内一处门面房出租，租赁期限 1 年，月租金 8000 元，不考虑相关税费。

（3）每月以实报实销方式取得住房补贴 2000 元。

（4）从境内外商投资企业取得红利 12000 元。

（5）2019 年杰西卡回国探亲两次，分别是 5 月 5 日离境、5 月 26 日返回，12 月 2 日离境、12 月 10 日返回。两次探亲从境内任职企业取得合理的探亲费各 18000 元。

（6）10 月取得境内非任职某公司支付的董事费收入 30000 元。

假设杰西卡选择不享受专项附加扣除。

要求：根据上述资料，回答下列问题。

（1）2019 年杰西卡 1 月份工资收入应预扣预缴个人所得税（　　）元。

A. 2065　　　　　　B. 3225

C. 1050　　　　　　D. 8125

（2）2019 年杰西卡取得的租赁所得应缴纳个人所得税（　　）元。

A. 7680　　　　　　B. 15360

C. 17648　　　　　D. 26840

（3）杰西卡获得的各项收入，可享受免税的有（　　）。

A. 探亲费收入

B. 住房补贴收入

C. 红利收入

D. 探亲期间境外工资收入

E. 探亲期间境内工资收入

（4）5月杰西卡在中国境内实际工作（　）天。

A. 8　　　　　　　B. 9

C. 10　　　　　　D. 11

（5）杰西卡取得的董事费收入应预扣预缴个人所得税（　）元。

A. 2200　　　　　B. 5200

C. 3100　　　　　D. 3360

（6）2019年杰西卡在中国境内综合所得合计应缴纳个人所得税（　）元。

A. 100400　　　　B. 102088

C. 80280　　　　　D. 113928

4. A和B均为甲公司员工，其中A为居民纳税人，B为非居民纳税人。2019年A、B收入情况如下：

（1）员工A每月工资9500元，每月餐补500元，每月个人承担的社会保险为2000元，每月符合税法规定的专项附加扣除为1000元。

（2）2月员工A取得全年一次性奖金24000元，并选择不并入当年综合所得，适用单独计税方式。

（3）3月份购入债券40000份，每份买入价8元，支付相关税费2000元，5月份卖出该债券20000份，每份卖出价10元，支付相关税费800元。

（4）6月员工A从乙公司取得一笔咨询费收入，金额为40000元，且已在乙公司预

扣预缴个人所得税。

（5）8月员工B获得一笔兼职收入，金额为5000元，且已经被代扣代缴个人所得税。

根据上述资料，回答下列问题：

（1）2019年2月，甲公司应预扣预缴员工A的工资、薪金个人所得税是（　）元。

A. 50　　　　　　B. 60

C. 90　　　　　　D. 120

（2）2019年2月，员工A获取的全年一次性奖金应纳个人所得税是（　）元。

A. 320　　　　　B. 480

C. 670　　　　　D. 720

（3）2019年5月，员工A转让债券所得应纳个人所得税是（　）元。

A. 7640　　　　　B. 8090

C. 9670　　　　　D. 13240

（4）2019年5月，针对员工A获取的咨询费收入，乙公司应预扣预缴个人所得税是（　）元。

A. 3400　　　　　B. 6720

C. 7600　　　　　D. 8200

（5）员工A2019年综合所得汇算清缴应补退税额是（　）元。

A. 1280　　　　　B. 310

C. -5240　　　　　D. 0

（6）2019年5月，员工B获取兼职收入应预扣预缴个人所得税（　）元。

A. 1000　　　　　B. 960

C. 310　　　　　D. 190

本章综合练习参考答案及详细解析

一、单项选择题

1. A 【解析】非居民纳税人只就来源于中国境内的所得缴纳个人所得税。

2. D 【解析】将境内不动产转移给境外主体的所得属于来源于中国境内的所得。

3. B 【解析】在境内居住累计满183天的年度连续满5年后，如果从第6年起以后的各年度中，凡在境内居住满183天的，应当就其来源于境内、境外的所得申报纳税，选项B的陈述符合规定；选项A没有

陈述"居住满183天"这个条件，所以不准确；临时离境，不超过规定期限的，不计算离境，仍是按居住满183天计算，所以，选项C不正确；境内居住不超过90天，境外雇主支付并且不由境内雇主负担的，免税，不是全额计税，所以，选项D不正确。

4. D 【解析】居民个人是指在中国境内有住所，或者无住所而一个纳税年度内在中国境内居住累计满183天的个人。

5. A 【解析】个人担任公司董事、监事，且不在公司任职、受雇的情形，取得的董事费按劳务报酬所得项目征税方法计算征收个人所得税；个人在公司（包括关联公司）任职、受雇，兼任董事、监事的，应将董事费、监事费与个人工资收入合并，统一按工资、薪金所得项目计算征收个人所得税。

6. A 【解析】学前教育阶段的子女教育支出扣除计算时间为子女年满3周岁当月至小学入学前一月。

7. C 【解析】季度奖并入当月工资，按照"工资、薪金所得"缴纳个人所得税；剧本使用费按照"特许权使用费所得"缴纳个人所得税。因$(3000+1500-5000)<0$，所以当月工资、薪金应纳税额为0。张某1月应预扣预缴个人所得税$=0+10000\times(1-20\%)\times20\%=1600$（元）。

8. C 【解析】个人与用人单位解除劳动关系取得一次性补偿收入（包括用人单位发放的经济补偿金、生活补助费和其他补助费），在当地上年职工平均工资3倍数额以内的部分，免征个人所得税；超过3倍数额的部分，不并入当年综合所得，单独适用综合所得税率表，计算纳税。
应纳税额$=(120000-20000\times3)\times10\%-2520=3480$（元）。

9. C 【解析】属于同一事项连续取得收入，以1个月内取得的收入为一次。应预扣预缴个人所得税$=(1000\times4-800)\times20\%+$

$1000\times5\times(1-20\%)\times20\%=1440$（元）。

10. C 【解析】预扣预缴应纳税所得额$=20000-5000-3000=12000$（元）。
公司应预扣预缴个人所得税$=12000\times3\%=360$（元）。

11. A 【解析】离境当日按半天计算在华实际工作天数。90~183日：应纳税额$=$当月境内外工资薪金总额$\times$当月工资薪金所属工作期间境内工作天数$\div$当月工资薪金所属工作期间公历天数$\times$适用税率$-$速算扣除数$=[(60000+10000)\times24.5\div31-5000]\times30\%-4410=10686.77$（元）。

12. A 【解析】王某应预扣预缴的个人所得税$=10000\times50\%\times20\%=1000$（元）。

13. C 【解析】当月工资应预扣预缴个人所得税$=(5500-5000)\times3\%=15$（元）。
股票期权行权所得缴纳个人所得税$=10000\times(11-6)\times10\%-2520=3480$（元）。
共应缴纳个人所得税$=15+3480=3495$（元）。

14. C 【解析】应预扣预缴个人所得税$=60000\times(1-20\%)\times30\%-2000=12400$（元）。

15. B 【解析】$(48000\div1)-60000<0$，应纳税额$=0$（元）。

16. D 【解析】应纳税额$=[100000-(50000+300)]\times20\%=9940$（元）。

17. B 【解析】应纳个人所得税$=20000\times20\%+1400\times20\%=4280$（元）。
实际已经在A国缴纳的税额$=3000+400=3400$（元）。
该工程师当月应在我国补缴个人所得税税额$=4280-3400=880$（元）。

18. D 【解析】应纳个人所得税$=[(12000-5000)\times3\%-0]+500000\times20\%=100210$（元）。

19. A 【解析】选项B、C、D的捐赠支出准予在个人所得税前全额扣除。

20. B 【解析】选项A，按"特许权使用费所得"缴纳个人所得税；选项C，按"经营所得"缴纳个人所得税；选项 D，按"工资、薪金所得"纳税。

21. A 【解析】选项 B，个人处置"打包"债权取得的收入，按"财产转让所得"项目缴纳个人所得税；选项 C，兼职收入按照"劳务报酬所得"纳税；选项 D，个人因公务用车和通讯制度改革而取得的公务用车、通讯补贴收入，扣除一定标准的公务费用后，按照"工资、薪金所得"项目计征个人所得税。

22. A 【解析】应纳的个人所得税 = (3000 - 800) × 20% + 4500 × (1 - 20%) × 20% = 1160(元)。

23. C 【解析】学生参加勤工俭学活动取得的所得，按劳务报酬所得征税。

24. B 【解析】根据个人所得税法的有关规定，个人独资企业和合伙企业投资者应纳的个人所得税税款，按年计算，分月或者分季度预缴，由投资者在每月或者每季度终了后 15 日内预缴，年度终了后 3 个月内汇算清缴，多退少补。

二、多项选择题

1. ACD 【解析】全年一次性奖金包括年终加薪、实行年薪制和绩效工资办法的单位根据考核情况兑现的年薪和绩效工资。

2. AC 【解析】员工因拥有股权而参与企业税后利润分配取得的所得，按"利息、股息、红利所得"缴纳个人所得税；企业为股东购买车辆并将车辆所有权办到股东个人名下，其实质为企业对股东进行了红利性质的实物分配，应按照"利息、股息、红利所得"项目征收个人所得税；非本单位报刊的专业人员在本单位的报刊上发表作品取得的所得，按"稿酬所得"项目征收个人所得税。

3. ABDE 【解析】选项 C 应按照"偶然所得"项目计算缴纳个人所得税。

4. ABCD 【解析】选项 E，纳税人年度中间更换工作单位的，在原单位任职、受雇期间已享受的专项附加扣除金额，不得在新任职、受雇单位扣除。

5. BC 【解析】选项 B，同一学历(学位)继续教育的扣除期限不能超过 48 个月；选项 C，纳税人接受技能人员职业资格继续教育、专业技术人员职业资格继续教育的支出，在取得相关证书的当年，按照 3600 元定额扣除。即不管纳税人取得多少符合条件的证书，全年扣除的金额均为 3600 元。

6. BCE 【解析】选项 A，兼职收入应作为劳务报酬申报纳税；选项 D，在 2021 年 12 月 31 号以前，全年一次性奖金可以单独计税，不需要与当月工资薪金合并。
因为当月一般工资<5000 元，所以应纳税额为 0。
应纳个人所得税 = 24000 × 3% + (3800 - 800)×20% = 1320(元)。

7. ACD 【解析】选项 B、E，应作为工资、薪金所得征收个人所得税。

8. ABCE 【解析】房屋产权所有人将房屋产权无偿赠与其表弟征收个人所得税。

9. BD 【解析】雇主为员工购买的商业性补充养老保险按"工资、薪金所得"项目缴纳个人所得税；个人取得独立董事费收入，按"劳务报酬所得"项目缴纳个人所得税；个人股东获得公司赠送的小汽车，应按"利息、股息、红利所得"项目征税。

10. ACD 【解析】选项 B，对于作者将自己的文字作品手稿原件或复印件公开拍卖(竞价)取得的所得，应按特许权使用费所得项目征收个人所得税；选项 E，应按工资、薪金所得缴纳个人所得税。

11. BCDE 【解析】个人对企事业单位承包、承租经营后，工商登记改变为个体工商户的，不再征收企业所得税，仅按"经营所得"缴纳个人所得税。

12. ABE 【解析】经营租赁费用、缴纳的城市维护建设税，可以在税前扣除。

13. DE 【解析】个人独资企业以投资者为纳税义务人，合伙企业以每一个合伙人为纳税义务人；个人独资企业和合伙企业的投资者兴办两个或两个以上企业的，企业年度经营亏损不可以跨企业弥补；个人投资者兴办两个或者两个以上企业的，其费用扣除标准，由投资者个人而非税务机关来选择在其中一个企业的生产经营所得中扣除。

14. BD 【解析】选项 A，转让金融债券所得要缴纳个人所得税；选项 C，需要按规定缴纳个人所得税；选项 E，个人转让离婚析产房屋所取得的收入，允许扣除其相应的财产原值和合理费用后，余额按照规定的税率缴纳个人所得税。

15. ACD 【解析】选项 B、E 免征个人所得税。

16. ABCE 【解析】外籍个人以非现金形式或者实报实销形式取得的住房补贴、伙食补贴、搬迁费、洗衣费暂免征收个人所得税。

17. ABC 【解析】选项 D，按"劳务报酬所得"征税；选项 E，出版社专业作者翻译作品后，由本社以图书形式出版而取得的收入按照"稿酬所得"缴纳个人所得税。

18. ABDE 【解析】个人通过非营利的社会团体对贫困山区的捐赠，只能限额扣除，不能全额扣除。

19. ABCD 【解析】符合下列情形之一，视为股权转让收入明显偏低：

（1）申报的股权转让收入低于股权对应的净资产份额的；

（2）申报的股权转让收入低于初始投资成本或低于取得该股权所支付的价款及相关税费的；

（3）申报的股权转让收入低于相同或类似条件下同一企业同一股东或其他股东股权转让收入的；

（4）申报的股权转让收入低于相同或类似条件下同类行业的企业股权转让收入的；

（5）不具合理性的无偿让渡股权或股份；

（6）主管税务机关认定的其他情形。

20. BCE 【解析】选项 A，作者将自己的文字作品手稿原件或复印件拍卖取得的所得，按照"特许权使用费"所得缴纳个人所得税；选项 D，纳税人如不能提供合法、完整、准确的财产原值凭证，不能正确计算财产原值的，按转让收入额的3%征收率计算缴纳个人所得税。

三、计算题

（1）C；（2）D；（3）D；（4）D。

【解析】（1）居民个人取得股票期权、股票增值权、限制性股票、股权奖励等股权激励（以下简称股权激励），在 2021 年 12 月 31 日前不并入当年综合所得，全额单独适用综合所得税率表，计算纳税。

李某第一次行权取得股票期权形式的股权激励收入 =（12－4.5）×30000＝225000（元）。李某第一次行权所得应缴纳个人所得税＝225000×20%－16920＝28080（元）。

（2）居民个人一个纳税年度内取得两次以上（含两次）股权激励的，应合并计算纳税。李某第二次行权所得应缴纳个人所得税＝[225000＋20000×（10.5－4.5）]×25%－31920－28080＝26250（元）。

（3）个人将持有的境内上市公司股票于行权后进行转让，取得的所得暂不征收个人所得税。

（4）李某以上各项交易合计应缴纳个人所得税＝28080＋26250＝54330（元）。

四、综合分析题

1.（1）C；（2）C；（3）C；（4）A；（5）BCDE；（6）C。

【解析】（1）全年一次性奖金应纳税额＝4000×3%－0＝120（元）。

（2）独立董事费按照劳务报酬所得计算个人所得税，应预扣预缴税额＝50000×（1－20%）×30%－2000＝10000（元）。

（3）应预扣预缴税额＝（8500＋500＋800－600－5000）×3%－0＝126（元）。

（4）福利彩票中奖金额不到 1 万元，免税。

（5）选项 A，按照工资、薪金所得项目计征个人所得税。

（6）应预扣预缴税额＝4000×（1－20%）×70%×20%＝448（元）。

2.（1）B；（2）ACE；（3）C；（4）C；（5）B；（6）B。

【解析】（1）应预扣预缴个人所得税＝（6000－1000＋3600－5000）×3%－0＝108（元）。

（2）应纳税所得额＝转让受赠房屋收入－原捐赠人取得该房屋的实际购置成本－赠与和转让过程中受赠人支付的相关税费＝100－60－3－2＝35（万元）。

应缴纳个人所得税＝35×20%＝7（万元）。

（3）应缴纳个人所得税＝［7×10000－700－（20000×5＋1000）÷20000×10000］×20%＝3760（元）。

（4）兼职收入应预扣预缴个人所得税＝（3000－800）×20%＝440（元）。

（5）应缴纳个人所得税＝（500000－100000－50000）×20%＝70000（元）。

（6）股息抵免限额＝10000×20%＝2000（元），境外实际缴纳1000元，补税2000－1000＝1000（元）。

3.（1）C；（2）B；（3）ABC；（4）C；（5）B；（6）C。

【解析】（1）1月份工资收入应预扣预缴个人所得税＝（25000＋15000－5000）×3%＝1050（元）。

（2）租赁所得应缴纳个人所得税＝8000×（1－20%）×20%×12＝15360（元）。

（3）探亲期间的工资收入，无免税的规定。

（4）实际工作天数＝4＋0.5＋0.5＋5＝10（天）。

（5）杰西卡取得的董事费收入应预扣预缴个人所得税＝30000×（1－20%）×30%－

2000＝5200（元）。

（6）综合所得收入额＝（25000＋15000）×12＋30000×（1－20%）＝504000（元）

综合所得应纳税额＝（504000－60000）×30%－52920＝80280（元）

4.（1）B；（2）D；（3）A；（4）C；（5）C；（6）D

【解析】（1）1月甲公司预扣预缴员工A个人所得税＝（9500＋500－2000－5000－1000）×3%＝60（元）；2月甲公司预扣预缴员工A个人所得税＝（9500×2＋500×2－2000×2－5000×2－1000×2）×3%－60＝60（元）。

（2）24000÷12＝2000，因此适用按月换算后的综合所得税率表中的税率为3%，速算扣除数为0。应纳税额＝24000×3%－0＝720（元）。

（3）5月份卖出2/4的债券，所以支付的相关税费2000元只能扣除2/4。

应缴纳个人所得税＝［（10－8）×20000－800－2000×20000÷40000］×20%＝7640（元）。

（4）咨询费收入＝40000（元），因为大于4000元，所以收入额＝40000×（1－20%）＝32000（元）。预扣预缴税额＝32000×30%－2000＝7600（元）

（5）员工A综合所得汇算清缴应补退税额＝｛9500×12＋500×12－2000×12－60000－1000×12＋40000×（1－20%）｝×10%－2520－60×12－7600＝－5240（元）。

（6）兼职收入属于劳务报酬所得，非居民纳税人取得劳务报酬所得的计税方法与居民纳税人不同，具体计算为：确认收入＝5000（元），收入额＝5000×（1－20%）＝4000（元）。应纳税额＝4000×10%－210＝190（元）

第3章 国际税收

JINGDIAN TIJIE

考情分析

▶ 历年考情分析

本章是《税法Ⅱ》的次重要章节，与第一章企业所得税和第二章个人所得税出题总分值约占全部试卷分值的60%；其考核特点是内容抽象、知识点分散、考核分值不低。在2018年和2019年考试中，本章涉及税收管辖权、国际税收协定和国际税收合作等知识点，主要以记忆性的考核为主，考题形式为单选题和多选题，并且在2018年考试中出现了以协定税率为考点的、涉及计算的单选题。在2020年考试中，本章考核还会以单纯记忆性考核为主，但也需要考生掌握税收抵免计算的相关知识，以应对出现的计算题。

▶ 本章2020年考试主要变化

1. 重新编写了我国对外签署税收协定的典型条款内容。
2. 修改了中国税收居民身份证明的开具管理。
3. 修改了非居民纳税人享受税收协定的税务管理。
4. 删除国际税收协定范本。
5. 新增常设机构、营业利润、国际运输的内容。
6. 删除税收征管互助。
7. 重新编写税基侵蚀和利润转移项目成果多项内容等。

核心考点及真题详解

考点一 国际税收概述 ★★★

扫我解疑难

📝 经典例题

【例题1·单选题】(2017年)国际税收产生的基础是( )。

A. 跨境贸易和投资等活动的出现

B. 不同国家之间税收合作的需要

C. 两个和两个以上国家都对跨境交易征的

结果

D. 国家间对商品服务、所得和财产课税的制度差异

【答案】D

【解析】国家间对商品服务、所得、财产课税的制度差异是国际税收产生的基础。

【例题2·多选题】国际税法原则包括( )。

A. 优先征税原则   B. 无差异原则

C. 税收分享原则   D. 税收公平原则

E. 独占征税原则

【答案】ABCE

【解析】国际税法原则包括优先征税原则、独占征税原则、税收分享原则、无差异原则。

之间开展跨境交易行为征税的一系列税收法律规范的总称。国际重复征税、国际双重不征税、国际避税与反避税、国际税收合作是常见的国际税收问题和税收现象。

考点精析

1. 国际税收的概念

国际税收是指对在两个或两个以上国家

2. 国际税收原则与国际税法原则(见表3-1)

表 3-1 国际税收原则与国际税法原则

国际税收原则	国际税法原则
(1) 单一课税原则 (2) 受益原则 ①按照单一课税原则和受益原则,所有跨境交易的所得,至少应按照来源国的税率征税,且不应超过居住国的税率 ②单一课税原则和受益原则是国际税收问题谈判的出发点,是来源国和居民国税收管辖权分配的国际惯例 (3) 国际税收中性原则	(1) 优先征税原则 (2) 独占征税原则 (3) 税收分享原则 (4) 无差异原则

『提示』请准确区分国际税收原则和国际税法原则所包含的内容,分清哪些原则属于国际税收原则,哪些属于国际税法原则。在考试时,这两部分经常在选择题中出现,而且在选项中往往故意混淆,因此考生在答题时应特别留意。

考点二 税收管辖权★★

扫我解疑难

经典例题

【例题1·单选题】(2019年)跨国从事表演的艺术家,其所得来源地税收管辖权判定标准是( )。

A. 停留时间标准

B. 固定基地标准

C. 所得支付者标准

D. 演出活动所在地标准

【答案】D

【解析】对于跨国从事演出、表演或者参加比赛的演员、艺术家和运动员取得的所得,国际上通行的做法是均由活动所在国行使收入来源地管辖权征税。

【例题2·单选题】(2019年)国际公认的常设

机构利润范围的确定方法是( )。

A. 归属法   B. 分配法

C. 核定法   D. 控股法

【答案】A

【解析】国际公认的常设机构利润范围的确定一般采用归属法和引力法。

【例题3·单选题】(2017年改)下列关于来源地税收管辖权的判定标准,可适用于非独立劳务所得的是( )。

A. 所得支付者标准   B. 劳务发生地标准

C. 常设机构标准   D. 固定基地标准

【答案】A

【解析】非独立个人劳务所得来源地的确定,目前国际上通常采用以下两种标准:①停留期间标准;②所得支付者标准。

【例题4·多选题】(2017年改)在国际税收中,自然人居民身份的判定标准有( )。

A. 住所标准   B. 法律标准

C. 停留时间标准   D. 家庭所在地标准

E. 经济活动中心标准

【答案】ABC

【解析】自然人居民身份的判定标准有:住所标准、法律标准、停留时间标准。

【例题5·多选题】(2017年)在国际税收中,常设机构利润范围的确定方法有( )。

A. 分配法　　　　B. 归属法
C. 核定法　　　　D. 引力法
E. 独立计算法

【答案】BD

【解析】常设机构的利润确定，可以分为利润范围和利润计算两个方面。利润范围的确定一般采用归属法和引力法；利润的计算通常采用分配法和核定法。

【例题6·单选题】下列不属于法人居民的判定标准的是(　　)。
A. 注册地标准　　　　B. 控股权标准
C. 总机构所在地标准　D. 居住标准

【答案】D

【解析】居住标准属于自然人居民身份的判定标准。

【例题7·单选题】下列不属于目前世界上的税收管辖权分类的是(　　)。
A. 收入来源地管辖权
B. 国籍税收管辖权
C. 居民管辖权
D. 发生地管辖权

【答案】D

【解析】目前世界上的税收管辖权分为三类：收入来源地管辖权(地域管辖权)、居民管辖权、公民管辖权(国籍税收管辖权)。

【例题8·多选题】下列属于法人居民身份的一般判定标准的有(　　)。
A. 注册地标准
B. 总机构所在地标准
C. 控股权标准
D. 实际管理和控制中心所在地标准
E. 分支机构所在地标准

【答案】ABCD

【解析】法人居民身份的一般判定标准包括：注册地标准、实际管理和控制中心所在地标准、总机构所在地标准和控股权标准。

考点精析

1. 税收管辖权的分类

根据行使征税权力的原则和税收管辖范围、内容不同，目前世界上的税收管辖权分为三类：收入来源地管辖权(又称地域管辖权)、居民管辖权和公民管辖权(国籍税收管辖权)。

2. 约束税收管辖权的国际惯例

约束税收管辖权的国际惯例分为约束居民管辖权的国际惯例和约束收入来源地管辖权的国际惯例见表3-2和表3-3。

表3-2　约束居民管辖权的国际惯例

项目	判定标准
自然人居民身份	法律标准、住所标准和停留时间标准
法人居民身份	注册地标准、实际管理和控制中心所在地标准、总机构所在地标准和控股权标准

表3-3　约束收入来源地管辖权的国际惯例

所得类型		判断标准
经营所得		常设机构标准和交易地点标准
劳务所得	独立劳务所得	固定基地标准、停留期间标准和所得支付者标准
	非独立劳务所得	停留期间标准、所得支付者标准
	其他劳务所得	国际上通行的做法是由所在国行使收入来源地管辖权征税
投资所得		权利提供地标准、权利使用地标准和双方分享征税权力
不动产所得		不动产坐落地或所在地标准
财产转让所得		动产由转让者的居住国征税；不动产由不动产所在国征税

所得类型	判断标准
遗产继承所得	凡以不动产或有形动产为代表的,以其物质形态的存在国为遗产所在地,并由遗产所在国对遗产所得行使收入来源地管辖权征税;凡以股票或债权为代表的,则以其发行者或债务人的居住国为遗产所在地,并由遗产所在国对遗产所得行使收入来源地管辖权征税

3. 常设机构的概念、范围和利润确定

常设机构,是指企业在一国境内进行全部或部分经营活动的固定营业场所。

『提示』之所以确定常设机构,是因为其是经营所得来源地判定标准之一。

(1)常设机构的判定条件。

①要有一个营业场所,如房屋、场地、机器设备、仓库、摊位等,但没有任何规模上的范围限制,也不论是其自有的还是租赁的。

②这一场所必须是固定的,即有确定的地理位置,并且有一定的永久性。

③能够构成常设机构的营业场所必须是企业用于进行全部或部分营业活动的场所,而不是为本企业从事非营业性质的准备活动或辅助性活动的场所。

『提示』常设机构包括代理性常设机构,但如果代理人是独立的并能自主从事营业活动,则不能构成一个常设机构。

(2)常设机构的利润确定。包括利润范围和利润计算两部分。

①利润范围的确定:归属法和引力法。

a. 归属法:常设机构所在国行使收入来源地管辖权课税。

b. 引力法:常设机构所在国除了以归属于该常设机构的营业利润为课税范围以外,对并不通过该常设机构,但经营的业务与该常设机构经营相同或同类取得的所得,也要归属该常设机构中合并征税。

②利润计算的确定:分配法和核定法。

a. 分配法:按照企业总利润的一定比例确定其设在非居住国的常设机构所得。

b. 核定法:常设机构所在国按该常设机构的营业收入额核定利润或按经费支出额推

算利润,并以此作为行使收入来源地。

考点三 国际税收抵免制度★★

扫我解疑难

经典例题

【例题1·单选题】(2017年改)当跨国纳税人的国外经营活动盈亏并存时,对纳税人有利的税额抵免方法是( )。

A. 分项抵免限额 B. 综合抵免限额

C. 分国分项抵免限额 D. 分国抵免限额

【答案】D

【解析】当跨国纳税人的国外经营活动盈亏并存时,实行分国抵免限额对纳税人有利,采用综合抵免限额对居住国有利。

【例题2·单选题】下列关于国际税收抵免制度的陈述,不正确的是( )。

A. 当跨国纳税人在国外经营普遍盈利,且国外税率与国内税率不同时,采用综合抵免限额对居住国有利

B. 抵免法是指居住国政府对其居民取得的国内外所得汇总征税时,允许居民将其国外所得部分已纳税款从中扣减

C. 分国抵免限额是当某居住国居民拥有多国收入时,居住国政府按其收入的来源国分别进行抵免

D. 综合抵免限额是在多国税收抵免条件下,跨国纳税人所在国政府对其全部外国来源所得,不分国别汇总在一起,统一计算抵免限额的方法

【答案】A

【解析】当跨国纳税人在国外经营普遍盈利,且国外税率与国内税率不同时,采用综合抵

免限额对纳税人有利。

【例题3·单选题】 某跨国公司在某一纳税年度，来自本国所得100万元；该公司在甲、乙两国各设一分公司，甲国分公司所得40万元，乙国分公司所得30万元。各国税率均为30%，则用分国抵免限额计算乙国抵免限额为（ ）万元。

A. 4　　　　　　　B. 6

C. 9　　　　　　　D. 12

【答案】 C

【解析】 乙国抵免限额=（100+40+30）×30%×30÷（100+40+30）=9（万元）。

📝 **考点精析**

目前，国际上居住国政府可选择采用免税法、抵免法、税收饶让、扣除法和低税法等方法，减除国际重复征税，其中抵免法是普遍采用的方法。抵免法是指居住国政府对其居民取得的国内外所得汇总征税时，允许居民将其国外所得部分已纳税款从中扣减。其计算公式为：

居住国应征所得税额=（∑国内外应税所得额×居住国所得税率）-允许抵免的已缴纳国外税额

1. 抵免限额的确定

一般来说，抵免限额是指居住国（国籍国）允许居民（公民）纳税人从本国应纳税额中，扣除就其外国来源所得缴纳的外国税款的最高限额，即对跨国纳税人在外国已纳税款进行抵免的限度。这个限额以不超过其外国来源所得按照本国税法规定的适用税率计算的应纳税额为限。因而，它关系到国际重复征税能否得到避免，也关系到居住国（国籍国）的税收权益是否得到保障的问题。

抵免限额的计算公式为：

抵免限额=（∑国内外应税所得额×居住国所得税率）×（国外应税所得÷∑国内外应税所得额）

（1）分国抵免限额。分国抵免限额是当某居住国居民拥有多国收入时，居住国政府按其收入的来源国分别进行抵免，计算公式如下：

分国抵免限额=（∑国内外应税所得额×居住国所得税率）×（某一外国应税所得÷∑国内外应税所得额）

（2）综合抵免限额。综合抵免限额是在多国税收抵免条件下，跨国纳税人所在国政府对其全部外国来源所得，不分国别汇总在一起，统一计算抵免限额的方法。其计算公式如下：

综合抵免限额=（∑国内外应税所得额×居住国所得税率）×（∑国外应税所得÷∑国内外应税所得额）

（3）分项抵免限额。分项抵免限额是为了防止跨国纳税人以某一外国低税率所得税的不足限额部分，用于冲抵另一外国高税率所得税的超限额部分，进行国际间的税收逃避活动，而对国外的收入分项进行抵免，把一些专项所得从总所得中抽离出来，对其单独规定抵免限额，各项之间不能互相冲抵的一种抵免方法。其计算公式如下：

分项抵免限额=（∑国内外应税所得额×居住国所得税率）×（国外某一专项所得÷∑国内外应税所得额）

2. 我国的税收抵免制度

境外税额抵免分为直接抵免和间接抵免。直接抵免，是指企业直接作为纳税人就其境外所得在境外缴纳的所得税额在我国应纳税额中抵免；间接抵免，是指境外企业就分配股息前的利润缴纳的外国所得税额中由我国居民企业就该项分得的股息性质的所得间接负担的部分，在我国的应纳税额中抵免。

自2017年1月1日起，企业可以选择按国（地区）别分别计算［分国（地区）不分项］，或者不按国（地区）别汇总计算［不分国（地区）不分项］其来源于境外的应纳税所得额，并按照规定的税率，分别计算其可抵免境外所得税税额和抵免限额。上述方式一经选择，5年内不得改变。

企业选择采用不同于以前年度的方式（以

下简称新方式)计算可抵免境外所得税税额和抵免限额时，对该企业以前年度按照规定没有抵免完的余额，可在税法规定结转的剩余年限内，按新方式计算的抵免限额中继续结转抵免。

考点四 可抵免的境外所得税税额的确认 ★★★

扫我解疑难

经典例题

【例题·单选题】（2019年）下列与境外所得税相关的支出，能作为"可抵免境外所得税税额"的是（ ）。

A. 企业错误使用境外所得税法不应缴纳而实际缴纳的税额

B. 已经免征我国企业所得税的境外所得负担的境外所得税

C. 因少缴或迟缴境外所得税而追加的利息、滞纳金或罚款

D. 企业来源于中国境外所得依照中国境外税收法规计算而缴纳税额

【答案】D

【解析】可抵免境外所得税税额是指企业来源于中国境外的所得依照中国境外税收法律以及相关规定应当缴纳并已实际缴纳的企业所得税性质的税款。

考点精析

1. 可抵免的境外所得税税额不包括以下情形：

（1）按照境外所得税法律及相关规定属于错缴或错征的境外所得税税款；

（2）按照税收协定规定不应征收的境外所得税税款；

（3）因少缴或迟缴境外所得税而追加的利息、滞纳金或罚款；

（4）境外所得税纳税人或者其利害关系人从境外征税主体得到实际返还或补偿的境外所得税税款；

（5）按照我国《企业所得税法》及其实施条例规定，已经免征我国企业所得税的境外所得负担的境外所得税税款；

（6）按照国务院财政、税务主管部门有关规定已经从企业境外应纳税所得额中扣除的境外所得税税款。

2. 可抵免的境外所得税税额的基本条件

（1）企业来源于中国境外的所得依照中国境外税收法律以及相关规定计算而缴纳的税额。

（2）缴纳的属于企业所得税性质的税额，而不拘泥于名称。

（3）限于企业应当缴纳且已实际缴纳的税额。

（4）可抵免的企业所得税税额，若是税收协定非适用所得税项目，或来自非协定国家的所得，无法判定是否属于对企业征收的所得税税额的，应层报国家税务总局裁定。

考点五 境外应纳税所得额的计算 ★★★

扫我解疑难

经典例题

【例题·单选题】企业在同一纳税年度的境内外所得加总为正数的，其境外分支机构发生的亏损，由于上述结转弥补的限制而发生的未予弥补的部分可以结转以后年度弥补，其中弥补的期限为（ ）。

A. 2年   B. 8年

C. 5年   D. 无限期

【答案】D

【解析】企业在同一纳税年度的境内外所得加总为正数的，其境外分支机构发生的亏损，由于上述结转弥补的限制而发生的未予弥补的部分（以下称为非实际亏损额），今后在该分支机构的结转弥补期限不受5年期限制。

考点精析

根据境外所得，在计算适用境外税额直接

抵免的应纳税所得额时，应为将该项境外所得直接缴纳的境外所得税额还原计算后的境外税前所得；上述直接缴纳税额还原后的所得中属于股息、红利所得的，在计算适用境外税额间接抵免的境外所得时，应再将该项境外所得间接负担的税额还原计算，即该境外股息、红利所得应为境外股息、红利税后净所得与就该项所得直接缴纳和间接负担的税额之和。

对上述税额还原后的境外税前所得，应再就计算企业应纳税所得总额时已按税法规定扣除的有关成本费用中与境外所得有关的部分进行对应调整扣除后，计算境外应纳税所得额。

(1)居民企业在境外投资设立不具有独立纳税地位的分支机构，其来源于境外的所得，以境外收入总额扣除与取得境外收入有关的各项合理支出后的余额为应纳税所得额。

(2)居民企业应就其来源于境外的股息、红利等权益性投资收益，以及利息、租金、特许权使用费、转让财产等收入，扣除按照《企业所得税法》及其实施条例等规定计算的与取得该项收入有关的各项合理支出后的余额为应纳税所得额。

(3)非居民企业在境内设立机构、场所的，应就其发生在境外但与境内所设机构、场所有实际联系的各项应税所得，比照上述(2)的规定计算相应的应纳税所得额。

(4)企业在同一纳税年度的境内外所得加总为正数的，其境外分支机构发生的亏损，由于上述结转弥补的限制而发生的未予弥补的部分(以下称为非实际亏损额)，今后在该分支机构的结转弥补期限不受5年期限制。

考点六　适用间接抵免的外国企业持股比例的计算★★★

扫我解疑难

📝 **经典例题**

【例题·计算题】在"一带一路"的政策引导下，中国居民企业 A 在境外进行了投资，控股了甲国 B1、乙国 B2，持股比例分别为 50%、

100%；B1 持有丙国 C1 公司 50% 股份，B2 持有丁国 C2 公司 50% 股份；C1、C2 分别持有戊国 D 公司 40%、25% 股份。

假设 D 公司应纳税所得总额和税前会计利润均为 1250 万元，适用税率为 20%，无投资收益和缴纳预提所得税项目。当年 D 公司在所在国缴纳企业所得税 250 万元；D 公司将当年税后利润 1000 万元全部分配。

要求：根据上述资料，回答下列问题。

(1)符合单一或多层间接抵免的外国企业持股比例在( )以上。

A. 10%　　　　　　　　B. 15%

C. 20%　　　　　　　　D. 25%

(2)D 公司向 C1 公司分配的股息为( )万元。

A. 250　　　　　　　　B. 312.5

C. 400　　　　　　　　D. 500

(3)D 公司已纳税额中由 C1 公司就分得股息间接负担的税额为( )万元。

A. 100　　　　　　　　B. 150

C. 200　　　　　　　　D. 250

(4)D 公司向 C2 公司分配的股息为( )万元。

A. 250　　　　　　　　B. 400

C. 500　　　　　　　　D. 750

【答案】(1)C；(2)C；(3)A；(4)A。

【解析】

(1)企业直接持股、间接持股以及为计算居民企业间接持股总和比例的每一个单一持股，均应达到 20% 的持股比例。

(2)D 公司向 C1 公司分配的股息 = 1000×40% = 400(万元)。

(3)C1 间接负担税额 = (250+0+0)×(400÷1000) = 100(万元)。

(4)D 公司向 C2 公司分配的股息 = 1000×25% = 250(万元)。

📝 **考点精析**

1. 境外所得间接负担税额的计算

居民企业在用上述境外所得间接负担的

税额进行税收抵免时，其取得的境外投资收益实际间接负担的税额，是指根据直接或者间接持股方式持股20%以上（含）的规定层级的外国企业股份，由此应分得的股息、红利等权益性投资收益中，从最低一层外国企业起逐层计算的属于由上一层企业负担的税额。其计算公式如下：

本层企业所纳税额属于由一家上一层企业负担的税额=(本层企业就利润和投资收益所实际缴纳的税额+符合规定的由本层企业间接负担的税额)×本层企业向一家上一层企业分配的股息(红利)÷本层企业所得税后利润额

2. 适用间接抵免的外国企业持股比例的计算

自2017年1月1日起，企业在境外取得的股息所得，在按规定计算该企业境外股息所得的可抵免所得税额和抵免限额时，由该企业直接或者间接持有20%以上股份的外国企业，限于按照财税〔2009〕125号文件第六条规定的持股方式确定的五层外国企业，即：

第一层：企业直接持有20%以上股份的外国企业；

第二层至第五层：单一上一层外国企业直接持有20%以上股份，且由该企业直接持有或通过一个或多个符合财税〔2009〕125号文件第六条规定持股方式的外国企业间接持有总和达到20%以上股份的外国企业。

『提示』"持股条件"，是指各层企业直接持股、间接持股以及为计算居民企业间接持股总和比例的每一个单一持股，均应达到20%的持股比例。

考点七 抵免限额的计算★★

扫我解疑难

📝 经典例题

【例题·单选题】下列选项中，属于我国抵免限额适用税率的是(　　)。

A. 10%　　　　　　　B. 20%

C. 30%　　　　　　　D. 25%

【答案】D

【解析】我国抵免限额适用的税率有25%和15%。

📝 考点精析

某国(地区)所得税抵免限额=中国境内、境外所得依照企业所得税法及实施条例的规定计算的应纳税总额×来源于某国(地区)的应纳税所得额÷中国境内、境外应纳税所得总额

1. 适用税率——25%

『提示』例外情况：以境内、境外全部生产经营活动有关的研究开发费用总额、总收入、销售收入总额、高新技术产品(服务)收入等指标申请并经认定的高新技术企业，其来源于境外的所得可以享受高新技术企业所得税优惠政策，即对其来源于境外所得可以按照15%的优惠税率缴纳企业所得税，在计算境外抵免限额时，可按照15%的优惠税率计算境内外应纳税总额。

2. 境内外所得之间的亏损弥补(见表3-4)

表3-4　境内外所得之间的亏损弥补

亏损情况	弥补方法	弥补时间
境内亏损，境外盈利	境外盈利可以弥补境内亏损	5个纳税年度
境内盈利，境外亏损	境内盈利不能弥补境外亏损，境外以后年度自行弥补	不受5年限制

『提示』如果企业境内为亏损，境外盈利分别来自多个国家，则弥补境内亏损时，企业可以自行选择弥补境内亏损的境外所得来源国家(地区)顺序。

考点八　我国对外签署税收协定典型条款介绍★★

扫我解疑难

📝 **经典例题**

【例题1·多选题】（2019年）下列所得税中，属于《中新税收协定》中的特许权使用费所得的有（　）。

A. 缔约国一方居民向我国居民企业因专利违规使用单独收取的侵权赔偿费

B. 我国居民王某向缔约国一方居民提供税咨询服务取得的报酬

C. 我国居民企业向缔约国居民出口设备，在产品保证期内提供售后服务取得的报酬

D. 缔约国一方居民向我国居民企业提供商业情报取得的所得

E. 缔约国一方居民向我国居民企业提供专有技术使用权而单独收取的指导费

【答案】 ADE

【解析】 单纯货物贸易项下作为售后服务的报酬，产品保证期内卖方为买方提供服务所取得的报酬，专门从事工程、管理、咨询等专业服务的机构或个人提供的相关服务所取得的所得不是特许权使用费，应作为劳务活动所得适用协定第七条营业利润条款的规定。

【例题2·多选题】（2018年）根据《中新税收协定》，与国际运输业务密切相关的下列收入中，应作为国际运输收入的有（　）。

A. 直接将货物发送至购货者取得运输收入

B. 以光租形式出租船舶取得的租赁收入

C. 从市区至机场运送旅客取得的收入

D. 仅为其承运旅客提供中转住宿而设置旅馆取得的收入

E. 为其他国际运输企业代售客票取得的收入

【答案】 ACDE

【解析】 下列与国际运输业务紧密相关的收入应作为国际运输收入的一部分：

①为其他国际运输企业代售客票取得的收入；②从市区至机场运送旅客取得的收入；③通过货车从事货仓至机场、码头或者后者至购货者间的运输，以及直接将货物发送至购货者取得的运输收入；④仅为其承运旅客提供中转住宿而设置旅馆取得的收入。

【例题3·单选题】（2018年）在我国境内未设立机构场所的境外某企业，2016年投资中国某居民企业债券，2017年取得不含税利息收入200万元，延期支付利息的不含税违约金10万元，债券转让所得20万元，假设利息所得的协定税率为7%，上述利息所得在我国应缴纳所得税（　）万元。

A. 14.0　　　　　　B. 16.1

C. 15.4　　　　　　D. 14.7

【答案】 D

【解析】 在我国应缴纳所得税=（200+10）×7%=14.7（万元）。

【例题4·多选题】（2017年）依据中国与新加坡签订的税收协定，贷款人分担债务人公司风险的判定因素有（　）。

A. 该贷款的偿还次于其他贷款人的债权或股息的支付

B. 所签订的贷款合同对偿还日期作出明确的规定

C. 利息的支付水平取决于公司的利润

D. 债务人支付给债权人高额利息

E. 债权人将分享公司的任何利润

【答案】 ACE

【解析】 对贷款人是否分担企业风险的判定通常可考虑如下因素：

①该贷款大大超过企业资本中的其他投资形式，并与公司可变现资产严重不符。

②债权人将分享公司的任何利润。

③该贷款的偿还次于其他贷款人的债权或股息的支付。

④利息的支付水平取决于公司的利润。

⑤所签订的贷款合同没有对具体的偿还日期作出明确的规定。

【例题5·单选题】 下列关于双重居民身份下个人居民身份的判定标准的顺序正确的是（　）。

A. 国籍、永久性住所、重要利益中心、习惯性居处

B. 重要利益中心、国籍、永久性住所、习惯性居处

C. 永久性住所、重要利益中心、习惯性居处、国籍

D. 永久性住所、重要利益中心、国籍、习惯性居处

【答案】C

【解析】双重居民身份下个人居民身份的判定标准有永久性住所、重要利益中心、习惯性居处和国籍。这些标准是有先后顺序的，只有当使用前一标准无法解决问题时，才使用后一标准。

考点精析

1. 税收居民

（1）居民身份的判定。判定居民身份的必要条件：居民应是在一国负有全面纳税义务的人。

（2）双重居民身份下个人居民身份的判定。同时为缔约国双方居民的个人，其身份应按以下规则确定：①永久性住所。②重要利益中心。③习惯性居处。④国籍。

『提示』按上述四个标准的先后顺序确定，只有当使用前一标准无法解决问题时，才使用后一个标准，即遵循加比规则。

（3）公司和其他团体，同时为缔约国双方居民的人，应认定其是"实际管理机构"所在国的居民。

2. 常设机构的类型

（1）一般常设机构；

（2）工程型常设机构；

（3）劳务型常设机构；

（4）代理型常设机构；

（5）保险业务常设机构；

3. 营业利润

（1）缔约国一方企业的利润应仅在该缔约国征税，但该企业通过设在缔约国另一方的常设机构在该缔约国另一方进行营业的除外。如果该企业通过在缔约国另一方的常设机构进行营业，其利润可以在该缔约国另一方征税，但应仅以归属于该常设机构的利润为限。

（2）税收协定规定，只有在构成常设机构的情况下，来源国才有权对营业利润征税。因此营业利润条款是与"常设机构"密切相关的条款。

4. 国际运输—海运和空运

我国签订的大多数税收协定对国际运输所得采用居民国独占征税权原则。一般表述为："缔约国一方企业以船舶或飞机经营国际运输业务取得的利润，应仅在该缔约国征税。"

5. 投资所得

投资所得是指投资者将其资金、财产或权利提供给他人使用所获取的所得，包括股息、利息、特许权使用费等。

（1）股息。缔约国一方居民公司支付给缔约国另一方居民的股息，可以在该缔约国另一方征税，也可以在支付股息的公司为其居民的缔约国，按照该缔约国法律征税。

但是如果股息受益所有人是缔约国另一方居民，则所征税款：

①在受益所有人是公司（合伙企业除外），并直接拥有支付股息公司至少25%资本的情况下，不应超过股息总额的5%。

②在其他情况下，不应超过股息总额的10%。

在股息受益所有人是公司，并直接拥有支付股息公司至少25%资本的情况下，限制税率为5%；其他情况下，限制税率为10%。

（2）利息。发生于缔约国一方而支付给缔约国另一方居民的利息，可以在该缔约国另一方征税，也可以在该利息发生的缔约国，按照该缔约国的法律征税。但是，如果利息受益所有人是缔约国另一方居民，则所征税款：

①在该项利息是由银行或金融机构取得的情况下，不应超过利息总额的7%。

②在其他情况下，不应超过利息总额

的 10%。

（3）特许权使用费。发生于缔约国一方而支付给缔约国另一方居民的特许权使用费，可以在该缔约国另一方征税，也可以在其发生的缔约国按照该缔约国的法律征税。但是，如果特许权使用费受益所有人是缔约国另一方居民，则所征税款不应超过特许权使用费总额的 10%。但根据协定议定书的规定，对于使用或有权使用工业、商业、科学设备而支付的特许权使用费，按支付特许权使用费总额的 60% 确定税基。

6.《中新协定》的修订

（1）不具有法人资格的中外合作办学机构，以及中外合作办学项目中开展教育教学活动的场所构成税收协定缔约对方居民在中国的常设机构。

（2）海运和空运条款的执行。

①缔约国一方企业以船舶或飞机从事国际运输业务从缔约国另一方取得的收入，在缔约国另一方免予征税。

②下列与国际运输业务紧密相关的收入应作为国际运输收入的一部分：

a. 为其他国际运输企业代售客票取得的收入；

b. 从市区至机场运送旅客取得的收入；

c. 通过货车从事货仓至机场、码头或者后者至购货者间的运输，以及直接将货物发送至购货者取得的运输收入；

d. 仅为其承运旅客提供中转住宿而设置的旅馆取得的收入。

③非专门从事国际运输业务的企业，以其拥有的船舶或飞机经营国际运输业务取得的收入属于国际运输收入。

（3）依照中国法律在中国境内成立的合伙企业，其合伙人为税收协定缔约对方居民的，该合伙人在中国负有纳税义务的所得被缔约对方视为其居民的所得的部分，可以在中国享受协定待遇。

考点九　国际税收协定管理★★★

扫我解疑难

经典例题

【例题 1·多选题】（2018 年）根据我国申请人"受益所有人"身份判定的安全港条款，下列从中国取得股息所得的申请人为"受益所有人"的有（　　）。

A. 缔约对方居民且在缔约对方上市的公司

B. 缔约对方政府

C. 被缔约对方个人直接持股 90% 的申请人

D. 被缔约对方非上市居民公司间接持股 100% 的申请人

E. 缔约对方居民个人

【答案】ABE

【解析】根据申请人"受益所有人"身份判定的安全港条款，下列申请人从中国取得的所得为股息时，直接判定申请人具有"受益所有人"身份：

(1) 缔约对方政府；

(2) 缔约对方居民且在缔约对方上市的公司；

(3) 缔约对方居民个人；

(4) 申请人被第 (1) 至 (3) 项中的一人或多人直接或间接持有 100% 股份，且间接持有股份情形下的中间层为中国居民或缔约对方居民。

【例题 2·单选题】下列关于受益所有人的说法中不正确的是（　　）。

A. 缔约对方政府具有受益所有人身份

B. 受益所有人一般不从事实质性的经营活动

C. 申请人通过代理人代为收取所得的，无论代理人是否属于缔约对方居民，都不应据此影响对申请人"受益所有人"身份的判定

D. 个人可以是受益所有人

【答案】B

【解析】受益所有人一般从事实质性的经营活动。

1. 受益所有人

（1）受益所有人，是指对所得或所得据以产生的权利或财产具有所有权和支配权的人。受益所有人一般从事实质性的经营活动，可以是个人、公司或其他任何团体。

（2）下列因素不利于对申请人"受益所有人"身份的判定：

①申请人有义务在收到所得的 12 个月内将所得的 50% 以上支付给第三国（地区）居民，"有义务"包括约定义务和虽未约定义务但已形成支付事实的情形；

②申请人从事的经营活动不构成实质性经营活动；

③缔约对方国家（地区）对有关所得不征税或免税，或征税但实际税率极低；

④在利息据以产生和支付的贷款合同之外，存在债权人与第三人之间在数额、利率和签订时间等方面相近的其他贷款或存款合同；

⑤在特许权使用费据以产生和支付的版权、专利、技术等使用权转让合同之外，存在申请人与第三人之间在有关版权、专利、技术等的使用权或所有权方面的转让合同。

（3）申请人"受益所有人"身份的判定：申请人从中国取得的所得为股息时，申请人虽不符合"受益所有人"条件，但直接或间接持有申请人100%股份的人符合"受益所有人"条件，并且属于以下两种情形之一的，应认为申请人具有"受益所有人"身份：

①上述符合"受益所有人"条件的人为申请人所属居民国（地区）居民；

②上述符合"受益所有人"条件的人虽不为申请人所属居民国（地区）居民，但该人和间接持有股份情形下的中间层均为符合条件的人。

（4）申请人"受益所有人"身份判定的安全港条款。下列申请人从中国取得的所得为股息时，直接判定申请人具有"受益所有人"

身份：

①缔约对方政府；

②缔约对方居民且在缔约对方上市的公司；

③缔约对方居民个人；

④申请人被第①至③项中的一人或多人直接或间接持有100%股份，且间接持有股份情形下的中间层为中国居民或缔约对方居民。

（5）受益所有人管理中的其他规定。申请人通过代理人代为收取所得的，无论代理人是否属于缔约对方居民，都不应据此影响对申请人"受益所有人"身份的判定。

2. 非居民纳税人享受税收协定待遇的税务管理

（1）在中国境内发生纳税义务的非居民纳税人，是指按照税收协定居民条款规定应为缔约对方税收居民的纳税人，需要享受"协定待遇"的，采取"自行判断、申报享受、相关资料留存备查"的方式办理。非居民纳税人自行判断符合享受协定待遇条件的，可在纳税申报时，或通过扣缴义务人在扣缴申报时，自行享受协定待遇，同时按照本办法的规定归集和留存相关资料备查，并接受税务机关后续管理。

（2）非居民纳税人自行申报的，自行判断符合享受协定待遇条件且需要享受协定待遇，应在申报时报送《非居民纳税人享受协定待遇信息报告表》，并按照规定归集和留存相关资料备查。

（3）在源泉扣缴和指定扣缴情况下，非居民纳税人自行判断符合享受协定待遇条件且需要享受协定待遇的，应当如实填写《非居民纳税人享受协定待遇信息报告表》，主动提交给扣缴义务人，并按照规定归集和留存相关资料备查。

（4）非居民纳税人对《非居民纳税人享受协定待遇信息报告表》填报信息和留存备查资料的真实性、准确性、合法性承担法律责任。

（5）非居民纳税人可享受但未享受协定待遇而多缴税款的，可在《税收征管法》规定期限内自行或通过扣缴义务人向主管税务机关要求退还多缴税款，同时提交规定的资料。

（6）各级税务机关应当对非居民纳税人享受协定待遇开展后续管理，准确执行协定，防范协定滥用和逃避税风险。

3. 中国税收居民身份证明的开具管理

（1）企业或者个人（以下统称申请人）为享受中国政府对外签署的税收协定（含与中国香港、澳门和台湾地区签署的税收安排或者协议）、航空协定税收条款、海运协定税收条款、汽车运输协定税收条款、互免国际运输收入税收协议或者换函（以下统称税收协定）待遇，可以向税务机关申请开具《中国税收居民身份证明》（以下简称《税收居民证明》）。

（2）申请人向主管其所得税的县税务局（以下简称主管税务机关）申请开具《税收居民证明》。中国居民企业的境内、外分支机构应当通过其总机构向总机构主管税务机关提出申请。合伙企业应当以其中国居民合伙人作为申请人，向中国居民合伙人主管税务机关提出申请。

（3）主管税务机关在受理申请之日起10个工作日内，由负责人签发《税收居民证明》并加盖公章或者将不予开具的理由书面告知申请人。主管税务机关无法准确判断居民身份的，应当及时报告上级税务机关。需要报告上级税务机关的，主管税务机关应当在受理申请之日起20个工作日内办结。

考点十　国际避税与反避税 ★★

扫我解疑难

经典例题

【例题·多选题】下列关于国际避税方法的表述中，正确的有（　　）。

A. 跨国法人可以将其总机构或实际管理机构移居到低税区，避免成为高税国的居民纳税人，来降低整个公司的税收负担

B. 企业可以通过跨国并购，将自己变成低税区企业的组成部分，实行税收从高税区到低

税区的倒置

C. 跨国公司集团可以通过内部转让价格处理关联交易，将费用和成本从高税区转移到低税区，将利润从低税区转移至高税区，以减轻整个集团的所得税

D. 资本弱化是跨国公司进行国际避税的一个重要手段，跨国公司在高税国投资常利用这个手段进行避税

E. 利用信托转移财产，可以通过在避税港设立个人持股信托公司、受控信托公司和订立信托合同的方式实现

【答案】ABDE

【解析】跨国公司集团可以通过内部转让价格处理关联交易，将费用和成本从低税区转移到高税区，将利润从高税区转移至低税区，以减轻整个集团在全球负担的所得税。

考点精析

1. 国际避税港的概念、特点和种类

（1）国际避税港是指能够为纳税人提供某种合法避税机会的国家和地区。

（2）国际避税港的这些国家和地区通常不课征所得税和一般财产税，或者虽课征所得税和一般财产税但税率远低于国际一般负担水平。

（3）按照避税港的概念，世界上大体可以有四种类型的避税港：

①没有所得税和一般财产税的国家和地区；

②虽开征某些所得税和一般财产税，但税负远低于国际一般负担水平的国家和地区，并对来源于境外的所得和营业活动提供特殊税收优惠待遇的国家和地区；

③仅实行地域管辖权，在这些国家和地区只对来源于境内的所得按照较低税率征税的国际和地区；

④有规范税制但有某些税收特例或提供某些特殊税收优惠的国家和地区。

『提示』这些国家和地区还可以概括为三类：

①根本不课征所得税，如安道尔、巴哈

马、巴林、百慕大、坎佩尼亚、摩纳哥、新赫布里底、汤加以及特克斯和凯科斯群岛；

②课征低所得税，如列支敦士登、蒙特塞拉特和诺福克岛、圣赫勒拿岛、中国香港；

③规定大量税收优惠的国家和地区，如瑞士、巴拿马。

2. 国际避税方法

国际避税方法主要有选择有利的企业组织形式、个人住所和公司居所转移、利用转让定价、利用税收协定、利用资本弱化、利用信托转移财产、利用避税港中介公司以及利用错配安排八种。

3. 国际反避税的基本方法

国际反避税是指拥有税收管辖权的国家或地区针对纳税人各种形式的避税措施，采取的防止纳税人主体或客体进行转移、限制利用避税地等应对措施。

(1)防止通过纳税主体国际转移。

(2)防止通过纳税客体国际转移。

(3)防止利用避税地。

(4)转让定价调整。

(5)加强税收多边合作等措施。

考点十一　国际税收合作★★

扫我解疑难

📝 经典例题

【例题1·单选题】(2019年)依据非居民金融账户涉税信息尽职调查管理办法的规定，下列非金融机构属于消极非金融机构的是( )。

A. 非营利组织

B. 上市公司及其关联机构

C. 正处于重组过程中的企业

D. 上一公历年度内取得股息收入占其总收入50%以上的机构

【答案】D

【解析】选项A、B、C，不属于消极非金融机构。

消极非金融机构是指符合下列条件之一的机构：

①上一公历年度内，股息、利息、租金、特许权使用费收入等不属于积极经营活动的收入，以及据以产生前述收入的金融资产的转让收入占总收入比重50%以上的非金融机构；②上一公历年度末，拥有可以产生第①项所述收入的金融资产占总资产比重50%以上的非金融机构；③税收居民国(地区)不实施金融账户涉税信息自动交换标准的投资机构。

【例题2·单选题】(2018年)根据《非居民金融账户涉税信息尽职调查管理办法》的规定，下列各项中属于消极非金融机构的是( )。

A. 上市公司及其关联机构

B. 仅为了持有非金融机构股权而设立的控股公司

C. 上一公历年度内，股息收入占总收入50%以上的非金融机构

D. 上一公历年度末，其股票资产占总资产20%以上的非金融机构

【答案】C

【解析】消极非金融机构是指符合下列条件之一的机构：①上一公历年度内，股息、利息、租金、特许权使用费收入等不属于积极经营活动的收入，以及据以产生前述收入的金融资产的转让收入占总收入比重50%以上的非金融机构；②上一公历年度末，拥有可以产生第①项所述收入的金融资产占总资产比重50%以上的非金融机构；③税收居民国(地区)不实施金融账户涉税信息自动交换标准的投资机构。

【例题3·单选题】下列关于《海外账户税收遵从法案》的表述中，正确的是( )。

A.《海外账户税收遵从法案》规定举证责任最终由纳税人承担

B.《海外账户税收遵从法案》的主要目的是追查全球企业避税情况

C. 根据《海外账户税收遵从法案》，被认定为"不合作账户持有人"将被扣缴40%的预提所得税

D.《海外账户税收遵从法案》仅适用于美国境内

【答案】A

【解析】选项 B，《海外账户税收遵从法案》的主要目的是追查全球范围内美国富人的逃避税款行为；选项 C，虽然金融机构负有尽职调查与信息报告义务，但举证责任最终仍由纳税人承担。如果某账户持有人不能证明自己并非美国纳税人或者无法向外国金融机构提供必要的证明文件，那么该账户持有人会被认定为"不合作账户持有人"，将被扣缴30%的预提所得税，并且将面临被关闭账户的风险；选项 D，《海外账户税收遵从法案》适用范围远超过美国辖区。

📋 **考点精析**

1. 情报交换的种类与范围

（1）情报交换的种类。情报交换的类型包括专项情报交换、自动情报交换、自发情报交换以及同期税务检查、授权代表访问和行业范围情报交换等。

（2）情报交换的范围。除缔约国双方另有规定外，情报交换的范围一般为：

①国家范围应仅限于与我国正式签订含有情报交换条款的税收协定并生效执行的国家；

②税种范围应仅限于税收协定规定的税种，主要为具有所得（或财产）性质的税种；

③人的范围应仅限于税收协定缔约一方或双方的居民；

④地域范围应仅限于缔约国双方有效行使税收管辖权的区域。

2. 税收情报的保密

绝密级情报保密期限一般为 30 年，机密级情报保密期限一般为 20 年，秘密级情报保密期限一般为 10 年。

3.《海外账户税收遵从法案》

美国《海外账户税收遵从法案》其主要目的是追查全球范围内美国富人的逃避缴纳税款行为。

4. 我国的非居民金融账户涉税信息尽职调查管理

（1）非居民金融账户涉税信息尽职调查管理的基本要求。

（2）非居民金融账户涉税信息尽职调查管理基本定义。

（3）新开个人账户尽职调查。

（4）新开机构账户尽职调查。

（5）无须开展尽职调查的账户。

（6）其他合规要求。

5. 税基侵蚀与利润转移(BEPS)行动计划

『提示』税基侵蚀与利润转移项目的15 项成果，可能以选择题的形式进行考核。

📋 **阶段性测试**

1.【单选题】下列不属于国际税法原则的是（ ）。

A. 无差异原则　　　　B. 独占征税原则

C. 税收分享原则　　　D. 单一课税原则

2.【多选题】根据行使征税权力的原则和税收管辖范围、内容不同，目前世界上的税收管辖权可以分为（ ）。

A. 收入来源地管辖权

B. 居民管辖权

C. 居住地管辖权

D. 销售地管辖权

E. 公民管辖权

3.【单选题】新加坡 A 公司与中国的 B 公司成立了一家合营公司 C，双方各占 50%股份，C 公司将所获股息分配给股东时，对于 A 公司获得的股息，中国政府在征税时的税率最高为（ ）。

A. 5%　　　　　　　　B. 7%

C. 8%　　　　　　　　D. 10%

📋 **阶段性测试答案精析**

1. D 【解析】选项 D 属于国际税收原则。

2. ABE 【解析】目前世界上的税收管辖权分为三类：收入来源地管辖权、居民管辖权、公民管辖权。

3. A 【解析】在受益所有人是公司（合伙企业除外），并直接拥有支付股息公司至少25%资本的情况下，限制税率为5%。

本章综合练习 限时50分钟

一、单项选择题

1. 下列关于国际避税方法的表述中，不正确的是(　　)。

   A. 外国基地公司是以避税港为基地而建立的，主要从事转移或累积与第三国营业或投资而产生利润的公司

   B. 纳税人对外投资时，可以根据合伙企业与公司、子公司与分公司在不同国家之间的税制差异，选择最有利的组织形式以实现税收利益最大化

   C. 跨国纳税人可以利用混合金融工具进行错配安排来达到避税的目的

   D. 纳税人选择权益性融资方式比债务融资方式具有税收优势

2. 下列关于国际税收的表述中，不正确的是(　　)。

   A. 国家间税收分配是国际税收协调的结果

   B. 国家间对商品服务、所得、财产课税的制度差异是国际税收产生的基础

   C. 国际税收的实质是国家之间的税收分配关系和税收协调关系

   D. 国际税收的基本原则分为单一课税原则和受益原则两类

3. 下列不属于法人居民身份一般判定标准的是(　　)。

   A. 注册地标准　　B. 控股权标准

   C. 停留时间标准　D. 总机构所在地标准

4. 新加坡某银行将款项贷放给中国某公司使用，获得了1亿元利息。中国政府在对其征税时，税率最高为(　　)。

   A. 5%　　　　　　B. 7%

   C. 8%　　　　　　D. 10%

5. 下列关于非居民纳税人享受税收协定待遇的税务管理的表述中，错误的是(　　)。

   A. 非居民纳税人自行申报的，应当自行判断能否享受协定待遇，如实申报并报送

相关报告表和资料

   B. 在源泉扣缴和指定扣缴的情况下，非居民纳税人认为自身符合协定待遇条件，需要享受协定待遇的，应当主动向扣缴义务人提出

   C. 非居民纳税人未向扣缴义务人提出需享受协定待遇，扣缴义务人依国内税收法律规定扣缴

   D. 非居民纳税人可享受但未享受协定待遇而多缴税款的不得要求退还多缴税款

6. 下列属于国际税收抵免制度中普遍采用的方法是(　　)。

   A. 免税法　　　　B. 抵免法

   C. 扣除法　　　　D. 税收饶让

7. 在国际税收中，发达国家多愿意实行(　　)。

   A. 优先征税原则　B. 单一课税原则

   C. 独占征税原则　D. 无差异原则

8. 下列不属于国际税收中投资所得一般采用的标准是(　　)。

   A. 权利提供地标准

   B. 权利使用地标准

   C. 双方分享征税权力

   D. 所得支付地标准

9. 下列关于国际税收投资所得中特许权使用费的表述，不正确的是(　　)。

   A. 特许权使用费包括使用或有权使用工业、商业、科学设备取得的所得

   B. 特许权使用费的来源国适用有限制的征税权，设定的最高税率为10%

   C. 特许权使用费包括使用不动产取得的所得

   D. 特许权使用费包括设备租金，但不包括设备所有权最终转移给用户的融资租赁协议涉及的支付款项中被认定为利息的部分

二、多项选择题

1. 下列选项中，属于法人居民身份判断标准

的有( )。

  A. 注册地标准 B. 控股权标准

  C. 法律标准   D. 停留时间标准

  E. 住所标准

2. 下列选项中,属于劳务所得判断标准的有( )。

  A. 固定基地标准 B. 所得支付者标准

  C. 停留期间标准 D. 权利提供地标准

  E. 权利使用地标准

3. 下列关于国际税收的说法中,正确的有( )。

  A. 企业应该按国(地区)别分别计算[即分国(地区)不分项]其来源于境外的应纳税所得额

  B. 根据中新协定,不具有法人资格的中外合作办学机构构成税收协定缔约对方居民在中国的常设机构

  C. 在股息受益所有人是公司,并直接拥有支付股息公司至少 25% 资本的情况下,限制税率为 10%

  D. 在我国的非居民金融账户中,上一公历年度余额不超过 1000 美元的休眠账户是无须开展尽职调查的

  E. 企业选择采用不同于以前年度的方式计算可抵免境外所得税税额和抵免限额时,对该企业以前年度按规定没有抵免完的余额,可在税法规定结转的剩余年限内,按新方式计算的抵免限额中继续结转抵免

4. 下列关于国际反避税基本方法的表述中,错误的有( )。

  A. 国际反避税是指拥有税收管辖权的国家或地区针对纳税人采取的防止纳税人主体或客体进行转移、限制利用避税地等应对措施

  B. 对自然人利用移居国外的形式规避税收,对"部分的"和"虚假的"移居也应承认

  C. 转让定价税制,其实质是一国政府为防止跨国公司利用转让定价避税策略从而侵犯本国税收权益所制定的、与规范关联方转让定价行为有关的实体性规则和程序性

规则等一系列特殊税收制度规定的总称

  D. 加强税收多边合作属于国际反避税的基本方法之一

  E. 对于法人以避税为目的迁移或脱离居民纳税人身份应予以承认

5. 下列关于国际税收的表述中,正确的有( )。

  A. 单一课税原则和受益原则是国际税收问题谈判的出发点,是来源国和居民国税收管辖权分配的国际惯例

  B. 国际税收的基本原则包括单一课税原则、受益原则和国际税收中性原则

  C. 国家间的税收分配关系是对同一课税对象由谁征税、征多少税的税收权益划分问题

  D. 国际税收中性原则从来源国的角度看,是资本输出中性

  E. 受益原则是指纳税人以从政府公共支出中获得的利益大小为税收负担分配的标准

6. 下列属于国际税收不动产所得来源地判定标准的有( )。

  A. 不动产的所在地 B. 不动产的坐落地

  C. 交易活动发生地 D. 机构场所所在地

  E. 企业注册地

三、计算题

中国一居民企业 A 控股了一家甲国 B 公司,持股比例为 50%,B 公司持有乙国 C 公司 30% 股份。2019 年经营及分配状况如下:

B 公司当年应纳税所得总额为 1000 万元,其中来自 C 公司的投资收益为 400 万元,按 10% 缴纳 C 公司所在国预提所得税税额为 40 万元,当年在所在国按该国境外税收抵免规定计算后实际缴纳所在国所得税税额为 210 万元,税后利润为 760 万元,全部分配。

假设 A 公司申报的境内外所得总额为 16000 万元(已考虑所有调整因素),其中取得境外 B 公司股息所得为 380 万元,已还原向境外直接缴纳 10% 的预提所得税

38 万元。

要求：根据上述资料，回答下列问题：

（1）A 公司持有 C 公司的股权比例为（ ）。

A. 10% B. 15%

C. 20% D. 30%

（2）A 公司来自 B 公司的股息所得间接负担的税额为（ ）万元。

A. 125 B. 105

C. 120 D. 155

（3）A 公司当年可实际抵免税额为（ ）万元。

A. 95 B. 105

C. 125 D. 126.25

（4）A 公司实际应纳所得税额为（ ）万元。

A. 3875 B. 3905

C. 3873.75 D. 3895

本章综合练习参考答案及详细解析

一、单项选择题

1. D 【解析】由于债务人支付给债权人利息可以税前扣除，选择债务融资方式比权益性融资方式具有税收优势。

2. D 【解析】国际税收的基本原则包括单一课税原则、受益原则和国际税收中性原则。

3. C 【解析】法人居民身份一般判定标准有4个：①注册地标准；②实际管理和控制中心所在地标准；③总机构所在地标准；④控股权标准。

4. B 【解析】利息来源国对利息也有征税的权利，但对征税权的行使进行了限制，即设定了最高税率，且限制税率与受益所有人自身性质有关，受益所有人为银行或金融机构的情况下，利息的征税税率为7%。

5. D 【解析】选项 D，非居民纳税人可享受但未享受协定待遇而多缴税款的，可在税收征管法规定期限内自行或通过扣缴义务人向主管税务机关要求退还多缴税款，同时提交规定的资料。

6. B 【解析】抵免法是普遍采用的方法。

7. D 【解析】发达国家多愿意实行无差异原则，并将其作为本国制定涉外税制的基本原则。

8. D 【解析】选项 D，属于劳务所得的判定标准。

9. C 【解析】特许权使用费不包括使用不动产取得的所得，使用不动产取得的所得适用《中新协定》中相关的规定。

二、多项选择题

1. AB 【解析】选项 C、D、E 均属于自然人居民身份的判定标准。

2. ABC 【解析】选项 D、E 均属于投资所得判断标准。

3. BDE 【解析】选项 A，企业可以选择按国（地区）别分别计算［分国（地区）不分项］，或者不按国（地区）别汇总计算［不分国（地区）不分项］其来源于境外的应纳税所得额；选项 C，在股息受益所有人是公司，并直接拥有支付股息公司至少25%资本的情况下，限制税率为5%。

4. BE 【解析】选项 B，对自然人利用移居国外的形式规避税收，规定只有属于"真正的"和"全部的"移居才予以承认，可以脱离与本国的税收征纳关系；而对"部分的"和"虚假的"移居则不予承认；选项 E，对于法人以避税为目的的迁移或脱离居民纳税人身份不予承认，仍继续负有纳税义务。

5. ABCE 【解析】国际税收中性原则从来源国的角度看，是资本输入中性；从居住国的角度看，是资本输出中性。

6. AB 【解析】不动产所得的来源地以不动

产的所在地或坐落地为判定标准，由不动产的所在地或坐落地国家行使收入来源地管辖权。

三、计算题

（1）B；（2）A；（3）D；（4）C。

【解析】（1）A公司持有C公司的股权比例50%×30%＝15%。

（2）符合间接抵免持股条件，因为A公司对B公司的直接持股比例为50%，超过20%。

间接抵免负担税额的计算：

本层企业B所纳税额属于由一家上一层企业A负担的税额＝[本层企业就利润和投资收益所实际缴纳的税额（210+40）+符合本规定的由本层企业间接负担的税额0]×本层企业向一家上一层企业分配的股息（红利）（380）÷本层企业所得税后利润额（760）＝（210+40+0）×（380÷760）＝125（万元）。即A公司就从B公司分得股息间接负担的可在我国应纳税额中抵免的税额为125万元。

（3）A公司在甲国B公司取得股息的应纳税所得额＝380万元+甲国B及其下层各企业已纳税额中属于A公司可予抵免的间接负担税额125万元＝505（万元）。

抵免限额＝505×25%＝126.25（万元）。

实际负担境外税额＝直接缴纳38万元+间接负担125万元＝163（万元）。

抵免限额＝126.25（万元），实际负担境外税额163万元，A公司当年可实际抵免税额126.25万元。

（4）A公司实际应纳所得税税额＝境内外应纳所得税总额－当年可实际抵免境外税额＝16000×25%－126.25＝3873.75（万元）。

本章番外

很多考生在学习这一章时都感到很困惑，觉得内容非常抽象。的确针对没有一定税收理论基础的考生来讲，这一章确实不好学。针对这一章，我们在学习时，先要弄清楚什么是国际税收？国际税收并不是一个税种，而且针对跨国的税收关系国与国之间如何协调的学问。例如一个美国人在中国旅游期间买福利彩票，获得3万元奖金。针对这个中奖所得，美国税务机关会认为这个人是美国人，因此他的所得应该由美国征税；而中国的税务机关则会认为，这笔奖金来自中国境内，理应由中国征税。针对上述中奖所得，两个国家都对其感兴趣，于是就形成了国际税收分配关系，而针对该关系如何协调呢？一种是两个国家不顾纳税人感受，都进行征税，这势必会造成重复计税，增加纳税人负担，不利于纳税人、国际资本等的流动性；一种是为了避免重复计税，要由一个国家牺牲利益，放弃征税；还有一种是，两个国家通过谈判，签订协议，通过协商的方式解决上述问题。上述三种方式中，第三种是国际税收的发展方向，而协商的结果通过书面形式呈现出来的就是国际税收协定。国际税收协定里一定会约定好如何回避重复计税、如何确定所得来源地、如何确定纳税人归属等问题，而这些问题就是第三章国际税收的主要内容。随着中国经贸关系涉及的国家越来越多和"一带一路"的国际间合作加深，国税税收问题研究必将构成税收研究领域的主流课题，也会成为更多跨国企业和个人面临的现实问题，因此第三章国际税收的考核点目前在考试中所占分值并不是很高，但其考核的潜在可能性却越来越大。

第4章 印花税

JINGDIAN TIJIE

考情分析

▷ 历年考情分析

印花税考核的特点是难度不高，较易得分，其考试题型主要涉及单选题、多选题和计算题。其考核范围以征税范围、计税依据、应纳税额计算和税收优惠为主，如2019年本章在征税范围、计税依据和纳税义务时间上均作了考核，题目较为简单。在计算题考核上，本章往往会结合房产税、城镇土地使用税和契税来考核，考核内容也相对简单，如本章在2018年的计算题考核上，就是搭配房产税来出题的。因此针对本章的学习，考生应重点把握基础知识，掌握印花税征税范围、计税依据等核心考点，同时要熟悉印花税历年真题，因为每年印花税的考题都有很多在往年考核过，如2017年和2019年均对"产权转移书据"的征税范围做了考核。

▷ 本章2020年考试主要变化

1. 新增小规模纳税人、冬奥会和冬残奥会机器测试赛、农村饮水安全工程涉及的印花税税收优惠。

2. 删除金融机构与小型、微型企业签订借款合同免征印花税的政策。

3. 删除暂免征收飞机租赁企业购机环节购销合同印花税的政策。

4. 删除印花税的违章处理。

核心考点及真题详解

考点一 征税范围★★★

扫我解疑难

📝 经典例题

【例题1·多选题】（2019年）按"产权转移书据"计征印花税的有（　）。

A. 专利实施许可合同

B. 专利申请转让合同

C. 土地使用权出让合同

D. 土地使用权转让合同

E. 商品房销售合同

【答案】ACDE

【解析】产权转移书据，包括财产所有权、版权、商标专用权、专利权、专有技术使用权、土地使用权出让合同、商品房销售合同等，按所载合同金额的0.5‰贴花。选项B，应按"技术合同"计征印花税。

【例题2·单选题】（2018年）下列合同，应按照"技术合同"缴纳印花税的是（　）。

A. 设备测试合同

B. 专利申请转让合同

C. 专利实施许可合同

D. 专利权转让合同

【答案】B

【解析】技术合同包括技术开发、转让、咨询、服务等合同，其中技术转让合同包括专利申请转让、非专利技术转让所书立的合同，但不包括专利权转让、专利实施许可所书立的合同。后者适用于"产权转移书据"合同。

【例题3·多选题】（2018年）下列权利、许可证照，应征收印花税的有（　　）。

A. 房屋产权证

B. 商标注册证

C. 工商营业执照

D. 会计师事务所执业许可证

E. 土地使用证

【答案】ABCE

【解析】权利、许可证照是政府授予单位、个人某种法定权利和准予从事特定经济活动的各种证照的统称。包括政府部门发给的房屋产权证、工商营业执照、商标注册证、专利证、土地使用证等。

【例题4·多选题】（2018年改）根据印花税相关规定，下列说法正确的有（　　）。

A. 资金账簿按实收资本和资本公积合计金额减半征收印花税

B. 印刷合同按加工承揽合同征收印花税

C. 纳税人以电子形式签订的合同应征收印花税

D. 在中国境外签订的，适用于中国境内并在境内有法律效力的合同应征收印花税

E. 出版单位与发行单位之间订立的图书订购单不征收印花税

【答案】ABCD

【解析】选项E，应征收印花税。

【例题5·单选题】（2017年）根据印花税的相关规定，下列合同不属于"产权转移书据"的是（　　）。

A. 专有技术使用权转让合同

B. 非专利技术转让合同

C. 土地使用权转让合同

D. 土地使用权出让合同

【答案】B

【解析】选项B，非专利技术转让合同按"技术合同"计征印花税。

【例题6·单选题】（2017年）下列合同，应按"购销合同"税目征收印花税的是（　　）。

A. 发电厂与电网之间签订的购售电合同

B. 企业之间签订的土地使用权转让合同

C. 电网与用户之间签订的供用电合同

D. 开发商与个人之间签订的商品房销售合同

【答案】A

【解析】选项B、D，按照"产权转移书据"税目征收印花税；选项C，电网与用户之间签订的供用电合同不属于印花税列举征税的凭证，不征收印花税。

【例题7·多选题】（2017年）下列合同或凭证，应缴纳印花税的有（　　）。

A. 商品房销售合同

B. 人寿保险合同

C. 军事物资运输凭证

D. 专利申请权转让合同

E. 电网与电网之间签订的购售电合同

【答案】ADE

【解析】选项B，人寿保险合同不属于印花税征税范围，不缴纳印花税；选项C，军事物资运输凭证，免征印花税。

【例题8·多选题】（2015年）下列合同或凭证，应缴纳印花税的有（　　）。

A. 企业出租门店合同

B. 专利证

C. 军事物资运输凭证

D. 仅备存查的已缴纳印花税的凭证副本

E. 房地产管理部门与个人签订的用于生产经营的租房合同

【答案】ABE

【解析】选项C，军事物资运输凭证，免征印花税；选项D，已缴纳印花税的凭证副本或抄本，免征印花税。

【例题9·多选题】（2013年）下列合同或凭证，应缴纳印花税的有（　　）。

A. 工商营业执照

B. 贴息贷款合同

C. 企业出租门店合同

D. 仅备存查的已缴纳印花税的凭证副本

E. 实行自收自支的事业单位使用的营业账簿

【答案】ACE

【解析】选项 B、D 免征印花税。

1. 经济合同（见表4-1）

表4-1 经济合同类别与征税范围汇总表

类别	范围
购销合同	包括货物供应、预购、采购、购销结合及协作、调剂、补偿、易货等合同 (1)出版单位与发行单位之间订立的图书、报刊、音像征订凭证。不包括订阅单位和个人之间订立的图书、报刊、音像征订凭证 (2)发电厂与电网之间、电网与电网之间签订的购售电合同，征收印花税 (3)电网与用户之间签订的供用电合同不征收印花税 (4)以电子形式签订的各类应税凭证也需征税
加工承揽合同	加工、定做、修理、修缮、广告、印刷、测绘、测试等合同
建设工程勘察设计合同	勘察、设计合同的总包合同、分包合同和转包合同
建筑安装工程承包合同	建筑、安装工程承包合同的总包合同、分包合同和转包合同
财产租赁合同	包括企业、个人出租店、柜台等签订的合同，但不包括企业与主管部门签订的租赁承包合同
货物运输合同	民用航空运输、铁路运输、海上运输、内河运输、公路运输和联运合同
仓储保管合同	仓储、保管合同，以及作为合同使用的仓单、栈单等
借款合同	银行及其他金融组织与借款人(不包括银行同业拆借)所签订的合同 『提示』融资租赁合同也属于借款合同
财产保险合同	包括财产、责任、保证、信用保险合同
技术合同	包括技术开发、转让、咨询、服务等合同 (1)技术转让合同，包括专利申请权转让和非专利技术转让，但不包括专利权转让、专利实施许可所书立的合同 (2)一般的法律、会计、审计等方面的咨询不属于技术咨询，其所立合同不贴印花 (3)技术服务合同包括技术服务合同、技术培训合同和技术中介合同

『提示』印花税征税范围中应注意的问题：

(1)具有合同性质的凭证应视同合同征税。

(2)未按期兑现的合同应贴花。

(3)同时书立合同和开立单据时，只就合同贴花；凡不书立合同，只开立单据，以单据作为合同使用的，其使用的单据应按规定贴花。

(4)对于企业集团内具有平等法律地位的主体之间自愿订立、明确双方购销关系、据以供货和结算、具有合同性质的凭证，应按规定征收印花税。对于企业集团内部执行计划使用的、不具有合同性质的凭证，不征收印花税。

2. 产权转移书据

包括财产所有权、版权、商标专用权、专利权、专有技术使用权共5项产权的转移书据。

这里的"财产"是指经政府管理机关登记注册的动产、不动产以及企业股权，财产所有权包括股份制企业向社会公开发行的股票，因购买、继承、赠与所书立的产权转移书据。

(1)土地使用权出让合同、土地使用权转让合同、商品房销售合同按照产权转移书据征收印花税。

(2)专利权转让、专利实施许可所书立的

合同也属于产权转移书据。

3. 营业账簿

包括记载资金的账簿和其他营业账簿两种。

(1)资金账簿,是指记载"实收资本"和"资本公积"的账簿。

(2)其他营业账簿,即除资金账簿以外的账簿,包括各类日记账、明细账。

(3)"营业账簿"征免范围:

①对采用一级核算形式的单位,只就财会部门设置的账簿贴花;采用分级核算形式的,财会部门设置在其他部门和车间的明细分类账,也应贴花。

②车间、门市部、仓库设置的不属于会计核算范围或虽属会计核算范围,但不记载金额的登记簿、统计簿、台账等,不贴印花。

③对会计核算采用单页表式记载资金活动情况,以表代账的,在未形成账簿(账册)前,暂不贴花,待装订成册时,按册贴花。

4. 权利、许可证照

包括房屋产权证、工商营业执照、商标注册证、专利证、土地使用证。

『提示』只就上述 5 个证照征税。

5. 经财政部门确定征税的其他凭证

(1)各类凭证不论以何种形式或名称书立,只要其性质属于列举征税范围内的凭证,均应征税。

(2)适用于中国境内并在中国境内具备法律效力的应税凭证,无论在中国境内或境外书立,均应贴花。

考点二　纳税义务人★★

扫我解疑难

经典例题

【例题 1·多选题】(2016 年)下列单位,属于印花税纳税义务人的有( )。

A. 技术合同的签订单位

B. 贷款合同的担保单位

C. 电子应税凭证的签订单位

D. 签订运输合同的承运单位

E. 发放商标注册证的商标局

【答案】ACD

【解析】担保单位和发放商标注册证的商标局不属于印花税纳税义务人。

【例题 2·单选题】(2015 年)下列单位或个人属于印花税纳税义务人的是( )。

A. 商品购销合同的担保人

B. 与用户签订供电合同的电网

C. 在国外领取专利证,在国内使用的单位

D. 发放土地证的土地管理局

【答案】C

【解析】选项 A,担保人不属于印花税的纳税义务人;选项 B,电网与用户之间签订的供用电合同不征印花税;选项 D,土地管理局不属于印花税的纳税义务人。

考点精析

印花税的纳税义务人为:

(1)立合同人,指书立合同的当事人,不包括合同的担保人、证人、鉴定人。

(2)立账簿人,指设立并使用营业账簿的单位和个人。

(3)立据人,指财产转移书据的当事人。

(4)领受人,指权利许可证照的领受人。

(5)使用人,指在国外书立、领受,但在国内使用应税凭证的单位和个人。

(6)各类电子应税凭证的签订人,指以电子形式签订的各类应税凭证的单位和个人。

『提示』经济合同当事人在两方或两方以上的,各方均为纳税人。产权转移书据的立据人未贴印花或少贴印花,书据的持有人应负责补贴印花。

考点三　减免税优惠★★

扫我解疑难

经典例题

【例题·多选题】(2016 年改)下列凭证中,

第 4 章　印花税

免征印花税的有( )。

A. 与高校学生签订的学生公寓租赁合同

B. 乡政府批准企业改制签订的产权转移书据

C. 国际金融组织向我国企业提供优惠贷款书立合同

D. 贴息贷款合同

E. 证券投资保护基金有限责任公司新设立的资金账簿

【答案】ADE

【解析】选项B，经县级以上人民政府及企业主管部门批准改制的企业因改制签订的产权转移书据免予贴花；选项C，外国政府或国际金融组织向我国政府及国家金融机构提供优惠贷款所书立的合同免予贴花。

考点精析

1. 免纳印花税的凭证(见表4-2)

表4-2 免税凭证

免税凭证	具体规定
已缴纳印花税的凭证副本或抄本	但副本或者抄本作为正本使用的，应另行贴花
公益性捐赠所立的书据	财产所有人将财产赠给政府、社会福利单位、学校所立
农业产品收购合同	国家指定的收购部门与村民委员会、农民个人书立
无息、贴息贷款合同	——
优惠贷款合同	外国政府或国际金融组织向我国政府及国家金融机构提供优惠贷款所书立
租房合同	房地产管理部门与个人订立，房屋属于用于生活居住
特殊货运凭证	军事货物运输、抢险救灾物资运输，以及新建铁路临管线运输

2. 其他免税规定

(1)经县级以上人民政府及企业主管部门批准改制的企业因改制签订的产权转移书据免予贴花。

(2)对投资者(包括个人和机构)买卖封闭式证券投资基金免征印花税。

(3)对国家石油储备基地第一期项目建设过程中涉及的印花税予以免征。

(4)证券投资者保护基金有限责任公司发生的下列凭证和产权转移书据享受印花税的优惠政策：

①新设立的资金账簿免征印花税；

②与中国人民银行签订的再贷款合同、与证券公司行政清算机构签订的借款合同，免征印花税；

③接收被处置证券公司财产签订的产权转移书据，免征印花税；

④以保护基金自有财产和接收的受偿资产与保险公司签订的财产保险合同，免征印花税。

(5)公共租赁住房涉及的印花税。对公共租赁住房经营管理单位免征建设、管理公共租赁住房涉及的印花税。

对公共租赁住房经营管理单位购买住房作为公共租赁住房，免征印花税；对公共租赁住房租赁双方免征签订租赁协议涉及的印花税。

(6)商品储备管理公司涉及的印花税。对商品储备管理公司及其直属库资金账簿免征印花税；对其承担商品储备业务过程中书立的购销合同免征印花税，对合同其他各方当事人应缴纳的印花税照章征收。

(7)自2019年1月1日至2021年12月31日，对与高校学生签订的高校学生公寓租赁合同，免征印花税。

(8)融资租赁涉及的印花税。对开展融资租赁业务签订的融资租赁合同(含融资性售后回租)，统一按照其所载明的租金总额依照"借款合同"税目，按0.05‰的税率计税贴花。在融资性售后回租业务中，对承租人、出租人因出售租赁资产及购回租赁资产所签订的合同，不征收印花税。

(9)自2019年1月1日至2021年12月31日，由省、自治区、直辖市人民政府根据本地区实际情况，以及宏观调控的需要确定，对增值税小规模纳税人可以在50%的税额幅度内减征印花税(不含证券交易印花税)。

（10）为支持筹办北京 2022 年冬奥会和冬残奥会及其测试赛（以下简称北京冬奥会），对国际奥委会相关实体与北京冬奥组委签订的各类合同，免征国际奥委会相关实体应缴纳的印花税。

（11）为支持农村饮水安全工程（以下称饮水工程）巩固提升，自 2019 年 1 月 1 日至 2020 年 12 月 31 日对饮水工程运营管理单位为建设饮水工程取得土地使用权而签订的产权转移书据，以及与施工单位签订的建设工程承包合同，免征印花税。

对于既向城镇居民供水，又向农村居民供水的饮水工程运营管理单位，依据向农村居民供水量占总供水量的比例免征印花税。无法提供具体比例或所提供数据不实的，不得享受该税收优惠政策。

考点四　计税依据 ★★★

扫我解疑难

📝 经典例题

【例题 1·单选题】（2019 年）关于印花税的计税依据正确的是（　　）。

A. 财产保险合同以所保财产的金额为计税依据

B. 融资租赁合同以合同所载租金总额为计税依据

C. 易货合同以合同所载的换出货物价值为依据

D. 建筑工程承包合同以总承包合同金额扣除分包合同金额后的余额为依据

【答案】B

【解析】选项 A，财产保险合同按支付（收取）的保费金额计税贴花；选项 B，对开展融资租赁业务签订的融资租赁合同（含融资性售后回租），统一按照其所载明的租金总额依照"借款合同"税目计税贴花；选项 C，应按合同所载的购、销合计金额计税贴花；选项 D，按承包总金额计税贴花。

【例题 2·多选题】（2017 年改）税务机关可以核定纳税人印花税计税依据的情形有（　　）。

A. 账册混乱难以查账的

B. 未如实登记和完整保存应税凭证的

C. 未按规定建立印花税应税凭证登记簿的

D. 不如实提供应税凭证致使计税依据明显偏低的

E. 在检查中发现纳税人有未按规定汇总缴纳印花税情况的

【答案】BCDE

【解析】纳税人有下列情形的，税务机关可以核定纳税人印花税计税依据：

（1）未按规定建立印花税应税凭证登记簿，或未如实登记和完整保存应税凭证的；

（2）拒不提供应税凭证或不如实提供应税凭证致使计税依据明显偏低的；

（3）采用按期汇总缴纳办法的，未按税务机关规定的期限报送汇总缴纳印花税情况报告，经税务机关责令限期报告，逾期仍不报告的或者税务机关在检查中发现纳税人有未按规定汇总缴纳印花税情况。

【例题 3·单选题】（2012 年）2011 年 9 月甲公司作为受托方签订技术开发合同一份，合同约定技术开发金额共计 1000 万元，其中研究开发费用与报酬金额之比为 4：1。另外，作为承包方签订建筑安装工程承包合同一份，承包总金额 300 万元，将其中的 100 万元工程分包给另一单位，并签订分包合同。甲公司 2011 年 9 月应缴纳印花税（　　）元。

A. 1500　　　　　　B. 1800

C. 2600　　　　　　D. 3000

【答案】B

【解析】技术合同单对合同约定按研究开发经费一定比例作为报酬的，应按一定比例的报酬贴花。应缴纳印花税 = 200 × 0.3‰ × 10000 + (300 + 100) × 0.3‰ × 10000 = 1800（元）。

【例题 4·多选题】（2011 年）关于印花税的计税依据，说法正确的有（　　）。

A. 货物运输合同以运输费用和装卸费用总额为计税依据

B. 以物易物方式的商品交易合同，以购销合计金额为计税依据

C. 电网与发电企业签订的供用电合同，以购销合同列明的金额为计税依据

D. 由委托方提供主要材料的加工合同，以加工费和主要材料合计金额为计税依据

E. 建筑安装工程承包后又转包的，以承包总额扣除转包金额后的余额为计税依据

【答案】BC

【解析】选项A，货物运输合同的计税依据为取得的运输费金额(运费收入)，不包括所运货物的金额、装卸费和保险费等。选项D，对于由委托方提供主要材料或原料，受托方只提供辅助材料的加工合同，无论加工费和辅助材料金额是否分别记载，均以辅助材料与加工费的合计数，依照加工承揽合同计税贴花。对委托方提供的主要材料或原料金额不计税贴花。选项E，建筑安装工程承包合同的计税依据为承包金额，不得剔除任何费用。

【例题5·单选题】(2010年)2009年1月，A企业向某公司出租闲置仓库，签订出租合同中注明的租金每月4万元，租期未定；接受某公司委托加工一批产品，签订的加工承揽合同中注明原材料由A企业提供，金额为200万元，

另外收取加工费30万元；签订的运输合同中注明运费2万元、保险费5000元。该企业2009年1月应缴纳印花税( )元。

A. 765　　　　　　B. 770

C. 1165　　　　　　D. 1170

【答案】A

【解析】对于租期未定的租赁合同，暂按5元贴花；加工承揽合同，由受托方提供原材料，而且原材料的金额和加工费金额分别在合同上记载的，应分别按购销合同和加工承揽合同计税；货物运输合同的计税依据为取得的运输费金额(运费收入)，不包括所运货物的金额、装卸费和保险费等。应纳印花税=5+200×0.03%×10000+30×0.05%×10000+2×0.05%×10000=765(元)。

📖 **考点精析**

从价计税：经济合同、产权转移书据、记载资金的营业账簿等。

从量计税：权利、许可证照，其他营业账簿。

『提示』实行从价计税的凭证，以凭证所载金额为计税依据。

计税依据(见表4-3)。

表4-3　计税依据汇总表

类别(税率)	计税依据		
购销合同(0.3‰)	合同记载的购销金额(不得随意进行扣除) 『提示』采用以货换货方式进行交易而签订的合同，应按合同所载的购销合计金额计税贴花；合同未列明金额的，应按合同所载购销数量依照国家牌价或者市场价格计算应纳税额		
加工承揽合同(0.5‰)	加工或承揽收入的金额		
	受托方提供原材料	合同中分别记载加工费金额和原材料金额	分别按"加工承揽合同""购销合同"计税
		合同中未分别记载	应就全部金额依照加工承揽合同计税
	委托方提供主要材料或原料，受托方只提供辅助材料	无论加工费和辅助材料金额是否分别记载	均以辅助材料与加工费的合计数，依照加工承揽合同计税贴花。对委托方提供的主要材料或原料金额不计税贴花
建设工程勘察设计合同(0.5‰)	收取的费用		

类别(税率)	计税依据		
建筑安装工程承包合同(0.3‰)	承包金额，不得剔除任何费用 如果施工单位将自己承包的建设项目再分包或转包给其他施工单位，其所签订的分包或转包合同，仍应按所载金额另行贴花		
财产租赁合同(1‰)	租赁金额(税额不足1元的，按1元贴花)		
仓储保管合同(1‰)	仓储保管费用		
货物运输合同(0.5‰)	运费金额，不包括所运货物的金额、装卸费和保险费等		
	分类		计税依据确定
	国内联运	在起运地统一结算全程运费的	应以全程运费为计税依据，由起运地运费结算双方缴纳印花税
		分程结算运费的	应以分程的运费作为计税依据，分别由办理运费结算的各方缴纳印花税
	国际货运	由我国运输企业运输的	以本程运费为计税依据计算应纳税额。托运方所持的运费结算凭证，以全程运费为计税依据计算应纳税额
		由外国运输企业运输进出口货物的	运输企业所持的运费结算凭证免纳印花税。托运方所持的运费结算凭证，应以运费金额为计税依据缴纳印花税
借款合同(0.05‰)	借款金额 『提示』 (1)凡是一项信贷业务既签订借款合同，又一次或分次填开借据的，只以借款合同所载金额为计税依据计税贴花；凡是只填开借据并作为合同使用的，应以借据所载金额为计税依据计税贴花 (2)借贷双方签订的流动资金周转性借款合同，一般按年(期)签订，规定最高限额，借款人在规定的期限和最高限额内随借随还。对这类合同只以其规定的最高限额为计税依据，在签订时贴花一次，在限额内随借随还不签订新合同的，不再另贴印花 (3)抵押贷款的合同，应按借款合同贴花；借款方因无力还款而将抵押财产转移给贷款方时，应按产权转移书据计税贴花 (4)融资租赁合同应按合同所载租金总额贴花 (5)银团贷款合同：借款方与贷款银团各方应分别在所执的合同正本上，按各自的借款金额计税贴花 (6)基本建设贷款合同：如果按年度用款计划分年签订借款合同，在最后一年按总概算签订借款总合同，且总合同的借款金额包括各个分合同的借款金额，对这类合同，应按分合同分别贴花，最后签订的总合同，只就借款总额扣除分合同借款金额后的余额计税贴花		
财产保险合同(1‰)	保险费，不包括所保财产的金额		
技术合同(0.3‰)	合同所载的价款、报酬或使用费 对技术开发合同，只就合同所载的报酬金额计税，研究开发经费不作为计税依据。但对合同约定按研究开发经费一定比例作为报酬的，应按一定比例的报酬金额计税贴花		

类别(税率)	计税依据
产权转移书据 (0.5‰)	书据中所载金额
权利、许可 证照(5元/件)	按件计税 范围包括：房屋产权证、工商营业执照、商标注册证、专利证、土地使用证 不包括：税务登记证、卫生许可证、金融许可证等
营业账簿 (0.5‰或 5元/件)	资金账簿："实收资本"与"资本公积"的合计金额 (1)对跨地区经营的分支机构的营业账簿在计税贴花时，规定上级单位记载资金的账簿，应按扣除拨给下属机构资金数额后的其余部分计税贴花 (2)企业启用新账簿后，其实收资本和资本公积两项的合计金额大于原已贴花资金的，就增加的部分补贴印花 (3)外国银行分行记载由其境外总行拨付的"营运资金"账簿，应按核拨的账面资金数额计税贴花
	其他账簿：按件计税(有免税)

『提示1』2018年4月25日国务院常务会议决定，自2018年5月1日起，将对纳税人设立的资金账簿按实收资本和资本公积合计金额征收的印花税减半。对按件征收的其他账簿免征印花税。

『提示2』(1)在签订时无法确定计税金额的合同，可在签订时先按定额5元贴花，以后结算时再按实际金额计税，补贴印花。

按金额比例贴花的应税凭证，未标明金额的，应按其数量及国家牌价计算金额；没有国家牌价的，按市场价格计算金额，依适用税率贴足印花。

(2)应税凭证所载金额为外国货币的，按凭证书立当日的外汇管理局公布的外汇牌价折合人民币，计算税额。

(3)已贴花的凭证，修改后所载金额增加的，其增加部分应当补贴印花税票。

【应试技巧】印花税的计税依据这个考点通常与印花税税额的计算相结合进行考核，也有可能单独出文字性的选择题，但多数在计算税额的同时要求考生自己判断计税依据的金额。

考点五 应纳税额的计算★★★

扫我解疑难

📝 经典例题

【例题1·计算题】(2018年节选及改编)某市甲公司，2019年发生以下应税行为：

(1)5月份与乙公司签订两份合同，其中货物运输合同注明运费30万元，保险费5万元，装卸费2万元；房屋租赁合同注明原值1000万元的房产出租给乙公司开办快捷酒店，合同约定5月31交付使用，租期1年，年租金120万元。

(2)7月份与丙公司签订非专利技术转让合同，取得转让收入80万元，其中技术咨询费20万元。

(3)8月份股东会决定增资1000万元，增资款当月到账。

(说明：当地政府规定按房产原值一次扣除20%的余值计算房产税。)

根据上述资料，回答以下问题：

(1)甲公司非专利技术转让合同及增资应缴纳印花税(　　)元。

A. 2680 B. 5180
C. 2740 D. 5240

（2）甲公司签订的运输合同和租赁合同应缴纳印花税（　　）元。

A. 1350 B. 1375
C. 1360 D. 1400

【答案】（1）C；（2）A。

【解析】

（1）非专利技术转让合同印花税＝80×10000×0.03%＝240（元）

增资缴纳印花税＝1000×10000×0.05%×50%＝2500（元）

两者合计＝2500+240＝2740（元）

（2）运输合同印花税＝30×10000×0.05%＝150（元）

租赁合同印花税＝120×10000×0.1%＝1200（元）

两者合计＝150+1200＝1350（元）

【例题2·单选题】（2017年）甲公司进口一批货物，由境外的乙公司负责承运到海关，双方签订的运输合同注明所运输货物价值1000万元，运输费用25万元和保险费5000元，下列关于印花税的税务处理，正确的是（　　）。

A. 甲公司应缴纳印花税75元
B. 甲公司应缴纳印花税125元
C. 甲公司和乙公司免征印花税
D. 乙公司应缴纳印花税125元

【答案】B

【解析】由外国运输企业运输进出口货物的，运输企业所持的运费结算凭证免纳印花税，托运方所持的运费结算凭证，应以运费金额为计税依据缴纳印花税。

所以乙公司不交印花税，甲公司应缴纳印花税＝25×10000×0.5‰＝125（元）。

【例题3·单选题】（2013年）甲运输公司2012年12月与某律师事务所签订一份法律咨询合同，合同约定咨询费金额共计100万元，另外作为承运方签订一份运输合同，总金额400万元，甲公司随后将其中的100万元运输

业务转包给另一单位，并签订相关合同。该公司当月应缴纳印花税（　　）元。

A. 1500 B. 1800
C. 2500 D. 3000

【答案】C

【解析】法律咨询合同不缴纳印花税。应缴纳印花税＝（400+100）×0.5‰×10000＝2500（元）。

【例题4·单选题】（2013年改）2019年5月某企业仅与甲公司签订了委托加工合同，合同约定由甲公司提供原材料费用100万元，甲公司另收取加工费10万元。该企业当月应缴纳印花税（　　）元。

A. 50 B. 330
C. 350 D. 550

【答案】C

【解析】应缴纳印花税＝（100×0.3‰+10×0.5‰）×10000＝350（元）。

【例题5·单选题】（2012年改）2019年7月甲公司开业，实收资本500万元；与银行签订一份融资租赁合同，合同注明金额1000万元；当月受乙公司委托加工产品，合同约定由乙公司提供原材料费用200万元，甲公司收取加工费10万元。2019年7月甲公司应缴纳印花税（　　）元。

A. 2050 B. 3050
C. 1800 D. 3550

【答案】C

【解析】对银行及其他金融组织的融资租赁业务签订的融资租赁合同，应按合同所载租金总额，暂按借款合同贴花。应缴纳印花税＝500×0.5‰×50%×10000+1000×0.05‰×10000+10×0.5‰×10000＝1800（元）。

【例题6·单选题】（2011年改）甲公司2019年8月开业，实收资本6000万元。2020年增加资本公积200万元，3月与乙公司签订受托加工合同，约定由甲公司提供原材料费用100万元，并向乙公司收取加工费20万元；5月与丙公司签订技术开发合同，记载开发报酬金额100万元。2020年甲公司

应缴纳印花税( )元。

A. 1200　　　　　　　B. 1400

C. 1700　　　　　　　D. 1900

【答案】A

【解析】应缴纳印花税=（200×0.05%×50%+100×0.03%+20×0.05%+100×0.03%）×10000=1200（元）。

考点精析

1. 按比例税率计算应纳税额的方法

应纳税额=计税金额×适用税率

2. 按定额税率计算应纳税额的方法

应纳税额=凭证数量×单位税额

3. 计算印花税应纳税额应当注意的问题

（1）按金额比例贴花的应税凭证，未标明金额的，应按照凭证所载数量及国家牌价计算金额；没有国家牌价的，按市场价格计算金额，依适用税率贴足印花。

（2）应税凭证所载金额为外国货币的，按凭证书立当日的国家外汇管理局公布的外汇牌价折合人民币，计算应纳税额。

（3）同一凭证由两方或者两方以上当事人签订并各执一份的，应当由各方所执的一份全额贴花。

（4）同一凭证因载有两个或两个以上经济事项而适用不同税率，分别载有金额的，应分别计算应纳税额，相加后按合计税额贴花；未分别记载金额的，按税率高的计税贴花。

（5）已贴花的凭证，修改后所载金额增加的，其增加部分应当补贴印花税票。

（6）按比例税率计算纳税而应纳税额又不足1角的，免纳印花税；应纳税额在1角以上的，其税额尾数不满5分的不计，满5分的按1角计算贴花。

对财产租赁合同的应纳税额超过1角但不足1元的，按1元贴花。

4. 证券交易印花税的税务处理

（1）在上交所、深交所、全国中小企业股份转让系统买卖、继承、赠与A股、B股、优先股等所书立的股权转让书据，均按实际成交金额，由出让方按1‰计税。

（2）香港市场投资者通过沪港通买卖、继承、赠与上交所上市A股，按内地规定缴纳印花税。

（3）内地投资者通过沪港通买卖、继承、赠与联交所上市股票，按香港规定缴纳印花税。

结论：证券交易印花税的税率为1‰且出让方单方纳税。

【应试技巧】本考点的综合性比较强，需要考生结合计税依据、征税范围、减免税优惠等考点复习，这样才能正确地计算出税额。计算题还要注意尾数的问题。

阶段性测试

1.【单选题】根据我国印花税的规定，下列各项中属于印花税的纳税人的是( )。

A. 合同的证人　　　　B. 合同的担保人

C. 合同的鉴定人　　　D. 合同的当事人

2.【单选题】某汽车修配厂与机械进出口公司签订购买价值2000万元的测试设备合同，为购买此设备向工商银行签订金额为2000万元的借款合同。后因市场变化，将购销合同作废，改签融资租赁合同，租赁费1000万元。该厂共应缴纳印花税( )元。

A. 1500　　　　　　　B. 6500

C. 7000　　　　　　　D. 7500

3.【单选题】某建筑公司与甲企业签订一份建筑承包合同，合同金额6000万元。施工期间，该建筑公司又将其中价值800万元的安装工程转包给乙企业，并签订转包合同。该建筑公司上述合同应缴纳印花税( )万元。

A. 1.79　　　　　　　B. 1.8

C. 2.03　　　　　　　D. 2.04

阶段性测试答案精析

1. D 【解析】印花税的纳税人是指合同的当事人(对凭证有直接权利义务关系)，不包括合同的担保人、证人和鉴定人。

2. D 【解析】该厂共应缴纳印花税=(2000×0.3‰+2000×0.05‰+1000×0.05‰)×10000=7500(元)。

3. D 【解析】建筑承包合同中总包合同和分包合同都是需要贴花的，应纳印花税=(6000+800)×0.3‰=2.04(万元)。

考点六　征收管理★★

扫我解疑难

经典例题

【例题1·单选题】(2019年)下列关于印花税纳税义务发生时间的说法，错误的是( )。

A. 营业账簿在启用时贴花

B. 房屋产权证在领受时贴花

C. 购销合同在国外签订时贴花

D. 产权转移书据在国内立据时贴花

【答案】C

【解析】合同是在国外签订，并且不便在国外贴花，应在将合同带入境时办理贴花纳税手续。

【例题2·单选题】(2012年)纳税人采用按期汇总纳税方式缴纳印花税，应事先告知主管税务机关，缴纳方式一经选定，( )年内不得改变。

A. 1　　　　　　　　B. 2

C. 3　　　　　　　　D. 10

【答案】A

【解析】纳税人采用按期汇总缴纳方式的应当事先告知主管税务机关，缴纳方式一经选定，1年内不得改变。

【例题3·单选题】(2011年)国家政策性银行记载资金的账簿，一次贴花数额较大且难以承担的，经当地税务机关核准可分次贴花，贴足印花的期限是( )年内。

A. 2　　　　　　　　B. 3

C. 5　　　　　　　　D. 10

【答案】B

【解析】国家政策性银行记载资金的账簿，一次贴花数额较大且难以承担的，经当地税务机关核准，可在3年内分次贴足印花。

考点精析

1. 印花税的缴纳方法

(1)一般纳税方法。

①印花税通常由纳税人根据规定自行计算应纳税额，购买并一次贴足印花税票。

②纳税人将印花税票粘贴在应税凭证后，应即行注销，注销标记应与骑缝处相交。

③对国家政策性银行记载资金的账簿，一次贴花数额较大、难以承担的，经当地税务机关核准，可在3年内分次贴足印花。

(2)简化纳税方法(见表4-4)。

表4-4　简化纳税方法

简化纳税方法	适用情形	具体规定
以缴款书或完税凭证代替贴花	如果一份凭证的应纳税额数量较大，超过500元，贴用印花税票不方便的	纳税人可以采取将税收缴款书、完税证明其中一联粘贴在凭证上或者由税务机关在凭证上加注完税标记代替贴花
按期汇总缴纳印花税	同一种类应税凭证需要频繁贴花的	可由纳税人根据实际情况自行决定是否采用按期汇总申报缴纳印花税的方式。汇总申报缴纳的期限不得超过1个月
代扣税款汇总缴纳	税务机关委托当事人代扣	可以委托某些代理填开应税凭证的单位(如代办运输、联运的单位)对凭证当事人应纳的印花予以代扣，并按期汇总缴纳

(3)纳税贴花的其他具体规定。纳税人贴花时，必须遵照以下规定办理纳税事宜：

①在应纳税凭证书立或领受时即行贴花

完税，不得延至凭证生效日期贴花。

②印花税票应粘贴在应纳税凭证上，并由纳税人在每枚税票的骑缝处盖戳注销或画

销，严禁揭下重用。

③已经贴花的凭证，凡修改后所载金额增加的部分，应补贴印花。

④对已贴花的各类应纳税凭证，纳税人须按规定期限保管，不得私自销毁，以备纳税检查。

⑤凡多贴印花税票者，不得申请退税或者抵扣。

⑥纳税人对凭证不能确定是否应当纳税的，应及时携带凭证，到当地税务机关鉴别。

⑦纳税人同税务机关对凭证的性质发生争议的，应检附该凭证报请上一级税务机关核定。

⑧纳税人对纳税凭证应妥善保存。凭证的保存期限，凡国家已有明确规定的，按规定办理；其他凭证均应在履行纳税义务完毕后保存1年。

2. 纳税环节和纳税地点

（1）纳税环节。印花税应当在书立或领受时贴花。

如果合同在国外签订，并且不便在国外贴花的，应在将合同带入境时办理贴花纳税手续。

（2）纳税地点。印花税一般实行就地纳税。

3. 印花税票

印花税票是缴纳印花税的完税凭证，由国家税务总局负责监制。其票面金额以人民币为单位，分为壹角、贰角、伍角、壹元、贰元、伍元、拾元、伍拾元、壹佰元九种。

印花税票为有价证券，各地税务机关应按照国家税务总局的管理办法严格管理。

4. 核定征收印花税

根据《税收征收管理法》第35条的规定和印花税的税源特征，为加强印花税征收管理，纳税人有下列情形的，税务机关可以核定纳税人印花税计税依据：

（1）未按规定建立印花税应税凭证登记簿，或未如实登记和完整保存应税凭证的。

（2）拒不提供应税凭证或不如实提供应税凭证致使计税依据明显偏低的。

（3）采用按期汇总缴纳办法的，未按税务机关规定的期限报送汇总缴纳印花税情况报告，经税务机关责令限期报告，逾期仍不报告的；或者税务机关在检查中发现纳税人有未按规定汇总缴纳印花税情况的。

本章综合练习 限时80分钟

一、单项选择题

1. 下列关于印花税的纳税人，表述正确的是（　）。
   A. 各类电子应税凭证的使用人为纳税人
   B. 保人、证人为纳税人
   C. 在国外使用应税凭证的单位和个人为纳税人
   D. 立账簿人为纳税人

2. 下列合同中，应当征收印花税的是（　）。
   A. 会计咨询合同　　B. 法律咨询合同
   C. 技术咨询合同　　D. 审计咨询合同

3. 下列合同及证照，不缴纳印花税的是（　）。

A. 以电子形式签订的购销凭证
B. 商标注册证
C. 企业集团内部执行计划使用的出库单
D. 专利申请权转让协议

4. 下列合同中，属于印花税列举应税合同范围的是（　）。
   A. 某银行向另一银行签订的拆借800万元人民币的合同
   B. 企业与主管部门签订的租赁承包经营合同
   C. 某企业与科技公司签订的技术服务合同
   D. 某公司和税务师事务所签订的管理咨询合同

5. 某生产企业与运输公司签订一份运输合同，载明运输货物金额100万元、运输费20万元、装卸费5万元、保险费3万元。该企业应缴纳印花税( )元。

   A. 100　　　　B. 130

   C. 150　　　　D. 180

6. 2019年8月，甲公司销售一批货物给乙公司，签订购销合同，合同上未注明该批货物的金额，该货物没有国家牌价。已知同类货物的市场价是500000元。甲企业应缴纳的印花税为( )元。

   A. 150　　　　B. 5

   C. 0　　　　　D. 250

7. 某公司和银行签订融资租赁协议，合同规定由银行按照该公司的约定购进一台设备，银行购进后转租给该公司，银行向某企业购进设备价值500万元，该公司每年支付不含增值税租金200万元，分3年付清，结清后设备归该公司，则该公司就该业务应纳印花税( )元。

   A. 250　　　　B. 300

   C. 500　　　　D. 600

8. 某企业2019年资金账簿记载实收资本500万元，2020年资金账簿记载实收资本为700万元、资本公积30万元，2020年新启用其他账簿15本。该企业2020年应缴纳印花税( )元。

   A. 75　　　　 B. 575

   C. 3100　　　 D. 6225

9. 某加工企业接受某学校委托，制作一批校服，总金额为800万元，据此签订了加工承揽合同。合同记载制作校服的主要材料由学校提供，金额为420万元；辅助材料由加工企业提供，金额为150万元；加工费230万元。该加工企业应缴纳印花税( )元。

   A. 1150　　　 B. 1900

   C. 2100　　　 D. 4000

10. 2019年1月，甲公司将闲置厂房出租给乙公司，合同约定每月不含增值税租金3000元，租期未定。签订合同时，预收不含增值税租金8000元，双方已按定额贴花。6月底合同解除，甲公司收到乙公司补交租金10000元。甲公司6月应补缴印花税( )元。

    A. 13　　　　 B. 15

    C. 16　　　　 D. 18

11. 甲公司于2019年8月与乙公司签订了一份以货易货合同，以75万元的钢材换取65万元的水泥。另外甲公司取得差价10万元。甲公司8月应缴纳的印花税为( )元。

    A. 225　　　　B. 420

    C. 195　　　　D. 450

12. 某建筑公司与甲企业签订一份建筑承包合同，合同金额5000万元。施工期间，该建筑公司又将其中价值1000万元的安装工程转包给乙企业，并签订转包合同。该建筑公司上述合同应缴纳印花税( )万元。

    A. 1.49　　　 B. 1.50

    C. 1.79　　　 D. 1.80

13. 某企业2019年8月开业，领受房屋产权证、营业执照、商标注册证、土地使用证、专利证、卫生许可证各一份。公司实收资本500万元，资本公积300万元，除资金账簿外，启用了10本营业账簿；同年与甲公司签订了一份易货合同，合同约定，以价值420万元的产品换取380万元的原材料，甲公司补差价40万元。2019年该企业应纳印花税( )元。

    A. 4425　　　 B. 6775

    C. 6975　　　 D. 6980

14. 某企业2019年书立了以下合同：向某公司租赁设备一台，合同记载不含增值税年租金10万元，租期未定；接受甲公司委托加工一批产品，加工承揽合同中注明甲公司提供原材料金额180万元，支付加工费金额20万元。该企业2019年应纳印花税( )元。

    A. 450　　　　B. 940

C. 400　　　　　D. 105

15. 下列合同中，免征印花税的是（　）。

　　A. 预购合同

　　B. 技术转让合同

　　C. 个人买卖封闭式证券投资基金合同

　　D. 分包和转包合同

二、多项选择题

1. 下列合同中，应征收印花税的有（　）。

　　A. 未按期兑现的购销合同

　　B. 电网与用户之间签订的供用电合同

　　C. 发电厂与电网之间签订的购售电合同

　　D. 国家指定的收购部门与农民个人签订的农产品收购合同

　　E. 企业与会计师事务所签订的审计合同

2. 下列合同中，应按"产权转移书据"税目征收印花税的有（　）。

　　A. 商品房销售合同

　　B. 土地使用权转让合同

　　C. 专利申请权转让合同

　　D. 土地使用权出让合同

　　E. 商标专用权转让合同

3. 下列合同中，不属于印花税征税对象的有（　）。

　　A. 企业购进原料签订的合同

　　B. 仓储、保管合同或作为合同使用的入库单

　　C. 企业与主管部门签订的租赁承包合同

　　D. 电网与用户之间签订的供用电合同

　　E. 纳税人以电子形式签订的各类应税凭证

4. 依据印花税的有关规定，技术转让合同包括（　）。

　　A. 专利申请权转让合同

　　B. 专利权转让合同

　　C. 专利实施许可合同

　　D. 非专利技术转让合同

　　E. 专有技术使用权转让合同

5. 以下关于印花税的表述中，正确的有（　）。

　　A. 对公共租赁住房租赁双方免征签订租赁协议涉及的印花税

　　B. 企业债权转股权新增加的资金应按规定贴花

C. 以合并方式成立的新企业，其新启用的资金账簿记载的资金，应重新贴花

D. 实行公司制改造的企业在改制过程中成立的新企业，其新启用的资金账簿记载的资金，应重新贴花

E. 国家指定收购部门与村民委员会书立的农产品收购合同免征印花税

6. 下列关于印花税纳税贴花的表述中，正确的有（　）。

　　A. 签订应税凭证后，凭证生效之日起贴花完税

　　B. 多贴印花税票者，不得申请退还或抵扣印花税

　　C. 印花税票应贴在应纳税凭证上，由税务机关注销或画销

　　D. 已经贴花的凭证，凡合同修改后所载金额增加的，应补贴印花

　　E. 企业启用新账簿后，实收资本和资本公积两项的合计金额大于原已贴花金额的，仅就增加的部分补贴印花

7. 下列合同中，可免征印花税的有（　）。

　　A. 签订的无息、贴息贷款合同

　　B. 出售标准住宅签订的购销合同

　　C. 与高校学生签订的高校学生公寓租赁合同

　　D. 接收被处置证券公司财产签订的产权转移合同

　　E. 外国政府或国际金融组织向我国企业提供的优惠贷款所书立的合同

8. 下列项目中，符合印花税计税依据规定的有（　）。

　　A. 建筑安装工程承包合同的计税依据为转包金额

　　B. 仓储保管合同的计税依据为仓储保管的费用

　　C. 产权转移书据的计税依据是书据中所载的金额

　　D. 对采用易货方式进行商品交易签订的合同，应以易货差价为计税依据

E. 资金账簿的计税依据为实收资本和资本公积的两项合计金额

9. 根据最新的规定，以下关于印花税的表述正确的有（　　）。

A. 印花税票面金额以人民币为单位，根据票面金额大小，有9种情形

B. 营业账簿中的其他账簿按件贴花，每件5元

C. 具有合同性质的票据和单据，均应视为应税凭证按规定贴花

D. 在应纳税凭证书立或领受时即行贴花完税，遇特殊情况，也可延至凭证生效日期贴花

E. 对国家政策性银行记载资金的账簿，一次贴花数额较大，难以承担的，经当地税务机关核准，可在5年内分次贴足印花

10. 下列关于借款合同计税依据的表述中，正确的有（　　）。

A. 借贷双方签订的流动资金周转性借款合同，在限额内随借随还不签订新合同的，应就每次借款金额按借款合同贴花

B. 对一项信贷业务只填开借据并作为合同使用的，应以借据所载金额为计税依据计税贴花

C. 借款方以财产作抵押借款，抵押财产抵作借款的，涉及"借款合同"和"产权转移书据"税目的印花税

D. 银行及其他金融组织的融资租赁业务签订的融资租赁合同，按租赁合同计税

E. 对于基本建设总贷款合同，应按分合同分别计税贴花，最后签订的总合同，只就借款总额扣除分合同借款金额后的余额计税贴花

11. 下列凭证中，无需缴纳印花税的有（　　）。

A. 外国政府向我国企业提供优惠贷款所签订的借款合同

B. 银行同业拆借所签订的借款合同

C. 无息、贴息贷款合同

D. 仓库设置的属于会计核算范围，记载金额的相关账簿

E. 财产所有人将财产捐赠给学校所书立的各类书据

三、计算题

1. 某综合性企业2019年度发生如下业务：

（1）与A公司签订一项易货合同，约定用120万元市场价格的库存商品换取市场价格为140万元的原材料，支付A公司差价20万元。

（2）与B公司签订一份加工合同，为其加工一批特殊商品，原材料由该综合性企业提供，金额300万元，另外收取加工费120万元。

（3）与C公司签订一份建筑工程总承包合同，金额2500万元，施工期间将价值600万元的水电工程转包给其他施工单位，并签订了转包合同。由于施工单位安装水电工程的质量未达到企业的要求，企业实际支付其转包金额500万元。

（4）2019年度拥有房产原值6000万元，其中90%为企业自用（当地计算房产税余值的扣除比例为20%），10%对外出租，出租合同记载全年应取得租金收入80万元。

要求：根据上述资料，回答下列问题。

（1）与A公司签订的易货合同，应缴纳印花税（　　）元。

A. 360 　　　　　 B. 420

C. 780 　　　　　 D. 840

（2）与B公司签订的加工合同，应缴纳印花税（　　）元。

A. 600 　　　　　 B. 1260

C. 1500 　　　　　 D. 2100

（3）与C公司签订的建筑工程承包合同及转包合同应缴纳印花税（　　）元。

A. 1800 　　　　　 B. 7500

C. 9000 　　　　　 D. 9300

（4）自用与出租房产应缴纳的房产税和印花税共计（　　）万元。

A. 51.84 　　　　　 B. 61.44

C. 61.48 　　　　　 D. 61.52

2. 某企业于2019年5月成立，领取了营业执

照、卫生许可证、房屋产权证、土地使用证、商标注册证各一件，资金账簿记载实收资本1350万元，新启用其他营业账簿8本，当年发生经济业务如下：

(1)5月初将一间门面房租给某商户，签订财产租赁合同，租期一年，合同记载年租金12万元，本年内租金收入9万元。出租闲置的办公设备，签订租赁合同，月租金500元，但未指定具体租赁期限。

(2)8月与某公司签订货物运输保管合同，记载运费9万元、装卸费1万元、仓储保管费8万元、货物保价100万元。

(3)10月以一栋价值50万元的房产作抵押，取得银行抵押贷款40万元，并签订抵押贷款合同，年底由于资金周转困难，按合同约定将房产作价50万元转移给银行，并依法签订产权转移书据。

(4)12月与甲公司签订技术转让合同，转让收入按甲公司2019—2021年实现利润的30%支付。

(注：合同所载金额均为不含增值税的金额。)

要求：根据上述资料，回答下列问题。

(1)2019年该企业使用的证照与账簿应缴纳印花税( )元。

A. 3395　　　　　　B. 6815
C. 6850　　　　　　D. 6855

(2)2019年该企业签订租赁合同应缴纳印花税( )元。

A. 94.5　　　　　　B. 95
C. 124.5　　　　　　D. 125

(3)2019年该企业房产抵押贷款业务应缴纳印花税( )元。

A. 220　　　　　　B. 225
C. 270　　　　　　D. 275

(4)2019年该企业共计应缴纳印花税( )元。

A. 7334.5　　　　　B. 3920
C. 7339.5　　　　　D. 7340

本章综合练习参考答案及详细解析

一、单项选择题

1. D 【解析】各类电子应税凭证的签订人为印花税的纳税人；保人、证人不属于印花税的纳税人；在国外书立或领受，在国内使用应税凭证的单位和个人为印花税的纳税人，在国外使用应税凭证的单位和个人不是印花税的纳税人。

2. C 【解析】技术咨询合同是合同当事人就有关项目的分析、论证、评价、预测和调查订立的技术合同，而一般的法律、会计、审计等方面的咨询不属于技术咨询，其所立合同不贴印花。

3. C 【解析】选项C不属于印花税应税凭证的范围，不缴纳印花税。

4. C 【解析】印花税相关法规明确规定：借款合同中的银行同业拆借所签的借款合

同，企业与主管部门签订的租赁承包经营合同，技术服务合同中的会计、税务、法律咨询合同不属于印花税规定的列举征税范围。

5. A 【解析】应纳印花税 = 20 × 0.05% × 10000 = 100(元)。

6. A 【解析】购销合同中，合同未列明金额的，应按合同所载购销数量，依据国家牌价或市场价格计算应纳税额。应缴纳的印花税 = 500000 × 0.03% = 150(元)。

7. B 【解析】对银行和其他金融组织的融资租赁业务签订的融资租赁合同，应按合同所载租金总额，暂按借款合同计税。该公司应纳印花税 = 200 × 3 × 0.05‰ × 10000 = 300(元)。

8. B 【解析】应纳印花税 = (700 + 30 − 500) ×

$0.5‰×50\%×10000=575$（元）。

9. B 【解析】应纳印花税 $=(150+230)×$ $0.05\%×10000=1900$（元）。

10. A 【解析】该租赁业务发生的租金收入 $=$ $10000+8000=18000$（元）。应纳的印花税 $=$ $18000×1‰=18$（元），租期未定，先按5元定额贴花，应补税 $=18-5=13$（元）。

11. B 【解析】商品购销活动中，采用以货换货方式进行商品交易签订的合同，是反映既购又销双重经济行为的合同。对此，应按合同所载的购销合计金额计税贴花。
甲公司8月应缴纳的印花税 $=(75+65)×$ $0.03\%×10000=420$（元）。

12. D 【解析】建筑承包合同中总包合同和分包合同都是需要贴花的，应纳印花税 $=$ $(5000+1000)×0.3‰=1.80$（万元）。

13. A 【解析】自2018年5月1日起，对按万分之五税率贴花的资金账簿减半征收印花税，对按件贴花五元的其他账簿免征印花税；针对企业领受的6个证照，其中卫生许可证不在印花税征收范围之内。应纳印花税 $=5×5+(500+300)×0.05\%×$ $50\%×10000+(420+380)×0.03\%×10000=$ 4425（元）。

14. D 【解析】应纳印花税 $=5+20×10000×$ $0.5‰=105$（元）。

15. C 【解析】对投资者（包括个人和机构）买卖封闭式证券投资基金免征印花税。

二、多项选择题

1. AC 【解析】选项B，电网与用户之间签订的供用电合同不属于印花税列举征税的凭证，不征收印花税；选项D，国家指定的收购部门与村民委员会、农民个人书立的农副产品收购合同，属于免税合同；选项E，会计、审计合同不属于印花税征税范围。

2. ABDE 【解析】选项C，按技术转让合同计算缴纳印花税。

3. CD 【解析】企业与主管部门签订的租赁承包合同，不属于财产租赁合同，不征印花税；电网与用户之间签订的供用电合同

不征印花税。

4. AD 【解析】技术转让合同包括专利申请转让、非专利技术转让所书立的合同，但不包括专利权转让、专利实施许可所书立的合同、专有技术使用权转让合同，后者属于产权转移书据。

5. ABE 【解析】以合并方式成立的新企业，其新启用的资金账簿记载的资金，凡原已贴花部分可不再贴花，未贴花的部分和以后新增加的资金应按规定贴花；实行公司制改造并经县级以上政府和有关部门批准的企业在改制过程中成立的新企业，其新启用的资金账簿记载的资金，凡原已贴花部分可不再贴花，未贴花的部分和以后新增加的资金应按规定贴花。

6. BDE 【解析】选项A，应纳税凭证书立或领受时即行贴花完税，不得延至凭证生效日期贴花；选项C，是由纳税人自行注销或画销。

7. ACD 【解析】选项B，按产权转移书据征收印花税；选项E，外国政府或国际金融组织向我国政府及国家金融机构提供优惠贷款所书立的合同，免征印花税。

8. BCE 【解析】建筑安装工程承包合同的计税依据为全部的金额；对采用易货方式进行商品交易签订的合同，应以全部金额计税贴花。

9. AC 【解析】选项B，自2018年5月1日起，对按件贴花五元的其他账簿免征印花税；选项D，在应纳税凭证书立或领受时即行贴花完税，不得延至凭证生效日期贴花；选项E，应该是在3年内分次贴足印花。

10. BCE 【解析】选项A，借贷双方签订的流动资金周转性借款合同，在限额内随借随还不签订新合同的，不再另贴印花，因为已经按最高额计税贴花；选项D，银行及其他金融组织的融资租赁业务签订的融资租赁合同，按借款合同计税贴花。

11. BCE 【解析】选项A，外国政府向我国政府及国家金融机构提供优惠贷款所签

订的借款合同免征印花税；选项D，仓库设置的属于会计核算范围，记载金额的相关账簿需要缴纳印花税。

三、计算题

1. （1）C；（2）C；（3）D；（4）D。

【解析】（1）与A公司签订的易货合同，应缴纳印花税＝（120＋140）×10000×0.3‰＝780（元）。

（2）与B公司签订的加工合同，应缴纳印花税＝（300×0.3‰＋120×0.5‰）×10000＝1500（元）。

（3）与C公司签订的建筑工程承包合同及转包合同应缴纳印花税＝（2500＋600）×0.3‰×10000＝9300（元）。

（4）自用与出租房产应缴纳的房产税共计＝6000×90%×（1－20%）×1.2%＋80×12%＝61.44（万元）。

应缴纳印花税＝80×1‰＝0.08（万元）。

房产税和印花税共计＝61.44＋0.08＝61.52（万元）。

2. （1）A；（2）D；（3）C；（4）B。

【解析】（1）权利、许可证照包括房屋产权证、营业执照、商标注册证、专利证、土地使用证，每件按5元计税；自2018年5月1日起，对按万分之五税率贴花的资金账簿减半征收印花税，对按件贴花五元的其他账簿免征印花税。

应缴纳印花税＝4×5＋1350×0.5‰×50%×10000＝3395（元）。

（2）未指定具体租赁期限先按5元贴花。

应缴纳印花税＝12×1‰×10000＋5＝125（元）。

（3）先按借款合同贴花，抵押物转让，再按产权转移书据贴花。

应缴纳印花税＝40×0.05‰×10000＋50×0.5‰×10000＝270（元）。

（4）货物运输保管合同分别记载运费和保管费，分别按运输合同和仓储保管合同贴花。技术转让合同先按5元贴花。

应缴纳印花税＝9×0.5‰×10000＋8×1‰×10000＋5＋3395＋125＋270＝3920（元）。

『提示』10000表示将万元换算为元。

第5章 房产税

JINGDIAN TIJIE

考情分析

⟐ 历年考情分析

本章考题主要集中在纳税人、计税依据、应纳税额计算和税收优惠几个考核点上，在出题形式上主要体现为单选题和多选题，个别年份也会考计算题或综合分析题，如在2018年考题中，房产税就全面覆盖了所有题型。在考核计算题时，本章一般不单独考核，而是搭配城镇土地使用税、印花税等进行考核，如2018年就是搭配印花税进行考核的。本章考题难度不大，较易得分，但需要考生牢牢掌握基础知识，如2019年本章考核了房产税计税依据的题目，就属于基础知识的考核，较易得分。在计算的考核上，本章侧重于计税依据的判定，倾向于针对从价计征与从租计征两种方式的组合考核，因此需要考生准确掌握两种计税依据的税务处理。

⟐ 本章2020年考试主要变化

1. 删除无租使用其他房产的规定。
2. 删除邮政部门的房产税税收优惠政策。
3. 删除中国人民银行总行的房产税税收优惠政策。
4. 新增若干条税收优惠政策。

核心考点及真题详解

考点一 房产税的特点 ★

扫我解疑难

📝 经典例题

【例题·单选题】下列关于房产税的说法中，不正确的是( )。

A. 我国的房产税属于个别财产税
B. 房产税在城市、县城、建制镇和工矿区范围内征收，不涉及农村
C. 房产税只按照房产计税余值征收
D. 房产税以房屋为征税对象

【答案】C

【解析】拥有房屋的单位和个人，既可以将房屋用于经营自用，又可以将房屋用于出租。房产税根据纳税人经营形式不同，对前一类房屋按房产计税余值征收，对后一类房屋按租金收入计税。

📝 考点精析

房产税的特点包括：

(1)房产税属于财产税中的个别财产税。

按征税对象的范围不同，财产税可以分为一般财产税与个别财产税。

房产税属于个别财产税，其征税对象只

是房屋。

（2）征税范围限于城镇的经营性房屋。房产税在城市、县城、建制镇和工矿区范围内征收，不涉及农村。

（3）区别房屋的经营使用方式规定不同的计税依据。

【应试技巧】 房产税的特点一般不会单独出题，会与其他考点结合出题。

考点二 征税范围★★

扫我解疑难

📝 **经典例题**

【例题·多选题】（2014年改）依据房产税相关规定，下列说法中，正确的有(   )。

A. 房产税的征税范围不包括农村

B. 房屋产权出典的由承典人缴纳房产税

C. 对饮水工程运营管理单位自用的办公用房产免征房产税

D. 专门经营农产品的农产品批发市场自用的房产应征收房产税

E. 为社区提供养老服务的机构自有并用于出租的房产

【答案】 ABC

【解析】 专门经营农产品的农产品批发市场自用的房产免征房产税；为社区提供养老、托育、家政等服务的机构自有或其通过承租、无偿使用等方式取得并用于提供社区养老、托育、家政服务的房产，免征房产税。

📝 **考点精析**

1. 房产的界定

房产是以房屋形态表现的财产。房屋的范围见表5-1。

表5-1 房屋的范围

分类	具体范围
属于房屋	有屋面和围护结构（有墙或两边有柱），能够遮风避雨，可供人们在其中生产、工作、学习、娱乐、居住或储藏物资的场所

续表

分类	具体范围
不属于房屋	独立于房屋之外的建筑物，如围墙、烟囱、水塔、变电塔、油池油柜、酒窖菜窖、酒精池、糖蜜池、室外游泳池、玻璃暖房、砖瓦石灰窑以及各种油气罐等

2. 征税的地域范围（见表5-2）

房产税在城市、县城、建制镇和工矿区征收。

表5-2 征收房产税的地域范围

分类	地域范围
城市	经国务院批准设立的市。城市的征税范围为市区、郊区和市辖县城，不包括农村
县城	县人民政府所在地
建制镇	省、自治区、直辖市人民政府批准设立的建制镇。建制镇的征税范围为镇人民政府所在地，不包括所辖的行政村
工矿区	工商业比较发达、人口比较集中，符合国务院规定的建制镇标准。开征房产税的工矿区须经省、自治区、直辖市人民政府批准

【应试技巧】 在房产税征税范围内的房产，除有税收优惠之外，都要按照规定缴纳房产税。房产税征税范围一般会结合房产税税收优惠进行考核，两个考点要结合起来复习。

考点三 纳税人★★

扫我解疑难

📝 **经典例题**

【例题1·单选题】（2018年改）下列关于房产税纳税人的税法，正确的是(   )。

A. 产权出典的，由出典人缴纳房产税

B. 产权属于国家所有的，由经营管理单位缴纳房产税

C. 产权未确定的，无需缴纳房产税

D. 无论产权所有人是否在房屋所在地，均由产权所有人缴纳房产税

【答案】 B

第5章 房产税

【解析】选项 A，产权出典的，由承典人纳税；选项 C，产权未确定及租典纠纷未解决的，由房产代管人或者使用人纳税；选项 D，产权所有人不在房屋所在地的，由房产代管人或者使用人缴纳房产税。

【例题 2·多选题】（2016 年改）下列关于房产税纳税人及缴纳税款，说法正确的有（　）。

A. 租赁合同约定有免收租金期限的出租房产，免收租金期间不需缴纳房产税

B. 融资租赁的房产未约定开始日的，由承租人自合同签订当日起缴纳房产税

C. 房屋租典纠纷未解决的由房产代管人或者使用人缴纳房产税

D. 产权出典的由承典人缴纳房产税

E. 产权出租的由出租人缴纳房产税

【答案】CDE

【解析】选项 A，免收租金期间由产权所有人缴纳房产税；选项 B，融资租赁的房产未约定开始日的，由承租人自合同签订的次月起按照房产余值缴纳房产税。

📝**考点精析**

房产税纳税人见表 5-3。

表 5-3　房产税纳税人

情形	纳税人
产权属国家所有的	经营管理单位
产权属集体和个人所有的	集体单位和个人
产权出典的	承典人
产权所有人、承典人不在房屋所在地的	房产代管人或者使用人
产权未确定及租典纠纷未解决的	

『提示』以外币记账的外资企业及外籍个人在缴纳房产税时，均应按缴款上月最后一日的人民币汇率中间价折合成人民币。

考点四　计税依据和税率★★★

扫我解疑难

📝**经典例题**

【例题 1·单选题】（2019 年）下列关于房产税房产原值的说法，正确的是（　）。

A. 计征房产税的房产原值不包括电梯、升降梯

B. 计征房产税的房产原值包括电力、电讯、电缆导线

C. 改建原有房屋的支出不影响计征房产税的房产原值

D. 计征房产税的房产原值不包括会计上单独核算的中央空调

【答案】B

【解析】针对选项 A、B，房产原值包括与房屋不可分割的各种附属设备或一般不单独计算价值的配套设施。主要有电力、电讯、电缆导线；电梯、升降机、过道、晒台等。因此选项 A 错误，选项 B 正确；选项 C，对原有房屋进行改建、扩建的，要相应增加房屋的原值；选项 D，凡以房屋为载体，不可随意移动的附属设备和配套设施，如给排水、采暖、消防、中央空调等，无论在会计核算中是否单独记账与核算，都应计入房产原值，计征房产税。

【例题 2·单选题】（2018 年）赵某 2017 年 1 月 31 日将自有住房出租，当月交付使用，每月收入不含增值税租金 5000 元，赵某 2017 年应缴纳房产税（　）元。

A. 2200　　　　　　B. 2400

C. 6600　　　　　　D. 7200

【答案】A

【解析】个人出租住房减按4%的税率计征房产税。

应缴纳的房产税=5000×11×4%=2200(元)

【例题3·单选题】(2017年)下列出租住房的行为,不分用途一律减按4%的税率征收房产税的是( )。

A. 个人出租在城市的住房

B. 企业出租在农村的住房

C. 事业单位出租在县城的住房

D. 社会团体出租在工矿区的住房

【答案】A

【解析】对个人出租住房,不区分用途,按4%的税率征收房产税。农村居民住房不属于房产税的征税范围。

【例题4·单选题】(2017年)2016年4月,甲公司以原值500万元、已计提折旧200万元的房产对乙公司投资,甲公司每月收取固定利润1.5万元(不含增值税),4月底乙公司办妥房产过户手续。甲公司所在地政府规定计算房产余值的扣除比例为20%,2016年甲公司该房产应缴纳房产税( )万元。

A. 2.58

B. 2.34

C. 2.82

D. 3.04

【答案】D

【解析】应缴纳房产税=500×(1-20%)×1.2%×4÷12+1.5×8×12%=3.04(万元)。

【例题5·单选题】(2016年)某公司2014年购进一处房产,2015年5月1日用于投资联营,投资期3年,当年取得固定收入160万元,房产原值3000万元,扣除比例30%,2015年应纳房产税( )万元。

A. 27.6

B. 29.7

C. 21.2

D. 44.4

【答案】A

【解析】以房产投资联营,取得固定收入,不承担联营风险,视同出租。

应缴纳房产税=3000×(1-30%)×1.2%×4÷12+160×12%=27.6(万元)。

【例题6·单选题】(2010年)某企业有厂房一栋,原值200万元,2009年年初对该厂房进行扩建,2009年8月底完工并办理验收手续,增加了房产原值45万元,另外对厂房安装了价值15万元的排水设备并单独作固定资产核算。已知当地政府规定计算房产余值的扣除比例为20%,2009年度该企业应缴纳房产税( )元。

A. 20640

B. 21000

C. 21120

D. 21600

【答案】C

【解析】纳税人对原有房屋进行改建、扩建的,要相应增加房屋的原值。厂房的排水设备,不管会计核算中是否单独记账与核算,都应计入房产原值,计征房产税。

应纳房产税=200×(1-20%)×1.2%÷12×8×10000+(200+45+15)×(1-20%)×1.2%÷12×4×10000=21120(元)。

考点精析

1. 计税依据

计税依据分为按房产余值计税和按租金收入计税两种。

(1)对经营自用的房屋,以房产的计税余值作为计税依据。

在确定计税余值时,房产原值的具体减除比例,由省、自治区、直辖市人民政府在税法规定的减除幅度内自行确定。

房产原值的确定如图5.1所示。

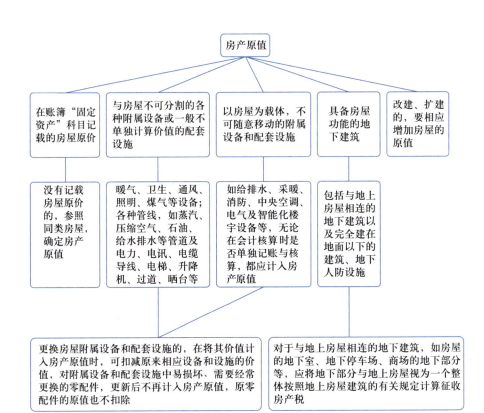

图 5.1　房产原值的确定

『提示』自 2016 年 5 月 1 日起，房产出租的，计征房产税的租金收入不含增值税。

（2）对于出租的房屋，以租金收入为计税依据。

（3）投资联营房产的计税依据。

①对于以房产投资联营，投资者参与投资利润分红，共担风险的，由被投资方按房产的计税余值作为计税依据计征房产税；

②对以房产投资，收取固定收入，不承担联营风险的，由出租方按租金收入计算缴纳房产税。

（4）对融资租赁房屋在计征房产税时应以房产余值计算征收。

（5）居民住宅区内业主共有的经营性房产的计税依据。对居民住宅区内业主共有的经营性房产，由实际经营（包括自营和出租）的代管人或使用人缴纳房产税。其自营的，依照房产原值减除 10% 至 30% 后的余值计征，没有房产原值或不能将共有住房划分开的，由房产所在地税务机关参照同类房产核定房产原值；出租的，依照租金计征。

2. 税率

从价计征的税率为 1.2%，从租计征的税率是 12%。

2008 年 3 月 1 日起，对个人出租住房，不区分用途，按 4% 的税率征收房产税。对企事业单位、社会团体以及其他组织按市场价格向个人出租用于居住的住房，减按 4% 的税率征收房产税。

【应试技巧】房产税计税依据通常与房产税的计算结合起来考核，只有正确掌握房产税的计税依据，才能计算出正确的税额。

考点五　应纳税额的计算 ★★★

扫我解疑难

📝 经典例题

【例题 1 · 计算题】（2018 年 · 节选）某市甲公司 2018 年发生以下应税行为：

（1）5月份与乙公司签订两份合同，其中货物运输合同注明运费30万元，保管费5万元，装卸费2万元；房屋租赁合同注明原值1000万元的房产出租给乙公司开办快捷酒店，合同约定5月31交付使用，租期1年，年租金120万元。

（2）6月底自建的办公楼交付使用，其入账价值为1500万元（不包括中央空调80万元）。

（说明：以上价格不含增值税，当地政府规定按房产原值一次扣除20%的余值计算房产税）

根据上述资料，回答以下问题：

（1）甲公司2018年自建的办公楼应缴纳房产税（　　）元。

A. 75840　　　　　B. 88480

C. 84000　　　　　D. 94800

（2）甲公司2018年出租的房产应缴纳房产税（　　）元。

A. 108000　　　　B. 144000

C. 124000　　　　D. 168000

【答案】（1）A；（2）C。

【解析】

（1）应纳房产税 =（1500 + 80）×（1 - 20%）× 1.2%×6÷12×10000 = 75840（元）。

（2）租赁房产应纳房产税 = 1000×（1 - 20%）× 1.2%×5÷12×10000 + 120×12%×7÷12×10000 = 124000（元）。

【例题2·单选题】（2015年）王某拥有两处房产，一处原值90万元的房产供自己及家人居住，另一处原值40万元的房产于2015年6月30日出租给他人居住，按市场价每月取得租金收入2400元。王某当年应缴纳房产税（　　）元。

A. 288　　　　　B. 840

C. 1152　　　　D. 576

【答案】D

【解析】个人居住用房不用缴纳房产税。王某当年应缴纳房产税 = 2400×4%×6 = 576（元）。

考点精析

1. 地上建筑物

应纳税额 = 房产计税余值（或租金收入）×

适用税率

其中：房产计税余值 = 房产原值×（1 - 原值减除比例）

2. 独立地下建筑物

（1）工业用途房产，以房屋原价的50% ~ 60%作为应税房产原值。

应纳房产税的税额 = 应税房产原值×[1 - （10% ~ 30%）]×1.2%

（2）商业和其他用途房产，以房屋原价的70% ~ 80%作为应税房产原值。

应纳房产税的税额 = 应税房产原值×[1 - （10% ~ 30%）]×1.2%

3. 出租的地下建筑

出租的地下建筑按照出租地上房屋建筑的有关规定计算征收房产税。

阶段性测试

1. 【多选题】以下属于房产税的特点的有（　　）。

A. 属于财产税中的个别财产税

B. 征税范围限于征税范围内的经营性房屋

C. 区别房屋的经营使用方式规定征税方法

D. 筹集地方财政收入

E. 配合住房制度改革

2. 【单选题】下列有关房产税纳税义务的表述中，错误的是（　　）。

A. 房屋出租的，一般情况下，由承租人纳税

B. 房屋产权出典的，由承典人纳税

C. 房屋产权未确定的，由代管人或使用人纳税

D. 产权人不在房屋所在地的，由房屋代管人或使用人纳税

3. 【多选题】下列关于房产投资的房产税的说法中，正确的有（　　）。

A. 以房产投资成立有限公司，投资方按房产余值为计税依据计征房产税

B. 房产联营投资，不承担经营风险，只收取固定收入，投资方以固定收入为租金收入，以租金收入为计税依据计征房产税

第5章　房产税

C. 以房产联营投资, 共担经营风险的, 被投资方按房产余值为计税依据计征房产税

D. 以房产联营投资, 共担经营风险的, 投资方不再计征房产税

E. 以房产联营投资, 不共担经营风险的, 投资方按房产余值为计税依据计征房产税

4.【单选题】某市一商贸企业 2018 年年末建成办公楼一栋, 为建造办公楼新征一块土地, 面积为 45000 平方米, 土地单价为每平方米 300 元, 房产建筑面积为 20000 平方米, 建筑成本为 2000 万元, 该办公楼使用年限为 50 年, 当地政府规定计算房产余值扣除的比例为 20%, 该商贸企业 2019 年应缴纳的房产税为( )万元。

A. 30.72   B. 32.16

C. 42.16   D. 19.2

📝 **阶段性测试答案精析**

1. ABC 【解析】选项 D、E 属于房产税的立法原则, 不是房产税的特点。

2. A 【解析】房屋出租的, 一般情况下, 由出租人纳税; 当发生租赁关系争议时, 由使用人即承租人纳税。

3. BCD 【解析】以房产联营投资的, 房产税计税依据应区别对待: 以房产联营投资, 共担经营风险的, 由被投资方按房产余值为计税依据计征房产税; 以房产联营投资, 不承担经营风险, 只收取固定收入的, 实际是以联营名义取得房产租金, 因此应由投资方按租金收入计征房产税; 对于成立有限公司的, 房产应当过户到新公司的名下, 故投资方不再缴纳房产税。

4. A 【解析】该地的容积率 = 20000÷45000 = 0.44, 税法规定, 容积率低于 0.5 的, 按房产建筑面积的 2 倍计算土地面积并据此确定计入房产原值的地价。该房产的原值 = 2000 + (20000×2×300)÷10000 = 3200(万元), 2017 年应缴纳的房产税 = 3200×(1-20%)×1.2% = 30.72(万元)。

考点六　减免税优惠 ★★★

扫我解疑难

📝 **经典例题**

【例题 1·多选题】(2018 年)根据房产税相关规定, 下列房产可免征房产税的有( )。

A. 按政府规定价格出租的公有住房

B. 公园内的照相馆用房

C. 饮水工程运营管理单位自用的生产用房

D. 施工期间为基建工地服务的临时性办公用房

E. 市文工团的办公用房

【答案】ACDE

【解析】选项 B, 应征收房产税。

【例题 2·多选题】(2017 年改)下列关于房产税的说法中, 正确的有( )。

A. 非营利性老年服务机构自用房产暂免征收房产税

B. 外商投资企业的自用房产免征房产税

C. 企业办的技术培训学校自用的房产免征房产税

D. 高校学生公寓免征房产税

E. 中国国家铁路集团有限公司所属铁路运输企业自用房产免征房产税

【答案】ACDE

【解析】选项 B, 外商投资企业自用的房产, 应缴纳房产税, 没有免税规定。

【例题 3·多选题】(2016 年改)下列关于房产税减免税的说法正确的有( )。

A. 非营利性老年服务机构自用的房产免征房产税

B. 经有关部门鉴定为毁损不堪居住的房屋停止使用后免征房产税

C. 外商投资企业的自用房产免征房产税

D. 对纳税人从事大型客机研制项目自用的科研房产免征房产税

E. 高校学生公寓免征房产税

【答案】ABDE

【解析】 外商投资企业的自用房产要正常交税。

【例题 4·多选题】（2014 年）下列房产中，经财政部和国家税务总局批准可以免征房产税的有（　）。

A．国家机关自用房产

B．公园附设的影剧院

C．老年服务机构自用的房产

D．中国人寿保险公司自用的房产

E．国有企业自办的幼儿园自用的房产

【答案】 CE

【解析】 国家机关自用的房产，属于法定免税，不属于财政部和国家税务总局批准的免税范围；公园附设的影剧院和中国人寿保险公司自用的房产需要按照规定缴纳房产税。

考点精析

下列房产免征房产税：

（1）国家机关、人民团体、军队自用的房产。

（2）国家财政部门拨付事业经费的单位自用的房产。

（3）宗教寺庙、公园、名胜古迹自用的房产。

（4）个人拥有的非营业用的房产。

（5）企业办的各类学校、医院、托儿所、幼儿园自用的房产，免征房产税。

（6）经有关部门鉴定，对毁损不堪居住的房屋和危险房屋，在停止使用后，可免征房产税。

（7）凡是在基建工地为基建工地服务的各种工棚、材料棚、休息棚和办公室、食堂、茶炉房、汽车房等临时性房屋，在施工期间，一律免征房产税。但是，在基建工程结束以后，施工企业将这种临时性房屋交还或者估价转让给基建单位的，应当从基建单位接收的次月起依照规定征收房产税。

（8）纳税人因房屋大修导致连续停用半年以上的，在房屋大修期间免征房产税。

（9）纳税单位与免税单位共同使用的房屋，按各自使用的部分划分，分别征收或免征房产税。

（10）老年服务机构自用的房产暂免征收房产税。

（11）对按政府规定价格出租的公有住房和廉租住房，暂免征收房产税。

（12）对房地产开发企业建造的商品房，在出售前不征收房产税。但对出售前房地产开发企业已使用或出租、出借的商品房应按规定征收房产税。

（13）为支持农村饮水安全工程（以下称饮水工程）巩固提升，自 2019 年 1 月 1 日至 2020 年 12 月 31 日对饮水工程运营管理单位自用的生产、办公用房产，免征房产税。

对于既向城镇居民供水，又向农村居民供水的饮水工程运营管理单位，依据向农村居民供水量占总供水量的比例免征房产税。无法提供具体比例或所提供数据不实的，不得享受优惠政策。

（14）为继续支持公共租赁住房（公租房）建设和运营，对公租房免征房产税。公租房经营管理单位应单独核算公租房租金收入，未单独核算的，不得享受免征房产税优惠政策。

（15）自 2019 年 1 月 1 日至 2021 年 12 月 31 日，对高校学生公寓免征房产税。高校学生公寓是指，为高校学生提供住宿服务，按照国家规定的收费标准收取住宿费的高校学生公寓免征房产税。

（16）自 2019 年 1 月 1 日至 2021 年 12 月 31 日，对专门经营农产品的农产品批发市场、农贸市场（包括自有和承租）专门用于经营农产品的房产，暂免征收房产税。对同时经营其他产品的农产品批发市场和农贸市场使用的房产、土地，按其他产品与农产品交易场地面积的比例确定征免房产税。

（17）自 2019 年 1 月 1 日至 2020 年 12 月 31 日，对向居民供热收取采暖费的"三北"地区供热企业，为居民供热所使用的厂房免征房产税；对供热企业其他厂房，应当按照规定征收房产税。

（18）自 2019 年 1 月 1 日至 2021 年 12 月

31 日，由省、自治区、直辖市人民政府根据本地区实际情况，以及宏观调控需要确定，对增值税小规模纳税人可以在 50% 的税额幅度内减征房产税。

（19）自 2019 年 1 月 1 日至 2021 年 12 月 31 日，对商品储备管理公司及其直属库自用的承担商品储备业务的房产免征房产税。

（20）自 2019 年 6 月 1 日至 2025 年 12 月 31 日，为社区提供养老、托育、家政等服务的机构自有或其通过承租、无偿使用等方式取得并用于提供社区养老、托育、家政服务的房产，免征房产税。

（21）自 2019 年 1 月 1 日至 2020 年 12 月 31 日，对纳税人及其全资子公司从事大型客机研制项目自用的科研、生产、办公房产免征房产税。

（22）对经营性文化事业单位由财政部门拨付事业经费的文化单位转制为企业，自转制注册之日起五年内对其自用房产免征房产税。2018 年 12 月 31 日之前已完成转制的企业，自 2019 年 1 月 1 日起对其自用房产可继续免征 5 年房产税。

（23）自 2018 年 1 月 1 日至 2023 年 12 月 31 日，对纳税人及其全资子公司从事大型民用客机发动机、中大功率民用涡轴涡桨发动机研制项目自用的科研、生产、办公房产，免征房产税。

考点七　征收管理★★

扫我解疑难

📖 经典例题

【例题·多选题】（2015 年）下列关于房产税纳税义务发生时间的说法，正确的有（　）。

A. 购置存量房，自房地产权属登记机关签发房屋权属证书之次月起计征房产税

B. 委托施工企业建设的房屋，从办理验收手续之日的次月起计征房产税

C. 房地产开发企业自用本企业建造的商品

房，自房屋使用或交付之次月起计征房产税

D. 将原有房产用于生产经营，从生产经营之次月起计征房产税

E. 购置新建商品房，自房地产权属登记机关签发房屋权属证书之次月起计征房产税

【答案】ABC

【解析】选项 D，将原有房产用于生产经营，从生产经营之月起，计征房产税；选项 E，购置新建商品房，自房屋交付使用之次月起计征房产税。

📖 考点精析

1. 纳税义务发生时间

（1）将原有房产用于生产经营的，从生产经营之月起，计征房产税。

（2）自建的房屋用于生产经营的，自建成之日的次月起，计征房产税。

（3）委托施工企业建设的房屋，从办理验收手续之日的次月起，计征房产税。对于在办理验收手续前已使用或出租、出借的新建房屋，应从使用或出租、出借的当月起按规定计征房产税。

（4）购置新建商品房，自房屋交付使用之次月起计征房产税。

（5）购置存量房，自办理房屋权属转移、变更登记手续，房地产权属登记机关签发房屋权属证书之次月起计征房产税。

（6）出租、出借房产，自交付出租、出借房产之次月起计征房产税。

（7）房地产开发企业自用、出租、出借本企业建造的商品房，自房屋使用或交付之次月起计征房产税。

『提示』上述内容中（1）是从当月开始计税，其他都是从次月开始计税。

2. 纳税期限

房产税实行按年征收，分期缴纳。纳税期限由省、自治区、直辖市人民政府规定。各地一般按季或半年征收。

3. 纳税申报

房产税的纳税申报，是房屋产权所有人

或纳税人缴纳房产税必须履行的法定手续。

4. 纳税地点

房产税在房产所在地缴纳。房产不在同一地方的纳税人，应按房产的坐落地点分别向房产所在地的税务机关缴纳。

本章综合练习 限时80分钟

一、单项选择题

1. 下列各项中，符合房产税规定的是( )。

A. 产权属于集体的，不缴纳房产税

B. 房屋产权出典的，由出典人缴纳房产税

C. 产权所有人不在房屋所在地的，由房产代管人或使用人缴纳房产税

D. 产权属于国家所有的，不缴纳房产税

2. 下列属于房产税征收范围的是( )。

A. 露天游泳池

B. 房地产开发企业建造的商品房在出售前对外出租

C. 某工业企业地处于农村的生产用房

D. 房地产开发企业开发的待售商品房

3. 下列各项中，符合房产税纳税人规定的是( )。

A. 房屋出典的由出典人纳税

B. 房屋出租的由承租人纳税

C. 房屋产权未确定的由代管人或使用人纳税

D. 产权承典人不在房屋所在地的，由承典人纳税

4. 赵某拥有三套房产，一套供自己和家人居住；另一套于2019年7月1日出租给王某居住，每月不含增值税租金收入1200元；还有一套于9月1日出租给李某用于生产经营，每月不含增值税租金5000元。2019年赵某应缴纳房产税( )元。

A. 1088   B. 1664

C. 2688   D. 3264

5. 2019年年初，某企业拥有房产原值共计8000万元，其中生产经营用房原值6500万元、内部职工医院用房原值500万元、托儿所用房原值300万元、超市用房原值700万元。当地政府规定计算房产余值的扣除比例为20%，2019年该企业应缴纳房产税( )万元。

A. 62.4   B. 69.12

C. 76.8   D. 77.92

6. 某企业2019年有一处地下建筑物，为商业用途房产(房产原值80万元)，10月底将其出售。当地政府规定房产税减除比例为30%，商业用途地下建筑房产以原价的70%作为应税房产原值。2019年该企业应缴纳房产税( )元。

A. 3920   B. 4312

C. 4704   D. 4820

7. 2019年某企业支付8000万元取得10万平方米的土地使用权，新建厂房建筑面积6万平方米，工程成本2000万元，2019年年底竣工验收，对该企业征收房产税的房产原值是( )万元。

A. 2000   B. 6400

C. 8000   D. 10000

8. 甲企业2019年年初拥有厂房原值2000万元，仓库原值500万元。2019年5月20日，将仓库以1000万元的价格转让给乙企业，当地政府规定房产税减除比例为30%。甲企业当年应缴纳房产税( )万元。

A. 17.65   B. 18.2

C. 18.55   D. 20.3

9. 甲企业2019年6月以融资租赁的方式租入一处房产，原值1000万元，租赁期5年，租入当月投入使用，每月支付租赁费10万元(当地计算房产余值的扣除比例为20%)。2019年甲企业融资租赁的房产应

第5章 房产税

221

缴纳房产税( )万元。

A. 4.8   B. 5.6

C. 7.2   D. 8.4

10. 某企业拥有一栋原值为2000万元的房产，2019年2月10日将其中的40%出售，月底办理好产权转移手续。已知当地政府规定房产计税余值的扣除比例为20%，2019年该企业应纳房产税( )万元。

A. 11.52   B. 12.16

C. 12.6   D. 12.8

11. 某企业2019年年初委托施工企业建造仓库一幢，9月底办理验收手续，仓库入账原值400万元；9月30日将原值300万元的旧车间对外投资联营，当年收取固定利润10万元。当地政府规定房产计税余值扣除比例为30%。2019年度该企业上述房产应缴纳房产税( )万元。

A. 3.6   B. 3.93

C. 4.14   D. 6.25

12. 2019年某企业有两处独立的地下建筑物，分别为工业用途房产(原价30万元)和非工业用途房产(原价20万元)。该企业所在省规定房产税依照房产原值减除30%后的余值计算缴纳，工业用途地下建筑房产以原价的50%作为应税房产原值，其他用途地下建筑房产以原价的80%作为应税房产原值。2019年该企业的地下建筑物应缴纳房产税( )元。

A. 2604   B. 2576

C. 3864   D. 4200

13. 下列说法符合房产税规定的是( )。

A. 房产税的计税余值的扣除比例由当地省、自治区、直辖市人民政府在幅度内自行确定

B. 房屋的租金收入，是房屋产权所有人出租房产使用权取得的货币收入

C. 房产税在城市、县城、建制镇、工矿区和农村征收

D. 企事业单位按市场价格向个人出租于居住的住房，房产税税率是12%

14. 下列选项免征房产税的是( )。

A. 老年服务机构对外出租的房产

B. 居民住宅区内业主共有的经营性房产

C. 纳税单位与免税单位共同使用的房屋，纳税单位使用的部分

D. 经营公共租赁住房所取得的租金收入

15. 下列计算地下建筑物房产税的方法正确的是( )。

A. 地下建筑物以应税房产原值为计税依据

B. 对于与地上房屋相连的地下建筑物，应将地下部分和地上房屋视为一个整体按照地上房屋建筑的有关规定缴纳房产税

C. 独立地下建筑物若作工业用途，以房屋原价的10%~30%作为应税房产原值

D. 独立地下建筑物若作商业用途，以房屋原价的50%~60%作为应税房产原值

二、多项选择题

1. 下列关于房产税的说法，正确的有( )。

A. 我国的房产税属于个别财产税

B. 向城镇居民供水的饮水工程运营管理单位自用的办公用房产免征房产税

C. 居民住宅区内业主共有的经营性房产，一律依照租金收入计征房产税

D. 自建的房屋用于经营的，从建成竣工的当月起计征房产税

E. 纳税人对原有房屋进行改建的，应相应增加房屋的原值

2. 依据房产税相关规定，下列说法，正确的有( )。

A. 房产税的征税范围包括农村

B. 房屋产权出典的由出典人缴纳房产税

C. 老年服务机构自用的房产免征房产税

D. 专门经营农产品批发市场使用的房产在限定年度内免征房产税

E. 为社区提供养老服务的机构自有并用于提供社区养老服务的房产，免征房产税

3. 下列房产中，免征房产税的有( )。

A. 保险公司的房产

B. 房地产开发企业建造的尚未出售的商品房

C. 实行差额预算管理的事业单位自用的房产

D. 房管部门按规定价格向居民出租的公有住房

E. 因大修停用3个月的房产

4. 下列房产中，经财政部和国家税务总局批准可以免征房产税的有（ ）。

A. 企业办的幼儿园自用房产

B. 企业自办学校用的房产

C. 企业因季节性停用的房产

D. 企业停产后出租给饮食业的房产

E. 施工期间在基建工地为其服务的临时性房产

5. 下列各项中，应依照房产余值缴纳房产税的有（ ）。

A. 产权出典的房产

B. 融资租赁的房产

C. 约定免租期的房产

D. 用于自营的居民住宅区内业主共有的经营性房产

E. 对外出租的房产

6. 关于房产税的征收方法，下列表述正确的有（ ）。

A. 对收取采暖费的"三北"地区供热企业，为企业供热所使用的厂房免征房产税

B. 房产不在同一地方的，应分别向房产所在地税务机关缴纳房产税

C. 地下建筑物折算房产应税原值的比例，由各省、自治区、直辖市人民政府确定

D. 融资租赁房屋的，由承租人依照房产余值计算缴纳房产税

E. 出租的房产，以房产余值作为房产税计税依据

7. 下列各项符合房产税计税依据规定的有（ ）。

A. 独立地下建筑物若作商业和其他用途，以其房屋原价的50%~60%作为应税房产的原值

B. 融资租赁方式租入的房屋，以每期支付的租赁费为计税依据

C. 对经营自用的房屋，以房产的计税余值作为计税依据

D. 纳税人对原有房屋进行改造、扩建的，要相应增加房屋的原值

E. 独立地下建筑物若作工业用途，其房产计税原值为房屋原价的50%~60%，在此基础上扣除原值减除比例作为计税依据

8. 经财政部和国家税务总局批准，下列情况可以免征房产税的有（ ）。

A. 为社区提供家政服务的机构自有并用于出租的房产

B. 经营公共租赁住房取得的租金收入

C. 房屋大修停用8个月的房产，停用期间

D. 老年服务机构自用的房产

E. 施工期间在基建工地为其服务的临时性房屋

9. 下列各项符合房产税规定的有（ ）。

A. 房产原值计税的房产，无论会计上如何计算，房产原值均包含地价

B. 对经营公共租赁住房所取得租金收入，免征房产税

C. 对房地产开发企业建造的商品房，在销售前不征收房产税

D. 房地产开发企业自用、出租、出借本企业建造的商品房，自房屋使用或交付使用当月起计征房产税

E. 以人民币以外的货币为记账本位币的外资企业及外籍个人在缴纳房产税时，均应将其根据记账本位币计算的税款按照缴纳上月最后一日的人民币汇率中间价折合成人民币

10. 下列各项应从次月起缴纳房产税的有（ ）。

A. 纳税人购置新建商品房

B. 房地产开发企业自用、出借本企业建造的商品房

C. 纳税人购置存量房

D. 纳税人委托施工企业建设的房屋

E. 将原有房产用于生产经营的

11. 某政府机关与甲公司共同使用一栋办公用房，房产原值 8000 万元，政府机关占用房产原值 3000 万元，甲公司占用房产原值 5000 万元。2019 年 4 月 1 日政府机关将其使用房产的 30% 对外出租，当年取得租金收入 300 万元。2019 年 7 月 1 日甲公司将其使用房产的 40% 对外投资，共担风险，当年取得分红收益 5 万元。已知该省统一规定计算房产余值时的减除比例为 20%，根据上述资料，下列表述正确的有(   )。

A. 政府机关免征房产税

B. 政府机关应缴纳房产税 36 万元

C. 甲企业应缴纳房产税 38.4 万元

D. 甲企业应缴纳房产税 39 万元

E. 甲企业已经对外投资的房产，甲企业不缴纳房产税

12. 下列房产，可以免征房产税的有(   )。

A. 停止使用半年以上，经有关部门鉴定为危险房屋的房产

B. 出租的名胜古迹空余房屋

C. 企业办的各类学校自用的房产

D. 中国人民保险公司自用的房产

E. 国有企业自办的幼儿园自用的房产

13. 关于融资租赁房产的房产税处理，下列说法正确的有(   )。

A. 由承租人在合同约定开始日的次月起，按照房产余值缴纳房产税

B. 由出租人在合同约定开始日的次月起，按照房产余值缴纳房产税

C. 合同未约定开始日的，由承租人在合同签订的次月起依照房产余值缴纳房产税

D. 合同未约定开始日的，由出租人在合同签订的当月起依照房产余值缴纳房产税

E. 合同未约定开始日的，由承租人在合同签订的当月起依照房产余值缴纳房产税

三、计算题

1. 2019 年甲企业自有房产 14 栋，原值共计 13500 万元，具体使用情况如下：

(1)3 栋在 2018 年年底已经被有关部门认定为危险房屋，2019 年 4 月 1 日起停止使用，房产原值共计 2000 万元。

(2)8 栋用于生产经营活动，房产原值共计 10000 万元。

(3)1 栋用于职工学校和托儿所，房产原值 500 万元。

(4)2 栋用于对外投资，每栋按月收取固定收入 10 万元。由于特殊情况，2019 年 5 月 1 日收回 1 栋进行大修理，大修理时间为 7 个月。大修理后该房产原值由 500 万元上升为 1000 万元，12 月 1 日作为厂房投入本单位使用。

(5)2019 年 6 月以融资租赁的方式租入一处房产，原值 1000 万元，租赁期 5 年，租入当月投入使用，每月支付租赁费 10 万元。

(计算房产余值的扣除比例为 20%；租金收入不含增值税。)

要求：根据上述资料，回答下列问题。

(1)2019 年甲企业 3 栋危房应缴纳房产税(   )万元。

A. 3.6   B. 4.8

C. 9.6   D. 19.2

(2)2019 年甲企业业务(4)应缴纳房产税(   )万元。

A. 14.4   B. 19.2

C. 20   D. 20.4

(3)2019 年甲企业融资租赁的房产应缴纳房产税(   )万元。

A. 4.8   B. 5.6

C. 7.2   D. 8.4

(4)2019 年甲企业共计应缴纳房产税(   )万元。

A. 125.6   B. 128

C. 131.6   D. 132.8

2. 甲公司 2019 年接受税务师事务所纳税审

查，关于房产税的有关情况如下：

(1)本年委托施工企业建设的房产在 5 月 30 日办理验收手续，入账价值是 450 万元 (不含中央空调 50 万元)验收投入使用。

(2)6 月 30 日，将原值为 250 万元的闲置用房向乙企业投资，协议规定，甲公司每月向乙企业收取固定收入 2.5 万元，乙企业的经营盈亏情况与甲公司无关。投资前的房产一直处于闲置状态。

(3)7 月 7 日，改建办公楼，办公楼账面原值 550 万元，为改造支付费用 120 万元，加装排水系统支付 35 万元，该排水系统单独作为固定资产入账，7 月底完成改建工程，交付使用。

(4)8 月 30 日，将原值为 150 万元的闲置房产按照市场价格出租给个人居住，月租金 5 万元。

(该省规定，计算房产税时按原值的 30%

作为扣除比例；租金收入不含增值税。)

要求：根据上述资料，回答下列问题。

(1)业务(1)纳税人新建房产 2019 年应纳房产税(   )万元。

A. 2.21　　　　　　　B. 2.45

C. 1.96　　　　　　　D. 2.47

(2)业务(2)甲公司投资的房产 2019 年应纳房产税(   )万元。

A. 3.6　　　　　　　B. 2.85

C. 2.48　　　　　　　D. 2.24

(3)甲公司业务(3)办公楼 2019 年应纳房产税(   )万元。

A. 5.62　　　　　　　B. 5.12

C. 5.58　　　　　　　D. 5.16

(4)甲公司业务(4)闲置房产 2019 年应纳房产税(   )万元。

A. 0.84　　　　　　　B. 1.64

C. 0.78　　　　　　　D. 1.85

本章综合练习参考答案及详细解析

一、单项选择题

1. C 【解析】产权属于集体的，由集体单位缴纳房产税；产权出典的，由承典人缴纳房产税；产权属于国家的，由经营管理单位缴纳房产税。

2. B 【解析】露天游泳池不征收房产税；房地产开发企业建造的商品房，在出售前，不征收房产税，但对出售前房地产开发企业已使用或出租、出借的商品房应按规定征收房产税；房产税征税范围为城市、县城、建制镇和工矿区，不包括农村。

3. C 【解析】选项 A，房屋出典的由承典人纳税；选项 B，房屋出租的由出租人纳税；选项 D，产权所有人、承典人不在房屋所在地的，由房产代管人或者使用人纳税。

4. A 【解析】2008 年 3 月 1 日起，对个人出租住房，不区分用途，按 4% 的税率征收房产税。2019 年赵某应缴纳房产税 =

$1200 \times 6 \times 4\% + 5000 \times 4 \times 4\% = 1088$(元)。

5. B 【解析】应纳房产税 = $(8000 - 500 - 300) \times (1 - 20\%) \times 1.2\% = 69.12$(万元)。

6. A 【解析】应缴纳房产税 = $80 \times 70\% \times (1 - 30\%) \times 1.2\% \times 10 \div 12 \times 10000 = 3920$(元)。

7. D 【解析】房产原值包括地价款和开发土地发生的成本费用。该企业征收房产税的房产原值 = $8000 + 2000 = 10000$(万元)。

8. C 【解析】应缴纳房产税 = $2000 \times (1 - 30\%) \times 1.2\% + 500 \times (1 - 30\%) \times 1.2\% \times 5 \div 12 = 18.55$(万元)。

9. A 【解析】对融资租赁的房产，由承租人按房产余值计税，应缴纳房产税 = $1000 \times (1 - 20\%) \times 1.2\% \div 12 \times 6 = 4.8$(万元)。

10. D 【解析】应缴纳房产税 = $2000 \times 60\% \times (1 - 20\%) \times 1.2\% + 2000 \times 40\% \times (1 - 20\%) \times 1.2\% \times 2 \div 12 = 12.8$(万元)。

11. B 【解析】以房产进行投资，收取固定收入，不承担投资风险，按租金收入计算缴纳房产税。应缴纳房产税 $= 400 \times (1-30\%) \times 1.2\% \div 12 \times 3 + 300 \times (1-30\%) \times 1.2\% \div 12 \times 9 + 10 \times 12\% = 3.93$（万元）。

12. A 【解析】应缴纳房产税 $= [30 \times 50\% \times (1-30\%) \times 1.2\% + 20 \times 80\% \times (1-30\%) \times 1.2\%] \times 10000 = 2604$（元）。

13. A 【解析】房产的租金收入包括货币和实物收入；房产税征税范围不包括农村；2008年3月1日起，对企事业单位、社会团体以及其他组织按市场价格向个人出租用于居住的住房，减按4%的税率征收房产税。

14. D 【解析】纳税单位与免税单位共同使用的房屋，纳税单位使用的部分，要按规定征收房产税。对居民住宅区内业主共有的经营性房产，由实际经营（包括自营和出租）的代管人或使用人缴纳房产税。其中自营的，依照房产原值减去10%~30%后的余值计征，没有房产原值或不能将共有住房划分开的，由房产所在地税务机关参照同类房产核定房产原值；出租的，依照租金收入计征。

15. B 【解析】选项A，地下建筑物以房产余值为计税依据。选项C，独立地下建筑物若作工业用途，以房屋原价的50%~60%作为应税房产原值；选项D，地下建筑物若作商业用途，以房屋原价的70%~80%作为应税房产原值。

二、多项选择题

1. AE 【解析】选项B，为支持农村饮水安全工程（以下称饮水工程）巩固提升，自2019年1月1日至2020年12月31日对饮水工程运营管理单位自用的生产、办公用房产，免征房产税；向城镇居民供水依法征收房产税；选项C，对居民住宅区内业主共有的经营性房产，要区分自营或出租，分别适用不同政策；选项D，自建的房屋用于经营的，从建成竣工的次月起计征房产税。

2. CDE 【解析】选项A，房产税的征税范围不包括农村；选项B，产权出典的，由承典人纳税。

3. BCD 【解析】选项A，保险公司没有免征房产税的优惠；选项E，房屋大修停用在半年以上的在大修期间免征房产税。

4. ABE 【解析】选项C、D需要征收房产税。

5. ABCD 【解析】对外出租的房产从租计征房产税。

6. BD 【解析】选项A，对向居民供热收取采暖费的"三北"地区供热企业，为居民供热所使用的厂房免征房产税；对供热企业其他厂房，应当按照规定征收房产税；选项C，地下建筑物的原价折算为应税房产原值的比例，由各省、自治区、直辖市和计划单列市财政和税务部门在幅度内自行确定；选项E，对出租的房屋，以租金作为计税依据。

7. CDE 【解析】选项A，独立地下建筑物若作商业及其他用途，以其房屋原价的70%~80%作为应税房产原值，在此基础上扣除原值减除比例作为计税依据；选项B，融资租赁方式租入的房屋以房产余值计算征收房产税。

8. BCDE 【解析】选项A，自2019年6月1日至2025年12月31日，为社区提供养老、托育、家政等服务的机构自有或其通过承租、无偿使用等方式取得并用于提供社区养老、托育、家政服务的房产，免征房产税。

9. ABCE 【解析】房地产开发企业自用、出租、出借本企业建造的商品房，自房屋使用或交付使用次月起计征房产税。

10. ABCD 【解析】纳税人购置存量房，自办理房屋权属转移、变更登记手续，房地产权属登记机关签发房屋权属证书之次月起，缴纳房产税；纳税人委托施工企业建设的房屋，从办理验收手续之日的次月起，缴纳房产税；将原有房产用于生产经营的，从生产经营之月起，计征房产税。

11. BCE 【解析】政府机关自用的房产免征房产税，出租房产应从租计征房产税，政府机关应缴纳房产税 = 300×12% = 36（万元）。企业对外投资，共担风险的房产不需要缴纳房产税。企业应缴纳房产税 = 5000×60%×（1−20%）×1.2% + 5000×40%×（1−20%）×6÷12×1.2% = 38.4（万元）。

12. ACE 【解析】选项B、D不免征房产税。

13. AC 【解析】融资租赁的房产，由承租人自融资租赁合同约定开始日的次月起依照房产余值缴纳房产税。合同未约定开始日的，由承租人自合同签订的次月起依照房产余值缴纳房产税。

三、计算题

1. （1）B；（2）C；（3）A；（4）A。

【解析】（1）停止使用的危房，在停止使用后，可免征房产税。

应缴纳房产税 = 2000×（1−20%）×1.2%×3÷12 = 4.8（万元）。

（2）从租计征的房产税 = 10×12×12% + 10×4×12% = 19.2（万元）。

纳税人因房屋大修导致连续停用半年以上的，在房屋大修期间免征房产税。

从价计征房产税 = 1000×（1−20%）×1.2%×1÷12 = 0.8（万元）。

业务（4）应缴纳房产税 = 19.2 + 0.8 = 20（万元）。

（3）应缴纳房产税 = 1000×（1−20%）×

1.2%×6÷12 = 4.8（万元）。

（4）应缴纳房产税 = 10000×（1−20%）×1.2% + 4.8 + 20 + 4.8 = 125.6（万元）。

2. （1）B；（2）B；（3）D；（4）B。

【解析】（1）凡以房屋为载体，不可随意移动的附属设备和配套设施应计入房产原值计征房产税，应纳房产税 = （450+50）×（1−30%）×1.2%×7÷12 = 2.45（万元）。

（2）投资前闲置的房产也应当缴纳房产税。

从价的房产税 = 250×（1−30%）×1.2%×6÷12 = 1.05（万元）。

甲公司以房产对外投资，收取固定收入，不承担联营风险，实际上是以联营名义取得房产的租金，应由出租方按租金收入计缴房产税。从租的房产税 = 2.5×6×12% = 1.8（万元）。

合计应纳的房产税 = 1.05 + 1.8 = 2.85（万元）。

（3）应纳房产税 = 550×（1−30%）×1.2%×7÷12 + （550+120+35）×（1−30%）×1.2%×5÷12 = 5.16（万元）。

（4）该房屋出租后从9月起缴纳从租的房产税，税法规定对企事业单位、社会团体以及其他组织按市场价格向个人出租用于居住的住房，减按4%的税率征收房产税。

甲公司1月至8月应纳房产税 = 150×（1−30%）×1.2%×8÷12 = 0.84（万元）。

9月至12月应纳房产税 = 5×4×4% = 0.8（万元）。

共计应纳房产税 = 0.84 + 0.8 = 1.64（万元）。

第6章 车船税

JINGDIAN TIJIE

考情分析

▶ 历年考情分析

本章属于非重点章节，考试题型以选择题为主，历年出题分值较为稳定，其考核点主要集中在计税依据和税收优惠等基础知识上。在计税依据的考核上，习惯于考核特殊计税依据的确定，如 2017 年和 2018 年考核了挂车的计税依据，因此挂车、非机动驳船和拖船等有特殊规定的计税依据，需要考生重点把握。在税收优惠的考核上，本章出题概率较高，2014—2016 年和 2018—2019 年均考核了税收优惠政策。

▶ 本章 2020 年考试主要变化

1. 新增车船税法定减免的税收优惠。
2. 新增国家综合性消防救援车辆特定减免的税收优惠。
3. 删除委托交通运输部门海事管理机构代为征收船舶车船税的部分内容。

核心考点及真题详解

第 6 章 车船税

考点一　车船税的概述★

扫我解疑难

经典例题

【例题1·多选题】 下列关于《车船税法》的出台，表述正确的有（　　）。

A. 税种性质由财产与行为税改为财产税

B. 适当提高了税额标准

C. 征税环节从保有和使用环节改为保有环节

D. 减免税范围相对缩小

E. 强化了税源控管力度

【答案】 ABCE

【解析】 自 2012 年 1 月 1 日起施行车船税法。车船税暂行条例和车船税法的先后出台，对于统一税制、公平税负、拓宽税基，增加地方财政收入，加强地方征管都具有重要的意义。主要表现在：（1）统一了各类企业的车船税制；（2）由财产与行为税改为财产税；（3）适当提高了税额的标准；（4）调整了减免税范围；（5）与有关法律法规相衔接，强化了税源控管的力度。

【例题2·单选题】 下列表述不属于车船税立法原则的是（　　）。

A. 筹集地方财政资金，支持交通运输事业发展

B. 加强对车船使用的管理，促进车船的合理配置

C. 保证国家财政支出的需要，既有利于统筹安排资金，又有利于保证特定事业的建设

D. 调节财富分配，体现社会公平

【答案】 C

【解析】 选项 C，不属于车船税立法的原则。车船税立法的原则主要包括：筹集地方财政

资金，支持交通运输事业发展；加强对车船使用的管理，促进车船的合理配置；调节财富分配，体现社会公平。

📑 考点精析

1. 车船税的概念

车船税是对在中华人民共和国境内属于车船税法规定的车辆、船舶的所有人或者管理人征收的一种税。

2. 车船税的立法原则

(1)筹集地方财政资金，支持交通运输事业发展；

(2)加强对车船使用的管理，促进车船的合理配置；

(3)调节财富分配，体现社会公平。

考点二　征税范围、纳税人和适用税额★★

扫我解疑难

📑 经典例题

【例题 1·单选题】(2018 年)下列车辆，应缴纳车船税的是(　　)。

A. 挂车

B. 插电式混合动力汽车

C. 武装警察部队专用的车辆

D. 国际组织驻华代表机构使用的车辆

【答案】A

【解析】选项 A，挂车按照货车税额的 50% 计算缴纳车船税；选项 B、C、D，免征车船税。

【例题 2·多选题】(2015 年)下列说法符合车船税法规定的有(　　)。

A. 境内单位将船舶出租到境外的，应依法征收车船税

B. 境内单位租入外国籍船舶的，应依法征收车船税

C. 境内个人租入外国籍船舶的，应依法征收车船税

D. 境内个人将船舶出租到境外的，应依法征收车船税

E. 经批准临时入境的外国车船，应依法征收车船税

【答案】AD

【解析】选项 B、C，境内单位和个人租入外国籍船舶的，不征收车船税；选项 E，经批准临时入境的外国车船，不征收车船税。

【例题 3·单选题】货车的计税单位为整备质量每吨每年税额在 16~120 元的范围内确定，有权确定具体适用税额的部门是(　　)。

A. 国家税务总局　　B. 省级人民政府

C. 省级税务局　　　D. 县级人民政府

【答案】B

【解析】车辆的具体适用税额由省、自治区、直辖市人民政府在规定的子税目税额幅度内确定。

📑 考点精析

车船税的纳税人、征税范围和适用税额见表 6-1。

表 6-1　车船税的纳税人、征税范围和适用税额

基本要素	具体情况
纳税人	在中华人民共和国境内的车辆、船舶的所有人或者管理人
征税范围	(1)依法应当在车船管理部门登记的机动车辆和船舶 (2)依法不需要在车船管理部门登记、在单位内部场所行驶或者作业的机动车辆和船舶
适用税额	车船税采用定额税率，具体适用的税额依照车船税法所附车船税税目税额表规定(见表 6-2) 省、自治区、直辖市人民政府根据车船税税目税额表确定车辆具体适用税额时，应当遵循以下原则： (1)综合考虑本地区车辆保有情况和税负情况 (2)乘用车应当按排气量从小到大递增税额 (3)客车应当依照大型、中型分别确定适用税额 (4)根据本地区情况变化适时调整

考点三 车船税的税目、税额以及计税依据 ★★★

扫我解疑难

📝 **经典例题**

【例题1·多选题】（2019年）以"整备质量每吨"作为车船税计税单位的有（　）。

A. 挂车　　　　　　　B. 货车

C. 乘用车　　　　　　D. 专用作业车

E. 客车

【答案】 ABD

【解析】 货车（包括半挂牵引车、三轮汽车和低速载货汽车等）按整备质量每吨每年税额为16元至120元；挂车按相同整备质量的货车税额的50%计算应纳税额；专用作业车和轮式专用机械车，按整备质量每吨每年税额为16元至120元。

【例题2·单选题】（2017年）下列关于车船税的说法，正确的是（　）。

A. 挂车按照货车税额的50%计算车船税

B. 非机动驳船按照机动船舶税额60%计算车船税

C. 拖船按船舶税额的70%计算车船税

D. 车辆整备质量尾数在0.5吨以下的不计算车船税

【答案】 A

【解析】 选项B和C，拖船、非机动驳船分别按照机动船舶税额的50%计算；选项D，没有此项优惠。

【例题3·多选题】（2009年改）下列车船中，应以"整备质量每吨"作为计税单位的有（　）。

A. 电车　　　　　　　B. 摩托车

C. 三轮汽车　　　　　D. 挂车

E. 载客汽车

【答案】 CD

【解析】 选项A、B、E计税单位为"辆"。

📝 **考点精析**

1. 车船税税目税额表（见表6-2）

表6-2　车船税税目税额表

税目		计税单位	年基准税额	备注
乘用车	按发动机气缸容量（排气量）分档（1.0~4.0升）	每辆	60元至5400元	核定载客人数9人（含）以下
商用车	客车	每辆	480元至1440元	核定载客人数9人以上，包括电车
	货车	整备质量每吨	16元至120元	包括半挂牵引车、挂车、客货两用汽车、三轮汽车和低速载货汽车等 挂车按货车税额的50%计算
其他车辆	专用作业车	整备质量每吨	16元至120元	不包括拖拉机
	轮式专用机械车	整备质量每吨	16元至120元	
摩托车		每辆	36元至180元	
船舶	机动船舶	净吨位每吨	3元至6元	拖船、非机动驳船分别按照机动船舶税额的50%计算；拖船按照发动机功率1千瓦折合净吨位0.67吨计算征收车船税
	游艇	艇身长度每米	600元至2000元	

2. 计税依据的具体确定

（1）一般规定。车船税的计税依据为排气量、整备质量（商用货车、挂车等）、核定载客人数、净吨位（机动船舶）、艇身长度（游艇），其以车船登记管理部门核发的车船登记证书或行驶证所载数据为准。

①依法不需要办理登记的车船和依法应当登记而未办理登记或不能提供车船登记证书、行驶证的车船，以车船出厂合格证明或进口凭证标注的技术参数、数据为准；

②不能提供车船出厂合格证明或者进口凭证的，由主管税务机关参照国家相关标准核定，没有国家相关标准的参照同类车船核定。

（2）特殊车辆或特殊情形下计税依据的确定。

①关于专用作业车的认定。

定义：用于特殊工作，并装置有专用设备或器具的汽车，如消防车、清障车、高空作业车、洒水车、扫路车等。

『提示』以载运人员或货物为主要目的的专用汽车，如救护车，不属于专用作业车。

②客货两用车依照货车的计税单位和年基准税额计征车船税。

③车船涉及的整备质量、净吨位、艇身长度等计税单位，有尾数的一律按照含尾数的计税单位据实计算车船税应纳税额，涉及小数点的，四舍五入保留两位小数。

乘用车以排气量毫升数确定税额区间。

④已经缴纳车船税的车船，因质量原因，车船被退回生产企业或经销商的，纳税人可以向纳税所在地的主管税务机关申请退还自退货月份起至该纳税年度终了期间的税款。退货月份以退货发票所载日期的当月为准。

⑤境内单位和个人租入外国籍船舶的，不征收车船税。

境内单位和个人将船舶出租到境外的，应依法征收车船税。

考点四 减免税优惠★★

扫我解疑难

📖 经典例题

【例题1·单选题】（2019年）下列车辆中，可免征车船税的是（ ）。

A. 电车

B. 客货两用车

C. 半挂牵引车

D. 纯电动商用车

【答案】 D

【解析】 免征车船税的新能源汽车是指纯电动商用车、插电式（含增程式）混合动力汽车、燃料电池商用车。

【例题2·多选题】（2018年改）根据车船税税收优惠相关规定，下列说法正确的有（ ）。

A. 机场、港口内部行驶或作业车船，自《车船税法》实施之日起3年内免征车船税

B. 燃料电池商用车免征车船税

C. 按规定缴纳船舶吨税的机动船舶，自《车船税法》实施之日起5年内免征车船税

D. 省、自治区、直辖市人民政府可根据当地情况，对公共交通车船定期减征或免征车船税

E. 经批准临时入境的台湾籍车船不征收车船税

【答案】 BCDE

【解析】 选项A，机场、港口内部行驶或作业车船，自《车船税法》实施之日起5年内免征车船税。

【例题3·多选题】（2016年改）下列车船免征车船税的有（ ）。

A. 纯电动商用车　　　B. 警用车辆

C. 捕捞养殖渔船　　　D. 救护车

E. 财政拨款事业单位的办公用车

【答案】 ABC

【解析】 选项D、E需按规定缴纳车船税。

📖 考点精析

车船税税收优惠政策见表6-3。

表 6-3　车船税税收优惠政策

税收优惠	具体内容
法定减免	（1）捕捞、养殖渔船 （2）军队、武装警察部队专用的车船 （3）警用车船 （4）依照法律法规应当予以免税的外国驻华使领馆、国际组织驻华代表机构及其有关人员的车船 （5）省、自治区、直辖市人民政府根据当地实际情况，可以对公共交通车船，农村居民拥有并主要在农村地区使用的摩托车、三轮车和低速载货汽车定期减征或者免征车船税 （6）悬挂应急救援专用号牌的国家综合性消防救援车辆和国家综合性消防救援专用船舶免征车船税 （7）对节约能源、使用新能源的车船可以减征或者免征车船税 （8）对受严重自然灾害影响纳税困难以及有其他特殊原因确需减税、免税的，可以减征或者免征车船税
特定减免	（1）经批准临时入境的外国车船和香港特别行政区、澳门特别行政区、台湾地区的车船，不征收车船税 （2）按照规定缴纳船舶吨税的机动船舶，自《车船税法》实施之日（2012年1月1日）起5年内免征车船税 （3）机场、港口内部行驶或者作业的车船，自《车船税法》实施之日（2012年1月1日）起5年内免征车船税 （4）国家综合性消防救援车辆由部队号牌改挂应急救援专用号牌的，一次性免征改挂当年车船税
节能、新能源车船减免	（1）对节能汽车，减半征收车船税 『提示』减半征收车船税的节能乘用车应同时符合以下标准： ①获得许可在中国境内销售的排量为1.6升以下（含1.6升）的燃用汽油、柴油的乘用车（含非插电式混合动力、双燃料和两用燃料乘用车）； ②综合工况燃料消耗量应符合标准。 （2）对新能源车船，免征车船税 『提示』免征车船税的新能源汽车是指纯电动商用车、插电式（含增程式）混合动力汽车、燃料电池商用车。纯电动乘用车和燃料电池乘用车不属于车船税征税范围，对其不征车船税

考点五　应纳税额的计算 ★★★

扫我解疑难

📋 经典例题

【例题1·单选题】（2018年）某运输企业2017年年初拥有小轿车5辆，2017年3月外购货车12辆（整备质量为10吨），并于当月办理登记手续，假设货车年税额为整备质量每吨50元，小轿车年税额为每辆500元，该企业2017年应缴纳车船税( )元。

A. 2500　　　　　　 B. 8500

C. 7500　　　　　　 D. 7000

【答案】C

【解析】应缴纳车船税 = 5×500 + 12×10×50×10÷12 = 7500（元）。

【例题2·单选题】（2013年改）某运输公司2014年有如下运输工具：运输卡车10辆，整备质量12.5吨/辆，4月购入乘用车12辆，当月办理登记取得车辆行驶证，当地政府规定的乘用车车船税税额1000元/辆，运输卡车车船税税额80元/吨。2014年度该公司应缴纳车船税( )元。

A. 18920　　　　　　 B. 19000

C. 21920　　　　　　 D. 22000

【答案】B

【解析】应缴纳车船税 = 12.5×10×80 + 12×1000×9÷12 = 19000（元）。

【例题3·单选题】（2009年改）2014年某航运公司拥有机动船3艘，每艘净吨位2000吨；其船舶税额为净吨位201吨至2000吨的，每吨4元。该航运公司2014年应缴纳车船税( )元。

第6章　车船税

A. 24000   B. 27000

C. 28000   D. 32000

【答案】A

【解析】应纳车船税＝3×2000×4＝24000（元）。

考点精析

车船税由税务机关负责征收，按年申报，分月计算，一次性纳税，具体申报纳税期限由省、自治区、直辖市人民政府确定。

应纳税额的计算：

（1）购置的新车船，购置当年的应纳税额自纳税义务发生的当月起按月计算，车船税的纳税义务发生时间为车船管理部门核发的车船登记证书或者行驶证书所载日期的当月。

购置的新车船当年应纳税额＝（年应纳税额÷12）×应纳税月份数

车船税应纳税额＝计算单位×年单位税额

『提示』车船税法及其实施条例涉及的整备质量、净吨位、艇身长度等计税单位，有尾数的一律按照含尾数的计税单位据实计算车船税应纳税额。计算得出的应纳税额小数点后超过两位的可四舍五入保留两位小数。

（2）在一个纳税年度内，已完税的车船被盗抢、报废、灭失的，纳税人可以凭有关管理机关出具的证明和完税凭证，向纳税所在地的主管税务机关申请退还自被盗抢、报废、灭失月份起至该纳税年度终了期间的税款。

（3）已办理退税的被盗抢车船失而复得的，纳税人应当从公安机关出具相关证明的当月起计算缴纳车船税。

（4）已缴纳车船税的车船在同一纳税年度内办理转让过户的，不另纳税，也不退税。

（5）委托交通运输部门海事管理机构代为征收船舶车船税的计算方法：

①船舶按一个年度计算车船税。

年应纳税额＝计税单位×年基准税额

②购置的新船舶，购置当年的应纳税额自纳税义务发生时间起至该年度终了按月计算。

应纳税额＝年应纳税额×应纳税月份数÷12

应纳税月份数＝12－纳税义务发生时间（取月份）+1

上述纳税义务发生时间为纳税人取得船舶所有权或管理权的当月，以购买船舶的发票或其他证明文件所载日期的当月为准。

阶段性测试

1.【单选题】某个体工商户从国内购入小轿车 1 辆并取得购置发票且其注明的日期是 2019 年 4 月 12 日，到当年 12 月 31 日未到车辆管理部门登记。已知小轿车年单位税额 480 元。该个体工商户 2019 年应缴纳车船税（ ）元。

A. 0   B. 320

C. 360   D. 480

2.【单选题】某交通运输企业 2019 年拥有整备质量 10.5 吨载货汽车 20 辆，中型商用客车 10 辆，整备质量 9 吨的挂车 3 辆。该企业所在地货车年税额 20 元/吨，客车年税额 500 元/辆。该企业当年应缴纳车船税（ ）元。

A. 8700   B. 8460

C. 9550   D. 9470

3.【单选题】依法需要办理登记的应税车辆，纳税人自行申报缴纳车船税的地点是（ ）。

A. 车辆登记地

B. 车辆购置地

C. 单位的机构所在地

D. 个人的经常居住地

4.【多选题】根据车船税法的规定，下列表述正确的有（ ）。

A. 拖船、非机动驳船分别按照机动船税额的 50% 计算车船税

B. 按照规定缴纳船舶吨税的机动船舶，自车船税法实施之日起 5 年内免征车船税

C. 插电式混合动力汽车减半征收车船税

D. 境内单位和个人租入外国籍船舶的，不征收车船税

E. 在单位内部场所行驶或者作业的机动车和船舶也是车船税的征税范围

5.【多选题】下列车船中，可享受车船税减免政策的有（　　）。

A. 货运车船

B. 客用汽车

C. 警用车船

D. 捕捞渔船

E. 军队专用车船

阶段性测试答案精析

1. C 【解析】从国内购置的机动车，以车船购置发票所载开具时间的当月作为车船税的纳税义务发生时间。应缴纳车船税＝480×9÷12＝360（元）。

2. D 【解析】挂车年税额按照货车税额的50%计算缴纳车船税。应纳车船税＝10.5×20×20+500×10+3×9×20×50%＝9470（元）。

3. A 【解析】车船税的纳税地点为车船登记地或者车船税扣缴义务人所在地。

4. ABDE 【解析】选项C，插电式混合动力汽车免征车船税。

5. CDE 【解析】选项A、B没有免征车船税的规定。

考点六　征收管理★★

扫我解疑难

经典例题

【例题1·单选题】（2014年）2013年1月某客运公司购进客车20辆，购买当月即投入使用，并取得了购货发票，缴纳了全年车船税，5月3辆客车因质量问题退回厂家，6月取得退货发票，当地政府规定该型号客车的车船税税额为1200元/辆。该货运公司退货应获得车船税退税（　　）元。

A. 2100　　　　　　B. 2400

C. 3000　　　　　　D. 3300

【答案】A

【解析】已经缴纳车船税的车船，因质量原因，车船被退回生产企业或者经销商的，纳税人可以向纳税所在地的主管税务机关申请退还自退货月份起至该纳税年度终了期间的税款。退货月份以退货发票所载日期的当月为准。车船税退税额＝3×1200÷12×7＝2100（元）。

【例题2·单选题】（2011年改）下列关于缴纳车船税的说法中，错误的是（　　）。

A. 纳税人向税务机关缴纳车船税

B. 车船税的纳税地点为车船的登记地或者车船税扣缴义务人所在地

C. 车辆所有人或者管理人在申请办理车辆相关登记、定期检验手续时，应当向公安机关交通管理部门提交依法纳税或者免税证明

D. 已办理退税的被盗抢车船，失而复得的，纳税人应当从公安机关出具相关证明的次月起计算缴纳车船税

【答案】D

【解析】选项D，已办理退税的被盗抢车船，失而复得的，纳税人应当从公安机关出具相关证明的当月起计算缴纳车船税。

考点精析

车船税的申报和缴纳见表6-4。

表6-4　车船税的申报和缴纳

基本要素	主要规定
纳税义务发生时间	车船税的纳税义务发生时间为取得车船所有权或管理权的当月，即为购买车船的发票或者其他证明文件所载日期的当月
纳税地点	车船税的纳税地点为车船的登记地或者车船税扣缴义务人所在地。依法不需要办理登记的车船，车船税的纳税地点为车船的所有人或者管理人所在地

基本要素	主要规定
申报缴纳	车船税**按年申报缴纳**，纳税年度为公历1月1日至12月31日，具体申报纳税期限由省、自治区、直辖市人民政府确定
其他管理规定	车船所有人或者管理人在申请办理车辆相关登记、定期检验手续时，应当向公安机关交通管理部门提交依法纳税或者免税证明。公安机关交通管理部门核查后办理相关手续

本章综合练习 限时40分钟

一、单项选择题

1. 下列车辆中，应缴纳车船税的是（　　）。
   A. 纯电动商用车
   B. 挂车
   C. 武装警察专用的车辆
   D. 外国驻华使领馆人员使用的车辆

2. 某船舶公司2019年拥有机动货船3艘，拖船1艘。3艘机动货船的净吨位都是3000吨，拖船发动机动率10000千瓦。已知机动船净吨位2001～10000吨税额为5元/吨。该公司当年应缴纳车船税（　　）元。
   A. 61750　　　　　B. 50320
   C. 58800　　　　　D. 59920

3. 某货运公司2019年拥有载货汽车25辆、挂车10辆，净吨位均为20吨；小轿车2辆。该公司所在省规定载货汽车年纳税额每吨30元，小轿车年纳税额每辆120元。该公司2019年应缴车船税（　　）元。
   A. 18620　　　　　B. 18240
   C. 21240　　　　　D. 19240

4. 2019年某渔业公司拥有捕捞渔船5艘，每艘净吨位200吨；其他渔业船舶5艘，每艘净吨位400吨；非机动驳船2艘，每艘净吨位400吨；2019年8月10日购置机动船2艘，每艘净吨位600吨，当月取得发票；购置养殖渔船1艘，净吨位2000吨，发票上所载日期为9月15日。所在省车船税计税标准为净吨位200吨以下（含200吨）的，每吨3元，201吨以上2000吨

以下的，每吨4元。2019年该渔业公司应缴纳车船税（　　）元。
   A. 11600　　　　　B. 9600
   C. 10400　　　　　D. 9040

5. 2019年某交通运输企业拥有整备质量4吨载货汽车20辆，4吨挂车10辆，2.5吨货车6辆。该企业所在地载货汽车年税额20元/吨。2019年该企业应缴纳车船税（　　）元。
   A. 2300　　　　　B. 2700
   C. 3060　　　　　D. 3360

6. 下列车船中，免征车船税的是（　　）。
   A. 企业内部场所使用的车辆
   B. 小汽车
   C. 纯电动商用车
   D. 拖船

7. 下列各项中，符合车船税有关征收管理规定的是（　　）。
   A. 车船税按年申报，分月计算，一次性缴纳
   B. 纳税人自行申报缴纳的，应在纳税人所在地缴纳
   C. 节约能源、使用新能源的车船一律减半征收车船税
   D. 临时入境的外国车船属于车船税的征税范围，需要缴纳车船税

8. 某船运公司2019年年初登记注册的船舶如下：（1）净吨位为400吨的机动船15艘。（2）净吨位为28吨的小型机动船15艘。（3）净吨位为10吨的非机动驳船10艘。

已知净吨位小于或者等于 200 吨的，每吨 3 元；净吨位 201 吨至 2000 吨的，每吨 4 元。则 2019 年该船运公司应纳的车船税为( )元。

A. 27880　　　　　B. 25410

C. 26380　　　　　D. 25380

9. 某船舶公司 2019 年拥有净吨位 320 吨的船舶 5 艘，净吨位 1201 吨的船舶 3 艘，12 米长的游艇 2 艘。已知车船税税额，净吨位 201 吨至 2000 吨的，每吨 4 元；游艇长度超过 10 米但不超过 18 米的，每米 900 元。当年该公司应缴纳的车船税为( )元。

A. 46000　　　　　B. 48000

C. 42412　　　　　D. 45412

10. 某企业于 2019 年购进一艘机动船舶，发票上注明购买日期是 2019 年 5 月 26 日，次月 1 日在当地海事管理机构进行了登记，船舶登记证书上载明该船舶的净吨位为 2000 吨。税务机关委托海事管理机构代征车船税。已知：船舶净吨位 201 吨至 2000 吨的，每吨 4 元。海事管理机构 2019 年应代征的车船税为( )元。

A. 8000　　　　　B. 5333. 33

C. 4666. 66　　　　D. 3688. 88

11. 下列说法，不符合车船税法定免税规定的是( )。

A. 悬挂应急救援专用号牌的国家综合性消防救援车辆免征车船税

B. 警用车船免征车船税

C. 燃料电池乘用车免征车船税

D. 国际组织驻华代表机构车辆免征车船税

二、多项选择题

1. 根据车船税法的有关规定，下列表述正确的有( )。

A. 保险机构作为车船税扣缴义务人，代收车船税并开具增值税发票时，应在增值税发票备注栏注明代收车船税税款信息

B. 拖船的计税标准按千瓦计算

C. 养殖渔船免征车船税

D. 液化石油气罐车免税

E. 拖船按照机动船舶 50% 计算

2. 下列车船中，应以"辆"作为车船税计税单位的有( )。

A. 电车　　　　　B. 摩托车

C. 微型客车　　　D. 半挂牵引车

E. 三轮农用运输汽车

3. 车船税暂行条例和车船税法的先后出台，对于统一税制、公平税负、拓宽税基，增加地方财政收入，加强地方税征管都具有重要的意义，主要表现在( )。

A. 由财产与行为税改为行为税

B. 适当降低了税额的标准

C. 统一了各类企业的车船税制

D. 调整了减免税范围

E. 与有关法律法规相衔接，强化了税源控管的力度

4. 下列各项中，符合车船税有关征收管理规定的有( )。

A. 车船税的纳税地点为车船的登记地或者车船税扣缴义务人所在地

B. 车船税按年申报，分月计算，一次缴纳

C. 负责船舶登记、检验的船舶管理部门或者船舶检验机构为船舶车船税的扣缴义务人

D. 已办理退税的被盗抢车船失而复得的，纳税人应当从公安机关出具相关证明的当月起计算缴纳车船税

E. 省、自治区、直辖市财政部门根据车船税税目表确定车辆具体适用税额

5. 下列关于车船税的税务处理方法，符合车船税法规定的有( )。

A. 医院救护车免征车船税

B. 境内单位租入外国籍船舶的，免征车船税

C. 客货两用车依照货车的计税单位和年基准税额计征车船税

D. 依法不需要办理登记的车船，车船税的纳税地点为车船的所有人或管理人所在地

E. 所有新能源车辆，均可以免征车船税

6. 省、自治区、直辖市人民政府确定车辆具体适用税额，应当遵循的原则包括(   )。

A. 乘用车依排气量从小到大递增税额

B. 客车按照核定载客人数 20 人以下 9 人以上和 20 人（含）以上两档划分，递增税额

C. 综合考虑本地区车辆保有情况和税负情况

D. 车船税额一经确认不能调整

E. 车辆的具体适用税额由省、自治区、直辖市人民政府确定

7. 根据车船税法的规定，下列选项中属于法定免税的有(   )。

A. 捕捞、养殖渔船

B. 警用车辆

C. 外国驻华使领馆有关人员使用的车辆

D. 机场、港口内部行驶或者作业的车辆

E. 排量为 1.6L 以下的燃用汽油乘用车

8. 根据车船税法的规定，下列说法正确的有(   )。

A. 对受地震、洪涝等严重自然灾害影响纳税困难以及其他特殊原因确需减免税的车船，可以在一定期限内减征或者免征车船税

B. 在一个纳税年度内，已完税的车船被盗抢，纳税人可以凭有关管理机关出具的证明和完税证明，向纳税所在地的主管税务机关申请退还自被盗次月至该纳税年度终了期间的税款

C. 省、自治区、直辖市人民政府确定的车辆具体适用税额

D. 整备质量不超过 1 吨的车辆，不缴纳车船税

E. 扣缴义务人解缴税款的具体日期由各省、自治区、直辖市税务机关依照法律、行政法规的规定确定

9. 根据车船税法的规定，下列以净吨位作为车船税计税单位的有(   )。

A. 机动船舶   B. 游艇

C. 非机动驳船   D. 货车

E. 挂车

10. 下列车船，自《车船税法》实施之日起 5 年内免征车船税的有(   )。

A. 城市内行驶的公共车辆

B. 使用新能源的车辆

C. 机场内部行驶的车辆

D. 农村居民拥有的车辆

E. 按照规定缴纳船舶吨税的机动船舶

11. 下列关于车船税优惠政策，描述正确的有(   )。

A. 符合税法规定条件的节能乘用车，免征车船税

B. 符合税法规定条件的节能商用车，减半征收车船税

C. 纯电动商用车、插电式（含增程式）混合动力汽车、燃料电池商用车免征车船税

D. 纯电动乘用车和燃料电池乘用车，免征车船税

E. 国家综合性消防救援车辆由部队号牌改挂应急救援专用号牌的，一次性免征改挂当年车船税

本章综合练习参考答案及详细解析

一、单项选择题

1. B 【解析】纯电动商用车、武装警察专用的车辆和外国驻华使领馆人员使用的车辆免征车船税。

2. A 【解析】应纳税额 = $3000 \times 3 \times 5 + 10000 \times 0.67 \times 5 \times 50\% = 61750$（元）。

3. B 【解析】挂车按照货车税额的 50% 计算缴纳车船税。

该公司 2019 年应缴车船税 = 25×20×30 + 10×20×30×50%+2×120 = 18240（元）。

4. A 【解析】捕捞渔船、养殖船免费，非机动驳船按照船舶税额的 50% 计算。

应纳车船税 = 5×400×4+2×400×4×50%+2×600×5÷12×4 = 11600（元）。

5. A 【解析】挂车按货车税额的 50% 计算缴纳车船税。应纳车船税 = 4×20×20+4×10×20×50%+2.5×6×20 = 2300（元）。

6. C 【解析】选项 C，纯电动商用车免征车船税。

7. A 【解析】选项 B，纳税人自行申报缴纳的，应在车船的登记地缴纳车船税；选项 C，节约能源、使用新能源的车船可以免征或者减半征收车船税；选项 D，临时入境的外国车船和香港特别行政区、澳门特别行政区、台湾地区的车船，不征收车船税。

8. B 【解析】净吨位为 400 吨的机动船应纳车船税 = 400×15×4 = 24000（元）。

净吨位为 28 吨的小型机动船应纳车船税 = 28×15×3 = 1260（元）。

净吨位为 10 吨的非机动驳船应纳车船税 = 10×10×3×50% = 150（元）。

应纳车船税 = 24000+1260+150 = 25410（元）。

9. C 【解析】应缴纳车船税 = 320×4×5 + 1201×3×4+12×900×2 = 42412（元）。

10. B 【解析】应纳税额 = 年应纳税额×应纳税月份数÷12

应纳税月份数 = 12－纳税义务发生时间（取月份）+1 = 12－5+1 = 8（月）。

2017 年应代征的车船税 = 2000×4×8÷12 = 5333.33（元）。

11. C 【解析】燃料电池乘用车不属于车船税征税范围，对其不征车船税。

二、多项选择题

1. ACE 【解析】选项 B，拖船计税标准可按每千瓦折合净吨位 0.67 吨计算；选项 D，液化石油气罐车没有免征车船税的规定。

2. ABC 【解析】半挂牵引车和三轮农用运

输汽车按整备质量每吨作为计税单位。

3. CDE 【解析】选项 A，由财产与行为税改为财产税；选项 B，适当地提高了税额的标准。

4. ABCD 【解析】省、自治区、直辖市人民政府根据车船税税目税额表确定车辆具体适用税额。

5. CD 【解析】医院救护车没有免征车船税的优惠；境内单位租入外国籍船舶的，不征收车船税；节能汽车减半征收车船税，新能源的车船免征车船税。

6. ABCE 【解析】省、自治区、直辖市人民政府要根据本地区情况变化适时调整适用的车船税额。

7. ABC 【解析】选项 D，机场、港口内部行驶或者作业的车辆，自车船税法实施之日起 5 年内免征车船税，属于特定减免；选项 E，减半征收车船税。

8. ACE 【解析】选项 B，在一个纳税年度内，已完税的车船被盗抢、报废、灭失的，纳税人可以凭有关管理机关出具的证明和完税证明，向纳税所在地的主管税务机关申请退还自被盗抢、报废、灭失月份起至该纳税年度终了期间的税款；已办理退税的被盗抢车船失而复得的，纳税人应当从公安机关出具相关证明的当月起计算缴纳车船税。选项 D，整备质量不超过 1 吨的车辆，据实计算缴纳车船税。

9. AC 【解析】游艇以艇身长度每米作为车船税计税单位，挂车和货车以整备质量每吨作为车船税计税单位。

10. CE 【解析】按照规定缴纳船舶吨税的机动船舶；机场、港口内部行驶或作业的车船，自《车船税法》实施之日起 5 年内免征车船税。

11. BCE 【解析】选择 A，符合税法规定条件的节能乘用车，减半征收车船税；选项 D，纯电动乘用车和燃料电池乘用车不属于车船税征税范围，对其不征车船税。

第7章 契 税

JINGDIAN TIJIE

考 情 分 析

➼ 历年考情分析

本章考核点主要集中在征税范围、计税依据及税收优惠几个方面，题型以选择题为主，偶尔会搭配房产税、城镇土地使用税以计算题形式出题，如 2019 年本章搭配城镇土地使用税和耕地占用税考核的计算题。本章考核难度不高，以基础性的知识考核为主，2018 年和 2019 年本章只考核了征税范围、纳税义务发生时间等基础知识。因此需要考生夯实基础，对核心考点要掌握牢靠。

➼ 本章 2020 年考试主要变化

1. 新增养老、托育、家政等社区家庭服务业税费优惠政策。
2. 删除经营性文化事业单位涉及的税收优惠政策。

核心考点及真题详解

考点一　契税的特点和立法原则★

扫我解疑难

📝 经典例题

【例题·多选题】根据契税的相关规定，下列关于契税的立法原则表述正确的有(　)。

A. 广辟财源，增加地方财政收入

B. 保护合法产权，避免财产纠纷

C. 调节土地极差收入，鼓励平等竞争

D. 广集财政资金，完善地方税体系

E. 调节财富分配，体现社会公平

【答案】ABE

【解析】选项 C、D 属于城镇土地使用税的立法原则。

📝 考点精析

1. 契税的特点

(1)契税属于财产转移税；

(2)契税由财产承受人缴纳。

2. 契税的立法原则

(1)广辟财源，增加地方财政收入；

(2)保护合法产权，避免产权纠纷；

(3)调节财富分配，体现社会公平。

考点二　征税范围、纳税人和税率★★

扫我解疑难

📝 经典例题

【例题1·单选题】(2019 年)下列行为，应缴纳契税的是( )。

A. 国家机关购买办公用房

B. 母公司以土地向合资子公司增资

C. 法定继承人继承房屋权属

D. 以无偿划拨方式承受土地使用权

【答案】B

【解析】选项B，母公司以土地、房屋权属向其全资子公司增资，视同划转，免征契税；选项A，免征契税；选项C，不征收契税；选项D，以无偿划拨方式承受土地使用权，不征收契税；以划拨方式取得土地使用权，经批准转让房地产时，由房地产转让者补交契税，计税依据为补交的土地使用权出让费用或者土地收益。

【例题2·多选题】(2019年)下列行为，属于契税征税范围的有( )。

A. 以抵债方式取得房屋产权

B. 为拆房取料而购买房屋

C. 将自有房产投入本人投资经营的企业

D. 受让国有土地使用权

E. 以获取方式取得房屋产权

【答案】ABDE

【解析】同一投资主体内部所属企业之间土地、房屋权属的划转，包括母公司与其全资子公司之间，同一公司所属全资子公司之间，同一自然人与其设立的个人独资企业、一人有限公司之间土地、房屋权属的划转，免征契税。

【例题3·单选题】(2018年)单位和个人发生下列行为，应该缴纳契税的是( )。

A. 转让土地使用权

B. 承受不动产所有权

C. 赠与不动产所有权

D. 转让不动产所有权

【答案】B

【解析】契税是以所有权发生转移的不动产为征税对象，向产权承受人征收的一种财产税。

【例题4·多选题】(2015年)下列各项应征收契税的有( )。

A. 以获奖方式取得房屋产权

B. 买房拆料

C. 个人购买家庭唯一住房的普通住房

D. 合伙企业的合伙人将其名下的房屋转移至合伙企业名下

E. 以拍卖方式取得国有土地使用权

【答案】ABCE

【解析】选项D，合伙企业的合伙人将其名下的房屋转移至合伙企业名下，或合伙企业将其名下的房屋、土地使用权转回原合伙人名下，免征契税。

【例题5·多选题】下列单位或个人的行为中，需要缴纳契税的有( )。

A. 承受抵债房产的李某

B. 将房屋赠送给非直系亲属的赠与人

C. 买房拆料建新房的陈某

D. 将房产投资给乙企业，已办理过户手续的甲企业

E. 将房屋抵债的甲企业

【答案】AC

【解析】契税是由承受房产的一方缴纳。所以选项B、D、E不符合题意。

📝 考点精析

1. 契税的征税范围(见表7-1)

契税的征税对象为发生土地使用权和房屋所有权权属转移的土地和房屋。

具体的征税范围包括：国有土地使用权出让；土地使用权转让，包括出售、赠与和交换；房屋买卖。

『提示』

(1)土地使用权的转让不包括农村集体土地承包。

(2)对承受国有土地使用权应支付的土地出让金，要征收契税，不得因减免出让金而减免契税。

(3)土地使用者转让、抵押或置换土地，无论其是否取得了该土地的使用权属证书，无论其在转让、抵押或置换土地过程中是否与对方当事人办理了土地使用权属证书变更登记手续，只要土地使用者享有占有、使用、

收益或处分该土地的权利，且有合同等证据表明其实质转让、抵押或置换了土地并取得了相应的经济利益，土地使用者及其对方当事人应当依照税法规定缴纳契税。

表 7-1　契税的征税范围

土地、房屋交易的特殊情况	基本处理
房屋买卖	以房产抵债或实物交换房屋，产权人以自有房产折价抵偿债务的，以房屋折价款缴纳契税以实物交换房屋，应视同货币购买房屋，以房屋的价值缴纳契税
	以房屋作投资或作股权转让，产权承受方按投资房产价值或者房产买价缴纳契税 『提示』以自有房产作股投入本人经营企业，免征契税
	买房拆料或者翻新建房，应照章征收契税，按买价计算缴纳
房屋赠与	以获奖方式取得房屋产权的，其实质是接受赠与的房产，应缴纳契税
房屋交换	房屋产权相互交换，双方交换价值相等，免征契税；其价值不相等的，按超过的部分由支付差价方缴纳契税
房屋的附属设施	承受与房屋有关的附属设施(停车位、汽车库、自行车库、顶层阁楼及储藏室)所有权或土地使用权的行为征收契税

2. 纳税人

契税的纳税人是指在中华人民共和国境内转移土地、房屋权属，承受的单位和个人。与其他的税种不同，契税是由承受方缴纳，而非转让方缴纳。

3. 税率

契税施行幅度比例税率，税率的幅度为3%～5%。具体执行税率，由各省、自治区、直辖市人民政府在规定的幅度内，根据本地区的实际情况确定。

『提示』承受的房屋附属设施权属为单独计价的，按当地适用税率计税；与房屋统一计价的，适用与房屋相同税率。

个人购买住房适用优惠政策汇总见表7-2。

表 7-2　个人购买住房适用优惠政策汇总表

购买	面积(m²)	税率
家庭唯一住房	≤90	1%
	>90	1.5%
第二套改善性住房	≤90	1%
	>90	2%

考点三　企业事业单位改制重组的契税政策 ★★

扫我解疑难

📝 经典例题

【例题·多选题】（2014年）企业或事业单位改制重组的过程中，涉及的原企业土地、房屋权属免征契税的有(　　)。

A. 企业依法实施破产，债权人承受破产企业抵偿债务的土地、房屋权属

B. 同一投资主体内部所属企业之间土地、房屋权属的划转，包括母公司与其全资子公司之间土地、房屋权属划转

C. 公司依法分立成两个或两个以上与原公司投资主体相同的公司，分立后公司承受原公司土地、房屋权属

D. 经国务院批准实施债权转股权的企业，对债权转股权后新设立的公司承受原企业的土地、房屋权属

E. 企业依法实施破产，非债权人承受破产企业土地、房屋权属与原企业超过30%的职工签订服务合同不少于2年的

【答案】 ABCD

【解析】 企业依照有关法律法规规定实施破产，债权人（包括破产企业职工）承受破产企业抵偿债务的土地、房屋权属，免征契税；对非债权人承受破产企业土地、房屋权属，凡按照《中华人民共和国劳动法》等国家有关法律法规政策妥善安置原企业全部职工，与原企业全部职工签订服务年限不少于3年的劳动用工合同的，对其承受所购企业土地、房屋权属，免征契税；与原企业超过30%的职工签订服务年限不少于3年的劳动用工合同的，减半征收契税。

📋 **考点精析**

企业改制重组中的契税政策见表7-3。

表7-3 企业改制重组中的契税政策

特殊行为	相关内容	具体政策
企业改制	非公司制企业改制为有限责任公司或股份有限公司，有限责任公司变更为股份有限公司，股份有限公司变更为有限责任公司，原企业投资主体存续并在改制（变更）后的公司中所持股权（股份）比例超过75%，且改制（变更）后公司承继原企业权利、义务的，对改制（变更）后公司承受原企业土地、房屋权属	免征契税
事业单位改制	原投资主体存续并在改制后企业中出资（股权、股份）比例超过50%的，对改制后企业承受原事业单位土地、房屋权属	
公司合并	两个或两个以上的公司，依照法律规定、合同约定，合并为一个公司，且原投资主体存续的，对合并后公司承受原合并各方土地、房屋权属	
公司分立	公司依照法律规定、合同约定分立为两个或两个以上与原公司投资主体相同的公司，对分立后公司承受原公司土地、房屋权属	
企业破产	企业依照有关法律法规规定实施破产，债权人（包括破产企业职工）承受破产企业抵偿债务的土地、房屋权属	免征契税
	对非债权人承受破产企业土地、房屋权属，凡按照《中华人民共和国劳动法》等国家有关法律法规政策妥善安置原企业全部职工规定，与原企业全部职工签订服务年限不少于3年的劳动用工合同的，对其承受所购企业土地、房屋权属	
	对非债权人承受破产企业土地、房屋权属，凡按照《中华人民共和国劳动法》等国家有关法律法规政策妥善安置原企业全部职工规定，与原企业超过30%的职工签订服务年限不少于3年的劳动用工合同的，对其承受所购企业土地、房屋权属	减半征收契税
资产划转	对承受县级以上人民政府或国有资产管理部门按规定进行行政性调整、划转国有土地、房屋权属的单位	免征契税
	同一投资主体内部所属企业之间土地、房屋权属的划转，包括母公司与其全资子公司之间，同一公司所属全资子公司之间，同一自然人与其设立的个人独资企业、一人有限公司之间土地、房屋权属的划转	
	母公司以土地、房屋权属向其全资子公司增资，视同划转	
债权转股权	经国务院批准实施债权转股权的企业，对债权转股权后新设立的公司承受原企业的土地、房屋权属	免征契税

特殊行为	相关内容	具体政策
划拨用地出让或作价出资	以出让方式或国家作价出资(入股)方式承受原改制重组企业、事业单位划拨用地的	征收契税
公司股权(股份)转让	在股权(股份)转让中,单位、个人承受公司股权(股份),公司土地、房屋权属不发生转移	不征收契税

考点四　减免税优惠★★

扫我解疑难

📝 经典例题

【例题1·多选题】(2018年)下列情形中,免征契税的有(　　)。

A. 军事单位承受土地、房屋用于军事设施

B. 企业承受土地、房屋用于办公

C. 合伙企业将其名下的土地、房屋权属转移回原合伙人名下

D. 与金融租赁公司签订的售后回租合同期满,承租人回购原土地、房屋权属

E. 国家机关承受土地、房屋用于办公

【答案】ACDE

【解析】选项B,应当征收契税。

【例题2·单选题】(2016年)下列关于契税减免税优惠的说法,正确的是(　　)。

A. 驻华使馆外交人员承受土地、房屋权免征契税

B. 金融租赁公司通过售后回租承受承租人房屋土地权属的,免征契税

C. 单位承受荒滩用于仓储设施开发的,免征契税

D. 军事单位承受土地、房屋对外经营的免征契税

【答案】A

【解析】选项B,对金融租赁公司开展售后回租业务,承受承租人房屋、土地权属的,照章征税;对售后回租合同期满,承租人回购原房屋、土地权属的,免征契税。选项C,承受荒山、荒沟、荒丘、荒滩土地使用权,并用于农、林、牧、渔业生产的,免征契税。选项D,承受土地、房屋对外经营的,照章征税。

【例题3·单选题】(2012年)下列关于契税减免税优惠政策的说法,正确的是(　　)。

A. 事业单位、社会团体承受房屋免征契税

B. 因不可抗力丧失住房而重新购房的,免征契税

C. 房屋由县级人民政府征用后重新承受房屋权属的,由县级人民政府确定是否减免契税

D. 婚姻关系存续期间,房屋原属夫妻一方所有,变更为夫妻双方共有的,免征契税

【答案】D

【解析】选项A,承受的土地、房屋用于办公、教学、医疗、科研和军事设施的,免征契税;选项B,因不可抗力丧失住房而重新购买住房的,酌情准予减征或者免征契税;选项C,应该是由省级人民政府确定是否减免。

📝 考点精析

契税减免税优惠见表7-4。

表7-4　契税减免税优惠

项目分类	具体规定
契税减免的基本规定	国家机关、事业单位、社会团体、军事单位承受土地、房屋用于办公、教学、医疗、科研和军事设施的,免征契税

项目分类	具体规定
契税减免的基本规定	城镇职工按规定第一次购买公有住房的，免征契税
	因不可抗力丧失住房而重新购买住房的，酌情准予减征或者免征契税
	土地、房屋被县级以上人民政府征用、占用后，重新承受土地、房屋权属的，由省级人民政府确定是否减免
	承受荒山、荒沟、荒丘、荒滩土地使用权，并用于农、林、牧、渔业生产的，免征契税
	外国驻华使馆、领事馆、联合国驻华机构及其外交代表、领事官员和其他外交人员承受土地、房屋权属的，免征契税
	国有控股公司以部分资产投资组建新公司，且该国有控股公司占新公司股份超过85%的，对新公司承受该国有控股公司土地、房屋权属，免征契税
财政部规定的其他减征、免征契税的项目	对金融租赁公司开展售后回租业务，承受承租人房屋、土地权属的，照章征税。对售后回租合同期满，承租人回购原房屋、土地权属的，免征契税
	对国家石油储备基地第一期项目建设过程中涉及的契税予以免征
	在婚姻关系存续期间，房屋、土地权属原归夫妻一方所有，变更为夫妻双方共有或另一方所有的，或者房屋、土地权属原归夫妻双方共有，变更为其中一方所有的，或者房屋、土地权属原归夫妻双方共有，双方约定、变更共有份额的，免征契税
	对已缴纳契税的购房单位和个人，在未办理房屋权属变更登记前退房的，退还已纳契税；在办理房屋权属变更登记后退房的，不予退还已纳契税
	对公租房经营管理单位购买住房作为公租房，免征契税
	棚户区改造税收优惠： 对经营管理单位回购已分配的改造安置住房继续作为改造安置房源的，免征契税 个人首次购买90平方米以下改造安置住房，按1%的税率计征契税；购买超过90平方米，但符合普通住房标准的改造安置住房，按法定税率减半计征契税 个人因房屋被征收而取得货币补偿并用于购买改造安置住房，或因房屋被征收而进行房屋产权调换并取得改造安置住房，按有关规定减免契税
	为社区提供养老、托育、家政等服务的机构，承受房屋、土地用于提供社区养老、托育、家政服务的，免征契税
	对饮水工程运营管理单位为建设饮水工程而承受土地使用权，免征契税
	对于《中华人民共和国继承法》规定的法定继承人（包括配偶、子女、父母、兄弟姐妹、祖父母、外祖父母）继承土地、房屋权属，不征契税；非法定继承人根据遗嘱承受死者生前的土地、房屋权属，属于赠与行为，应征收契税
	市、县级政府征收居民房屋，居民因个人房屋被征收而选择货币补偿用以重新购置房屋，并且购房成交价格不超过货币补偿的，对新购房屋免征契税；购房成交价格超过货币补偿的，对差价部分按规定征收契税 居民因个人房屋被征收而选择房屋产权调换，并且不缴纳房屋产权调换差价的，对新换房屋免征契税；缴纳房屋产权调换差价的，对差价部分按规定征收契税
	单位、个人以房屋、土地以外的资产增资，相应扩大其在被投资公司的股权持有比例，无论被投资公司是否变更工商登记，其房屋、土地权属不发生转移，不征收契税

项目分类	具体规定
财政部规定的其他减征、免征契税的项目	个体工商户的经营者将其个人名下的房屋、土地权属转移至个体工商户名下，或个体工商户将其名下的房屋、土地权属转回原经营者个人名下，免征契税
	合伙企业的合伙人将其名下的房屋、土地权属转移至合伙企业名下，或合伙企业将其名下的房屋、土地权属转回原合伙人名下，免征契税

考点五　计税依据及应纳税额的计算 ★★★

扫我解疑难

📋 经典例题

【例题 1·单选题】（2017 年）某公司 2017 年 1 月以 1200 万元（不含增值税）购入一幢旧写字楼作为办公用房，该写字楼原值 2000 万元，已计提折旧 800 万元。当地适用契税税率 3%，该公司购入写字楼应缴纳契税（　）万元。

A. 60　　　　　　　B. 36
C. 30　　　　　　　D. 24

【答案】 B

【解析】 应缴纳的契税＝1200×3%＝36（万元）。

【例题 2·单选题】（2016 年）下列关于契税计税依据的说法，正确的是（　）。

A. 契税的计税依据不含增值税

B. 买卖装修的房屋，契税计税依据不包括装修费用

C. 承受国有土地，契税计税依据可以扣减政府减免的土地出让金

D. 房屋交换价格差额明显不合理且无正当理由的，由税务机关参照成本价格核定

【答案】 A

【解析】 选项 B，房屋买卖的契税计税依据为房屋买卖合同的总价款，买卖装修的房屋，装修费用应包括在内；选项 C，不得因减免土地出让金而减免契税；选项 D，由征收机关参照市场价格核定。

【例题 3·单选题】（2014 年）某房地产开发公司以协议方式受让一宗国有土地使用权，支付土地出让金 8500 万元、土地补偿费 3000 万元、安置补助费 2000 万元、市政配套设施费 1800 万元，假定当地适用的契税税率为 4%，该房地产开发公司取得该宗土地使用权应缴纳契税（　）万元。

A. 340　　　　　　B. 460
C. 540　　　　　　D. 612

【答案】 D

【解析】 以协议方式出让的，其契税计税价格为成交价格。成交价格包括土地出让金、土地补偿费、安置补助费、地上附着物和青苗补偿费、拆迁补偿费、市政建设配套费等承受者应支付的货币、实物、无形资产及其他经济利益。应缴纳契税＝（8500＋3000＋2000＋1800）×4%＝612（万元）。

📋 考点精析

1. 契税计税依据（见表 7-5）

表 7-5　契税的计税依据

土地房屋交易情况	计税依据
土地使用权出售、房屋买卖	**成交价格**，成交价格为房屋买卖合同的总价款，买卖装修的房屋，装修费用应包括在内。 (1)采取分期付款方式购买房屋附属设施土地使用权、房屋所有权的，应按合同规定的总价款计征契税；计征契税的成交价格不含增值税

土地房屋交易情况	计税依据
土地使用权出售、房屋买卖	(2)对纳税人因改变土地用途而签订土地使用权出让合同变更协议或重新签订土地使用权出让合同的,应征收契税,其计税依据为因改变土地用途应补缴的土地收益金及应补缴政府的其他费用 (3)土地使用者将土地使用权及所附着建筑物、构筑物等转让给他人的,应按转让总价款计税
土地使用权赠与、房屋赠与	由征收机关参照土地使用权出售、房屋买卖的市场价格核定
土地使用权交换、房屋交换	交换价值相等,不缴纳契税;交换价值不等,由支付差价的一方,按差价缴纳契税 对于成交价格明显低于市场价格且无正当理由或交换的土地使用权、房屋的价格差额明显不合理且无正当理由的,由征收机关参照市场价格核定
出让国有土地使用权	以协议方式出让的,其契税计税价格为成交价格,成交价格包括土地出让金、土地补偿费、安置补助费、地上附着物和青苗补偿费、拆迁补偿费、市政建设费 没有成交价格或者成交价格明显偏低的,征收机关可以依次按下列两种方式确定: (1)评估价格;(2)土地基准地价
	以竞价方式出让的,其契税计税价格为成交价格,土地出让金、市政建设配套费以及各种补偿费用应包括在内
	先以划拨方式取得土地使用权,后经批准改为出让方式取得该土地使用权的,其计税依据为补缴的土地出让金和其他出让费用
	已购公有住房经补缴土地出让金和其他出让费用成为完全产权住房的,免征契税

2. 应纳税额的计算

应纳税额=计税依据×税率

【应试技巧】计税依据是契税计算的重点内容,经常与税收优惠结合起来考,一般在各个题型都会考到,考生学习的时候要注意细节的掌握,要善于总结。

阶段性测试

1.【多选题】下列情形,需要缴纳契税的有( )。
A. 买房翻建新房
B. 交换房产时,涉及补价的
C. 接受房屋赠与
D. 以获奖方式取得房屋产权
E. 以自有房产作股投入本人经营企业

2.【多选题】先以划拨方式取得土地使用权的,后经批准改为出让方式取得该土地使用权的,其契税的计税依据包括( )。
A. 补缴的其他出让费用
B. 土地的评估价格

C. 补缴的土地出让金
D. 土地的重置成本
E. 土地基准地价

3.【多选题】下列项目免征契税的有( )。
A. 以获奖方式获得的房屋
B. 城镇职工按规定第一次购买公有住房
C. 企业获得土地使用权而免缴的土地出让金
D. 因不可抗力原因失去住房而重新购买的住房
E. 居民个人房屋被征收而选择货币补偿用于重新购置房屋,房价不超过货币补偿的

4.【单选题】2019年10月,李某以500万元存款及价值800万元的房产投资设立个人独资企业;当年李某的朋友张某移居国外,将其境内价值80万元的房产赠送给李某,当地契税的税率为3%。李某应缴纳的契税为( )万元。
A. 0　　　　　　B. 2.4
C. 41.4　　　　　D. 42

阶段性测试答案精析

1. ABCD 【解析】选项 E，以自有房产作股投入本人经营的企业，免纳契税。

2. AC 【解析】补缴契税的计税依据是补缴的土地出让金和其他出让费用。

3. BE 【解析】以获奖方式获得的房屋，没有免征契税的规定；企业获得土地使用权而免缴的土地出让金，不得因减免土地出让金，而减免契税；因不可抗力原因失去住房而重新购买的住房，酌情准予减征或免征，并不一定是免征。

4. B 【解析】以自有房产作股投入本人独资经营企业，免纳契税。受赠房产，承受房产的李某为契税纳税人。应纳契税 = 80 × 3% = 2.4（万元）。

扫我解疑难

考点六 征收管理★★

经典例题

【例题1·单选题】（2019年）关于契税征收管理，下列说法正确的是（ ）。

A. 契税在纳税人所在地的征收机关缴纳

B. 办理契税纳税申报时，必须提供销售不动产发票

C. 契税的纳税义务发生时间为取得土地、房屋权属证书的当天

D. 纳税人应当自纳税义务发生之日起10日内，向税务机关办理纳税申报

【答案】D

【解析】选项 A，契税在土地、房屋所在地的征收机关缴纳；选项 B，购买新建商品房的纳税人在办理契税纳税申报时，由于销售新建商品房的房地产开发企业已办理注销税务登记或者被税务机关列为非正常户等原因，致使纳税人不能取得销售不动产发票的，税务机关在核实有关情况后应予受理；选项 C，契税的纳税义务发生时间是纳税人签订土地、

房屋权属转移合同的当天，或者纳税人取得其他具有土地、房屋权属转移合同性质凭证的当天。

【例题2·单选题】（2018年）下列说法中，符合契税纳税义务发生时间规定的是（ ）。

A. 纳税人接受土地、房屋的当天

B. 纳税人支付土地、房屋款项的当天

C. 纳税人办理土地、房屋权属证书的当天

D. 纳税人签订土地、房屋权属转移合同的当天

【答案】D

【解析】契税的纳税义务发生时间是纳税人签订土地、房屋权属转移合同的当天，或者纳税人取得其他具有土地、房屋权属转移合同性质凭证的当天。

【例题3·多选题】（2016年）下列关于契税征收管理的说法，正确的有（ ）。

A. 纳税人不能取得销售不动产发票的，可持人民法院的裁决书原件及相关资料办理契税纳税申报

B. 纳税人因房地产开发企业被税务机关列为非正常户，不能取得销售不动产发票的，无法办理契税纳税申报

C. 纳税人应当自纳税义务发生之日起10日内，向征收机关办理申报

D. 纳税义务发生时间是纳税人签订土地、房屋权属转移合同的当天

E. 契税应向土地、房屋的承受人居住地或单位注册地所在地缴纳

【答案】ACD

【解析】选项 B，纳税人因房地产开发企业被税务机关列为非正常户，不能取得销售不动产发票的，税务机关在核实有关情况后应予受理；选项 E，契税应向土地、房屋所在地的征收机关缴纳。

【例题4·多选题】（2012年）2011年5月，李某因原有住房拆迁获得补偿款80万元；6月与开发商签订购房合同，购置一套价值100万元、面积120平方米的期房，未办理房屋产权登记手续，契税税率为3%；7月李某因工作调动，和开发商达成协议退掉已购住

房。下列说法正确的有(　　)。

A. 李某退房应退还已缴纳的契税

B. 李某购房行为需要缴纳契税0.6万元

C. 李某应在办理契税纳税申报后7天内缴纳税款

D. 李某应向购置房屋所在地的税务机关办理契税纳税申报

E. 李某应在签订购房合同后7天内向征收机关办理契税纳税申报

【答案】ABD

【解析】对已缴纳契税的购房单位和个人，在未办理房屋权属变更登记前退房的，退还已纳契税；在办理房屋权属变更登记后退房的，不予退还已纳契税。对拆迁居民因拆迁重新购置住房的，对购房成交价格中相当于拆迁补偿款的部分免征契税，成交价格超过拆迁补偿款的，对超过部分征收契税。应纳契税＝(100-80)×3%=0.6(万元)。纳税人应当自纳税义务发生之日起10日内，向土地、房屋所在地的税务机关办理纳税申报，并在税务机关核定的期限内缴纳税款。

【例题5·单选题】契税的纳税申报期限是(　　)。

A. 签订土地、房屋权属转移合同或合同性质凭证的5日内

B. 签订土地、房屋权属转移合同或合同性质凭证的7日内

C. 签订土地、房屋权属转移合同或合同性质凭证之日10日内

D. 签订土地、房屋权属转移合同或合同性质凭证之日起30日内

【答案】C

【解析】契税的纳税义务发生时间是纳税人签订土地、房屋权属转移合同的当天，或者纳税人取得其他具有土地、房屋权属转移合同性质凭证的当天；纳税人应当自纳税义务发生之日起10日内，向土地、房屋所在地的税务机关办理纳税申报，并在税务机关核定的期限内缴纳税款。

考点精析

征收管理见表7-6。

表7-6　征收管理

基本要点	主要规定
纳税义务发生时间	签订土地、房屋权属转移合同的当天或者纳税人取得其他具有土地、房屋权属转移合同性质凭证的当天
纳税期限	应当自纳税义务发生之日起10日内，向土地、房屋所在地的税务机关办理纳税申报
纳税地点	在土地、房屋所在地的征收机关缴纳

本章综合练习 限时45分钟

一、单项选择题

1. 依据契税相关规定，下列土地或房屋免征契税的是(　　)。

A. 对金融租赁公司开展售后回租业务，承受承租人房屋、土地权属

B. 以减免出让金形式而取得国有土地使用权

C. 企业合并中，新设方承受相同投资主体之外的投资方的土地使用权

D. 已购公有住房经补缴土地出让金和其他出让费用成为完全产权住房

2. 某非公司制企业经批准改制成全体职工持股的有限责任公司，承受原企业价值600万元的房产所有权；以债权人身份接受某破产企业价值200万元的房产抵偿债务，随后将此房产投资于另一企业。该有

限责任公司上述业务应缴纳契税( )万元（适用税率3%）。

A. 0 　　　　B. 6
C. 18 　　　　D. 24

3. 关于契税的计税依据，下列说法正确的是( )。
   A. 以协议方式出让土地使用权的，以成交价格作为计税依据
   B. 土地使用权相互交换的，以交换的土地使用权的价格作为计税依据
   C. 以竞价方式出让土地使用权的，以不包括各种补偿费用的竞价成交价格为计税依据
   D. 已购公有住房经补缴土地出让金拥有完全产权的，以补缴的土地出让金为计税依据

4. 甲企业因经营需要，将市内某处空置厂房与乙企业的某土地使用权交换，由乙企业支付价款差额100万元；甲企业还接受丙企业以房产进行的投资，丙企业投资入股的房产市场价值为300万元。甲企业应缴纳契税( )万元(契税税率为4%)。
   A. 4 　　　　B. 6
   C. 12 　　　　D. 16

5. 甲某是个人独资企业业主，2019年1月将价值60万元的自有房产投入本人独资企业作为经营场所；3月以200万元的价格购入一处商业房产；6月将价值200万元的自有仓库与另一企业价值160万元的仓库互换，甲某收取差价40万元。甲某以上交易应缴纳契税( )万元(契税税率为4%)。
   A. 8 　　　　B. 8.4
   C. 9.6 　　　　D. 16

6. 关于契税的说法，正确的是( )。
   A. 没有成交价格或者成交价格明显偏低的，征收机关可在评估价格和土地基准地价中任意选择一种方式作为评定契税的计税依据
   B. 符合减免税规定的纳税人，契税的计税金额在10000万元(含10000万元)以上的，

由省级征收机关办理减免税手续，并报国家税务总局备案
   C. 符合减免税规定的纳税人，应在土地、房屋权属转移合同生效的30日内向土地、房屋所在地的征收机关提出减免税申报
   D. 土地使用权和房屋赠与征收契税的计税依据根据政府批准设立的房地产评估机构的评定价格确定

7. 下列情形中应征收契税的是( )。
   A. 以自有房产作股投入本人经营的独资企业
   B. 非债权人承受破产企业土地和房屋权属
   C. 有限责任公司变更为股份有限公司，改制后的公司承受原企业的土地和房屋权属
   D. 公司依照法律规定、合同约定分立为两个或两个以上与原公司投资主体相同的公司，分立后公司承受原公司土地、房屋权属

8. 2019年4月中国公民肖某首次购买家庭唯一住房一套，面积85平方米，合同总价价54.4万元，其中含装修费8.4万元。肖某购买该住房应缴纳契税( )元。
   A. 4600 　　　　B. 5440
   C. 6900 　　　　D. 8160

9. 某房地产开发公司购买某企业闲置的房产，合同上注明土地使用权价款1000万元，厂房和附着物共计价款550万元。该房地产开发公司应缴纳契税( )万元(当地省人民政府规定的契税税率为4%)。
   A. 45 　　　　B. 45.06
   C. 69 　　　　D. 62

10. 关于契税的计税依据，下列说法正确的是( )。
    A. 土地使用权出售，以市场价格作为计税依据
    B. 企业之间交换房屋，收取差价的一方缴纳契税
    C. 承受的房屋附属设施，如与房屋统一计价，适用与房屋相同的契税税率
    D. 以划拨方式取得土地使用权，以税务

机关核定的价格为计税依据

11. 某大学教授甲某 2019 年 5 月购买 85 平方米的已经装修的家庭唯一住房，合同上注明价款 60 万元，另外支付的装修费 10 万元，采用分期付款方式，分 20 年支付，假定 2019 年支付 8.5 万元，甲某购房应缴纳的契税为( )元。

   A. 850　　　　　B. 185
   C. 7000　　　　D. 6000

12. 下列各项应征收契税的是( )。
   A. 以获奖方式取得房屋产权
   B. 将自有房产作股投入本人经营企业
   C. 房屋产权相互交换，交换价值相等
   D. 承受荒山土地使用权用于林业生产

13. 根据契税相关规定，房屋赠与时契税的计税依据是( )。
   A. 协议成交价格
   B. 所在地省级人民政府公示的土地基准价格
   C. 不同地段的土地使用权及房屋转让的成交价格
   D. 征收机关参照当地土地使用权出售、房屋买卖的市场价格核定

二、多项选择题

1. 下列选项中，应征收契税的有( )。
   A. 以获奖方式取得房屋产权
   B. 购买与房屋相关的附属设施
   C. 企业分立中新设方承受原企业的房产
   D. 甲企业接受乙企业用以抵偿货款的房产
   E. 个人购买 80 平方米且唯一的家庭普通住房

2. 王先生是某企业债权人，2019 年 11 月该企业破产，王先生获得抵债的门面房一间，评估价 20 万元；当月王先生将门面房作价 30 万元投资于甲企业；甲企业又购买了该破产企业 60 万元的房产。下列税务处理中，正确的有( )(契税税率为 4%)。
   A. 甲企业应缴纳契税 3.6 万元
   B. 王先生应缴纳契税 0.08 万元

C. 破产企业应缴纳契税 2.4 万元
   D. 王先生将门面房投资需缴纳契税
   E. 王先生承受破产企业的门面房免征契税

3. 下列情形中，由征收机关参照市场价格核定契税计税依据的有( )。
   A. 房屋赠与
   B. 国有土地使用权赠与
   C. 协议方式出让国有土地使用权的
   D. 以竞价方式出让国有土地使用权的
   E. 成交价格明显低于市场价格且无正当理由的房屋交换

4. 下列表述中，符合契税征收规定的有( )。
   A. 城镇职工按规定第一次购买公有住房，免征契税
   B. 土地使用者置换土地，只有取得了置换土地使用权属证书，才需缴纳契税
   C. 已购公有住房经补缴土地出让金和其他出让费用成为完全产权住房的，免征土地权属转移的契税
   D. 土地或房屋被县级以上人民政府征用、占用后，重新承受土地、房屋权属的，应由县级以上人民政府确定是否减免契税
   E. 非法定继承人根据遗嘱承受死者生前的土地、房屋权属，属于赠与行为，应征收契税

5. 下列情形中，免征契税的有( )。
   A. 承受荒山加以利用的
   B. 个体工商户经营者将其个人名下的房屋转移至个体工商户名下
   C. 债权人承受破产企业土地以抵偿债务的
   D. 对国家石油储备基地进行第一期项目建设的
   E. 经国务院批准实施债转股后的新企业承受原企业的土地和房屋权属的

6. 下列关于契税减免税优惠的说法，正确的有( )。
   A. 对个人购买家庭唯一住房，面积为 90 平方米及以下的，减半征收契税
   B. 对个人购买家庭唯一住房，面积为

90 平方米以上的，减按 1.5% 的税率征收契税

C. 公共租赁住房经营管理单位购买住房作为公共租赁住房的免征契税

D. 国家机关承受土地、房屋用于办公免征契税

E. 城镇职工按规定第一次购买公有住房的，免征契税

7. 下列关于契税计税依据的说法正确的有（ ）。

A. 买卖装修的房屋，契税计税依据应包括装修费用

B. 采用分期付款方式购买房屋，契税计税依据为房屋总价款

C. 减免承受国有土地使用权应支付的土地出让金，契税计税依据相应减免

D. 纳税人因改变土地用途而签订变更协议，契税计税依据为补缴的土地收益金

E. 房屋交换时，契税计税依据为房屋的价格差额

8. 某银行 2019 年以债权人身份承受甲破产企业房屋所有权，总价 600 万元，又以债权人身份承受乙企业抵债的土地使用权，总价 300 万元；随后以承受的甲企业的房屋和乙企业的土地使用权转让给其债权人丙企业，共作价 1000 万元。依据契税的相关规定，下列处理方法正确的有（ ）（当地省级人民政府规定的契税税率 4%）。

A. 该银行应缴纳契税 12 万元

B. 丙企业不缴纳契税

C. 丙企业应缴纳契税 40 万元

D. 该银行不缴纳契税

E. 该银行应缴纳契税 36 万元

9. 下列各项中，符合契税有关规定的有（ ）。

A. 以自有房屋作股投入本人经营的企业，免征契税

B. 债权人承受破产企业房屋以抵偿债务的，免征契税

C. 采取分期付款方式购买房屋所有权的，按合同规定的总价款计征契税

D. 契税的纳税义务发生时间是纳税人签订土地、房屋权属转移合同的当天

E. 符合减免税规定的纳税人，在土地、房屋权属转移生效 30 日内向土地、房屋所在地的征收机关提出减免税申报

10. 关于契税的计税依据，下列表述正确的有（ ）。

A. 以协议方式出让国有土地使用权的，仅以土地出让金作为计税依据

B. 房屋赠与的，由征收机关参照房屋买卖的市场价格核定计税依据

C. 买卖已装修的房屋，契税计税依据中应包括装修费用

D. 土地使用权出售的，以评估价格为计税依据

E. 土地使用权交换的，以所交换的土地使用权的价格差额为计税依据

11. 下列关于契税的说法正确的有（ ）。

A. 契税由财产承受人缴纳

B. 国有企业不是契税的纳税人

C. 土地使用者置换土地，只有取得了置换土地使用权属证书的，才需要缴纳契税

D. 个人购买普通住房、经济适用住房的，免征契税

E. 契税以发生土地使用权和房屋所有权属转移的土地和房屋为征税对象

12. 2018 年 6 月张先生购置家庭第一套住房，面积为 90 平方米，成交价格为 70 万元；2019 年因工作调动，张先生用家庭唯一住房换取赵先生一套 85 平方米房屋，赵先生支付张先生 10 万元，当地契税税率为 3%。下列关于契税纳税义务的说法，正确的有（ ）。

A. 赵先生需要缴纳契税 24000 元

B. 张先生购置房屋第一套住房缴纳契税 7000 元

C. 张先生换取赵先生住房需要缴纳契税 3000 元

D. 张先生换取房屋行为应在90平方米房屋所在地缴纳契税

E. 换取房屋的行为中赵先生应缴纳契税3000元

13. 下列关于契税优惠政策描述正确的是（　　）。

A. 对承受县级以上人民政府或国有资产管理部门按规定进行行政性调整、划转国有土地、房屋权属的单位，免征契税

B. 经国务院批准实施债权转股权的企业，对债权转股权后新设立的公司承受原企业的土地、房屋权属，免征契税

C. 以出让方式或国家作价出资（入股）方式承受原改制重组企业、事业单位划拨用地的，免征契税

D. 母公司以土地、房屋权属向其全资子公司增资，不免征契税

E. 在股权（股份）转让中，单位、个人承受公司股权（股份），公司土地、房屋权属不发生转移，不征收契税

本章综合练习参考答案及详细解析

一、单项选择题

1. D 【解析】选项A，对金融租赁公司开展售后回租业务，承受承租人房屋、土地权属的，照章征税；选项B，对承受国有土地使用权所应支付的土地出让金，要计征契税，不得因减免土地出让金，而减免契税；选项C，企业合并中，新设方或者存续方承受被解散方土地、房屋权属，如合并前各方为相同投资主体的，则不征契税，其余征收契税。

2. A 【解析】对国有、集体企业经批准改建成全体职工持股的有限责任公司或股份公司承受原企业土地、房屋权属的，免征契税；破产后，债权人承受关闭、破产企业土地、房屋权属以抵偿债务的，免征契税；契税的纳税人为承受房产一方，所以由房产被投资方缴纳契税。

3. A 【解析】选项B，土地使用权相交换的，其计税依据是所交换的土地使用权、房屋的价格差额；选项C，以竞价方式出让的，其契税计税价格一般应确定为竞价的成交价格，土地出让金、市政建设配套费以及各种补偿费用应包括在内；选项D，已购公有住房补缴土地出让金和其他出让费用成为完全产权住房的，免征土地权属转移的契税。

4. C 【解析】土地使用权交换，由支付差价的一方纳税。甲企业应缴纳契税=300×4%=12（万元）。

5. A 【解析】以自有房产作股投入本人独资经营的企业，免纳契税；房屋交换，其价值不相等的，按超出部分由支付差价方缴纳契税。应缴纳契税=200×4%=8（万元）。

6. B 【解析】选项A，没有成交价格或者成交价格明显偏低的，征收机关可依次按评估价格、土地基准地价来确定，而不是任意选择其中一种；选项C，符合减免税规定的纳税人，应在土地、房屋权属转移合同生效的10日内向土地、房屋所在地的征收机关提出减免税申报；选项D，土地使用权赠与、房屋赠与，其计税依据由征收机关参照土地使用权出售、房屋买卖的市场价格核定。

7. B 【解析】选项B，债权人承受破产企业土地、房屋权属以抵偿债务的，免征契税。

8. B 【解析】房屋买卖的契税计税价格为房屋买卖合同的总价款，买卖装修的房屋，装修费用应包括在内。对个人购买家庭唯一住房，面积为90平方米及以下的，减按1%税率征收契税。应纳契税=54.4×1%×10000=5440（元）。

9. D 【解析】房屋买卖的契税计税价格为房屋买卖合同的总价款，房产原值应包含地价款。应纳契税 = （1000 + 550）× 4% = 62（万元）。

10. C 【解析】选项 A，国有土地使用权出让、土地使用权出售、房屋买卖，以成交价格为计税依据。选项 B，企业之间交换房屋，支付差价的一方缴纳契税。选项 D，以划拨方式取得土地使用权，经批准转让房地产时，由房地产转让者补缴契税。计税依据为补缴的土地使用权出让费用或者土地收益金。

11. C 【解析】采取分期付款方式购买房屋附属设施土地使用权、房屋所有权的，应按合同规定的总价款计征契税，买卖装修的房屋，装修费用应包括在内；对个人购买家庭唯一住房，面积为 90 平方米及以下的，减按 1% 税率征收契税。甲某应缴纳契税 = （60 + 10）× 1% × 10000 = 7000（元）。

12. A 【解析】以获奖方式取得房屋产权的按规定缴纳契税。

13. D 【解析】土地使用权赠与、房屋赠与，由征收机关参照土地使用权出售、房屋买卖的市场价格核定。

二、多项选择题

1. ABDE 【解析】选项 C 是免征契税的。

2. AE 【解析】债权人承受破产企业的房屋权属以抵偿债务的，免征契税。所以王先生不缴纳契税。甲企业应缴纳契税 = （30 + 60）× 4% = 3.6（万元）。

3. ABE 【解析】契税中，由征收机关核定契税计税依据的情形有：土地使用权赠与、房屋赠与，成交价格明显低于市场价格且无正当理由的房屋交换。

4. ACE 【解析】选项 B，土地使用者转让、抵押或置换土地，无论是否取得了该土地的使用权属证书，无论其在转让、抵押或置换土地过程中是否与对方当事人办理了土地使用权属证书变更登记手续，只要

土地使用者享有占有、使用、收益或处分该土地的权利，且有合同等证据表明其实质转让、抵押或置换了土地并取得了相应的经济利益，土地使用者及其对方当事人应当依照税法规定缴纳契税；选项 D，土地、房屋被县级以上人民政府征用、占用后，重新承受土地、房屋权属的，由省级人民政府确定是否减免契税。

5. BCDE 【解析】承受荒山用于农、林、牧、渔等生产的，免征契税，用于其他方面不免征契税。

6. BCDE 【解析】对个人购买家庭唯一住房，面积为 90 平方米及以下的，减按 1% 征收契税。

7. ABE 【解析】选项 C，承受国有土地使用权应支付的土地出让金，要征收契税。不得因减免出让金而减免契税。选项 D，计税依据为应补缴的土地收益金及应补缴政府的其他费用。

8. AC 【解析】契税的纳税人是承受土地、房屋权属的单位和个人，所以甲企业和乙企业不缴纳契税；银行以债权人身份承受破产企业房屋，免征契税，但是银行获得抵债的房屋，要视同房屋买卖，应缴纳的契税 = 300 × 4% = 12（万元）；丙企业缴纳契税，丙企业应缴纳的契税 = 1000 × 4% = 40（万元）。

9. ABCD 【解析】符合减免税规定的纳税人，在土地、房屋权属转移生效 10 日内向土地、房屋所在地的征收机关提出减免税申报。

10. BCE 【解析】选项 A，以协议方式出让的，其契税计税价格为成交价格。成交价格包括土地出让金、土地补偿费、安置补助费、地上附着物和青苗补偿费、拆迁补偿费、市政建设配套费等承受者应支付的货币、实物、无形资产及其他经济利益。选项 D，土地使用权出售、房屋买卖，其计税依据为成交价格。

11. AE 【解析】选项 B，国有企业是契税的

纳税人；选项 C，土地使用者转让、抵押或置换土地，无论其是否取得了该土地的使用权属证书，无论其在转让、抵押或置换土地过程中是否与对方当事人办理了土地使用权属证书变更登记手续，只要土地使用者享有占有、使用、收益或处分该土地的权利，且有合同等证据表明其实质转让、抵押或置换了土地并取得了相应的经济利益，土地使用者及其对方当事人应当依照税法规定缴纳契税；选项 D，对个人购买普通住房、经济适用住房征收契税。

12. BE 【解析】对个人购买家庭唯一住房，面积为 90 平方米及以下的，减按 1% 缴纳契税，应缴纳契税 = $70 \times 1\% \times 10000 = 7000$（元）；以房换房，支付差价的一方缴纳契税，换房中赵先生应缴纳契税 = $10 \times 10000 \times 3\% = 3000$（元）。

13. ABE 【解析】选择 C，以出让方式或国家作价出资（入股）方式承受原改制重组企业、事业单位划拨用地的，不属于免税范围，对承受方应按规定征收契税；选择 D，母公司以土地、房屋权属向其全资子公司增资，视同划转，免征契税。

本章番外

契税在中国存在历史悠久，至今已有 1600 多年的历史。契税在最初被征收时，主要是针对在买卖田宅、奴婢、牛马等经济行为中立有契据的人征收，因此才有了后来的"契税"一词。随着历史的演变，契税的征税范围也在逐渐缩小，慢慢发展为只对"田宅"征税，即对土地和房屋征税。如今土地和房屋的交易离不开土地使用证和房屋产权证，而这两证就是"契"。所以税法规定，契税是以所有权发生转移的不动产为征收对象，向产权承受人征收的一种财产税。掌握好契税的含义，我们才能更好地判断以下问题：一是契税只针对不动产权属转移时才征税，出租等让渡不动产使用权的行为不涉及契税；二是契税只针对不动产承受人征税，出让人或转让人不构成纳税人；三是契税只针对不动产承受环节一次性计税，对不动产持有、销售环节不征税。

第8章 城镇土地使用税

JINGDIAN TIJIE

考情分析

▶ 历年考情分析

本章考核点主要集中在征税范围、应纳税额计算和税收优惠上，题型以选择题为主，但经常会搭配契税、房产税、印花税以计算题的形式出题，如2009年、2010年、2012年、2017年和2019年本章都有搭配其他税种考核的计算题。在学习时，考生需要特别关注机场、港口、码头和企业厂区等地的城镇土地使用税优惠政策，这是在历年考试中出题频率较高的考点。本章考核难度不高，较易得分，2019年本章考核了纳税人、征税范围和纳税地点等基础知识，因此考生要对核心考点掌握牢靠。

▶ 本章2020年考试主要变化

1. 删除搬迁企业用地、中国石油天然气总公司所属单位用地、中国海洋石油总公司及其所属公司用地、邮政部门的土地、人民银行自用的土地、企业范围内荒山、林地、湖泊等占地、为支持鲁甸地震灾后恢复重建有关税收政策等税收优惠政策。

2. 新增养老、托育、家政等社区家庭服务业相关税收政策。

3. 新增公共租赁住房相关税收政策。

4. 新增小微企业普惠性税收减税优惠等。

核心考点及真题详解

考点一 特点和立法原则 ★

扫我解疑难

📝 经典例题

【例题1·多选题】根据相关规定，下列选项属于城镇土地使用税特点的有(   )。

A. 实行差别幅度税额

B. 征税对象包括国有和集体土地

C. 征税范围中不包括农村

D. 本质是对土地的占有行为征税

E. 按占用面积实行从价计征

【答案】ACD

【解析】城镇土地使用税的特点有：对占用土地的行为征税，征税对象是土地，征税范围有所限定，实行差别幅度税额。

【例题2·单选题】根据相关规定，下列不属于城镇土地使用税的立法原则的是(   )。

A. 促进合理、节约使用土地

B. 调节土地级差收入，鼓励平等竞争

C. 广集财政资金，完善地方税体系

D. 征税对象是土地

【答案】D

【解析】 选项 D，属于城镇土地使用税的特点，不是城镇土地使用税的立法原则。

考点精析

1. 现行城镇土地使用税的特点
(1)对占用土地的行为征税；
(2)征税对象是土地；
(3)征税范围有所限定；
(4)实行差别幅度税额。
2. 城镇土地使用税的立法原则
(1)促进合理、节约使用土地；
(2)调节土地级差收入，鼓励平等竞争；
(3)广集财政资金，完善地方税体系。

考点二 征税范围、纳税人和 适用税额★★

扫我解疑难

经典例题

【例题1·单选题】 (2019年)下列用地行为，应缴纳城镇土地使用税的是( )。
A. 宗教寺庙自用土地
B. 市政休闲广场用地
C. 农副产品加工厂用地
D. 直接用于农业生产的土地
【答案】 C
【解析】 选项 A、B、D，免征城镇土地使用税。选项 C，农副产品加工厂占地不在免税的范围内。

【例题2·多选题】 (2019年)关于城镇土地使用税的纳税人，下列说法正确的有( )。
A. 城镇土地使用权属未确定的，实际使用人为纳税人
B. 城镇土地使用权权属共有的，共有各方分别为纳税人
C. 城镇土地使用的权属纠纷未解决的，纠纷双方均为纳税人
D. 国有或集体土地使用权出租的，出租人为纳税人
E. 城镇土地使用税由拥有土地使用权的单位

和个人为纳税人
【答案】 ABE
【解析】 选项 C，土地使用权未确定或权属纠纷未解决的，由实际使用人纳税；土地使用权共有的，由共有各方分别纳税。选项 D，国有或集体土地使用权出租的，承租人为纳税人。

【例题3·多选题】 (2018年)根据城镇土地使用税纳税人的相关规定，下列说法正确的有( )。
A. 个人拥有土地使用权的，以个人为纳税人
B. 土地使用权出租的，以承租人为纳税人
C. 土地使用权属共有的，以共有各方为纳税人
D. 土地使用权属未确定的，以实际使用人为纳税人
E. 单位拥有土地使用权的，以单位为纳税人
【答案】 ACDE
【解析】 凡在城市、县城、建制镇、工矿区范围内使用土地的单位和个人，为城镇土地使用税的纳税义务人。
(1)城镇土地使用税由拥有土地使用权的单位或个人缴纳；
(2)土地使用权未确定或权属纠纷未解决的，由实际使用人纳税；
(3)土地使用权共有的，由共有各方分别纳税。
选项 B，土地使用权出租的，以出租方为纳税人。

【例题4·单选题】 (2012年)下列说法符合城镇土地使用税规定的是( )。
A. 在建制镇使用土地的个人为城镇土地使用税的纳税义务人
B. 土地使用权权属纠纷未解决的，由税务机关根据情况确定纳税人
C. 纳税人尚未核发土地使用证书的，暂不纳税，核发土地使用证后再补缴税款
D. 经济发达地区城镇土地使用税适用税额标准经省级人民政府批准可以适当提高
【答案】 A

【解析】选项B, 土地使用权未确定或权属纠纷未解决的, 由实际使用人纳税; 选项C, 纳税人尚未核发土地使用证书的, 应由纳税人据实申报土地面积, 据以纳税, 待核发土地使用证以后再作调整; 选项D, 经济发达地区城镇土地使用税的适用税额标准可以适当提高, 但须报经财政部批准。

📋 **考点精析**

征税范围、纳税人和适用税额见表8-1。

表8-1 征税范围、纳税人和适用税额

基本要素	具体情况
征税范围	城市、县城、建制镇和工矿区
纳税人	凡是在城市、县城、建制镇、工矿区范围内使用土地的单位和个人, 包括外国企业和外商独资企业 (1)城镇土地使用税由拥有土地使用权的单位或个人缴纳 (2)土地使用权未确定或权属纠纷未解决的, 由实际使用人纳税 (3)土地使用权共有的, 由共有各方分别纳税
适用税额	城镇土地使用税实行分级幅度税额, 具体由各省、自治区、直辖市人民政府确定 经省、自治区、直辖市人民政府批准, 经济落后地区的城镇土地使用税适用税额标准可以适当降低, 但降低额不得超过规定最低税额的30%; 经济发达地区城镇土地使用税的适用税额可以适当提高, 但须报经财政部批准

考点三 减免税优惠 ★★★

扫我解疑难

📋 **经典例题**

【例题1·单选题】(2018年)下列用地, 可免征城镇土地使用税的是( )。

A. 军队家属的院落用地

B. 国家机关的办公用地

C. 企业的内部道路绿化用地

D. 房地产公司开发写字楼用地

【答案】B

【解析】国家机关、人民团体、军队单位本身的办公用地和公务用地免征城镇土地使用税。

【例题2·单选题】(2017年)下列用地, 可以免征城镇土地使用税的是( )。

A. 企业内道路占用的土地

B. 人民法院的办公楼用地

C. 公园的照相馆经营用地

D. 军队的家属院落用地

【答案】B

【解析】选项A, 企业内道路占用的土地, 要征收城镇土地使用税, 没有免税规定; 选

项C, 公园供公共参观游览的用地及其管理单位的办公用地, 免征城镇土地使用税, 公园中附设的营业场所, 如影剧院、饮食部、茶社、照相馆等用地, 应征收城镇土地使用税; 选项D, 军队本身的办公用地和公务用地, 免征城镇土地使用税, 军队的家属院落用地, 不免税。

【例题3·单选题】(2016年)下列关于城镇土地使用税减免税优惠的说法, 正确的是( )。

A. 企业的绿化用地免征城镇土地使用税

B. 港口的码头用地免征城镇土地使用税

C. 事业单位的业务用地免征城镇土地使用税

D. 农业生产单位的办公用地免征城镇土地使用税

【答案】B

【解析】选项A, 对企业厂区(包括生产、办公及生活区)以内的绿化用地, 应照章征收城镇土地使用税, 厂区以外的公共绿化用地和向社会开放的公园用地, 暂免征收城镇土地使用税; 选项C, 对事业单位本身的业务用地, 免征城镇土地使用税; 选项D, 直接用于农、林、牧、渔业的生产用地免税, 农业生产单位的办公用地应照章征税。

考点精析

减免税优惠见表8-2。

表 8-2　减免税优惠

项目分类	具体规定
减免税优惠的基本规定	国家机关、人民团体、军队自用的土地免征城镇土地使用税
	由国家财政部门拨付事业经费的单位自用的土地免征城镇土地使用税。不包括实行自收自支、自负盈亏的事业单位
	企业办的学校、医院、托儿所、幼儿园，其自用的土地免征城镇土地使用税
	宗教寺庙、公园、名胜古迹自用的土地免征城镇土地使用税
	直接从事种植、养殖、饲养的专业生产用地，免征城镇土地使用税
	自行开山填海整治的土地和改造的废弃土地，从使用的月份起免缴城镇土地使用税5~10年。不包括纳税人通过出让、转让、划拨等方式取得的已填海整治的土地
	财政部规定免税的能源、交通、水利用地
减免税优惠的特殊规定	免税单位无偿使用纳税单位的土地，免征城镇土地使用税；对纳税单位无偿使用免税单位的土地，纳税单位照章征收土地使用税
	对盐场、盐矿的生产厂房、办公、生活区用地，应照章征收城镇土地使用税。盐场的盐滩、盐矿的矿井用地，暂免征收城镇土地使用税
	对公共租赁住房建设期间用地及公共租赁住房建成后占地，免征城镇土地使用税
	对饮水工程运营管理单位自用的生产、办公用土地免税
	对企业厂区以外的公共绿化用地和向社会开放的公园用地暂免征税(包括生产、办公及生活区)，对厂区以内的绿化用地征税
	对政府部门和企事业单位、社会团体以及个人等社会力量投资兴办的福利性、非营利性的老年服务机构自用的土地免税
	港口、机场用地免税
【提示】对机场的工作区(办公、维修场所、停车场、生活区、绿化区)和场内道路用地征税
	自2020年1月1日至2022年12月31日，对物流企业自有(包括自用和出租)或承租的大宗商品仓储设施的土地，减按所属土地等级适用税额标准的50%计征城镇土地使用税
	自2019年1月1日至2021年12月31日，对专门经营农产品的农产品批发市场、农贸市场使用(包括自有和承租)的土地，暂免征收城镇土地使用税
	自2019年1月1日至2020年12月31日，对向居民供热收取采暖费的"三北"地区供热企业，为居民供热所使用的厂房及土地，免征城镇土地使用税；对供热企业其他厂房及土地，应当按照规定征收城镇土地使用税
	自2019年1月1日至2021年12月31日，对商品储备管理公司及其直属库自用的承担商品储备业务的土地，免征城镇土地使用税
	(1)自2018年1月1日至2023年12月31日，对纳税人及其全资子公司从事大型民用客机发动机、中大功率民用涡轴涡桨发动机研制项目自用的科研、生产、办公用土地，免征城镇土地使用税
(2)自2019年1月1日至2020年12月31日，对纳税人及其全资子公司自用的科研、生产、办公用土地，免征城镇土地使用税

项目分类	具体规定
减免税优惠的特殊规定	自 2019 年 1 月 1 日至 2020 年 12 月 31 日，对公租房建设期间用地及公租房建成后占地，免征城镇土地使用税
	自 2019 年 6 月 1 日至 2025 年 12 月 31 日，为社区提供养老、托育、家政等服务的机构自有或其通过承租、无偿使用等方式取得并于用于提供社区养老、托育、家政服务的土地，免征城镇土地使用税
	自 2019 年 1 月 1 日至 2021 年 12 月 31 日，由省、自治区、直辖市人民政府根据本地区实际情况，以及宏观调控需要确定，对增值税小规模纳税人可以在 50% 的税额幅度内减征城镇土地使用税

城镇土地使用税减免税审批权限应集中在省级(含计划单列市)税务机关，不得下放。

【应试技巧】税收优惠是城镇土地使用税的重点内容，每年考题基本都会涉及。由于考试教材内容比较多，核心考点中只是简单列举了一些较常见易混淆的内容，并不完整，所以未列举部分也要全面掌握。

考点四 计税依据及应纳税额的计算 ★★★

扫我解疑难

📝**经典例题**

【例题 1·单选题】(2017 年)某公司 2016 年 3 月通过挂牌取得一宗土地，土地出让合同约定 2016 年 4 月交付，土地使用证记载占地面积为 6000 平方米。该土地年税额 4 元/平方米，该公司应缴纳城镇土地使用税( )元。

A. 24000　　　　B. 20000

C. 18000　　　　D. 16000

【答案】D

【解析】税法规定，通过招标、拍卖、挂牌方式取得的建设用地，不属于新征用的耕地，纳税人应按照规定从合同约定交付土地时间的次月起缴纳城镇土地使用税。

该公司应缴纳城镇土地使用税 = 6000×4×8÷12 = 16000(元)。

【例题 2·单选题】(2013 年)位于某县城的一化工厂，2012 年 1 月企业土地使用证书记载占用土地的面积为 80000 平方米，8 月新征用耕地 10000 平方米，已缴纳耕地占用税，适用城镇土

地使用税税率为 10 元/平方米。该化工厂 2012 年应缴纳城镇土地使用税( )元。

A. 720000　　　　B. 800000

C. 820000　　　　D. 900000

【答案】B

【解析】纳税人新征用的耕地，自批准征用之日起满一年时开始缴纳城镇土地使用税。应缴纳城镇土地使用税 = 80000×10 = 800000(元)。

【例题 3·多选题】按照城镇土地使用税的规定，对纳税人实际占用的土地面积，可以按照下列( )方法确定。

A. 房地产管理部门核发的土地使用证书确认的土地面积

B. 纳税人实际使用的建筑面积

C. 尚未核发土地使用证书的纳税人据实申报的面积

D. 尚未核发土地使用证书的纳税人以税务机关核定的土地面积

E. 尚未核发土地使用证书的纳税人不需申报纳税

【答案】AC

【解析】纳税人实际占用的土地面积，以房地产管理部门核发的土地使用证书与确认的土地面积为准；尚未核发土地使用证书的，应由纳税人据实申报土地面积，据以纳税，待核发土地使用证后再作调整。

📝**考点精析**

1. 计税依据

城镇土地使用税以纳税人实际占用的土地面积(平方米)为计税依据。

纳税人实际占用的土地面积,以房地产管理部门核发的土地使用证书与确认的土地面积为准;尚未核发土地使用证书的应由纳税人据实申报土地面积,据以纳税,待核发土地使用证以后再作调整。

2. 应纳税额的计算

年应纳税额=计税土地面积(平方米)×适用税额

『提示』土地使用权由几方共有的,由共有各方按照各自实际使用的土地面积占总面积的比例,分别计算缴纳土地使用税。

【应试技巧】应纳税额的计算是本章的重点内容,经常与纳税义务发生时间和税收优惠结合起来考核,学习本内容的时候,考生要与后面的纳税义务发生时间和税收优惠的内容联系起来。

📝 阶段性测试

【多选题】下列关于城镇土地使用税的说法,正确的有( )。

A. 由《城镇土地使用税暂行条例》统一规定分级幅度税额

B. 经济发达地区城镇土地使用税可适当提高,但须报经国家税务总局批准

C. 经省、自治区、直辖市人民政府批准,经济落后地区的城镇土地使用税适用税额标准可以适当降低,但降低额不得超过规定的最低税额的30%

D. 省、自治区、直辖市人民政府应当在法定税额幅度内,根据市政建设状况、经济繁荣程度等条件,确定所辖地区的适用税额幅度

E. 市、县人民政府应当根据实际情况,将本地区土地划分为若干等级,在《城镇土地使用税暂行条例》统一规定的税额幅度内,自行制定适用金额标准

📝 阶段性测试答案精析

【答案】ACD

【解析】选项 B,我国城镇土地使用税的税

额统一由条例规定分级幅度税额;经济发达地区城镇土地使用税可适当提高,但须报经财政部而非国家税务总局批准。选项 E,市、县人民政府不能直接根据条例规定的税额幅度选择,而是根据省、自治区、直辖市人民政府确定的税额幅度来确定。

考点五 征收管理★★

扫我解疑难

📝 经典例题

【例题 1·单选题】(2019 年)关于城镇土地使用税的征收管理,下列说法正确的是( )。

A. 纳税人新征用的非耕地,自批准征用之月起缴纳城镇土地使用税

B. 纳税人新征用的土地,必须于批准新征用之日起 15 日内申报登记

C. 城镇土地使用税按年计算,分期缴纳,纳税期限由市级人民政府确定

D. 在同一省范围内,纳税人跨地区使用土地的,由省级税务局确定纳税地点

【答案】D

【解析】选项 A,纳税人新征用的非耕地,自批准征用次月起缴纳城镇土地使用税;选项 B,纳税人新征用的土地,必须于批准新征用之日起 30 日内申报登记;选项 C,城镇土地使用税按年计算,分期缴纳。缴纳期限由省、自治区、直辖市人民政府确定(非市级人民政府)。

【例题 2·多选题】(2016 年)下列关于城镇土地使用税纳税义务发生时间的说法,正确的有( )。

A. 购置新建商品房,自签订房屋销售合同的次月起计征城镇土地使用税

B. 纳税人新征用的耕地,自批准征用之日起满 1 年时开始缴纳城镇土地使用税

C. 以出让方式取得土地使用权,应由受让方从合同约定的交付土地时间的次月起缴纳城镇土地使用税

D. 购置存量房,自房地产权属登记机关签发

房屋权属证书的次月起计征城镇土地使用税

E. 通过拍卖方式取得建设用地(不属于新征用耕地),应从合同约定的交付土地时间的次月起缴纳城镇土地使用税

【答案】BCDE

【解析】购置新建商品房,自房屋交付使用的次月起,缴纳城镇土地使用税。

📝 考点精析

征收管理规定见表8-3。

表 8-3 征收管理

基本要素	具体情况
纳税义务 发生时间	购置新建商品房,自房屋交付使用之次月起计征城镇土地使用税
	购置存量房,自办理房屋权属转移、变更登记手续,房地产权属登记机关签发房屋权属证书之次月起计征城镇土地使用税
	出租、出借房产,自交付出租、出借房产之次月起计征城镇土地使用税
	房地产开发企业自用、出租、出借本企业建造的商品房,自房屋使用或交付之次月起计征城镇土地使用税
	纳税人新征用的耕地,自批准征用之日起满1年时开始缴纳城镇土地使用税;纳税人新征用非耕地,自批准征用次月起缴纳城镇土地使用税
纳税期限	按年计算,分期缴纳。具体由省、自治区、直辖市人民政府确定
纳税地点	纳税地点为土地所在地。纳税人使用的土地不属于同一省(自治区、直辖市)管辖范围的,由纳税人分别向土地所在地的税务机关申报缴纳;在同一省、自治区、直辖市管辖范围内,纳税人跨地区使用的土地,由省、自治区、直辖市税务局确定纳税地点
纳税申报	纳税人新征用的土地,必须于批准新征用之日起30日内申报登记

本章综合练习 限时45分钟

一、单项选择题

1. 下列占用土地的行为,应缴纳城镇土地使用税的是( )。

A. 国家机关自用的土地

B. 公园自用的土地

C. 市政街道公共占用的土地

D. 企业内厂区绿化地带占用的土地

2. 某市肉制品加工企业 2019 年占地 40000 平方米,其中办公楼占地 3000 平方米,生猪养殖基地占地 20000 平方米,肉制品加工车间占地 16000 平方米,企业内部道路及绿化占地 1000 平方米。企业所在地城镇土地使用税年单位税额每平方米 5 元。该企业全年应缴纳城镇土地使用税( )元。

A. 65000   B. 100000

C. 120000   D. 950000

3. 根据城镇土地使用税的规定,下列说法正确的是( )。

A. 城镇土地使用税实行分级幅度税额的税率形式

B. 城镇土地使用税的征税对象是所有的土地

C. 城镇土地使用税的计税依据是纳税人用于生产经营活动的土地面积

D. 城镇土地使用税的纳税期限由省、自治区、直辖市的税务局确定

4. 某公司与政府机关共同使用一栋共有土地使用权的建筑物,该建筑物占用土地面积 2000 平方米,建筑面积 10000 平方米(公司与机关占用比例为 4∶1)。城镇土地使用税年税额 5 元/平方米。该公司应缴纳城镇土地使用税( )元。

A. 0　　　　　　B. 2000

C. 8000　　　　D. 10000

5. 2019 年度甲企业与乙企业共同使用面积为 8000 平方米的土地,该土地上共有建筑物 15000 平方米,甲企业使用其中的 4/5,乙企业使用其中的 1/5。除此之外,经有关部门批准,乙企业在 2018 年 1 月新征用耕地 6000 平方米。甲、乙企业共同使用土地所处地段的年税额为 4 元/平方米,乙企业新征土地所处地段的年税额为 2 元/平方米。2019 年度缴纳城镇土地使用税的情况是( )。

A. 甲企业纳税 25600 元,乙企业纳税 18400 元

B. 甲企业纳税 25600 元,乙企业纳税 6400 元

C. 甲企业纳税 48000 元,乙企业纳税 24002 元

D. 甲企业纳税 48000 元,乙企业纳税 12000 元

6. 下列土地应征收城镇土地使用税的是( )。

A. 盐场的盐滩用地

B. 为社区提供家政服务的机构自有并用于提供社区家政服务的土地

C. 核电站基建期内的办公用地

D. 老年服务机构自用的土地

7. 关于城镇土地使用税的说法,正确的是( )。

A. 凡公共用地均可免征城镇土地使用税

B. 煤炭企业已取得土地使用权但未利用的塌陷地不需缴纳城镇土地使用税

C. 房地产开发公司经批准开发建设经济适用房的用地,免征城镇土地使用税

D. 对因不可抗力丧失住房而重新购买住房的人免征契税

8. 2018 年某企业占用某市二等地段土地 6000 平方米,三等地段土地 12000 平方米(其中 1000 平方米为该企业幼儿园用地,200 平方米无偿供派出所使用);2018 年

4 月该企业在城郊征用耕地 4000 平方米,该耕地当年已经缴纳耕地占用税;同年 8 月征用非耕地 6000 平方米。该企业 2018 年和 2019 年应缴纳城镇土地使用税共计( )元。(城镇土地使用税年税额:二等地段 7 元/平方米,三等地段 4 元/平方米,城郊征用的耕地和非耕地 1.2 元/平方米。)

A. 180000　　　　B. 183600

C. 186800　　　　D. 188000

9. 下列各项中,免征城镇土地使用税的是( )。

A. 基建项目在建期间使用的土地

B. 宗教寺庙内的宗教人员生活用地

C. 从事农、林、牧、渔业生产单位的办公用地

D. 企业关闭、撤销后,其占地未作他用的

10. 根据城镇土地使用税的有关规定,经济发达地区,城镇土地使用税的适用税额标准可以( )。

A. 适当提高,但提高额不得超过规定的最高税额的 30%

B. 适当提高,但提高额不得超过规定的最低税额的 30%

C. 适当提高,但须报经国家税务总局批准

D. 适当提高,但须报经财政部批准

11. 下列各项中,免征城镇土地使用税的是( )。

A. 企业占用土地办公

B. 企业办的学校用地

C. 从事农、林、牧、渔业生产单位的办公用地

D. 人民团体将自用闲置土地对外租赁

12. 下列所占用的土地中,不可以免征或暂免征收城镇土地使用税的是( )。

A. 免税单位无偿使用纳税单位土地

B. 纳税单位无偿使用免税单位土地

C. 危险品仓库的防火、防爆等安全防范用地

D. 供电部门的输电线路用地

13. 2019 年某民用机场占地 100 万平方米，其中飞行区用地 90 万平方米，场外道路用地 7 万平方米，场内道路用地 0.5 万平方米，工作区用地 2.5 万平方米。城镇土地使用税税额为 5 元/平方米。2019 年该机场应缴纳城镇土地使用税( )万元。

A. 12.5 　　　　 B. 15

C. 47.5 　　　　 D. 50

14. 依据城镇土地使用税的相关规定，纳税人缴纳城镇土地使用税确有困难需要减免税款，应办理相关审批手续。负责城镇土地使用税减免税审批的税务机关为( )。

A. 国家税务总局

B. 县以上税务机关

C. (设区的)市税务机关

D. 省级(含计划单列市)税务机关

15. 某工厂 4 月购买一幢旧厂房，6 月在房地产权属管理部门办理了产权证书。该厂房所占土地开始缴纳城镇土地使用税的时间是( )月。

A. 4 　　　　 B. 5

C. 6 　　　　 D. 7

二、多项选择题

1. 下列土地中，应征收城镇土地使用税的有( )。

A. 企业办的学校的经营用地

B. 国有企业养殖场的办公用地

C. 外资企业储备原材料的仓库用地

D. 军队自用的土地

E. 水利设施及其管护用地

2. 下列选项中，免征城镇土地使用税的有( )。

A. 盐场的盐滩用地

B. 非营利性老年服务机构自用土地

C. 企业厂区内的铁路专用线用地

D. 农副产品加工厂占地

E. 举行宗教仪式用地和寺庙宗教人员的生活用地

3. 关于城镇土地使用税的说法，正确的有( )。

A. 城镇土地使用税调节的是土地的级差收入

B. 城镇土地使用税只在城市、县城、建制镇、工矿区范围内征收

C. 城镇土地使用权属纠纷未解决的，由实际使用人纳税

D. 纳税单位无偿使用免税单位的土地，由实际使用人纳税

E. 在同一省管辖范围内纳税人跨地区使用的土地，由纳税人选择向其中一地的税务机关申报纳税

4. 下列各项中，符合城镇土地使用税征税规定的有( )。

A. 核电站在基建期内的应税土地减半征收城镇土地使用税

B. 天然林保护工程的土地免征城镇土地使用税

C. 经济发达地区城镇土地使用税的适用税额标准可以适当提高，但须经省、自治区、直辖市人民政府批准

D. 对公共租赁住房建设期间用地及公共租赁住房建成后占地免征城镇土地使用税

E. 在其他住房项目中配套建设公共租赁住房，依据政府部门出具的相关材料，按公共租赁住房建筑面积占总建筑面积的比例免征建设、管理公共租赁住房涉及的城镇土地使用税

5. 按目前的规定，下列土地应征收城镇土地使用税的有( )。

A. 校办企业的经营用地

B. 企业创办幼儿园的用地

C. 食品加工厂占用的土地

D. 对饮水工程运营管理单位自用的生产、办公用土地

E. 房地产开发公司建造商品房的用地

6. 下列关于城镇土地使用税纳税义务发生时间的说法中，正确的有( )。

A. 购置新建商品房，自签订房屋销售合同的次月起计征城镇土地使用税

B. 纳税人新征用的耕地，自批准征用之日起满1年时开始缴纳城镇土地使用税

C. 以出让方式取得土地使用权，应由受让方从合同约定的交付土地时间的次月起缴纳城镇土地使用税

D. 购置存量房，自房地产权属登记机关签发房屋权属证书的次月起计征城镇土地使用税

E. 通过拍卖方式取得建设用地（不属新征用耕地），应从合同约定的交付土地时间的次月起缴纳城镇土地使用税

7. 2019年1月某港口集团公司经批准占用耕地31200平方米，其中30000平方米用于扩建港口，1200平方米用于修建仓库；9月底将竣工验收的仓库出租给物流公司使用，年租金720000元，签订租赁合同，租期3年，按年支付租金。耕地占用税税额为25元/平方米，城镇土地使用税税额为5元/平方米。下列说法中正确的有(   )。

A. 2019年应缴纳的房产税为21600元

B. 2019年修建仓库应缴纳的耕地占用税为30000元

C. 2019年仓库租赁合同应缴纳的印花税为720元

D. 2019年扩建港口应缴纳耕地占用税为60000元

E. 2019年仓库应缴纳的城镇土地使用税为1500元

8. 下列关于城镇土地使用税的纳税义务发生时间，表述正确的有(   )。

A. 纳税人购置存量房，自房屋交付使用之次月起纳税

B. 纳税人购置新建商品房，自房屋交付使用之次月起纳税

C. 纳税人新征用的非耕地，自批准征用次月起纳税

D. 以出让或转让方式有偿取得土地使用权的，合同未约定交付土地时间的，由受让方从合同签订的次月起纳税

E. 纳税人新征用的耕地，自批准征用之日起满1年时开始缴纳城镇土地使用税

9. 下列关于城镇土地使用税的表述中，正确的有(   )。

A. 征收城镇土地使用税的主要目的之一是调节土地的级差收入

B. 经批准开山填海整治的土地和改造的废弃土地，从使用的月份起免缴城镇土地使用税10年至20年

C. 城镇土地使用税的纳税地点为土地所在地

D. 经济落后地区，城镇土地使用税的适用税额标准可适当降低，但降低额不得超过规定最低税额的30%

E. 在同一省管辖范围内，纳税人跨地区使用的土地，由省税务局确定纳税地点

10. 下面说法符合城镇土地使用税政策的有(   )。

A. 某商店应当按照房地产管理部门核发的土地使用证书所确认的土地面积作为城镇土地使用税的计税依据

B. 企业厂区外向社会开放的公园用地的土地面积，需要并入计税面积中，缴纳城镇土地使用税

C. 土地使用权由几方共有的，由共有各方按照各自实际使用的土地面积占总面积的比例，分别计算缴纳土地使用税

D. 机场的场外道路免征城镇土地使用税

E. 纳税人尚未取得土地使用证的，先不缴纳城镇土地使用税，待实际收到后再补缴城镇土地使用税

11. 下列说法，符合城镇土地使用税税收政策的有(   )。

A. 农副产品加工厂用地应征收城镇土地使用税

B. 公园里开办的照相馆用地应征收城镇土地使用税

C. 企业厂区以外的公共绿化用地应征收城镇土地使用税

D. 自收自支、自负盈亏的事业单位用地应征收城镇土地使用税

E. 直接从事饲养的专业用地免予征收城镇土地使用税

12. 下列关于城镇土地使用税征收管理的说法，正确的有（　　）。

A. 城镇土地使用税按年计算、年终缴纳

B. 纳税人新征的土地，自批准征用之日起60日内申报登记

C. 纳税人新征用的非耕地，自批准征用次月起缴纳城镇土地使用税

D. 购置新建商品房自房屋交付使用的次月起缴纳城镇土地使用税

E. 纳税人购置存量房，自房地产权属机关登记签发房屋权属证书的次月起缴纳城镇土地使用税

13. 下列关于城镇土地使用税优惠政策，描述正确的有（　　）。

A. 直接用于农林牧渔业的生产用地，免征城镇土地使用税

B. 企业搬迁后原场地不使用的，免征城镇土地使用税

C. 对企业铁路专用线、公路等用地，凡在企业厂区范围内的，免征城镇土地使用税

D. 房地产开发公司开发建造商品房的用地，除经批准开发建设经济适用房用地外，对各类房地产开发用地一律不得减免城镇土地使用税

E. 机场飞行区用地免征城镇土地使用税

三、计算题

2019年4月，位于A市的甲企业实行重组，改建为有限责任公司。相关业务如下：

(1)2019年4月，有限责任公司将从甲企业承继的位于A市的价值1000万元、占地面积9000平方米的厂房抵偿乙企业债务。

(2)2019年6月，有限责任公司在A市购买一个占地24000平方米的停车场，合同总价款为2000万元，合同约定分三期付款，当年付款800万元。

(3)2020年3月，有限责任公司为了在B地建立生产车间和储存仓库，购买了价值4000万元、占地面积24000平方米的厂房；并购买了耕地15000平方米、非耕地5000平方米，缴纳土地出让金1000万元，当地政府给予出让金减免100万元。

(已知：A市城镇土地使用税年税额8元/平方米，B地城镇土地使用税年税额2.5元/平方米，契税税率均为3%。)

要求：根据以上资料，回答下列问题：

(1)乙企业应缴纳契税（　　）万元。

A. 0　　　　　　　　B. 10

C. 15　　　　　　　D. 30

(2)2019年重组前甲企业应缴纳城镇土地使用税（　　）元。

A. 0　　　　　　　　B. 30000

C. 24000　　　　　　D. 120000

(3)有限责任公司2020年应缴纳城镇土地使用税（　　）元。

A. 246375　　　　　B. 294375

C. 306500　　　　　D. 312500

(4)有限责任公司于2019—2020年重组业务及后续交易中，涉及的不动产承受行为应缴纳契税（　　）万元。

A. 171　　　　　　　B. 200

C. 210　　　　　　　D. 330

本章综合练习参考答案及详细解析

一、单项选择题

1. D 【解析】市政街道、广场、绿化地带等公共用地免税，但是企业内的广场、道路、绿化地带占用的土地要缴纳城镇土地使用税。

2. B 【解析】直接从事种植、养殖、饲养的专业用地免税。农副产品加工厂占地和从事农、林、牧、渔业生产单位的生活、办

公用地不包括在免税范围内。企业内的道路和绿化占地不属于社会性公共用地，照章征税。应缴纳城镇土地使用税＝（40000－20000）×5＝100000（元）。

3. A 【解析】选项B的范围过于宽泛，农村集体土地不属于城镇土地使用税的征税范围；选项C，城镇土地使用税的计税依据是纳税人实际占用的土地面积，不仅是生产经营活动的土地面积；选项D，城镇土地使用税的纳税期限由省、自治区、直辖市人民政府确定。

4. C 【解析】土地使用权由几方共有的，由共有各方按照各自实际使用的土地面积占总面积的比例，分别计算缴纳城镇土地使用税。政府机关用地免征城镇土地使用税。该公司应缴纳城镇土地使用税＝2000÷5×4×5＝8000（元）。

5. B 【解析】土地使用权由几方共有的，由共有各方按照各自实际使用的土地面积占总面积的比例，分别计算缴纳城镇土地使用税；纳税人新征用的耕地，自批准征用之日起满一年时开始缴纳城镇土地使用税。甲企业应缴纳城镇土地使用税＝（8000×4÷5）×4＝25600（元）。乙企业应缴纳城镇土地使用税＝（8000×1÷5）×4＝6400（元）。

6. C 【解析】对核电站的核岛、常规岛、辅助厂房和通信设施用地（不包括地下线路用地），生活、办公用地按规定征收城镇土地使用税，其他用地免征城镇土地使用税。对核电站应税土地在基建期内减半征收城镇土地使用税。

7. C 【解析】选项A，非社会性的公共用地不能免税，如企业内的广场、道路、绿化等占用的土地；选项B，对位于城镇土地使用税征税范围内的煤炭企业已取得土地使用权，未利用的塌陷地，自2006年9月1日起恢复征收城镇土地使用税；选项D，对因不可抗力丧失住房而重新购买住房的人，酌情准予减征或免征契税。

8. B 【解析】2018年应缴纳城镇土地使用税＝6000×7＋（12000－1000－200）×4＋（6000×1.2÷12）×4＝87600（元）。

2019年应缴纳城镇土地使用税＝6000×7＋（12000－1000－200）×4＋6000×1.2＋（4000×1.2÷12）×9＝96000（元）。

2018年和2019年共计应缴纳城镇土地使用税＝87600＋96000＝183600（元）。

9. B 【解析】选项A，原则上应征收城镇土地使用税；选项C，直接从事种植、养殖、饲养的专业用地才免税；选项D，企业关闭、撤销后，其占地未作他用的，经各省、自治区、直辖市税务局批准，可暂免征收城镇土地使用税。

10. D 【解析】经济发达地区城镇土地使用税的适用税额标准可适当提高，但须报经财政部批准。

11. B 【解析】选项A，应征收城镇土地使用税；选项C，直接从事种植、养殖、饲养的专业用地才免税；选项D，人民团体办公自用土地免征城镇土地使用税，只能是自用的，租赁不在免征范围。

12. B 【解析】选项B，对纳税单位无偿使用免税单位的土地，除经批准开发建设经济适用房的用地外，对各类房地产开发用地一律不得减免城镇土地使用税。

13. B 【解析】机场飞行区用地、场外道路用地，免征城镇土地使用税。应缴纳城镇土地使用税＝（0.5＋2.5）×5＝15（万元）。

14. B 【解析】依据城镇土地使用税的相关规定，纳税人缴纳城镇土地使用税确有困难需要减免税款，应办理相关审批手续。负责城镇土地使用税减免税审批的税务机关为县以上税务机关。

15. D 【解析】纳税人购置存量房，自办理房屋权属转移、变更登记手续，房地产权属登记机关签发房屋权属证书之次月起，缴纳城镇土地使用税。

二、多项选择题

1. ABC 【解析】选项A，企业办的学校用地免征城镇土地使用税，经营用地应照章征收；选项B，养殖场的养殖专业用地免税，办公用地不包括在内；选项C，外资企业的仓库用地应当征收城镇土地使用税。

2. ABE 【解析】选项C，对企业的铁路专用线、公路等用地，除另有规定外，在企业厂区(包括生产、办公及生活区)以内的，应照章征收土地使用税；在厂区以外、与社会公用地段未加隔离的，暂免征收城镇土地使用税；选项D，直接用于农、林、牧、渔业的生产用地，免征城镇土地使用税，但是农副产品加工厂占地和从事农、林、牧、渔业生产单位的生活、办公用地不包括在内。

3. ABCD 【解析】选项E，在同一省管辖范围内纳税人跨地区使用的土地，由各省税务局确定纳税地点。

4. ABDE 【解析】选项C，经济发达地区城镇土地使用税的适用税额标准可以适当提高，但须报经财政部批准。

5. ACE 【解析】选项A，校办企业的经营用地没有免税的规定，应征收城镇土地使用税；选项B，企业创办幼儿园的用地免税；选项C，应征收城镇土地使用税；选项E，房地产开发公司建造商品房的用地，除经批准开发建设经济适用房的用地外，对各类房地产开发用地一律不得减免城镇土地使用税。

6. BCDE 【解析】选项A，购置新建商品房，自房屋交付使用之次月起，缴纳城镇土地使用税。

7. ABD 【解析】选项A，应缴纳的房产税=720000×12%÷12×3=21600(元)；选项B，修建仓库应缴纳耕地占用税=1200×25=30000(元)；选项C，应缴纳印花税=720000×1‰×3=2160(元)；选项D，应缴纳耕地占用税=30000×2=60000(元)；选项E，新征用的耕地在征用耕地满1年时开始缴纳城镇土地使用税，所以2019年仓库应缴纳的城镇土地使用税为0。

8. BCDE 【解析】选项A，纳税人购置存量房，自办理房屋权属转移、变更登记手续，房地产权属登记机关签发房屋权属证书之次月起，缴纳城镇土地使用税。

9. ACDE 【解析】选项B，经批准开山填海整治的土地和改造的废弃土地，从使用的月份起免缴城镇土地使用税5年至10年。

10. ACD 【解析】选项B，厂区以外的公共绿化用地和向社会开放的公园用地，暂免征收城镇土地使用税；选项E，尚未核发土地使用证的，应由纳税人据实申报土地面积，据以纳税，待收到土地使用证后再作调整。

11. ABDE 【解析】选项C，企业厂区以外的公共绿化用地免征城镇土地使用税。

12. CDE 【解析】选项A，城镇土地使用税按年计算，分期缴纳；选项B，纳税人新征的土地，自批准征用之日起30日内申报登记。

13. ABDE 【解析】选项C，对企业铁路专用线、公路等用地，除另有规定者以，在企业厂区范围内的，照章征收城镇土地使用税。

三、计算题

(1) D；(2) C；(3) A；(4) C。

【解析】(1) 乙企业应缴纳契税=1000×3%=30(万元)。

(2) 甲企业2019年应缴纳城镇土地使用税=9000×8÷12×4=24000(元)。

(3) 有限责任公司2020年应缴纳城镇土地使用税=24000×8+(24000+5000)×2.5÷12×9=246375(元)。

(4) 非公司制企业按照规定整体改建为有限责任公司或股份有限公司，对改建后的公司承受原企业的土地、房屋权属，免征契税。对承受国有土地使用权所应支付的土地出让金，要计征契税。不得因减免土地出让金，而减免契税。应缴纳契税=(2000+4000+1000)×3%=210(万元)。

第9章 耕地占用税

JINGDIAN TIJIE

考 情 分 析

▶▶ 历年考情分析

本章考核点主要集中在征税范围和税收优惠上，题型以选择题为主，但经常会搭配契税、房产税等以计算题形式出现，如2012年、2013年、2017年和2019年都有本章搭配其他税种考核的计算题。在学习时，考生需要特别关注铁路线路、港口、航道和农村盖房占用耕地及耕地占用税与城镇土地使用税衔接的税收政策，这是在历年考试中出题频率非常高的考点。本章考核难度不高，较易得分，因此考生要对核心考点掌握牢靠。

▶▶ 本章2020年考试主要变化

1. 按照《耕地占用税法》重新编写。
2. 新增小规模纳税人税收优惠政策。

核 心 考 点 及 真 题 详 解

考点一 耕地占用税的特点 ★

扫我 解疑难

📝 **经典例题**

【例题·单选题】下列各项中，不属于耕地占用税特点的是( )。

A. 兼具资源税与特定行为税的性质

B. 采用地区差别税率

C. 在占用耕地环节一次课征

D. 耕地占用税每年征收一次

【答案】D

【解析】耕地占用税在纳税人获准占用耕地的环节一次性征收。

📝 **考点精析**

与其他税种相比，耕地占用税有比较鲜明的特点，主要表现在：

(1)兼具资源税与特定行为税的性质——以约束占用耕地的行为、促进土地资源的合理运用为目的。

(2)采用地区差别税率——根据不同地区的具体情况，分别制定差别税额。

(3)在占用耕地环节一次性课征——耕地占用税在纳税人获准占用耕地的环节征收。

考点二 纳税义务人与征税范围★★

扫我解疑难

经典例题

【例题1·多选题】（2017年）下列用地行为，应征收耕地占用税的有(   )。

A. 建设农田水利设施占用耕地

B. 企业新建厂房占用耕地

C. 修建专用公路占用耕地

D. 飞机场修建跑道占用耕地

E. 新建烟囱和水塔占用林地

【答案】 BCDE

【解析】 建房包括建设建筑物和构筑物（包括烟囱、水塔等）。建设农田水利设施占用耕地的，不征收耕地占用税。铁路线路、公路线路、飞机场跑道、停机坪、港口、航道、水利工程占用耕地，减按每平方米2元的税额征收耕地占用税。

【例题2·多选题】 下列占用农村土地的行为，需缴纳耕地占用税的有(   )。

A. 占用耕地建房

B. 占用耕地从事其他非农业建设

C. 占用鱼塘从事其他非农业建设

D. 占用耕地新办学校、幼儿园、社会福利机构、医疗机构

E. 占用之前3年内属于耕地的土地用于非农业建设

【答案】 ABCE

【解析】 选项D，学校、幼儿园、社会福利机构、医疗机构占用耕地免税。

考点精析

纳税人与征税范围见表9-1。

表9-1 纳税人与征税范围

基本要素	具体说明
纳税人	在境内占用耕地建设建筑物、构筑物或从事非农业建设的单位和个人

续表

基本要素	具体说明
征税范围	中华人民共和国境内被占用的耕地

『提示』以下占用土地的行为不征收耕地占用税：

（1）建设农田水利设施占用耕地的。

（2）建设直接为农业生产服务的生产设施所占用园地、林地、草地、农田水利用地、养殖水面、渔业水域滩涂以及其他农用地。

考点三 税收优惠★★

扫我解疑难

经典例题

【例题1·单选题】（2019年）农村居民张某2019年1月经批准，在户口所在地占用耕地2500平方米，其中2000平方米用于种植中药材，500平方米用于新建住宅。该地区耕地占用税税额为每平方米30元。张某应缴纳耕地占用税(   )元。

A. 7500　　　　　　B. 15000

C. 37500　　　　　　D. 75000

【答案】 A

【解析】 农村居民占用耕地新建自用住宅，按照当地适用税额减半征收耕地占用税。占用2000平方米耕地种植中药材，不征收耕地占用税。张某新建住宅应缴纳的耕地占用税 = 500×30×50% = 7500(元)。

【例题2·单选题】 下列耕地占用行为，减按每平方米2元的税额征收耕地占用税的是(   )。

A. 水利工程占用耕地

B. 农村居民新建自用住宅占用耕地

C. 军事设施占用耕地

D. 学校占用耕地

【答案】 A

【解析】 选项A，铁路线路、公路线路、飞机场跑道、停机坪、港口、航道、水利工程占

用耕地，减按每平方米2元的税额征收耕地占用税；选项B，农村居民在规定用地标准以内占用耕地新建自用住宅，按照当地适用税额减半征收耕地占用税；选项C、D，均免征耕地占用税。

【例题3·单选题】(2016年改)下列关于耕地占用税减免税优惠的说法，正确的是( )。

A. 建设直接为农业生产服务的生产设施占用林地的，不征耕地占用税

B. 专用铁路占用耕地的，减按2元/平方米的税额征收耕地占用税

C. 农村居民搬迁新建住宅占用耕地的，免征耕地占用税

D. 专用公路占用耕地的，免征耕地占用税

【答案】 A

【解析】 选项B、D，专用铁路和专用公路占用耕地的，按照当地适用税额缴纳耕地占用税。选项C，农村居民经批准搬迁，新建自用住宅占用耕地不超过原宅基地面积的部分，免征耕地占用税。

📋**考点精析**

1. 免征耕地占用税

(1)军事设施占用耕地。

(2)学校、幼儿园、社会福利机构、医疗机构占用耕地。

(3)农村烈士遗属、因公牺牲军人遗属、残疾军人，以及符合农村最低生活保障条件的农村居民，在规定用地标准以内新建自用住宅占用耕地。

『提示』学校内经营性场所、教职工住房、医疗机构内职工住房占用耕地，要缴纳耕地占用税。

2. 减征耕地占用税

(1)铁路线路、公路线路、飞机场跑道、停机坪、港口、航道、水利工程占用耕地，减按每平方米2元的税额征收耕地占用税。

(2)农村居民在规定用地标准以内占用耕地新建自用住宅，按照当地适用税额减半征收耕地占用税；其中农村居民经批准搬迁，

新建自用住宅占用耕地不超过原宅基地面积的部分，免征耕地占用税。

(3)根据国民经济和社会发展的需要，国务院可以规定免征或者减征耕地占用税的其他情形，报全国人民代表大会常务委员会备案。

(4)自2019年1月1日至2021年12月31日，各省、自治区、直辖市人民政府可以根据本地区实际情况，以及宏观调控需要确定，对增值税小规模纳税人在50%的税额幅度内减征耕地占用税。

(5)上述免征或者减征耕地占用税后，纳税人改变原占地用途，不再属于免征或者减征耕地占用税情形的，应自改变用途之日起30日内申报补缴税款，补缴税款按改变用途的实际占用耕地面积和改变用途时当地适用税额计算。

(6)纳税人符合上述规定情形，享受免征或者减征耕地占用税的，应当留存相关证明资料备查。

考点四　应纳税额的计算★★★

扫我解疑难

📋**经典例题**

【例题1·多选题】(2016年)某县直属中心医院，2016年5月6日收到自然资源主管部门办理农用地手续，占用耕地9万平方米，其中医院内职工住房占用果树园地1.5万平方米，占用养殖水面1万平方米，所占耕地适用的单位税额为20元/平方米。下列关于耕地占用税说法正确的有( )。

A. 该医院耕地占用税的计税依据是2.5万平方米

B. 该医院应缴纳耕地占用税50万元

C. 耕地占用税在纳税人获准占用耕地环节一次性课征

D. 养殖水面属于其他农用地，不属于耕地占用税征税范围

E. 该医院占用耕地的纳税义务发生时间为2016年5月6日当天

【答案】ABCE

【解析】选项D,县级以上人民政府卫生行政部门批准设立的医院内专用于提供医护服务的场所及配套设施是免征耕地占用税的,医院内职工住房占用果树园林及养殖水面要正常交税;选项A,耕地占用税计税依据是2.5万平方米;选项B,耕地占用税税额=2.5×20=50(万元);选项E,耕地占用税纳税义务发生时间为纳税人收到自然资源主管部门办理占用耕地手续的书面通知的当日。

【例题2·单选题】(2013年)2012年6月农村居民陈某因受灾住宅倒塌,经批准占用150平方米耕地新建住宅,当地耕地占用税单位税额为20元/平方米。陈某应缴纳耕地占用税( )元。

A. 0   B. 1500

C. 3000   D. 4000

【答案】B

【解析】农村居民在规定用地标准以内占用耕地新建自用住宅,按照当地适用税额减半征收耕地占用税。应缴纳耕地占用税=150×20×50%=1500(元)。

【应试技巧】耕地占用税的计算通常与税收优惠相结合进行考核,所以掌握税收优惠是正确计算的关键。

【例题3·单选题】(2012年)2012年3月某公司在郊区新建一家分公司,共计占用耕地15000平方米,其中800平方米修建幼儿园、2000平方米修建学校,当地耕地占用税单位税额为20元/平方米。该公司应缴纳耕地占用税( )元。

A. 244000   B. 260000

C. 284000   D. 300000

【答案】A

【解析】学校、幼儿园占用的耕地免征耕地占用税。应缴纳耕地占用税=(15000-2000-800)×20=244000(元)。

【例题4·单选题】关于耕地占用税适用税额,下列表述错误的是( )。

A. 各省、自治区、直辖市耕地占用税适用税额的平均水平,不得低于《耕地占用税法》规定的平均税额

B. 占用园地、林地、草地、农田水利用地、养殖水面、渔业水域滩涂等农用地的,适用税额可以适当降低,但降低的部分不得超过50%

C. 在人均耕地低于1亩的地区,省、自治区、直辖市可以根据当地经济发展情况,适当提高税额,但提高的部分不得超过适用税额的50%

D. 占用基本农田的,应当按适用税额,加按150%征收

【答案】C

【解析】选项C,在人均耕地低于0.5亩的地区,省、自治区、直辖市可以根据当地经济发展情况,适当提高税额,但提高的部分不得超过适用税额的50%。

📋 考点精析

1. 计税依据

耕地占用税以纳税人实际占用的应税土地面积为计税依据,应税土地面积包括经批准占用面积和未经批准占用面积,以每平方米为计税单位。

2. 单位税额

(1)在人均耕地低于0.5亩的地区,省、自治区、直辖市可以根据当地经济发展情况,适当提高耕地占用税的适用税额,但提高的部分不得超过适用税额的50%。

(2)占用基本农田的,应当按照当地适用税额加按150%征收。

(3)占用园地、林地、草地、农田水利用地、养殖水面、渔业水域滩涂以及其他农用地建设建筑物、构筑物或者从事非农业建设的,适用税额可以适当低于适用税额,但降低的部分不得超过50%。

3. 税额计算

应纳税额=应税土地面积×适用税额

阶段性测试

【单选题】 下列关于耕地占用税的说法，不正确的是( )。

A. 耕地占用税兼具资源税与特定行为税的性质

B. 军用码头占用耕地免征耕地占用税

C. 耕地占用税以实际占用的应税土地面积为计税依据

D. 在人均耕地低于 0.5 亩的地区，耕地占用税的适用税额可以适当提高，但最多不得超过适用税额的 30%

阶段性测试答案精析

D 【解析】选项 D，耕地占用税的适用税额可以适当提高，但最多不得超过适用税额的 50%。

考点五 征收管理★

扫我解疑难

经典例题

【例题 1·多选题】（2019 年）关于耕地占用税的征收管理，下列说法正确的有( )。

A. 免税学校内的经营性场所占用耕地，按当地适用税额缴纳耕地占用税

B. 占用基本农田的，按照确定的当地适用税额加按 150% 征收

C. 纳税义务发生时间为纳税人收到自然资源主管部门办理占用耕地手续书面通知当日

D. 自纳税义务发生之日起 10 日申报纳税

E. 耕地占用税的征收管理，依照耕地占用税法和税收征收管理法的规定的执行

【答案】 ABCE

【解析】选项 D，纳税人应当自纳税义务发生之日起三十日内申报缴纳耕地占用税。

【出题角度】 考核耕地占用税的征收管理。

【例题 2·多选题】（2015 年改）下列关于耕地占用税的说法正确的有( )。

A. 占用园地从事非农业建设，视同占用耕地征收耕地占用税

B. 耕地占用税由税务局负责征收

C. 减免耕地占用税后纳税人改变原占地用途，不再属于减免税情形的，应当补缴耕地占用税

D. 耕地占用税采用地区差别比例税率

E. 医院内职工住房占用耕地的，应按照当地适用税额缴纳耕地占用税

【答案】 ABCE

【解析】 选项 D，耕地占用税采用地区差别定额税率，而非比例税率。

考点精析

耕地占用税由税务机关负责征收。耕地占用税的纳税义务发生时间为纳税人收到自然资源主管部门办理占用耕地手续的书面通知的当日。纳税人应当自纳税义务发生之日起30 日内申报缴纳耕地占用税。

纳税人因建设项目施工或者地质勘查临时占用耕地，应当依照规定缴纳耕地占用税。纳税人在批准临时占用耕地期满之日起一年内依法复垦，恢复种植条件的，全额退还已经缴纳的耕地占用税。

纳税人因挖损、采矿塌陷、压占、污染等损毁耕地，依法缴纳耕地占用税后，自自然资源、农业农村等相关部门认定损毁耕地之日起 3 年内依法复垦或修复，恢复种植条件的，可以依法申请退税。

一、单项选择题

1. 下列各项中，减按 2 元/平方米的税额征收耕地占用税的是（　　）。
   A. 纳税人临时占用耕地
   B. 学校占用耕地建设校舍
   C. 农村居民占用耕地新建自用住宅
   D. 公路线路占用耕地

2. 在人均耕地低于 0.5 亩的地区，耕地占用税的适用税额可以适当提高，但提高幅度最多不得超过规定税额的一定比例。这一比例是（　　）。
   A. 20%
   B. 30%
   C. 50%
   D. 100%

3. 下列各项中，可以按照当地适用税额减半征收耕地占用税的是（　　）。
   A. 供电部门占用耕地新建变电站
   B. 农村居民在规定用地标准以内占用耕地新建自用住宅
   C. 市政部门占用耕地新建自来水厂
   D. 国家机关占用耕地新建办公楼

4. 下列选项中，属于免征耕地占用税范围的是（　　）。
   A. 飞机场跑道占用耕地
   B. 医疗机构占用耕地
   C. 铁路线路占用耕地
   D. 军事生产企业占用耕地

5. 2020 年某企业占用耕地 5 万平方米建造厂房，所占耕地适用的单位税额为 20 元/平方米。该企业应缴纳耕地占用税（　　）万元。
   A. 100
   B. 14
   C. 20
   D. 28

二、多项选择题

1. 下列关于耕地占用税的说法，正确的有（　　）。
   A. 耕地占用税在占用耕地环节一次性课征
   B. 耕地占用税采用地区差别税率，按年课征
   C. 在特定地区耕地占用税的适用税额可以适当提高，但最多不得超过规定税额的 50%
   D. 占用鱼塘及其他农用土地建房或从事其他非农业建设，视同占用耕地
   E. 纳税人在批准临时占用耕地期满之日起一年内依法复垦，恢复种植条件的，已缴纳的耕地占用税不再退还

2. 根据耕地占用税有关规定，下列各项土地中属于耕地的有（　　）。
   A. 果园
   B. 花圃
   C. 茶园
   D. 菜地
   E. 宅基地

3. 下列各项中，应征收耕地占用税的有（　　）。
   A. 铁路线路占用耕地
   B. 学校占用耕地
   C. 公路线路占用耕地
   D. 军事设施占用耕地
   E. 农村居民占用耕地新建住宅

4. 下列关于耕地占用税的征收管理的说法，正确的有（　　）。
   A. 建设直接为农业生产服务的生产设施占用农用地，不征收耕地占用税
   B. 自然资源管理部门在通知单位或者个人办理占用耕地手续时，应当同时通知耕地所在地同级税务机关
   C. 纳税人应当自纳税义务发生之日起 30 日内申报缴纳耕地占用税
   D. 纳税人临时占用耕地，应当依照规定缴纳耕地占用税
   E. 纳税人新占有的耕地，征收了城镇土地使用税的，就不再征收耕地占用税

5. 下列说法，符合耕地占用税税收优惠政策的有（　　）。

A. 军事设施占用耕地免征耕地占用税

B. 宗教寺庙占用耕地免征耕地占用税

C. 市政街道占用耕地免征耕地占用税

D. 学校、幼儿园占用耕地免征耕地占用税

E. 社会福利机构、医疗机构占用耕地免征耕地占用税

本章综合练习参考答案及详细解析

一、单项选择题

1. D 【解析】选项 A，纳税人临时占用耕地，应当缴纳耕地占用税；选项 B，学校占用耕地，免征耕地占用税；选项 C，农村居民在规定用地标准以内占用耕地新建自用住宅，按照当地适用税额减半征收耕地占用税。

2. C 【解析】在人均耕地低于 0.5 亩的地区，耕地占用税的适用税额可以适当提高，但最多不得超过规定税额的 50%。

3. B 【解析】税法规定，农村居民在规定用地标准以内占用耕地新建自用住宅，按照当地适用税额减半征收耕地占用税。只有选项 B 符合题意，其他选项均无减免政策。

4. B 【解析】选项 A、C，铁路线路、飞机场跑道占用耕地减按每平方米 2 元的税额征收耕地占用税；选项 D，军事生产企业占用耕地不属于耕地占用税的减免税范围。

5. A 【解析】应缴纳耕地占用税 = 5 × 20 = 100（万元）。

二、多项选择题

1. ACD 【解析】选项 B，耕地占用税不是按年课征，而是一次性征收；选项 E，已缴纳的耕地占用税可以全额退还。

2. ABCD 【解析】耕地是指用于种植农作物的土地，包括菜地、园地。其中，园地包括花圃、苗圃、茶园、果园、桑园和其他种植经济林木的土地。

3. ACE 【解析】选项 B、D，学校和军事设施占用的耕地免征耕地占用税。

4. ABCD 【解析】选项 E，占用耕地，第一年征收耕地占用税，满 1 年时，才开始征收城镇土地使用税。

5. ADE 【解析】选项 B、C，不免征耕地占用税。

第10章 船舶吨税

JINGDIAN TIJIE

考情分析

▶ 历年考情分析

本章是 2018 年税务师《税法（Ⅱ）》科目中新增章节，属于非重点章节。在 2018 年和 2019 年考试中，本章分别考核征收管理和税收优惠的单选题，考核分值较低。考生如果能够熟练掌握本章的习题，那么在本章考核中非常容易得分。

▶ 本章 2020 年考试主要变化

本章内容无实质性变动。

核心考点及真题详解

考点一　征税范围和税率 ★★

扫我解疑难

📝 经典例题

【例题 1 · 单选题】下列关于船舶吨税的说法中，正确的是（　　）。

A. 船舶吨税设置协定税率和普通税率

B. 我国渔民购置的捕鱼船应缴纳船舶吨税

C. 船籍国（地区）与中华人民共和国签订含有相互给予船舶税费最惠国待遇条款的条约或者协定的应税船舶，适用协定税率

D. 拖船按照发动机功率每 1 千瓦折合净吨位 0.67 吨来计算税额

【答案】D

【解析】选项 A，船舶吨税设置优惠税率和普通税率；选项 B，船舶吨税的征税范围是自中华人民共和国境外港口进入境内港口的船舶；选项 C，船籍国（地区）与中华人民共和国签订含有相互船舶税费最惠国待遇条款的条约或者协定的应税船舶，适用优惠税率。

【例题 2 · 单选题】下列关于适用优惠税率的税法中，错误的是（　　）

A. 中华人民共和国籍的应税船舶适用优惠税率

B. 船籍国与中华人民共和国签订含有相互给予船舶税费最惠国待遇条款的条约或者协定的应税船舶适用优惠税率

C. 净吨位不超过 2000 净吨且吨税执照期限为 30 日的应税船舶适用优惠税率

D. 适用优惠税率的非机动驳船应按优惠税率的 50% 计税

【答案】C

【解析】选项 C，净吨位不超过 2000 净吨且吨税执照期限为 30 日的应税船舶既可能适用普通税率，也可能适用优惠税率。其如果适用优惠税率，必须是中华人民共和国籍的应税船舶或船籍国（地区）与中华人民共和国签订含有相互给予船舶税费最惠国待遇条款的

条约或者协定的应税船舶。

考点精析

1. 征税范围

自中华人民共和国境外港口进入境内港口的船舶(以下简称应税船舶),应当依法缴纳船舶吨税。

2. 税率

(1)船舶吨税设置优惠税率和普通税率。

(2)中华人民共和国籍的应税船舶,船籍国(地区)与中华人民共和国签订含有相互给予船舶税费最惠国待遇条款的条约或者协定的应税船舶,适用优惠税率。其他应税船舶,适用普通税率。

『提示1』拖船按照发动机功率每千瓦折合净吨位0.67吨。

『提示2』无法提供净吨位证明文件的游艇,按照发动机功率每千瓦折合净吨位0.05吨。

『提示3』拖船和非机动驳船分别按相同净吨位船舶税率的50%计征税款。

考点二 税收优惠 ★★★

扫我解疑难

经典例题

【例题1·多选题】(2019年)下列船舶中,免征船舶吨税的有( )。

A. 应纳税额在人民币50元以下的船舶

B. 非机动驳船

C. 自境外购买取得船舶所有权的初次进口到港的空载船舶

D. 警用船舶

E. 吨税执照期满后24小时内不上下客货的船舶

【答案】ACDE

【解析】非机动船舶(不包括非机动驳船)免税。

【例题2·单选题】在吨税执照期限内,发生

下列( )情形的应税船舶,海关应按照实际发生的天数批注延长吨税执照期限。

A. 船舶因修理需要上下货的

B. 军队、武装警察部队征用

C. 船舶吨税执照期满后24小时内不上下客货的

D. 船舶因临时避难需要上下客的

【答案】B

【解析】在吨税执照期限内,应税船舶发生下列情形之一的,海关按照实际发生的天数批注延长吨税执照期限:

(1)避难、防疫隔离、修理、改造,并不上下客货;

(2)军队、武装警察部队征用。

只有选项B符合上述情形。

【例题3·多选题】下列船舶中,免征船舶吨税的有( )。

A. 养殖渔船

B. 应纳税额在人民币50元以下的船舶

C. 自境外购买的初次进口到港的满载船舶

D. 非机动驳船

E. 吨税执照期满后24小时内不上下客货的船舶

【答案】ABE

【解析】选项C,自境外以购买、受赠、继承等方式取得船舶所有权的初次进口到港的空载船舶免征船舶吨税;选项D,非机动船舶(不包括非机动驳船)享受免税优惠。

【例题4·多选题】下列需要提供海事部门、渔业船舶管理部门或者出入境检验检疫部门等部门、机构出具的具有法律效力的证明文件或者使用关系证明文件就可以申明享受免税的优惠政策有( )

A. 避难、防疫隔离、修理、改造、终止运营或者拆解,并不上下客货的船舶

B. 吨税执照期满后24小时内不上下客货的船舶

C. 捕捞、养殖渔船

D. 军队、武装警察部队专用或者征用的船舶

E. 警用船舶

【答案】ACDE

【解析】下列船舶在申明免税优惠政策时需要提供相关的证明文件:

(1)捕捞、养殖渔船;(选项 C)

(2)避难、防疫隔离、修理、改造、终止运营或者拆解,并不上下客货的船舶;(选项 A)

(3)军队、武装警察部队专用或者征用的船舶;(选项 D)

(4)警用船舶;(选项 E)

(5)依照法律规定应当予以免税的外国驻华使领馆、国际组织驻华代表机构及其有关人员的船舶。

📝 考点精析

1. 免征优惠

下列船舶免征船舶吨税:

(1)应纳税额在人民币 50 元以下的船舶。

(2)自境外以购买、受赠、继承等方式取得船舶所有权的初次进口到港的空载船舶。

(3)吨税执照期满后 24 小时内不上下客货的船舶。

(4)非机动船舶(不包括非机动驳船)。

(5)捕捞、养殖渔船。

(6)避难、防疫隔离、修理、改造、终止运营或者拆解,并不上下客货的船舶。

(7)军队、武装警察部队专用或者征用的船舶。

(8)警用船舶。

(9)依照法律规定应当予以免税的外国驻华使领馆、国际组织驻华代表机构及其有关人员的船舶。

(10)国务院规定的其他船舶。

上述(5)~(9)项优惠,应当提供海事部门、渔业船舶管理部门或者出入境检验检疫部门等部门、机构出具的具有法律效力的证明文件或者使用关系证明文件,申明免税理由。

2. 延期优惠

在《吨税执照》期限内,应税船舶发生下列情形之一的,海关按照实际发生的天数批注延长《吨税执照》期限:

(1)避难、防疫隔离、修理、改造,并不上下客货。

(2)军队、武装警察部队征用。

考点三　应纳税额的计算 ★★★

扫我解疑难

📝 经典例题

【例题·单选题】2019 年 10 月 20 日,甲国某运输公司一艘货轮驶入我国某港口,该货轮净吨位为 40000 吨,货轮负责人已向我国海关领取了吨税执照,在港口停留期为 30 天,甲国已与我国签订有相互给予船舶税费最惠国待遇条款的条约,每净吨位为 3.3 元。则该货轮负责人应向我国海关缴纳的船舶吨税是(　)元。

A. 132000
B. 99000
C. 152000
D. 64000

【答案】A

【解析】应缴纳的船舶吨税 = $40000 \times 3.3 = 132000$(元)。

📝 考点精析

船舶吨税按照船舶净吨位和《吨税执照》期限征收。

应税船舶负责人在每次申报纳税时,可以按照《船舶吨税税目、税率表》选择申领一种期限的《吨税执照》。

计算公式为:应纳税额 = 船舶净吨位×定额税率。

考点四　征收管理 ★★

扫我解疑难

📝 经典例题

【例题 1·单选题】(2018 年)船舶吨税的纳税人未按期缴清税款的,自滞纳税款之日起至

第10章 船舶吨税

缴清税款之日内，按日加收滞纳金的比率是滞纳税款的( )。

A. 0.2%　　　　　B. 0.5‰

C. 2%　　　　　　D. 5%

【答案】B

【解析】因应税船舶违反规定造成少征或者漏征税款的，海关可以自应当缴纳税款之日起3年内追征税款，并自应当缴纳税款之日起加征少征或者漏征税款0.5‰的滞纳金。

【例题2·单选题】下列不符合船舶吨税的征收管理规定的是( )。

A. 船舶吨税由海关负责征收

B. 船舶吨税纳税义务发生时间为应税船舶进入港口的当日

C. 应税船舶在《吨税执照》期满后尚未离开港口的，应当申领新的《吨税执照》，不再缴纳船舶吨税

D. 未按期缴清税款的，自滞纳税款之日起至缴清税款之日止，按日加收滞纳税款0.5‰的滞纳金

【答案】C

【解析】选项C，应税船舶在《吨税执照》期满后尚未离开港口的，应当申领新的《吨税执照》，自上一次执照期满的次日起续缴船舶吨税。

📝 **考点精析**

1. 纳税义务发生及纳税期限

(1)船舶吨税纳税义务发生时间为应税船舶进入港口的当日。

(2)船舶吨税由海关负责征收。海关征收船舶吨税应当制发缴款凭证。

(3)应税船舶在《吨税执照》期满后尚未离开港口的，应当申领新的《吨税执照》，自上一次执照期满的次日起续缴船舶吨税。

(4)应税船舶负责人应当自海关填发船舶吨税缴款凭证之日起15日内缴清税款。未按期缴清税款的，自滞纳税款之日起至缴清税款之日止，按日加收滞纳税款0.5‰的滞纳金。

2. 纳税担保

应税船舶到达港口前，经海关核准先行申报并办结出入境手续的，应税船舶负责人应当向海关提供与其依法履行船舶吨税缴纳义务相适应的担保；应税船舶到达港口后，依照规定向海关申报纳税。下列财产、权利可以用于担保：

(1)人民币、可自由兑换货币。

(2)汇票、本票、支票、债券、存单。

(3)银行、非银行金融机构的保函。

(4)海关依法认可的其他财产、权利。

3. 其他管理

(1)应税船舶在《吨税执照》期限内，因修理、改造导致净吨位变化的，《吨税执照》继续有效。

(2)《吨税执照》在期满前毁损或者遗失的，应当向原发照海关书面申请核发《吨税执照》副本，不再补税。

(3)海关发现少征或者漏征税款的，应当自应税船舶应当缴纳税款之日起1年内，补征税款。但因应税船舶违反规定造成少征或者漏征税款的，海关可以自应当缴纳税款之日起3年内追征税款，并自应当缴纳税款之日起按日加征少征或者漏征税款0.5‰的滞纳金。

(4)海关发现多征税款的，应当在24小时内通知应税船舶办理退还手续，并加算银行同期活期存款利息。

应税船舶发现多缴税款的，可以自缴纳税款之日起3年内以书面形式要求海关退还多缴的税款并加算银行同期活期存款利息；海关应当自受理退款申请之日起30日内查实并通知应税船舶办理退还手续。

应税船舶应当自收到退税通知之日起3个月内办理有关退还手续。

(5)应税船舶有下列行为之一的，由海关责令限期改正，处2000元以上3万元以下罚款；不缴或者少缴应纳税款的，处不缴或者少缴税款50%以上5倍以下的罚款，但罚款不得低于2000元：

①未按照规定申报纳税、领取《吨税执照》；

②未按照规定交验《吨税执照》(或者申请核验吨税执照电子信息)以及提供其他证明文件。

(6)吨税税款、税款滞纳金、罚款以人民币计算。

本章综合练习 限时10分钟

一、单项选择题

1. 甲国与我国签订了相互给予船舶税费最惠国待遇条款的协议，2019年2月，甲国有两艘船舶进入我国港口，一艘是净吨位13000吨的货轮，一艘是发动机功率为50000千瓦的拖船，这两艘船舶的执照期限均为1年。根据船舶吨税的相关规定，应缴纳船舶吨税(　　)元(超过10000净吨，但不超过50000净吨，执照期限1年的，税率为19.8元/净吨位)。

   A. 589050　　　　B. 197316
   C. 920700　　　　D. 294525

2. 下列关于船舶吨税的说法，不正确的是(　　)。

   A. 船舶吨税针对中国境外港口进入境内港口的船舶征收

   B. 拖船和非机动驳船分别按相同净吨位船舶税率的50%计征税款

   C. 吨税的执照期限越长，适用的单位税额越低

   D. 应纳税额在人民币50元以下的船舶可以免征船舶吨税

3. 应税船舶未按照规定交验吨税执照以及提供其他证明文件的，由海关责令限期改正，并处(　　)罚款。

   A. 2000元以上3万元以下
   B. 2000元以上1万元以下
   C. 2000元以上5000元以下
   D. 5000元以上2万元以下

二、多项选择题

1. 下列船舶中，免征船舶吨税的有(　　)。

   A. 养殖渔船

   B. 非机动驳船

   C. 军队征用的船舶

   D. 应纳税额为人民币80元的船舶

   E. 自境外以受赠方式取得船舶所有权的初次进口到港的空载船舶

2. 下列关于船舶吨税的说法，正确的有(　　)。

   A. 船舶吨税的纳税义务发生时间为应税船舶进入港口的当日

   B. 船舶吨税按净吨位、税率标准和执照期限，划分为24档税率

   C. 海关发现少征或者漏征税款的，应当自应税船舶应当缴纳税款之日起3年内，补征税款

   D. 吨税执照在期满前毁损或者遗失的，应当向原发照海关书面申请核发吨税执照副本，不再补税

   E. 应税船舶在吨税执照期限内，因税目税率调整或者船籍改变而导致适用税率变化的，吨税执照继续有效

3. 下列不属于船舶吨税的免征优惠的有(　　)。

   A. 吨税执照期满后48小时内不上下客货的船舶

   B. 军队征用的船舶

   C. 非机动船舶(不包括非机动驳船)

   D. 应税船舶因不可抗力在未设立海关地点停泊的

   E. 养殖渔船

本章综合练习参考答案及详细解析

一、单项选择题

1. A 【解析】拖船按相同净吨位船舶税率的50%计征税款，拖船按照发动机功率每千瓦折合净吨位0.67吨。应缴纳的船舶吨税 $= 19.8 \times 13000 + 50000 \times 0.67 \times 19.8 \times 50\% = 589050$（元）。

2. C 【解析】吨税的执照期限越长，适用的单位税额越高。

3. A 【解析】应税船舶未按照规定交验吨税执照以及提供其他证明文件的，由海关责令限期改正，处2000元以上3万元以下罚款。

二、多项选择题

1. ACE 【解析】选项B，非机动驳船按相同净吨位船舶税率的50%计征船舶吨税；选项D，应纳税额为人民币50元以下的船舶，免征船舶吨税。

2. ABDE 【解析】选项C，海关发现少征或者漏征税款的，应当自应税船舶应当缴纳税款之日起1年内，补征税款。

3. AD 【解析】选项A，吨税执照期满后24小时内不上下客货的船舶属于直接优惠的内容；选项D，应税船舶因不可抗力在未设立海关地点停泊的，船舶负责人应当立即向附近海关报告，并在不可抗力原因消除后，依照本法规定向海关申报纳税。

3

第三部分

跨章节主观题突破

JINGDIAN TIJIE

智慧启航

没有加倍的勤奋，就既没有才能，也没有天才。

——门捷列夫

 跨章节主观题

JINGDIAN TIJIE

扫我做试题

【本题考核知识点】销售货物增值税、提供租赁服务增值税；城市维护建设税；教育费附加；企业所得税中广告宣传费、业务招待费、捐赠支出、利息支出、三项经费、罚款支出、加计扣除项目的纳税调整及应纳税额的计算。

1. 市区某电机生产企业于 2019 年 4 月 2 日成立，为增值税一般纳税人，适用企业所得税税率 25%。2019 年 4-12 月生产经营业务如下：

(1) 全年直接销售电机取得不含税销售收入 8000 万元，全年购进原材料钢材，取得增值税专用发票，注明税款 850 万元(已通过主管税务机关认证)。

(2) 4 月，企业将自产的一批电机换取 A 公司钢材，不含税市场价值为 200 万元，成本为 130 万元，企业已做销售账务处理，换取的钢材价值 200 万元，双方均开具了专用发票。

(3) 企业接受捐赠钢材一批，价值 100 万元并取得捐赠方开具的增值税专用发票，进项税额 13 万元，该项捐赠收入企业已计入营业外收入核算。

(4) 5 月 1 日，企业将闲置的办公室出租给 B 公司，全年收取租金 120 万元(不含税)，适用增值税简易计税。

(5) 企业全年电机销售成本 4800 万元(不含换取钢材的部分)；发生的销售费用为 1800 万元(其中广告费为 1500 万元)，管理费用为 800 万元(其中业务招待费为 90 万元，新产品开发费为 120 万元)；财务费用为 350 万元(其中向自然人借款的利息超过税法限额 10 万元)。

(6) 已计入成本、费用中的全年实发工资总额为 400 万元，实际发生的职工工会经费 6 万元、职工福利费 60 万元、职工教育经费 37 万元。

(7) 对外转让电机的先进生产技术所有权，取得收入 700 万元，相配比的成本、费用为 100 万元(该技术转让免征增值税)。

(8) 6 月，企业为了提高产品性能与安全度，从国内购入 2 台安全生产设备并于当月投入使用，增值税专用发票注明价款 400 万元，进项税额 52 万元，企业采用直线法按 5 年计提折旧，残值率 8%(经税务机构认可)，税法规定该设备直线法折旧年限为 10 年。

(9) 全年发生的营业外支出包括：通过当地民政局向贫困山区捐款 130 万元，违反工商管理规定被工商部门处罚 6 万元。

注：上述租金收入不考虑地方教育附加、房产税和印花税。

根据以上资料，回答下列问题：

关于"扫我做试题"，你需要知道——

亲爱的读者，微信扫描对应小程序码，并输入封面防伪贴激活码，即可同步在线做题，交卷后还可查看做题时间、正确率及答案解析。

第三部分 跨章节
主观题突破

（1）2019年度企业计算应纳税所得额时可直接扣除的税费是（　）万元。

A. 13.1　　　　　B. 19.1

C. 66.1　　　　　D. 94.1

（2）2019年度该企业实现的会计利润总额是（　）万元。

A. 754.9　　　　B. 771.9

C. 822.9　　　　D. 1003.9

（3）关于2019年度该企业的应纳税所得额的计算，正确的是（　）。

A. 广告费用应调增所得额252万元

B. 捐赠支出应调减应纳税所得额13.37万元

C. 先进技术转让应调减应纳税所得额500万元

D. 新产品开发费用应调减应纳税所得额120万元

（4）关于2019年度该企业的利息、三项经费、罚款支出的处理，正确的有（　）。

A. 向自然人贷款利息应调增所得额10万元

B. 职工工会经费应调减应纳税所得额2万元

C. 职工教育经费应调增应纳税所得额5万元

D. 职工福利费应调增应纳税所得额4万元

（5）计算应纳税所得额时，安全设备折旧费应调整的金额是（　）万元。

A. 18.4　　　　　B. 33.25

C. 36.8　　　　　D. 43.01

（6）2019年该企业应缴纳的企业所得税是（　）万元。

A. 139.31　　　　B. 139.77

C. 192.27　　　　D. 219.77

【本题考核知识点】增值税、消费税、城市维护建设税及附加费的计算，会计利润的计算，企业所得税中广告费、业务招待费、三项经费以及捐赠支出的扣除，企业所得税应纳税额的计算。

2. 某市化妆品生产企业为增值税一般纳税人，于2019年4月成立，适用企业所得税税率为25%。2019年4-12月生产经营情况如下：

（1）当年销售高档化妆品给商场，开具增值税专用发票，取得不含税销售收入6500万元，对应的销售成本为2240万元。

（2）将自产高档化妆品销售给本单位职工，该批化妆品不含税市场价50万元，成本20万元。

（3）当年购进原材料取得增值税专用发票，注明价款2200万元、增值税286万元；向农业生产者购进300万元免税农产品用于生产适用13%税率的化妆品，另支付运输费35万元，取得增值税专用发票，支付装卸费10万元，取得普通发票。

（4）当年发生管理费用600万元，其中含新技术开发费用100万元、业务招待费80万元。

（5）当年发生销售费用700万元，其中含广告费230万元；全年发生财务费用300万元，其中支付银行借款的逾期罚息20万元、向非金融企业借款利息超银行同期同类贷款利息18万元。

（6）取得国债利息收入160万元。

（7）全年计入成本、费用的实发工资总额200万元（属合理限额范围），实际发生职工工会经费6万元、职工福利费20万元、职工教育经费25万元。

（8）营业外支出共计250万元，其中税收滞纳金10万元、广告性质的赞助支出20万元、通过当地人民政府向贫困山区捐款200万元。

（其他相关资料：该企业高档化妆品适用的消费税税率为15%，相关发票均已通过税务机关认定，并准许抵扣。）

根据上述资料，回答下列问题：

（1）2019年企业缴纳的下列税费，正确的有（　）。

A. 全年应缴纳增值税532.35万元

B. 全年应缴纳消费税982.5万元

C. 全年应缴纳城市维护建设税和教育费附加151.48万元

D. 全年可直接在企业所得税前扣除的税费为1847.07万元

(2) 2019年该企业实现的会计利润是( )万元。

A. 1478.69　　　　B. 1466.02

C. 1510.69　　　　D. 1599.58

(3) 下列支出项目在计算企业所得税应纳税所得额时，其实际发生额可扣除的有( )。

A. 支付的广告费230万元

B. 支付银行借款的逾期罚息20万元

C. 支付新技术开发费100万元

D. 支付给贫困山区的捐赠款200万元

(4) 计算企业所得税应纳税所得额时，下列说法正确的有( )。

A. 实际发生的职工福利费无须调整应纳税所得额

B. 实际发生的业务招待费应调增应纳税所得额32万元

C. 实际发生的职工工会经费应调增应纳税所得额2万元

D. 实际发生的职工教育经费应调增应纳税所得额9万元

(5) 2019年该企业的应纳税所得额是( )万元。

A. 1369.81　　　　B. 1515.97

C. 1340.88　　　　D. 1341.35

(6) 2019年该企业应缴纳企业所得税( )万元。

A. 392.45　　　　B. 393.71

C. 335.22　　　　D. 335.34

【本题考核知识点】工资性质的个人所得税应纳税额的计算，股票期权应纳个人所得税的计算，处置债权应纳个人所得税的计算，稿酬所得、财产转让所得应纳个人所得税的计算等。

3. 中国公民华先生为某公司的员工，2019年的收入情况如下：

(1) 公司每月支付工资、薪金8000元，华先

生为独生子且符合税法要求，可以每月扣除赡养老人支出，假设无其他扣除项目；

(2) 取得全年一次性奖金15000元，华先生选择单独计税方式；

(3) 2019年1月1日公司实施员工期权计划，华先生获得10000股(按每股价格3.2元购买)的期权股票，2019年11月1日将期权行权，当日市场价格为每股6元；

(4) 购买"打包"债权实际支出为40万元，2019年7月华先生处置该债权的50%，处置收入25万元，在债权处置过程中发生评估费用2万元；

(5) 8月华先生一篇论文被编入某论文集出版，取得稿酬5000元，当年因添加印数又取得追加稿酬3000元；

(6) 10月通过拍卖机构拍卖一幅字画，该字画经文物部门认定是海外回流文物，取得收入是5.7万元，但是华先生无法提供准确的财产原值凭证；

根据上述资料，回答下列问题：

(1) 2019年2月，公司应预扣预缴华先生工资、薪金个人所得税( )元。

A. 30　　　　B. 75

C. 60　　　　D. 616

(2) 华先生全年一次性奖金应纳个人所得税( )元。

A. 210　　　　B. 342

C. 450　　　　D. 1420

(3) 行权所得应缴纳的个人所得税为( )元。

A. 850　　　　B. 840

C. 2950　　　　D. 3570

(4) 处置"打包"债权收入应缴纳的个人所得税为( )万元。

A. 0.3　　　　B. 2.3

C. 1.8　　　　D. 0.6

(5) 稿酬所得应预扣预缴的个人所得税为( )元。

A. 896　　　　B. 672

C. 680.96　　　　D. 702.8

(6) 转让字画应缴纳的个人所得税为（　　）元。

A. 1140 　　　　B. 1200

C. 1700 　　　　D. 1100

【本题考核知识点】城镇土地使用税的计算；房产税的计算；耕地占用税的计算。

4. 甲公司接受税务师事务所纳税审查，关于2019年房产和土地的使用情况如下：

（1）2019年年初实际占地面积共为30000平方米，其中公司子弟学校面积2000平方米，医院占地1000平方米。

（2）办公楼账面原值550万元，5月初改建办公楼，为改建支付费用120万元，加装中央空调支付75万元，该中央空调单独作为固定资产入账，5月底完成改建工程，交付使用。

（3）6月30日，以原值为1200万元的厂房向乙企业投资，协议规定，甲公司每月向乙企业收取固定收入（含税）21.8万元，乙企业的经营盈亏情况与甲公司无关。

（4）6月底经批准新占用耕地20000平方米用于扩大生产经营。

（5）当年1月1日经批准开山填海整治取得的土地10000平方米。

（该省规定，公司所在地城镇土地使用税单位税额每平方米3元，耕地占用税单位税额为每平方米25元，计算房产税时按原值的30%作为扣除额，不动产出租采用一般计税方法。）

根据上述资料，回答下列问题：

(1) 甲公司2019年应纳的城镇土地使用税为（　　）万元。

A. 8.1 　　　　B. 7.7

C. 9.2 　　　　D. 8.7

(2) 甲公司办公楼应纳房产税（　　）万元。

A. 4.6 　　　　B. 5.72

C. 5.58 　　　　D. 4.24

(3) 甲公司除办公楼外应纳房产税（　　）万元。

A. 0 　　　　B. 2.28

C. 19.44 　　　　D. 14.4

(4) 甲公司2019年应纳的耕地占用税为（　　）万元。

A. 25 　　　　B. 50

C. 0.75 　　　　D. 105

【本题考核知识点】境外所得间接抵免应纳税额的计算。

5. 中国居民企业A（所得税税率为25%）持有甲国B公司40%股权，甲国的所得税税率为10%。2019年B公司实现应纳税所得额为4000万元，在甲国缴纳企业所得税400万元。B公司决定向股东分配2500万元的税后利润，A公司分得1000万元，并按照甲国的预提所得税税率缴纳了50万元的预提所得税，实际获得950万元的股息所得。A公司为进行对B公司的投资，当年发生的管理费用为20万元。

根据上述资料，回答下列问题，如有计算，请计算出合计数。

(1) A公司来自B公司的股息所得直接缴纳的税额为（　　）万元。

A. 10 　　　　B. 30

C. 40 　　　　D. 50

(2) A公司来自B公司的股息所得间接负担的税额为（　　）万元。

A. 98.2 　　　　B. 100.68

C. 110.12 　　　　D. 111.11

(3) A公司来自B公司股息所得调整后的应纳税所得额为（　　）万元。

A. 1111.11 　　　　B. 1000

C. 1091.11 　　　　D. 1061.11

(4) A公司来自B公司的股息所得在我国应补缴的企业所得税税额为（　　）万元。

A. 161.11 　　　　B. 111.67

C. 272.78 　　　　D. 268.36

【本题考核知识点】车船税应纳税额计算；城镇土地使用税应纳税额计算；耕地占用税应纳税额计算。

6. 位于市区的A有限责任公司2019年发生以下业务：

(1)年初，以房产对 B 公司进行投资联营，约定 A 公司参与投资利润分红，且共担风险。该房产计税余值为 610 万元，市场价值 700 万元；同类房产市场租赁费为每年 20 万元(B 公司未缴纳该房产的房产税)。

(2)4 月 1 日，购入乘用车 10 辆，其中非插电式混合动力乘用车 3 辆，每辆汽车价格是 18 万元，当月办理登记取得车辆行驶证，当地政府规定的乘用车车船税年税额是每辆 960 元。

(3)5 月 1 日因为扩大生产规模新建厂房，厂房实际入账价值是 520 万元，实际占地 1400 平方米，房产管理部门核发的土地使用证书上确认的土地面积为 1300 平方米。

(4)6 月 1 日在郊区新设立一家分支机构，共计占用耕地 1500 平方米，其中 500 平方米用于修建幼儿园。

(已知：该企业所在地政府规定，房产余值的扣除比例是 20%，城镇土地使用税年税额每平方米 4 元，耕地占用税每平方米 20 元。)

根据以上资料，回答下列问题：

(1)该企业 2019 年应代缴或缴纳的房产税共计( )万元。

A. 7. 39　　　　B. 12. 31
C. 9. 19　　　　D. 10. 85

(2)该企业 2019 年应缴纳的车船税是( )元。

A. 8160　　　　B. 8640
C. 6120　　　　D. 6747

(3)该企业 2019 年应缴纳的城镇土地使用税是( )元。

A. 3733. 33　　B. 3466. 67
C. 5200　　　　D. 3033. 33

(4)该企业 2019 年应缴纳的耕地占用税是( )元。

A. 20000　　　B. 30000
C. 15000　　　D. 10000

【本题考核知识点】车船税、城镇土地使用税、房产税以及印花税应纳税额的计算。

7. 某市一家企业为增值税一般纳税人，2019 年发生以下业务：

(1) 企业 2019 年拥有货车 30 辆、挂车 20 辆，每辆整备质量均为 5 吨。

(2) 该企业占地情况如下：厂房 58000 平方米，办公楼占地 6000 平方米，厂办子弟学校 3000 平方米，厂办职工食堂及对外餐厅 2000 平方米，厂办医院和幼儿园占地各 3000 平方米，厂区内绿化用地 3000 平方米，养殖专业用地 8000 平方米，6 月新占用非耕地 5000 平方米用于厂房扩建，签订产权转移书据，支付价款 350 万元，并且取得了土地使用证。

(3) 企业原有房产价值 6000 万元，自 6 月 1 日起与甲企业签订合同以其中价值 1000 万元的房产使用权出租给甲企业，期限两年，每月收取 21.8 万元的含税租金收入。另外年初委托施工企业新建物资仓库，签订合同，8 月中旬办理验收手续，建筑合同注明价款 600 万元，并按此价值计入固定资产核算。

(其他资料：城镇土地使用税每平方米单位税额 4 元；已知当地省政府规定的房产原值扣除比例为 20%；该企业所在省规定货车年应纳税额每吨 30 元；合同所载金额为不含增值税金额。)

根据上述资料，回答下列问题：

(1)2019 年应缴纳的车船税为( )元。

A. 6000　　　　B. 6235
C. 4800　　　　D. 6685

(2)2019 年应缴纳城镇土地使用税( )元。

A. 266100　　　B. 276400
C. 286000　　　D. 274100

(3)2019 年应缴纳房产税( )元。

A. 0　　　　　　B. 488800
C. 678000　　　D. 707200

(4)2019 年应缴纳印花税( )元。

A. 8355　　　　B. 8787
C. 5950　　　　D. 5955

跨章节主观题参考答案及解析

1. (1) A；(2) D；(3) A；(4) ACD；(5) A；(6) A。

【解析】

(1) 电机销售应纳增值税 = (8000 + 200) × 13% − 850 − 200 × 13% − 13 − 52 = 125 (万元)。

房屋租赁应纳增值税 = 120 × 5% = 6 (万元)。

税前扣除的税费合计 = (125 + 6) × (7% + 3%) = 13.1 (万元)。

(2) 会计利润 = (8000 + 200) + 113 (受赠) + 120 + (700 − 100) − 13.1 − 4800 − 130 (交换成本) − 1800 − 800 − 350 − 130 − 6 = 1003.9 (万元)。

(3) 广告宣传费的计算基数 = 8000 + 200 + 120 = 8320 (万元)。

广告宣传费扣除限额 = 8320 × 15% = 1248 (万元)，实际发生广告费为 1500 万元，超限额，应该调增所得额 252 (1500 − 1248) 万元。

招待费扣除限额 = 8320 × 5‰ = 41.6 (万元)，实际发生额的 60% = 90 × 60% = 54 (万元)，二者取其低数，税前允许扣除招待费就是 41.6 万元，应该调增所得额 48.4 (90 − 41.6) 万元。

捐赠支出扣除限额 = 1003.9 × 12% = 120.47 (万元)。公益捐赠 130 万元，税前允许扣除 120.47 万元，应该调增所得额为 9.53 (130 − 120.47) 万元。

技术所有权转让所得 500 万元以内的，免征所得税；超过 500 万元的部分，减半征税。本年技术转让所得额 600 万元，其中 500 万元免征，100 万元减半征税。所以，先进技术转让应调减应纳税所得额 550 万元。

新产品开发费用应调减所得额 90 (120 × 75%) 万元。

(4) 企业向自然人借款，利率不得超过金融机构同期同类贷款利率，超过部分对应的利息不得税前扣除，超标 10 万元利息，应该调增所得额 10 万元。

税法允许扣除的工会经费限额 = 400 × 2% = 8 (万元)，实际发生 6 万元，因此按发生额扣除，不需调整；允许扣除的职工福利费限额 = 400 × 14% = 56 (万元)，实际发生额 60 万元，超标，所以职工福利费应调增应税所得额 4 万元；允许扣除的职工教育经费限额 = 400 × 8% = 32 (万元)，实际发生额 37 万元，超标，所以职工教育经费应该调增应税所得额 5 万元。

综上所述，选项 A、C、D 符合题干要求。

(5) 当年会计上的折旧 = 400 × (1 − 8%) ÷ 5 ÷ 12 × 6 = 36.8 (万元)。

当年所得税允许的折旧 = 400 × (1 − 8%) ÷ 10 ÷ 12 × 6 = 18.4 (万元)。

所以，安全设备折旧费影响所得额调增 18.4 (36.8 − 18.4) 万元。

(6) 应税所得额 = 1003.9 + 252 + 48.4 + 9.53 − 550 − 90 + 10 + 4 + 5 + 18.4 + 6 = 717.23 (万元)。

应纳企业所得税 = 717.23 × 25% − 400 × 10% (安全设备抵免税额) = 139.31 (万元)。

2. (1) ABC；(2) B；(3) ABC；(4) ACD；(5) D；(6) D。

【解析】

(1) 应缴纳增值税 = 6500 × 13% + 50 × 13% − (286 + 300 × 10% + 35 × 9%) = 532.35 (万元)。

应缴纳消费税 = (6500 + 50) × 15% = 982.5 (万元)。

应缴纳城建税和教育费附加 = (982.5 + 532.35) × (7% + 3%) = 151.48 (万元)。

税前可以扣除的税费 = 151.48 + 982.5 = 1133.98(万元)。

(2)会计利润 = 6500 + 50 - 2240 - 20 - 1133.98 - 600 - 700 - 300 + 160 - 250 = 1466.02(万元)。

(3)广告费扣除限额 = (6500+50)×30% = 1965(万元),实际发生了230万元,可以据实扣除。捐赠扣除的限额 = 1466.02 × 12% = 175.92(万元),实际发生了200万元,不能全额扣除,只能扣除175.92万元。

(4)职工福利费扣除的限额 = 200×14% = 28(万元),实际发生了20万元,不需要调整。

职工教育经费扣除限额 = 200×8% = 16(万元),实际发生了25万元,需要调增所得额9万元。职工工会经费扣除限额 = 200×2% = 4(万元),实际发生了6万元,需要调增所得额2万元。业务招待费扣除限额 = (6500+50)×5‰ = 32.75(万元),实际发生额的60% = 80×60% = 48(万元),税前允许扣除32.75万元,调增所得额47.25(80-32.75)万元。

(5)应纳税所得额 = 1466.02 - 160 + (200 - 175.92) + 2 + 9 + (80 - 32.75) + 18 + 10 - 100×75% = 1341.35(万元)。

(6)应纳税额 = 1341.35×25% = 335.34(万元)。

3.(1)A;(2)C;(3)B;(4)D;(5)A;(6)A。

【解析】

(1)1月份预扣预缴个税 = (8000 - 5000 - 2000)×3% - 0 = 30(元)。

2月份预扣预缴个税 = (8000×2 - 5000×2 - 2000×2)×3% - 0 - 30 = 30(元)。

(2)全年一次性奖金应纳税额 = 15000×3% - 0 = 450(元)。

(3)行权所得应纳税额 = (6 - 3.2)×10000×3% - 0 = 840(元)。

(4)个人购买和处置债权过程中发生的拍卖招标手续费、诉讼费、审计评估费以及缴纳的税金等合理税费,在计算个人所得税时允许扣除。

处置债权成本 = 40×50% = 20(万元)。

应缴纳个人所得税 = (25 - 20 - 2)×20% = 0.6(万元)。

(5)个人所得税法对稿酬"次"的规定为:同一作品出版发表以后,因添加印数而追加稿酬的,应与以前出版、发表时取得的稿酬合并为一次扣减费用之后,计算个人所得税。

应纳税额 = [(5000+3000)×(1-20%)]×70%×20% = 896(元)。

(6)纳税人如不能提供合法、完整、准确的财产原值凭证,不能正确计算财产原值的,按转让收入额的3%征收率计算缴纳个人所得税;拍卖品经文物部门认定是海外回流文物的,按转让收入额的2%征收率计算缴纳个人所得税。

应纳的个人所得税 = 5.7×2%×10000 = 1140(元)。

4.(1)A;(2)C;(3)C;(4)B。

【解析】

(1)公司内部子弟学校、医院占地面积不缴纳城镇土地使用税,新征用的耕地在满一年时开始征收城镇土地使用税,所以6月底新占用耕地本年不征土地使用税。经批准开山填海整治的土地和改造的废弃土地,从使用的月份起免缴城镇土地使用税5年至10年。所以,甲公司经批准开山填海整治取得的土地本年不征城镇土地使用税。

应纳城镇土地使用税 = (30000 - 2000 - 1000)×3 = 81000(元) = 8.1(万元)。

(2)应纳房产税 = 550×(1-30%)×1.2%×5÷12 + (550+120+75)×(1-30%)×1.2%×7÷12 = 5.58(万元)。

(3)该企业以房产对外投资,收取固定收入,不承担联营风险,实际上是以联营名义取得房产的租金,应由出租方按租金收入计缴房产税。未出租前，应从价计算房产税。应纳房产税 $=1200×(1-30\%)×1.2\%×6÷12+21.8÷(1+9\%)×6×12\%=19.44$（万元）。

（4）应纳耕地占用税 $=20000×25=500000$（元）$=50$（万元）。

5. （1）D；（2）D；（3）C；（4）B。

【解析】

（1）A公司来自B公司的股息所得，符合间接抵免条件，因为A公司对B公司的直接持股比例超过20%。A公司直接缴纳的来自B公司股息的预提所得税为50万元。

（2）B公司所纳税额属于由A公司负担的部分=（本层企业就利润和投资收益所实际缴纳的税额+符合规定的由本层企业间接负担的税额）×本层企业向一家上一层企业分配的股息（红利）÷本层企业所得税后利润额 $=400×1000÷3600=111.11$（万元）。

A公司来自B公司的所得间接负担的税额 $=111.11$（万元）。

（3）A公司来自B公司股息所得调整后的应纳税所得额=境外股息、红利税后净所得+该项所得直接缴纳和间接负担的税额之和-计算企业应纳税所得总额时已按税法规定扣除的有关成本费用中与境外所得有关的部分 $=950+(50+111.11)-20=1091.11$（万元）。

（4）抵免限额 $=1091.11×25\%=272.78$（万元）。

直接缴纳和间接负担的税额161.11万元，按照161.11万元抵免，需补缴税款111.67万元。

6. （1）C；（2）C；（3）B；（4）A。

【解析】

（1）对于以房产投资联营，投资者参与投资利润分红，共担风险的，由被投资企业按房产的计税余值作为计税依据计征房产税。业务（1）应代B企业缴纳的房产税 $=610×(1-20\%)×1.2\%=5.86$（万元）；业务（3）A企业

应缴纳的房产税 $=520×(1-20\%)×1.2\%×8÷12=3.33$（万元）。所以该企业共计缴纳的房产税 $=5.86+3.33=9.19$（万元）。

（2）非插电式混合动力乘用车按照同类车辆适用税额减半征税。

应缴纳的车船税 $=[(10-3)×960+3×960×50\%]×9÷12=6120$（元）。

（3）企业实际占用的土地面积，以房产管理部门核发的土地使用证书上确认的土地为准。

应缴纳的城镇土地使用税 $=1300×4×8÷12=3466.67$（元）。

（4）幼儿园占用耕地，免征耕地占用税，应缴纳的耕地占用税 $=(1500-500)×20=20000$（元）。

7. （1）A；（2）C；（3）D；（4）B。

【解析】

（1）全年应纳车船税 $=30×5×30+20×5×30×50\%=6000$（元）。

（2）厂办的子弟学校、医院、幼儿园均属于城镇土地使用税免税范围；用于养殖专业用地免征城镇土地使用税。

全年应缴纳的城镇土地使用税 $=(58000+6000+2000+3000)×4+5000×4×6÷12=286000$（元）。

（3）出租房产应从租计征房产税，应纳房产税 $=21.8÷(1+9\%)×7×12\%=16.8$（万元）。

委托施工企业建设的房屋，从办理验收手续之日的次月起，计征房产税。

仓库应缴纳房产税 $=600×(1-20\%)×1.2\%×4÷12=1.92$（万元）。

从价房产税 $=(6000-1000)×(1-20\%)×1.2\%+1000×(1-20\%)×1.2\%×5÷12+1.92=53.92$（万元）。

合计房产税 $=16.8+53.92=70.72$（万元）$=707200$（元）。

（4）应纳印花税 $=350×0.5‰×10000+5+21.8×24×1‰×10000+600×0.3‰×10000=8787$（元）。

第四部分

机考通关模拟
试题演练

没有人事先了解自己到底有多大的力量，直到他试过以后才知道。

——歌德

机考通关模拟试题

模拟试卷（一）

扫我做试题

一、单项选择题（共40题，每题1.5分。每题的备选项中，只有1个最符合题意）

1. 根据企业所得税法的规定，下列说法中正确的是（　）。

A. 企业转让股权收入，应于转让协议生效时确认收入的实现

B. 被投资企业将股权（票）溢价所形成的资本公积转为股本的，作为投资方企业的股息、红利收入

C. 租赁合同规定的租赁期限跨年度的，且租金提前一次性支付的，出租人要一次性确认收入

D. 混合性投资业务，被投资企业支付的利息，投资企业应于被投资企业应付利息的日期确认收入

2. 2019年某居民企业主营业务收入6000万元、营业外收入100万元，与收入配比的成本5000万元，全年发生管理费用、销售费用和财务费用共计750万元，营业外支出80万元（其中符合规定的公益性捐赠支出60万元），2018年度经核定结转的亏损额20万元。2019年度该企业应缴纳企业所得税（　）万元。

A. 60　　　　　　　B. 32.4

C. 78.4　　　　　　D. 69.4

3. 某技术先进型服务企业2019年实际支出的工资、薪金总额为500万元，福利费本期发生72万元，拨缴的工会经费14万元，已经取得工会拨缴收据，实际发生职工教育经费10.5万元，该企业在计算2019年应纳税所得额时，应调整的应纳税所得额为（　）万元。

A. 0　　　　　　　B. 2

C. 6　　　　　　　D. 8

4. 某保险公司，2019年1—11月财产保险费收入合计60000万元；12月，取得财产保险费收入5000万元，有部分业务发生退保，支付退保金3560万元。当年支付佣金合计12000万元。则该公司2019年佣金支出税前允许扣除（　）万元。

A. 12000　　　　　B. 11059.2

C. 9216　　　　　　D. 9150

5. 下列损失在确认时，如果因资产在购买时抵扣过进项税额，那么现在涉及进项税额转出的是（　）。

A. 企业各项存货发生的正常损耗

B. 企业生产性生物资产达到或超过使用年限而正常死亡发生的资产损失

C. 企业固定资产达到或超过使用年限而正常报废清理的损失

D. 企业固定资产因管理不善发生被盗损失

6. 2019年某居民企业实现产品销售收入1000万元，视同销售收入300万元，接受捐赠100万元，国债利息收入50万元，成本费用700万元，其中业务招待费支出15万元。假定不存在其他纳税调整事项，2019年度该企业应缴纳企业所得税（　）万元。

A. 177.13　　　　　B. 168

C. 172　　　　　　D. 164

7. 2019年，某居民企业产品销售收入为6000万元，从境内居民企业取得投资收益200万元，符合条件的技术转让收入800万元，生产成本、费用和税金等扣除金额合计4800万元，

第四部分　机考通关
模拟试题演练

技术转让成本200万元。2019年该企业应缴纳企业所得税( )万元。

A. 312.5　　　　　B. 450

C. 300　　　　　　D. 412.5

8. 甲企业合并乙企业，乙企业尚未弥补的亏损300万元，乙企业净资产公允价值为1000万元，甲企业的净资产公允价值为2000万元，截至合并业务发生当年年末国家发行的最长期限的国债利率为7%，假定该业务适用特殊性税务处理的方式，则可以由合并后的企业弥补的亏损为( )万元。

A. 70　　　　　　　B. 0

C. 140　　　　　　D. 100

9. 某企业进入清算阶段，实收资本2200万元，盈余公积850万元，累计亏损500万元，其中未超过可以税前弥补期的亏损是200万元。该企业全部资产可变现价值7120万元，资产的计税基础6000万元；负债的计税基础是5000万元，债务清理实际偿还4300万元。企业的清算期内支付清算费用150万元，清算过程中发生的相关税费为50万元。该企业清算应缴纳的所得税为( )万元。

A. 205　　　　　　B. 155

C. 310　　　　　　D. 355

10. 依据企业所得税的相关规定，下列表述中，正确的是( )。

A. 企业未使用的房屋和建筑物，不得计提折旧

B. 企业以经营租赁方式租入的固定资产，应当计提折旧

C. 企业盘盈的固定资产，应当以重置成本作为计税基础

D. 企业自行建造的固定资产，以投入使用前发生的支出为计税基础

11. 下列关于房地产开发的成本、费用扣除的税务处理表述，正确的是( )。

A. 企业因国家无偿收回土地使用权而形成的损失不得在税前扣除

B. 已计入销售收入的共用部位、共用设施设备维修基金不得在税前扣除

C. 企业对尚未出售的已完工开发产品进行日常维护、保养、修理等实际发生的维修费用，不准予在当期据实扣除

D. 企业为建造开发产品借入资金而发生的符合税收规定的借款费用，可按企业会计准则的规定进行归集和分配，其中属于财务费用性质的借款费用，可直接在税前扣除

12. 某居民企业（非金融企业）2019年12月31日归还境内关联企业一年期借款本金1000万元，另支付利息费用80万元，关联企业对该居民企业的权益性投资额为400万元，该居民企业的实际税负高于境内关联企业，同期同类银行贷款年利率为6%。该居民企业2019年在计算应纳税所得额的时候可以扣除的利息费用为( )万元。

A. 80　　　　　　　B. 48

C. 32　　　　　　　D. 60

13. 母子公司间提供服务支付费用有关企业所得税的处理，下列表述不正确的是( )。

A. 母公司为其子公司提供各种服务而发生的费用，应按照公平交易原则确定服务的价格作为企业正常的劳务费用进行税务处理

B. 母公司向其子公司提供各项服务，双方应签订服务合同或协议，明确规定提供服务的内容、收费标准及金额等

C. 母公司以管理费形式向子公司提取费用，子公司因此支付给母公司的管理费，不得在税前扣除

D. 子公司申报税前扣除向母公司支付的服务费用，不能提供相关材料的，支付的服务费用由税务机构核定税前扣除额

14. 下列不属于关联交易的内容是( )。

A. 有形资产使用权或者所有权的转让

B. 不动产的出租

C. 资金融通

D. 金融资产的转让

15. 下列关于外国企业常驻代表机构的所得税处理，正确的是( )。

A. 代表机构的核定利润率不应低于 10%

B. 代表机构应该在季度终了之日起 30 日内向主管税务机构据实申报缴纳企业所得税

C. 代表机构的核定征收有两种方式，分别为经费支出换算收入和按收入总额核定应税所得额方式

D. 采用经费支出方式核定所得额时，购进的汽车不得作为经费支出处理

16. 个人取得的下列所得中，应确定为来源于中国境内所得的是( )。

A. 在境外开办教育培训取得的所得

B. 拥有的专利在境外使用而取得的所得

C. 从境外上市公司取得的股息所得

D. 将境内房产转让给外国人取得的所得

17. 王某利用业余时间为北京某建筑公司进行室内装潢设计，从 2019 年 6 月开始，到当年 9 月 30 日结束，建筑公司应向王某支付报酬 85000 元。建筑公司在支付时应预扣预缴王某的个人所得税为( )元。

A. 19496.26   B. 20360

C. 23000   D. 20200

18. 2017 年 9 月 30 日，黄某获得所在公司授予的 20000 股本公司的股票期权，授予价为 8 元/股。2019 年 10 月 1 日，黄某按照公司的规定行权，购买 10000 股公司的股票，当天公司股票的市场价为 11 元/股，黄某的月工资收入为 5500 元。2019 年 10 月黄某应缴纳个人所得税( )元。

A. 915   B. 1740

C. 3435   D. 3445

19. 中国公民孙某的父母已年满 60 周岁，因此其每月工资、薪金所得可以在税前扣除赡养老人支出，但孙某并非独生子女，还有三个兄弟姊妹，因此其兄弟姊妹之间约定分摊扣除赡养老人支出。根据分摊约定的税法规定，孙某分摊的赡养老人支出最多可以扣除( )元。

A. 500   B. 1000

C. 1500   D. 200

20. 下列关于子女教育专项附加扣除的表述错误的是( )。

A. 纳税人的子女接受全日制学历教育的相关支出，按照每个子女每月 1000 元的标准定额扣除

B. 针对纳税人年满 3 岁至小学入学前处于学前教育阶段的子女，纳税人也可以享受子女教育专项附加扣除

C. 针对子女教育专项附加扣除，父母可以选择由其中一方按扣除标准 100% 扣除，也可以选择由双方约定比例扣除，具体扣除方式在一个纳税年度内不能变更

D. 子女在中国境外接受教育的纳税人，也可以享受子女教育专项附加扣除

21. 下列公益捐赠支出税前扣除的表述，错误的是( )。

A. 居民个人取得劳务报酬所得、稿酬所得、特许权使用费所得的，预扣预缴时不扣除公益捐赠支出，统一在汇算清缴时扣除

B. 非居民个人发生的公益捐赠支出，未超过其在公益捐赠支出发生的当月应纳税所得额百分之三十的部分，可以从其应纳税所得额中扣除

C. 在经营所得中扣除公益捐赠支出的，可以选择在预缴税款时扣除，也可以选择在汇算清缴时扣除

D. 个体工商户取得经营所得适用核定征收方式的，在当年经营所得应纳税所得额 30% 以内扣除公益捐赠支出

22. 根据个人所得税法的规定，下列说法正确的是( )。

A. 房屋产权所有人将房屋产权无偿赠与兄弟姐妹需征收个人所得税

B. 企业年金的企业缴费部分，应并入个人当月工资薪金所得计征个税

C. 对个人转让非货币性资产的所得，应按照"财产转让所得"项目依法计算缴纳

个人所得税

    D. 对个人转让全国中小企业股份转让系统挂牌公司非原始股取得的所得减半征收个人所得税

23. 某个人独资企业,2019 年全年销售收入为 10000000 元,销售成本和期间费用 7600000 元,其中业务招待费 100000 元、广告费 150000 元、业务宣传费 80000 元、投资者工资 24000 元、增值税以外的相关税费 1500000 元,没有其他涉税调整事项。该独资企业 2019 年应缴纳的个人所得税为( )元。

    A. 313000   B. 254400

    C. 315750   D. 317930

24. 下列各项中,应按"经营所得"项目征税的是( )。

    A. 个人因从事彩票代销业务而取得的所得

    B. 个人因专利权被侵害获得的经济赔偿所得

    C. 私营企业的个人投资者以企业资金为本人购买的汽车

    D. 出租汽车经营单位对出租车驾驶员采取单车承包或承租方式运营,出租车驾驶

25. 2019 年我国某作家出版一部长篇小说,2 月收到预付稿酬 20000 元,4 月小说正式出版又取得稿酬 20000 元;10 月将该小说手稿在境内公开拍卖,取得收入 100000 元,假设该作家当年无其他收入,除规定费用外,无任何扣除项目。该作家以上收入 2019 年在中国境内应缴纳个人所得税( )元。

    A. 4480   B. 1720

    C. 14480   D. 18800

26. 某企业有三项债权"打包"拍卖(债务人 A 欠 20 万元,债务人 B 欠 30 万元,债务人 C 欠 50 万元),假设李某从拍卖会上以 70 万元购买该"打包"债权。经催讨,收回 B 债务人欠款 24 万元。不考虑相关

税费,则李某应缴纳个人所得税( )万元。

    A. 0.6   B. 1.5

    C. 3   D. 4.8

27. 下列关于中新协定修订的表述,不正确的是( )。

    A. 非专门从事国际运输业务的企业,以其拥有的船舶经营国际运输业务取得的收入不属于国际运输收入

    B. 企业从事以光租形式出租船舶,取得的收入一般不属于国际运输收入

    C. 在一个会计年度内,企业从事附属业务取得的收入占其国际运输业务总收入的比例原则上不超过 10%

    D. 在商业活动中进行具有演出性质的演讲不属于会议发言

28. 既是我国作为税收协定缔约国承担的一项国际义务,也是我国与其他国家(地区)税务主管当局之间进行国际税收征管合作以及保护我国合法税收权益的重要方式的是( )。

    A. 税收情报交换   B. 反避税

    C. 转让定价   D. 特别纳税调整

29. 下列合同或凭证中,应缴纳印花税的是( )。

    A. 对饮水工程运营管理单位为建设饮水工程取得土地使用权而签订的产权转移书据合同

    B. 专利证

    C. 某投资者与某会计师签订的会计咨询合同

    D. 与高校学生签订的高校学生公寓租赁合同

30. 某生产企业与运输公司签订一份运输合同,载明运输货物金额 150 万元,运输费 28 万元、装卸费 6 万元。该公司应缴纳印花税( )元。

    A. 100   B. 130

    C. 140   D. 180

31. 下列行为中,属于印花税列举应税合同

范围的是( )。

A. 某银行向另一银行签订的拆借 50000 万元人民币的合同

B. 企业与主管部门签订的租赁承包经营合同

C. 某公司和会计师事务所签订的管理咨询合同

D. 科技公司签订的技术服务合同

32. 某企业拥有房产原值 1000 万元，2019 年 7 月 1 日将其中的 30% 用于对外投资，共担生产经营风险，投资期限 3 年，当年取得利润分红 20 万元；2019 年 9 月 1 日将其中 10% 按政府规定价格租给本企业职工居住，每月取得不含税租金 6 万元，其余房产自用。已知当地政府规定的房产扣除比例为 20%，该企业 2019 年度应缴纳房产税( )元。

A. 102400　　　　B. 98400

C. 92800　　　　D. 78400

33. 某国有企业 2019 年房产原值共计 9000 万元，其中该企业所属的幼儿园和子弟学校用房原值分别是 300 万元、800 万元，当地政府确定计算房产税余值的扣除比例为 25%。该企业 2019 年应缴纳房产税( )万元。

A. 71.1　　　　B. 73.8

C. 78.3　　　　D. 81

34. 下列车船中，以整备质量作为车船税计税标准的是( )。

A. 客车　　　　B. 卡车

C. 船舶　　　　D. 拖船

35. 2019 年某运输公司拥有并使用以下车辆：拖拉机 5 辆，整备质量为 2 吨；整备质量为 6 吨的载货卡车 20 辆；整备质量为 4.5 吨的汽车挂车 6 辆；中型载客汽车 10 辆，其中包括 2 辆电车，核定载客人数均为 9 人以上。当地政府规定，货车的税额为 60 元/吨，客车的税额是 500 元/辆。该公司当年应缴纳车船税( )元。

A. 13010　　　　B. 13550

C. 11450　　　　D. 9450

36. 北京市公共租赁住房经营管理单位，2019 年 8 月购进一栋价值 5000 万元房子作为酒店对外经营，同时购进价值 10000 万元的住房作为公共租赁住房。当地政府规定的契税税率为 4%。公共租赁住房经营管理单位应缴纳契税( )万元。

A. 0　　　　　B. 200

C. 600　　　　D. 300

37. 张某 2019 年 8 月购买 80 平方米的已经装修的家庭唯一住房，合同上注明价款 70 万元，另外支付的装修费 8 万元，采用分期付款方式，分 20 年支付，假定 2019 年支付 10 万元，张某购房应缴纳的契税为( )万元。

A. 0.78　　　　B. 0.19

C. 0.5　　　　　D. 0.7

38. 按照城镇土地使用税暂行条例的规定，下列表述不正确的是( )。

A. 房地产开发公司建造商品房的用地，出售前免征城镇土地使用税

B. 国家天然林保护工程自用的土地，免征城镇土地使用税

C. 对饮水工程运营管理单位自用的生产、办公用土地，免征城镇土地使用税

D. 厂区以外的公共绿化用地和向社会开放的公园用地，暂免征收城镇土地使用税

39. 下列选项中免征船舶吨税的是( )。

A. 吨税执照期满后 24 小时内不上下客货的船舶

B. 非机动驳船

C. 应税船舶因不可抗力在未设立海关地点停泊的

D. 应纳税额在人民币 70 元以下的船舶

40. 某高铁线路建设公司占用林地 3 万平方米用于办公楼的建设，另占用经济林地 4 万平方米用于建设高铁线路，所占耕地适用的单位税额为 15 元/平方米。该企业应缴纳耕地占用税( )万元。

A. 20   B. 28
C. 38   D. 53

二、多项选择题(共20题，每题2分。每题的备选项中，有2个或2个以上符合题意，至少有1个错项。错选，本题不得分；少选，所选的每个选项得0.5分。)

41. 根据企业所得税法的规定，下列关于特殊收入的确认说法正确的有(   )。

A. 采取产品分成方式取得收入的，按照企业分得产品的日期确认收入的实现

B. 企业从事建筑、安装、装配工程业务，持续时间超过12个月的，按照纳税年度内完工进度或者完成的工作量确认收入的实现

C. 以分期收款方式销售货物的，按照合同约定的收款日期确认收入的实现

D. 受托加工制造大型机械设备，持续时间超过12个月的，按照纳税年度内完工进度或者完成的工作量确认收入的实现

E. 采取产品分成方式取得收入的，其收入额按照产品的成本确定

42. 下列符合居民企业核定征收应纳税额计算方法的有(   )。

A. 依照法律、行政法规的规定可以不设置账簿的，可以核定征收企业所得税

B. 居民企业能正确核算收入总额，但不能正确核算成本费用总额的，核定其应税所得率

C. 居民企业能正确核算成本费用总额，但不能正确核算收入总额的，核定其应纳所得税额

D. 实行应税所得率方式核定征收企业所得税的纳税人，经营多业的，无论其经营项目是否单独核算，均由税务机关根据其主营项目确定适用的应税所得率

E. 纳税人对税务机关确定的企业所得税征收方式、核定的应纳所得税额或应税所得率有异议的，应当提供合法、有效的相关证据，税务机关经核实认定后调整有异议的事项

43. 下列关于预约定价安排的说法正确的有(   )。

A. 企业申请双边或者多边预约定价安排的，应当同时向国家税务总局和主管税务机关提交《预约定价安排谈签意向书》

B. 企业应当在纳税年度终了后6个月内，向主管税务机关报送执行预约定价安排情况的纸质版和电子版年度报告

C. 在预约定价安排签署前，税务机关和企业均可暂停、终止预约定价安排程序

D. 预约定价安排的谈签会影响税务机关对企业不适用预约定价安排的年度及关联交易的特别纳税调查调整和监控管理

E. 预备会谈期间企业应当就企业最近1~3个年度生产经营情况、同期资料等做出简要说明

44. 根据企业所得税法的规定，下列固定资产不得计算折旧扣除的有(   )。

A. 单独估价作为固定资产入账的土地

B. 未投入使用的房屋、建筑物

C. 未投入使用的机器、设备

D. 以经营租赁方式租入的固定资产

E. 以融资租赁方式租入的固定资产

45. 根据企业所得税的规定，下列关于所得来源地确定的说法正确的有(   )。

A. 特许权使用费所得，按照负担、支付所得的企业所在地确定

B. 销售货物，按照支付所得的企业所在地确定

C. 股息、红利所得，按照分配所得的企业所在地确定

D. 租金所得，按照负担或支付所得的企业所在地确定

E. 不动产转让所得，按照转让企业的所在地确定

46. 税务机关实施特别纳税调查，应当重点关注具有风险特征的企业有(   )

A. 未按照规定进行年度申报的企业

B. 存在长期亏损、微利或者跳跃性盈利的企业

C. 关联交易金额较大或者类型较多的企业

D. 与低税国家(地区)关联方发生关联交易的企业

E. 低于同行业利润水平的企业

47. 下列税收优惠中,符合企业所得税法规定的有( )。

A. 自 2019 年 1 月 1 日至 2021 年 12 月 31 日,对年应纳税所得额低于 100 万元(含 100 万元)的小型微利企业,其所得减按 25%计入应纳税所得额

B. 符合条件软件生产企业单独核算的职工培训费用,可按实际发生额在计算应纳税所得额时扣除

C. 符合条件的技术转让所得是免税收入

D. 企业实际发生的研究开发费用,在年度中间预缴所得税时,允许据实计税扣除,年终汇算时,再依照规定计算加计扣除

E. 国家需要重点扶持的高新技术企业,减按 15%的税率征收企业所得税

48. 根据企业所得税相关规定,关于企业亏损弥补的表述中,正确的有( )。

A. 企业在汇总计算缴纳企业所得税时,其境外营业机构的亏损可以抵减境内营业机构的盈利

B. 一般性税务处理下被分立企业的亏损不得由分立企业弥补

C. 对受疫情影响较大的困难行业企业2020 年度发生的亏损,最长结转年限由 5 年延长至 8 年

D. 企业从事生产经营之前进行筹办活动期间发生筹办费用支出,不得计算为当期的亏损

E. 某重点扶持的高新技术企业在 2019 年发生的亏损,可以在次年逐年延续弥补,但最长不得超过 5 年

49. 居民个人的下列所得,不并入综合所得计税的有( )。

A. 稿酬所得   B. 劳务报酬所得

C. 财产租赁所得   D. 财产转让所得

E. 特许权使用费所得

50. 某城市公民张某为自由职业者,2019 年 2 月取得以下收入中,属于劳务报酬的有( )。

A. 自己开设酒吧取得的收入

B. 为甲企业兼职促销员,因业绩突出甲企业提供的免费丽江游

C. 为出版社审稿取得的收入

D. 在杂志上发表摄影作品取得的收入

E. 为电视剧制作单位提供剧本取得的剧本使用费收入

51. 关于股票期权的个人所得税处理,下列表述正确的有( )。

A. 员工因特殊情况在行权日之前将股票期权转让的,以股票期权的净收入,作为财产转让所得征收个人所得税

B. 对个人在行使股票认购权后,将已认购的股票(不包括境内上市公司股票)转让所取得的所得,应按照财产转让所得项目缴纳个人所得税

C. 员工因拥有股权而参与股票期权实施企业税后利润分配取得的所得,应按照利息、股息、红利所得征收个人所得税

D. 员工从两处或两处以上取得股票期权形式的工资、薪金所得的,必须在规定的纳税申报期限内办理汇算清缴

E. 取得股票期权的员工在行权口不实际买卖股票,而是直接从授权企业取得行权日股票期权所指定的股票市场价与施权价之间的差额,作为财产转让所得征收个人所得税

52. 下列关于个人所得税的表述中正确的有( )。

A. 个人转让自用达 5 年以上,并且是唯一生活用房取得的所得减半征收个人所得税

B. 某股份公司职工因生活困难向企业借款,年终仍未偿还,应按"股息、红利"所得项目计征

C. 某合伙企业为个人投资者购买住房，应按"经营所得"项目计征个人所得税

D. 企业年金的个人缴费的部分，不可以在个人当月工资、薪金中计算个人所得税时扣除

E. 个人独资企业为股东的家人购买的住房，应按"经营所得"征税

53. 下列关于专项附加扣除的计算时间，符合个人所得税相关规定的有(   )。

A. 同一学历(学位)继续教育的扣除期限最长不得超过48个月

B. 赡养老人支出扣除计算时间为被赡养人年满60周岁的当月至赡养义务终止的年末

C. 大病医疗支出扣除计算时间为医疗保障信息系统记录的医药费用实际支出的当年

D. 住房贷款利息支出扣除计算时间为贷款合同约定开始还款的当月至贷款全部归还或贷款合同终止的当月，扣除期限最长不得超过360个月

E. 住房租金为租赁合同(协议)约定的房屋租赁期开始的当月至租赁期结束的当月

54. 下列关于国际避税方法的表述中，正确的有(   )。

A. 跨国法人可以将其总机构或实际管理机构移居到低税区，避免成为高税国的居民纳税人，来降低整个公司的税收负担

B. 企业可以通过跨国并购，将自己变成低税区企业的组成部分，实行税收从高税区到低税区的倒置

C. 跨国公司集团可以通过内部转让价格处理关联交易，将费用和成本从高税区转移到低税区，将利润从低税区转移至高税区，以减轻整个集团的所得税

D. 资本弱化是跨国公司进行国际避税的一个重要手段，跨国公司在高税国投资常利用这个手段进行避税

E. 利用信托转移财产，可以通过在避税港设立个人持股信托公司、受控信托公司和订立信托合同的方式实现

55. 下列关于印花税的涉税表述，正确的有(   )。

A. 权利、许可证照，以计税数量为计税依据

B. 高校学生公寓租赁合同免税

C. 纳税人与村民委员会签订的农业产品收购合同免税

D. 纳税人单月印花税超过500元的，可以申请填写缴款书或完税凭证

E. 应纳税凭证书立或领受时即行贴花完税，不得延至凭证生效日贴花

56. 下列选项中，可以免征房产税的有(   )。

A. 国家机关办公的房产

B. 高校学生公寓

C. 经营公租房取得的租金收入

D. 企业停产后出租给饮食业的房产

E. 施工期间在基建工地为其服务的临时性房产

57. 下列关于车船税法的规定，表述正确的有(   )。

A. 车船税采用定额幅度税率，即对征税的车船规定单位上下限税额标准

B. 乘用车应当依排气量从小到大递增税额

C. 净吨位不超过1吨的小型船舶，不计算缴纳车船税

D. 已办理退税的被盗抢车船，失而复得的，应当从公安机关出具相关证明的当月起计算缴纳车船税

E. 依法不需要办理登记的车船，车船税纳税地点为车船的所有人或者管理人所在地

58. 下列表述中，符合契税征收规定的有(   )。

A. 对金融租赁公司开展售后回租业务，承受承租人房屋、土地权属的，照章征税

B. 土地使用者置换土地，只有取得了置

换土地使用权属证书,才需缴纳契税

C. 因不可抗力丧失住房而重新购买住房的,酌情准予减征或免征

D. 土地或房屋被县级以上人民政府征用、占用后,重新承受土地、房屋权属的,应由县级人民政府确定是否减免契税

E. 个人购买普通住房免征契税

59. 下列用地可免征城镇土地使用税的有( )。

A. 水电站的发电厂房用地

B. 老年服务机构自用的土地

C. 直接用于农业生产的用地

D. 司法部所属劳改劳教单位自用的土地

E. 医院的办公楼用地

60. 下列关于船舶吨税的说法中,正确的有( )。

A. 吨税执照在期满前毁损或者遗失的,应当向原发照海关书面申请核发吨税执照副本,并补税

B. 海关发现少征或者漏征税款的,应当自应税船舶应当缴纳税款之日起3年内,补征税款

C. 海关发现多征税款的,应当立即通知应税船舶办理退还手续,并加算银行同期活期存款利息

D. 应税船舶在吨税执照期限内,因修理导致净吨位变化的,吨税执照无效

E. 吨税税款、滞纳金、罚款以人民币计算

三、计算题(共 8 题,每题 2 分。每题的备选项中,只有一个最符合题意。)

(一)

某加工企业 2019 年 11 月发生以下业务:

(1)11 月 2 日与甲企业签订一份以货换货合同,用库存 1200 万元的存货换取甲企业相同金额的原材料;

(2)11 月 8 日与乙企业签订受托加工合同一份,合同约定,由乙企业提供价值 100 万元的主要原材料,加工企业收取乙

企业辅助材料费 20 万元和加工费 30 万元;

(3)11 月 23 日与丙银行签订抵押借款合同一份,用价值 3000 万元的厂房作抵押向银行借款 500 万元,借款期限为 1 年,年利率为 0.8%;

(4)11 月 30 日与丁企业签订财产租赁合同一份,从 12 月 1 日起将企业闲置的厂房出租给丁企业使用,每月租金 3 万元,租期未定。

(注:合同所载金额均为不含增值税的金额。)

要求:根据上述资料,回答下列问题。

61. 该企业 11 月 2 日与甲企业签订以货换货合同应缴纳印花税( )元。

A. 3600   B. 6000

C. 7200   D. 12000

62. 该企业 11 月 8 日与乙企业签订受托加工合同应缴纳印花税( )元。

A. 150   B. 250

C. 550   D. 750

63. 11 月 23 日与丙银行签订抵押借款合同应缴纳印花税( )元。

A. 16.67   B. 250

C. 500   D. 2500

64. 11 月 30 日与丁企业签订财产租赁合同应缴纳印花税( )元。

A. 5   B. 15

C. 20   D. 30

(二)

某企业 2019 年年初房产原值 3000 万元,其中厂房原值 2600 万元,厂办幼儿园房产原值 300 万元,独立地下工业用仓库原值 100 万元。该企业 2019 年发生下列业务:

(1)6 月 30 日将原值为 300 万元的厂房出租,合同约定每年不含税租金 24 万元,7 月 1 日起租,租赁期 3 年。

(2)7 月购买新建的地下商铺用于商业用途,购买合同金额不含税 200 万元,9 月份交付使用。

（3）10 月接受甲公司委托加工一批产品，签订的加工承揽合同中注明原材料由受托方提供，不含税金额为 100 万元，收取加工不含税劳务费 30 万元。该产品由本企业负责运输，签订货物运输保管合同，合同中注明运费 2 万元、仓储保管费 2000 元、装卸费 500 元。

（注：当地政府规定的计算房产余值的扣除比例是 20%，工业用途地下建筑房产以原价的 50% 作为应税房产原值，商业用途地下建筑房产以原价的 70% 作为应税房产原值。）

要求：根据上述资料，回答下列问题。

65. 2019 年该企业的地下房产应缴纳房产税（　　）元。
   A. 7040   B. 8160
   C. 9280   D. 10400

66. 2019 年该企业地上房产应缴纳房产税（　　）元。
   A. 246600   B. 247080
   C. 249600   D. 258880

67. 2019 年 10 月该企业与加工业务相关的合同应缴纳印花税（　　）元。
   A. 450   B. 452
   C. 460   D. 462

68. 2019 年该企业与房产相关的合同应缴纳印花税（　　）元。
   A. 1708   B. 1720
   C. 1744   D. 1750

四、综合分析题（共 12 题，每题 2 分。由单选和多选组成，错选，本题不得分；少选，所选的每个选项得 0.5 分。）

（一）

位于我国境内某市的一家电子产品生产企业，为增值税一般纳税人，拥有自己的核心自主知识产权，2015 年至 2019 年经相关机构认定为高新技术企业。2019 年度有关经营情况如下：

（1）全年取得销售电子产品的不含税收入 7000 万元，其中 1-3 月未取得销售收入，

6 月取得房屋租金不含税收入 200 万元。

（2）全年购进与生产电子产品相关的原材料取得增值税专用发票，注明价款 3200 万元、进项税额 416 万元并通过主管税务机关认证；购进安全生产专用设备（属于企业所得税优惠目录规定）取得增值税专用发票，注明价款 50 万元、进项税额 6.5 万元并通过主管税务机关认证。

（3）全年与销售电子产品相关的销售成本 4150 万元；全年发生销售费用 1400 万元，其中含广告费 1100 万元；全年发生管理费用 600 万元，其中含新技术研究开发费 320 万元、业务招待费 75 万元。

（4）计入成本、费用中的实发工资 400 万元、发生的工会经费支出 9 万元、职工福利费支出 70 万元、职工教育经费支出 13 万元。

（5）全年营业外支出 300 万元，其中支付合同违约金 6 万元。

（注：增值税按 2019 年 4 月 1 日以后的新税率计算；城市维护建设税税率 7%，教育费附加征收率 3%，企业所得税税率 15%，不考虑其他税费。）

要求：根据上述资料，回答下列问题。

69. 2019 年度该企业应缴纳的增值税、城市维护建设税、教育费附加共计是（　　）万元。
   A. 501.25   B. 510.6
   C. 556.05   D. 721.6

70. 2019 年度该企业实现的会计利润是（　　）万元。
   A. 299.25   B. 325.25
   C. 499.25   D. 699.45

71. 计算 2019 年企业所得税应纳税所得额时，下列各项支出可据实扣除的有（　　）。
   A. 广告费   B. 业务招待费
   C. 合同违约金   D. 教育费附加
   E. 新技术研究开发费

72. 计算 2019 年度应纳税所得额时，职工福利费、职工工会经费、职工教育经费共

计应调整应纳税所得额( )万元。

A. 14　　　　　B. 18

C. 15　　　　　D. 30

73. 2019 年度该企业的应纳税所得额为( )万元。

A. 553.25　　　B. 572.25

C. 574.25　　　D. 533.45

74. 2019 年该企业应缴纳企业所得税( )万元。

A. 77.99　　　B. 80.84

C. 75.02　　　D. 88.84

（二）

中国公民张先生为国内某企业高级技术员工，2019 年度取得的收入如下：

（1）每月工资 12000 元，12 月取得双薪工资 12000 元，同时取得全年一次性奖金 56000 元。张先生针对全年一次性奖金收入选择单独计税。

（2）5 月受邀为某大学讲课一个月，取得大学支付的劳务报酬 8000 元。

（3）6 月参加某商场组织的有奖销售活动，中奖所得共计 20000 元，其中将 10000 元通过政府部门捐赠给贫困地区。

（4）8 月转让 2016 年无偿受赠的房屋，取得收入 780000 元，已知该房屋的实际价值 500000 元，受赠过程中发生的税费 120000 元。

（5）10 月从境内某上市公司分得股息 2000 元（投资于上市公司刚好满 1 年），取得教育储蓄存款利息 8000 元，取得日本某投资公司分得股息 5000 元。

（6）11 月份将其自有面积为 90 平方米的房屋出租给张某居住，每月取得不含税租金收入 6800 元，11 月份因下水道堵塞发生修理费用 1400 元，取得了维修部门的正式收据，不考虑其他税费。

要求：根据上述资料，回答下列问题。

75. 张先生 2019 年工资薪金所得和全年一次性奖金应缴纳个人所得税( )元。

A. 12470　　　B. 16785

C. 26025　　　D. 26125

76. 张先生受邀为某大学讲课，该大学应预扣预缴个人所得税( )元。

A. 1363.81　　B. 1219.05

C. 1280　　　　D. 1523.81

77. 张先生中奖所得应缴纳个人所得税( )元。

A. 1600　　　B. 2000

C. 2800　　　D. 2500

78. 转让受赠房产应缴纳个人所得税( )元。

A. 56000　　　B. 132000

C. 156000　　　D. 32000

79. 业务（5）的所得应缴纳个人所得税( )元。

A. 1600　　　B. 700

C. 1200　　　D. 1400

80. 张先生 11 月份出租房屋所得应缴纳个人所得税( )元。

A. 110　　　　B. 260

C. 330　　　　D. 480

模拟试卷（二）

扫我做试题

一、单项选择题（共 40 题，每题 1.5 分。每题的备选项中，只有 1 个最符合题意）

1. 2020 年 1 月 1 日，某居民企业的股东王某，向该企业划入一栋自己名下的房屋，该房屋账面价值 1000 万元，公允价值 1200 万元，王某和企业双方约定作为资本金，该企业会计上已经记入"实收资本"科目。该企业的税务处理正确的是( )。

A. 按照 1000 万元确认收入

B. 按照 1200 万元确认收入

C. 按照 1200 万元确认该房屋的计税基础

D. 按照 1000 万元确认该房屋的计税基础

2. 2019 年某居民企业实现产品不含税销售收入 1000 万元，其他业务收入 300 万元，债务重组收益 50 万元，发生的成本费用总额 1200 万元，其中公益性捐赠支出 25 万元。假定不存在其他纳税调整事项，2019 年度该企业应缴纳企业所得税（　　）万元。

A. 25.45　　　　　B. 18.65

C. 24.35　　　　　D. 39.25

3. 某证券公司为居民企业，以收取手续费、佣金为主要收入。2019 年收取手续费收入 1000 万元，佣金收入 1200 万元，其他业务收入 200 万元，发生的成本费用税金为 1500 万元（包括支付的手续费 1000 万元），通过公益部门捐赠给贫困灾区 200 万元，假设不存在其他的调整项目，2019 年该企业应该缴纳企业所得税（　　）万元。

A. 204　　　　　B. 175

C. 225　　　　　D. 185

4. 某公司 2019 年度境内企业所得税应纳税所得额为 300 万元，在全年已预缴税款 60 万元，来源于境外某国税前所得 200 万元，境外实纳税款 30 万元，该企业当年汇算清缴应补（退）的税款为（　　）万元。

A. 30　　　　　B. 100

C. 125　　　　　D. 35

5. 2018 年年初甲居民企业以实物资产 400 万元直接投资于乙居民企业，取得乙企业 30% 的股权。2019 年 11 月，甲企业全部撤回投资，取得资产总计 600 万元，投资撤回时乙企业累计未分配利润为 300 万元，累计盈余公积 50 万元。关于甲企业撤回该项投资的说法，正确的是（　　）。

A. 甲企业应确认的投资资产转让所得为 200 万元

B. 甲企业应确认投资的股息所得为 105 万元

C. 甲企业应确认的应纳税所得额为 200 万元

D. 甲企业撤回投资应缴纳企业所得税 50 万元

6. 2018 年年底，某公司对使用了 12 年的一座仓库推倒重置，原仓库购入时的原值为

300 万元，已经计提折旧 240 万元。2019 年 10 月，仓库建造完工并投入使用，为新建仓库支付了 500 万元。税法规定新建仓库计提折旧年限为 25 年。假设不考虑残值，2019 年可以在所得税税前扣除的仓库折旧是（　　）万元。

A. 3.73　　　　　B. 3.33

C. 5　　　　　D. 2.15

7. 甲企业持有丙企业 90% 的股权，共计 3000 万股，2019 年 2 月将其全部转让给乙企业。收购日甲企业持有股权的每股资产的公允价值为 12 元，每股资产的计税基础为 10 元。在收购对价中乙企业以股权形式支付 32400 万元，以银行存款支付 3600 万元。假定符合特殊性税务处理的其他条件，甲企业转让股权应缴纳企业所得税（　　）万元。

A. 150　　　　　B. 170

C. 180　　　　　D. 200

8. 境外某公司在中国境内未设立机构、场所，2019 年取得境内 M 公司支付的房屋租赁收入 30 万元，财产转让收入 20 万元，该项财产净值 10 万元（上述金额不含增值税）。2019 年度 M 公司应扣缴该境外公司企业所得税（　　）万元。

A. 5　　　　　B. 4

C. 12.5　　　　　D. 10

9. 2019 年 2 月某企业转让代个人持有的限售股，取得转让收入 100 万元，企业不能准确计算该限售股的原值，企业应缴纳的企业所得税为（　　）万元。

A. 0　　　　　B. 21.25

C. 25　　　　　D. 50

10. 某工业企业为我国居民企业，会计核算健全，从业人员 20 人，资产总额 200 万元。该企业 2019 年收入总额 190 万元，成本费用支出额 165 万元，因管理不善导致存货发生净损失 18.2 万元，该企业当年应纳企业所得税（　　）万元。

A. 0.34　　　　　B. 2.5

C. 1.7　　　　　D. 0.28

11. 我国某上市公司，2018 年 8 月 1 日实施股权激励计划，授予公司 5 位管理人员股票期权，每位管理人员均获得 1000 股的股票期权，授予日该公司股票市价为 40 元/股，约定在 2019 年 2 月 1 日起方可行权，行权价为 20 元/股，其中 3 位管理人员在 2019 年 2 月 1 日行权，行权日的股票市价为 48 元/股，另两位管理人员在 2019 年 3 月 1 日行权，行权日的股票市价为 50 元/股。计算该企业在 2019 年由于股权激励发生的工资薪金支出，可税前扣除的金额为(　　)元。

A. 100000　　　B. 144000

C. 200000　　　D. 244000

12. 关于房地产开发经营业务企业所得税处理的说法，正确的是(　　)。

A. 采取分期收款方式销售开发产品的，付款方提前付款的，按合同约定付款日期确认收入实现

B. 企业销售未完工产品的具体计税毛利率，由税务总局统一确定

C. 企业委托境外机构销售开发产品的，其支付境外机构的销售费用不超过委托销售收入 15%的部分，准予据实扣除

D. 企业开发产品转为自用的，其实际使用时间累计未超过 12 个月又销售的，不得在税前扣除折旧费用

13. 下列关于固定资产加速折旧的表述中，不正确的是(　　)。

A. 对全部制造业的小型微利企业新购进的研发和生产经营共用的仪器、设备，单位价值不超过 100 万元的，允许一次性计入当期成本费用在计算应纳税所得额时扣除

B. 企业在 2018 年 1 月 1 日至 2020 年 12 月 31 日新购进的设备、器具，单位价值不超过 800 万元的，允许一次性计入当期成本费用在计算应纳税所得额时扣除

C. 对所有行业企业持有的单位价值不超

过 5000 元的固定资产，允许一次性计入当期成本费用在计算应纳税所得额时扣除，不再分年度计算折旧

D. 对所有行业企业新购进的专门用于研发的仪器、设备，单位价值不超过 100 万元的，允许一次性计入当期成本费用在计算应纳税所得额时扣除

14. 根据企业所得税法的规定，对关联企业价格进行调整的方法中，其中按照从关联方购进商品再销售给没有关联关系的交易方的价格，减除相同或者类似业务的销售毛利进行定价的方法是(　　)。

A. 可比非受控价格法

B. 再销售价格法

C. 成本加成法

D. 交易净利润法

15. 下列税收优惠中，不符合企业所得税法规定的是(　　)。

A. 符合条件的节能服务公司实施合同能源管理项目，自项目取得的第一笔生产经营收入所属年度起"三免三减半"

B. 企业以规定的资源作为主要原材料，生产国家非限制和禁止并符合国家和行业相关标准的产品取得的收入，减按 90%计入收入总额

C. 对内地企业投资者通过基金互认买卖香港基金份额取得的转让差价所得，免征企业所得税

D. 国家需要重点扶持的高新技术企业，减按 15%的税率征收企业所得税

16. 某外籍人员(非高管)2015 年 3 月 3 日来华，一直到 2019 年 7 月底离华，其中 2019 年 1 月去境外工作 20 天，境外支付的工资是 10000 元，境内支付的工资是 20000 元。则 2019 年 1 月该外籍人员应预扣预缴个人所得税(　　)元。

A. 556.45　　　B. 2796.11

C. 3319.56　　　D. 3285.11

17. 下列关于专项附加扣除表述错误的是(　　)。

A. 大病医疗支出只有在汇算清缴时可以扣除

B. 纳税人在扣除住房贷款利息和住房租金支出时，两者只能选择一项

C. 纳税人子女在中国境外接受教育的，在计算工资、薪金所得时，不可扣除子女教育支出

D. 同一学历(学位)继续教育的扣除期限不能超过48个月

18. 某教授2019年8月因其编著的小说出版，获得稿酬8500元，当月又在另外一个出版社出版取得稿酬3700元，该教授共应预扣预缴个人所得税( )元。

A. 952　　　　　　B. 1288

C. 1366.4　　　　D. 1358

19. 某演员一次获得扣除个税后的表演所得3000元，支付单位代扣代缴的个人所得税为( )元。

A. 500　　　　　　B. 520

C. 550　　　　　　D. 560

20. 2019年10月赵某办理了提前退休手续，距法定退休年龄还有2年，取得一次性补贴收入140000元。赵某就一次性补贴收入应缴纳的个人所得税为( )元。

A. 600　　　　　　B. 760

C. 795　　　　　　D. 1030

21. 某外籍高管2019年4月1日来华某公司担任高层管理人员，中方支付月薪8000元。在中国工作期间境外的母公司每月支付薪金折合人民币10000元。该高管人员一直工作到2019年5月31日离境，其5月应缴纳的个人所得税税额为( )元。

A. 1015　　　　　　B. 90

C. 625　　　　　　D. 725.4

22. 某企业雇员张某2019年4月与本企业解除劳动合同关系，领取经济补偿金87500元。假定当地上年度职工年平均工资为10000元，张某应缴纳的个人所得税为( )元。

A. 2150　　　　　　B. 2110

C. 3230　　　　　　D. 4320

23. 2019年中国公民李某在韩国取得偶然所得10000元，按照国税法规定缴纳了个人所得税3000元。回国后，李某应补缴个人所得税( )元。

A. 550　　　　　　B. 1000

C. 1500　　　　　　D. 0

24. 下列关于个人取得拍卖收入征收个人所得税的计算方法中正确的是( )。

A. 作者将自己的文学作品手稿原件或复印件拍卖取得的所得，按照"偶然所得"计算缴纳个人所得税

B. 拍卖受赠获得的物品，原值为该拍卖品的市场价值

C. 拍卖单位不用代扣代缴个人财产拍卖所得应纳的个人所得税

D. 拍卖通过拍卖行拍得的物品，财产原值为拍得该物品实际支付的价款及缴纳的相关税费

25. 下列选项中，不符合个人所得税纳税申报期限规定的是( )。

A. 取得劳务报酬所得的纳税人应当在次月15日内将税款缴入国库，并向税务机关报送个人所得税纳税申报表

B. 扣缴义务人每月扣缴的税款，应当在次月15日内缴入国库，并向主管税务机关报送纳税申报表

C. 分次取得承包、承租经营所得的纳税人，为每次取得收入后10日内预缴，年度终了后3个月内汇算清缴，多退少补

D. 账册健全的个体工商户的生产经营所得在取得收入次月15日内预缴，年度终了后3个月内汇算清缴

26. 赵某转让自己收藏的一幅字画，该字画经文物部门认定是海外回流文物，转让收入是20万元，但是赵某无法提供准确的财产原值凭证，赵某应缴纳的个人所得税是( )万元。

A. 4　　　　　　B. 0.6

C. 0.4　　　　　　D. 0

27. 下列关于扣缴义务人的表述错误的
是（　　）。

A. 扣缴义务人首次向纳税人支付所得
时，应当向纳税人获取纳税人识别号等
基础信息

B. 扣缴义务人对纳税人向其报告的相关
基础信息变化情况，应当于次月扣缴申
报时向税务机关报送

C. 扣缴义务人向居民个人支付工资、薪
金所得时，应当按照累计预扣法计算预
扣税款，并按月办理扣缴申报

D. 扣缴义务人应协助居民个人办理年度
综合所得汇算清缴

28. 下列选项中不属于国际反避税基本方法
的是（　　）。

A. 防止通过纳税主体国际转移

B. 利用信托转移财产

C. 转让定价调整

D. 加强税收多边合作

29. 秘密级税收情报保密期限一般为（　　）年。

A. 5　　　　　　　B. 10

C. 20　　　　　　D. 2

30. 纳税人采用按期汇总纳税方式缴纳印花
税，应事先告知主管税务机关，缴纳方
式一经选定，（　　）年内不得改变。

A. 1　　　　　　　B. 2

C. 3　　　　　　　D. 10

31. 根据印花税的相关规定，下列表述正确
的是（　　）。

A. 产权转移书据中包括专有技术使用权
转移的书据

B. 借款合同中包括银行同业拆借所签订
的借款合同

C. 技术转让合同中包括专利实施许可所
书立的合同

D. 财产租赁合同中包括企业与主管部门
签订的租赁承包经营合同

32. 下列关于印花税计税依据的表述中，符
合印花税暂行条例规定的是（　　）。

A. 对于一项信贷业务，只填开借据并作
为合同使用的，应以借据所载金额为计
税依据

B. 技术开发合同就合同所载的报酬以及
研究开发经费计税

C. 建筑安装工程承包合同的计税依据是
承包总额扣除分包或转包金额后的余额

D. 对于由受托方提供原材料的加工合
同，以全部金额依照加工承揽合同计税
贴花

33. 某企业有房产原值 1200 万元，2019 年
6 月 1 日将其中的 40% 用于对外投资，不
承担投资风险，投资期限为 3 年，当年取
得不含税固定收入 24 万元。已知当地政
府规定的扣除比例为 20%，该企业
2019 年度应缴纳的房产税为（　　）元。

A. 11520　　　　　B. 117120

C. 120960　　　　 D. 144000

34. 房地产开发企业自用、出租、出借本企
业建造的商品房，房产税纳税义务发生
时间是（　　）。

A. 房屋使用或交付之次月起

B. 房屋使用或交付之当月起

C. 建成之日的当月起

D. 建成之日的次月起

35. 根据车船税法的规定，下列关于车船税
计税依据的表述中正确的是（　　）。

A. 挂车按照货车税额的 50% 计算缴纳车
船税

B. 摩托车不征收车船税

C. 游艇的计税单位为净吨位每吨

D. 拖船、非机动驳船分别按照机动船舶
税额的 70% 计算缴纳车船税

36. 2019 年某船运公司拥有净吨位 3000 吨的
机动船 10 艘，税额为 5 元/吨；净吨位
1500 吨机动船为 6 艘，税额为 4 元/吨；
净吨位 200 吨的非机动驳船 4 艘，税额为
3 元/吨。该运输公司应缴纳车船税
（　　）元。

A. 252200　　　　B. 187200

C. 291500　　　　D. 189700

37. 某外商投资企业 2019 年接受某国有企业以房产投资入股，房产的市场价格为 50 万元，该企业还于 2019 年以自有房产与另一企业交换一处房产，支付差价款 200 万元，同年政府有关部门批准向该企业出让土地一块，该企业缴纳土地出让金 100 万元，按当地规定契税税率为 5%，上述金额不含增值税。2019 年该外商投资企业共计应缴纳的契税为（　）万元。

A. 7.5　　　　B. 12.5

C. 15　　　　D. 17.5

38. 某非公司制企业经批准整体改建为股份有限公司，承受原企业价值 600 万元的房产所有权；以债权人身份接受某破产企业价值 200 万元的房产抵偿债务，随后将此房产投资于另一企业，上述金额不含增值税。该股份有限公司上述业务应缴纳契税（　）万元（契税税率 3%）。

A. 0　　　　B. 6

C. 18　　　　D. 24

39. 某生产企业坐落在某县城，其土地使用证上记载的土地面积为 10000 平方米，其中幼儿园占地 1000 平方米、子弟学校占地 1500 平方米、厂内绿化占地 2000 平方米；2018 年 4 月征用的非耕地 1500 平方米建厂房；2019 年 5 月新征用的耕地 2000 平方米建造厂房。该企业 2019 年应缴纳城镇土地使用税（　）元（假设该企业的土地每平方米税额均为 3 元）。

A. 31500　　　　B. 27000

C. 42000　　　　D. 45000

40. 关于耕地占用税，下列说法正确的是（　）。

A. 耕地占用税兼具资源税与特定行为税的性质

B. 占用农用土地建造住宅，不需要缴纳耕地占用税

C. 纳税人在批准临时占用耕地期满之日起一年内依法复垦，恢复种植条件的，

已缴纳的耕地占用税不再退还

D. 耕地占用税的适用税额可以适当提高，但最多不得超过规定税额的 30%

二、多项选择题（共 20 题，每题 2 分。每题的备选项中，有 2 个或 2 个以上符合题意，至少有 1 个错项。错选，本题不得分；少选，所选的每个选项得 0.5 分。）

41. 下列税收优惠中，符合企业所得税法规定的有（　）。

A. 符合条件的节能服务公司实施合同能源管理项目，自项目取得的第一笔生产经营收入所属年度起"三免三减半"

B. 2018 年 1 月 1 日后，高新技术企业的亏损可以结转 10 年进行扣除

C. 企业在 2018 年 1 月 1 日至 2020 年 12 月 31 日新购进的设备、器具，单位价值不超过 500 万元的，允许一次性计入当期成本费用扣除

D. 跨境电子商务综合试验区内实行核定征收的跨境电商企业符合小型微利企业优惠政策条件的，不可以享受小型微利企业所得税优惠政策

E. 经认定的技术先进型服务企业，减按 20% 的税率征收企业所得税

42. 依据企业所得税的相关规定，下列各项中不能扣除的有（　）。

A. 与本企业生产经营无关的担保支出

B. 非公益、救济性捐赠

C. 开发无形资产未形成资产的部分

D. 税收滞纳金、罚款、罚金

E. 自然灾害损失有赔偿的部分

43. 企业取得下列各项所得，可以免征企业所得税的有（　）。

A. 对外购茶叶进行筛选、分装后销售

B. 铁路债券的利息收入

C. 企业购入农产品进行育秧等再种植

D. 农作物新品种的选育所得

E. 远洋捕捞

44. 企业与其关联方签署成本分摊协议，其自行分摊的成本不得税前扣除的情形

有（　　）。

A. 不具有合理商业目的和经济实质

B. 不符合独立交易原则

C. 没有遵循成本与收益配比原则

D. 未按有关规定备案或保存和提供有关成本分摊协议的同期资料

E. 自签署成本分摊协议之日起经营期限大于20年

45. 根据企业所得税相关规定，适用特殊性税务处理的企业重组，应同时符合的条件有（　　）。

A. 具有合理的商业目的，且不以减少、免除或者推迟缴纳税款为主要目的

B. 被收购、合并或分立部分的资产或股权比例符合重组相关规定的比例

C. 企业重组后的连续12个月内不改变重组资产原来的实质性经营活动

D. 重组交易对价中涉及股权支付金额符合重组相关规定比例

E. 企业重组中取得股权支付的原主要股东，在重组后连续10个月内，不得转让所取得的股权

46. 下列关于跨地区经营汇总纳税企业所得税管理的表述中，正确的有（　　）。

A. 总机构和具有主体生产经营职能的三级分支机构就地预缴企业所得税

B. 三级及三级以下分支机构，其营业收入、职工薪酬和资产总额统一并入二级分支机构计算

C. 上年度认定为小型微利企业，其二级分支机构不就地预缴企业所得税

D. 新设立的二级分支机构，设立当年不就地分摊缴纳企业所得税

E. 当年撤销的二级分支机构，自办理注销税务登记之日所属企业所得税预缴期间起，不就地分摊缴纳企业所得税

47. 下列关于转让限售股个人所得税政策的表述中，正确的有（　　）。

A. 个人转让限售股，以每次限售股转让收入，减除股票原值和合理税费后的余

额，为应纳税所得额

B. 不能准确计算限售股原值的，一律按收入全额纳税

C. 限售股在解禁前多次转让的，转让方每一次转让所得均应按规定缴纳个人所得税

D. 个人通过证券交易所集中交易系统或大宗交易系统转让限售股免征个人所得税

E. 个人转让境内上市公司公开发行的股票继续免征个人所得税

48. 下列所得应按工资、薪金所得项目纳税的有（　　）。

A. 个人因公务用车制度改革而取得的公务用车补贴收入

B. 非在公司任职的个人担任董事职务取得的董事费收入

C. 城镇事业单位和职工个人缴纳失业保险费未超过规定比例的部分

D. 出租汽车经营单位对本单位出租车驾驶员采用单车承包或承租方式运营，出租车驾驶员从事客货营运取得的收入

E. 个人取得的彩票奖金

49. 下列关于个人独资企业和合伙企业投资者计算缴纳个人所得税的表述，正确的有（　　）。

A. 投资者兴办两个或两个以上企业的，年度终了时，应汇总从所有企业取得应纳税所得额，据此确定适用税率并计算缴纳个人所得税

B. 投资者应纳的个人所得税税款，按年计算，分月或分季预缴，年度终了后5个月内汇算清缴，多退少补

C. 企业生产经营和投资者家庭生活共用的固定资产，难以划分的，不得计提折旧在税前扣除

D. 投资者及其家庭发生的生活费不允许在税前扣除

E. 投资者兴办两个或两个以上企业的，企业的年度亏损可以跨企业弥补

50. 下列所得按照"稿酬所得"计算个人所得税的有（　　）。

A. 出版社的专业作者翻译的作品在本社以图书形式出版而取得的稿费收入

B. 某学校老师在任职学校的校报上发表作品取得的稿费收入

C. 光明杂志社的记者在自己报社发表作品取得的所得

D. 《财会学习》杂志的编辑在该杂志上发表文章取得的所得

E. 某大学教授在某国家级刊物上发表作品取得的所得

51. 下列关于个人所得税的表述中正确的有（　　）。

A. 个人捐赠住房作为公共租赁住房，对其公益性捐赠支出可以全额税前扣除

B. 个人从公开发行和转让市场取得的上市公司股票，持股期限超过1年的，股息红利所得暂免征收个人所得税

C. 单位发给个人用于预防新型冠状病毒感染的肺炎的药品

D. 内地个人投资者通过沪港通投资香港联交所上市的非H股取得的股息红利，由中国结算按照20%的税率代扣代缴个人所得税

E. 个人取得工资、薪金所得，在计算个人所得税时，允许扣除专项扣除及专项附加扣除

52. 下列关于住房租金专项附加扣除的表述正确的有（　　）。

A. 直辖市、省会（首府）城市、计划单列市以及国务院确定的其他城市，扣除标准为每月1500元

B. 市辖区户籍人口超过100万的城市，扣除标准为每月1100元

C. 市辖区户籍人口不超过100万的城市，扣除标准为每月800元

D. 夫妻双方主要工作城市相同的，经夫妻双方约定，可以选择由其中一方扣除；也可以选择由双方分别按扣除标准的

50%扣除，具体扣除方式在一个纳税年度内不能变更

E. 纳税人及其配偶在一个纳税年度内不能同时分别享受住房贷款利息和住房租金专项附加扣除

53. 个人下列公益捐赠支出准予在个人所得税前全额扣除的有（　　）。

A. 对教育事业的捐赠

B. 直接对公立医院的捐赠

C. 向地震灾区的捐赠

D. 对公益性青少年活动场所的捐赠

E. 单位发给个人用于预防新型冠状病毒感染的肺炎的现金

54. 下列关于受益所有人认定的表述，正确的有（　　）。

A. 受益所有人是指对所得或所得据以产生的权利或财产具有所有权和支配权的人

B. 判定需要享受税收协定待遇的缔约对方居民"受益所有人"身份时，应根据规定因素，结合具体案例的实际情况进行综合分析

C. 在申请享受我国对外签署的税收协定中对股息和利息等条款的税收待遇时，缔约国居民需要向税务机关提供资料，从而进行受益所有人的认定

D. 缔约对方国家对有关所得不征税或免税的情况下，不影响对"受益所有人"身份的判定

E. 代理人或指定收款人等不属于"受益所有人"

55. 甲公司于2019年8月与乙公司签订了以货易货合同，以共计750000元的钢材换取650000元的水泥，甲公司另取得差价100000元。下列各项中表述正确的有（　　）。（合同所载金额均为不含增值税的金额）

A. 甲公司针对差价计税贴花

B. 甲公司8月应缴纳的印花税为420元

C. 乙公司根据上述业务应缴纳的印花税

为 430 元

D. 甲公司应向当地税务机构申请填写缴款书或完税凭证

E. 甲和乙的应纳印花税额相等

56. 下列合同中，可免征印花税的有（ ）。

A. 饮水工程建筑承包合同

B. 出售标准住宅签订的购销合同

C. 企业因改制签订的产权转移合同

D. 房产管理部门与个人签订的用于生活居住的租房合同

E. 外国政府或国际金融组织向我国企业提供的优惠贷款所书立的合同

57. 下列关于房产税的相关表述，正确的有（ ）。

A. 出租地下建筑，按租金的 50% 计算房产税

B. 纳税人未用于出租的应税房产暂不征收房产税

C. 大修停用三个月的房产，在停用期间免征房产税

D. 房屋原值包括与房屋不可分割的各种附属设备或一般不单独计算价值的配套设施

E. 房产不在同一地方的纳税人，房产税应按房产坐落地点分别向房产所在地的税务机关纳税

58. 下列关于车船税的表述正确的有（ ）。

A. 依法不需要在车船管理部门登记的车辆不属于车船税的征税范围

B. 游艇按照艇身长度每米作为计税单位

C. 车船税属于财产税

D. 已纳车船税的车船在同一纳税年度内办理转让过户的，不另纳税，也不退税

E. 车船税的纳税义务发生时间为取得车船所有权或管理权的当月

59. 下列各项中，免征或不征契税的有（ ）。

A. 城镇职工按规定第一次购买公有住房

B. 受赠人接受他人赠与的房屋

C. 房屋交换的个人

D. 公租房经营管理单位购买住房作为公租房

E. 承受国有土地使用权减免的土地出让金

60. 下列关于耕地占用税的说法，正确的有（ ）。

A. 建设直接为农业生产服务的生产设施占用规定的农用地的，不征收耕地占用税

B. 占用草地也视为耕地

C. 耕地占用税属于地方政府收入

D. 耕地占用税按年征收

E. 耕地占用税以纳税人实际占用的应税土地面积为计税依据

三、计算题（共 8 题，每题 2 分。每题的备选项中，只有一个最符合题意。）

（一）

某建筑公司兼营运输业务，2019 年发生的业务如下：

(1) 与甲建筑公司签订一项建筑承包合同，金额 3500 万元，又将该工程的一部分分包给乙建筑公司签订合同，分包金额 1000 万元。

(2) 3 月 31 日，与丙企业签订一协议，公司承租丙企业设备 1 台，每月租赁费 10 万元，暂不确定租赁期限；与丁公司发生融资租赁业务，租赁丁公司的一个大型机械，合同注明租赁费总金额是 300 万元。

(3) 与美国一家企业签订 1 份设备进口合同，合同注明价款 100.24 万元。

(4) 与国内某客户签订货物运输合同，合同载明货物价值 100 万元，运费 20 万元（含装卸费 3 万元，货物保险费 2 万元）。

（注：合同所载金额均为不含增值税的金额。）

要求：根据上述资料，回答下列问题。

61. 建筑承包合同应缴纳的印花税是（ ）元。

A. 13500　　　　B. 11500

C. 10500　　　　D. 17500

62. 业务（2）应缴纳的印花税是（ ）元。

A. 205 B. 125
C. 225 D. 155

63. 进口设备应缴纳的印花税是( )元。
   A. 100.5 B. 400.6
   C. 268.4 D. 300.7

64. 运输合同应缴纳的印花税是( )元。
   A. 100 B. 75
   C. 86 D. 64

(二)

2019年，位于北京市的甲公司进行了相应的并购重组，相关业务如下：

(1)4月，甲公司吸收合并了位于北京市的乙公司，从乙公司承继价值1000万元、占地面积9000平方米的厂房，乙公司注销，合并后原投资主体存续。

(2)4月，丙公司申请破产，通过协商，甲公司承受丙公司在北京市的价值800万元、占地面积为6000平方米的厂房，甲公司当月以银行存款结清，甲公司不属于丙公司的债权人，没有安置丙公司的职工。

(3)6月，甲公司在北京市购买一个占地24000平方米的停车场，合同总价款为2000万元，合同约定分三期付款，当年付款800万元。

(4)10月，甲公司为了在天津市建立生产基地，购买了价值4000万元、占地面积18000平方米的厂房；采用征用方式购买了当地一块耕地15000平方米（其中3000平方米，经依法申请获得批准建设医院和中学学校）支付价款1000万元。

(注：北京市城镇土地使用税年税额8元/平方米，天津市城镇土地使用税年税额4元/平方米，天津市耕地占用税40元/平方米，契税税率均为3%。)

要求：根据以上资料，回答下列问题。

65. 2019年甲公司承受乙公司和丙公司房地产应缴纳契税( )万元。
   A. 0 B. 15
   C. 24 D. 54

66. 2019年甲公司共计应缴纳契税( )万元。
   A. 251 B. 234
   C. 278 D. 264

67. 2019年甲公司应缴纳城镇土地使用税( )万元。
   A. 19.7 B. 22.44
   C. 23.91 D. 18.8

68. 2019年甲公司购买耕地应缴纳耕地占用税( )万元。
   A. 27 B. 38.52
   C. 48 D. 54

四、综合分析题(共12题，每题2分。由单选和多选组成，错选，本题不得分；少选，所选的每个选项得0.5分。)

(一)

某白酒酿造公司，2019年度实现白酒不含税销售收入7400万元、投资收益180万元，成本、费用及税金等共计7330万元，营业外支出80万元，全年实现会计利润170万元，已按25%的企业所得税税率缴纳了企业所得税42.5万元。后经聘请的会计师事务所审核，发现以下问题，公司据此按税法规定予以补税。

(1)管理费用中列支的业务招待费为80万元；销售费用中列支当年发生的广告支出480万元。该企业以前年度尚未扣除的广告费为65万元。

(2)"投资收益"账户记载的180万元分别为：①取得境内从被投资企业的撤回投资，分配支付额超过投资成本部分的金额116万元（其中含累计未分配利润和累计盈余86万元）；②取得境外分支机构税后收益49万元，已在国外缴纳了15%的企业所得税；③取得国债利息收入为15万元。

(3)2019年4月20日购进一台机械设备，购入成本90万元，当月投入使用。按税法规定该设备按直线法折旧，期限为10年，残值率5%，企业将设备购入成本一次性在税前作了扣除。

(4)12月10日接受某单位捐赠小汽车一辆，取得增值税普通发票，注明价税合计金额58.5万元，企业未列入会计核算。

(5)"营业外支出"账户中列支的通过非营利社会团体向贫困山区捐款80万元，已全额扣除。

要求：根据上述资料，回答问题，如有计算，需计算出合计数。

69. 业务(1)应调整的应纳税所得额为( )万元。

A. －22   B. 43

C. 65   D. 0

70. 境外所得在我国应补的企业所得税为( )万元。

A. 2.89   B. 4.9

C. 5.76   D. 2.45

71. 业务(3)应调整的应纳税所得额为( )万元。

A. 84.3   B. 83.59

C. 80   D. 69

72. 业务(4)应调整的应纳税所得额为( )万元。

A. 50   B. 58.5

C. 0   D. 41.5

73. 业务(5)应调整的应纳税所得额为( )万元。

A. 59.6   B. 42.46

C. 37.54   D. 46

74. 该公司应补缴的企业所得税为( )万元。

A. 9.21   B. 8.98

C. 9.08   D. 8.88

（二）

A和B均为甲公司员工，其中A为居民个人，B为非居民个人。2019年A、B收入情况如下：

(1)员工A每月工资9000元，每月个人承担的社会保险为1000元。

(2)2019年4月，员工A的女儿刚满三周岁，但未上幼儿园。

(3)员工A没有房产，于2019年5月在其工作所在地签订房屋租赁合同(协议)，约定的房屋租赁期从当月开始，共24个月。员工A工作所在地是市辖区户籍人口不超过100万的城市，不属于直辖市、省会(首府)城市、计划单列市以及国务院确定的其他城市。

(4)6月员工A从乙公司取得一笔特许权使用费，金额为10000元，且已在乙公司预扣预缴个人所得税。

(5)6月员工B从乙公司取得一笔特许权使用费，金额为60000元，且已经被代扣代缴个人所得税。

(注：资料中涉及的专项附加扣除均由A自行扣除，不涉及和其他人员分摊。)

根据上述资料，回答下列问题：

75. 2019年3月，甲公司应预扣预缴员工A的工资、薪金个人所得税是( )元。

A. 0   B. 40

C. 90   D. 100

76. 2019年4月，甲公司应预扣预缴员工A的工资、薪金个人所得税是( )元。

A. 0   B. 30

C. 50   D. 60

77. 2019年5月，甲公司应预扣预缴员工A的工资、薪金个人所得税是( )元。

A. 0   B. 36

C. 48   D. 72

78. 2019年6月，针对员工A获取的特许权使用费，乙公司应预扣预缴个人所得税是( )元。

A. 3210   B. 3160

C. 2300   D. 1600

79. 员工A2019年综合所得汇算清缴应补退税额是( )元。

A. －1360   B. －1310

C. 40   D. 0

80. 2019年6月，员工B获取特许权使用费应纳个人所得税是( )元。

A. 10000   B. 9990

C. 8170   D. 3400

模拟试卷（一）参考答案及详细解析

一、单项选择题

1. D 【解析】选项 A，企业转让股权收入，应于转让协议生效且完成股权变更手续时，确认收入的实现；选项 B，被投资企业将股权（票）溢价所形成的资本公积转为股本的，不作为投资方企业的股息、红利收入，投资方企业也不得增加该项长期投资的计税基础；选项 C，如果交易合同或协议中规定租赁期限跨年度，且租金提前一次性支付的，根据《企业所得税法实施条例》第 9 条规定的收入与费用配比原则，出租人可对已确认的收入，在租赁期内，分期均匀计入相关年度收入。

2. D 【解析】会计利润 = 6000 + 100 − 5000 − 750 − 80 = 270（万元）；公益性捐赠扣除限额 = 270 × 12% = 32.4（万元），税前准予扣除的捐赠支出是 32.4 万元；应纳企业所得税 = (270 + 60 − 32.4 − 20) × 25% = 69.4（万元）。

3. C 【解析】福利费扣除限额 = 500 × 14% = 70（万元），实际发生 72 万元，准予扣除 70 万元，纳税调增 2 万元。工会经费扣除限额 = 500 × 2% = 10（万元），实际发生 14 万元，准予扣除 10 万元，纳税调增 4 万元。企业发生的职工教育经费支出，不超过工资薪金总额 8% 的部分，准予在计算应纳税所得额时扣除。职工教育经费扣除限额 = 500 × 8% = 40（万元），实际发生 10.5 万元，可以据实扣除。应调增的应纳税所得额 = 2 + 4 = 6（万元）。

4. B 【解析】佣金支出税前扣除限额 = (60000 + 5000 − 3560) × 18% = 11059.2（万元）；实际发生额 12000 万元，超过扣除标准，按规定税前扣除为 11059.2 万元。

5. D 【解析】企业固定资产因管理不善发生被盗损失属于非正常损失，该资产在购进时如果抵扣过进项税额的话，那么在确认损失时需要做进项税额转出。

6. A 【解析】销售（营业）收入 = 1000 + 300 = 1300（万元）。扣除限额 = 1300 × 0.5% = 6.5（万元）< 15 × 60% = 9（万元），所以税前允许扣除 6.5 万元。业务招待费纳税调增 = 15 − 6.5 = 8.5（万元）。应纳企业所得税 = (1000 + 300 + 100 − 700 + 8.5) × 25% = 177.13（万元）。

7. A 【解析】从被投资企业分回利润属于免税收益。技术转让所得，500 万元以内的免税，超过 500 万元的，减半征收所得税。应纳税额 = [6000 − 4800 + (800 − 200 − 500) ÷ 2] × 25% = 312.5（万元）。

8. A 【解析】可由合并企业弥补的被合并企业亏损的限额 = 被合并企业净资产公允价值 × 截至合并业务发生当年年末国家发行的最长期限的国债利率 = 1000 × 7% = 70（万元）。

9. D 【解析】清算所得 = 7120 − 6000 + (5000 − 4300) − 150 − 50 − 200 = 1420（万元）。应交所得税 = 1420 × 25% = 355（万元）。

10. C 【解析】选项 A，企业未使用的房屋和建筑物，可以计提折旧；选项 B，经营租赁方式租入的固定资产不得计提折旧；选项 C，企业盘盈的固定资产，应当以重置成本作为计税基础；选项 D，企业自行建造的固定资产，以竣工结算前发生的支出为计税基础。

11. D 【解析】选项 A，企业因国家无偿收回土地使用权而形成的损失，可作为财产损失按照有关规定在税前扣除；选项 B，企业将已计入销售收入的共用部位、共用设施设备维修基金按规定移交给有关部门、单位的，应于移交时扣除；选项 C，企业对尚未出售的已完工开发产品和按照有关法律、法规或合同规定对已售开发产品(包括共用部位、共用设施设备)进行日常维护、保养、修理等实际发生的维修费用，准予在当期据实扣除。

12. B 【解析】第一个标准：债权性投资：权益性投资 = 2∶1，则债权性投资 = 权益性投资×2 = 400×2 = 800(元)(属于税法规定的合理借款的最高金额)。

第二个标准：利息费用不得超过同期同类银行贷款年利率计算的数额。

可以扣除的利息费用 = 800×6% = 48(万元)。

13. D 【解析】子公司申报税前扣除向母公司支付的服务费用，不能提供相关材料的，支付的服务费用不得税前扣除。

14. B 【解析】关联交易主要包括：(1)有形资产使用权或者所有权的转让；(2)金融资产的转让；(3)无形资产使用权或者所有权的转让；(4)资金融通；(5)劳务交易。

15. C 【解析】选项 A，代表机构的核定利润率不应低于 15%；选项 B，代表机构应该在季度终了之日起 15 日内向主管税务机构据实申报缴纳企业所得税；选项 D，采用经费支出方式核定所得额时，购进的汽车办公设备等固定资产作为经费支出处理。

16. D 【解析】下列所得，不论支付地点是否在中国境内，均为来源于中国境内的所得：

(1)因任职、受雇、履约等在中国境内提供劳务取得的所得；

(2)将财产出租给承租人在中国境内使用而取得的所得；

(3)许可各种特许权在中国境内使用而取得的所得；

(4)转让中国境内的不动产等财产或者在

中国境内转让其他财产取得的所得；

(5)从中国境内企业、事业单位、其他组织以及居民个人取得的利息、股息、红利所得。

17. D 【解析】建筑公司应预扣预缴王某的个人所得税 = 85000×(1-20%)×40% - 7000 = 20200(元)。

18. A 【解析】当月工资应缴纳个人所得税 = (5500-5000)×3%-0 = 15(元)。

股票期权行权所得缴纳个人所得税 = 10000×(11-8)×3%-0 = 900(元)。

共应缴纳个人所得税 = 15+900 = 915(元)。

19. B 【解析】纳税人为非独生子女的，由其与兄弟姐妹分摊每月 2000 元的扣除额度，每人分摊的额度不能超过每月 1000 元。

20. C 【解析】父母可以选择由其中一方按扣除标准 100% 扣除，也可以选择由双方分别按扣除标准的 50% 扣除，具体扣除方式在一个纳税年度内不能变更。

21. D 【解析】经营所得采取核定征收方式的，不扣除公益捐赠支出。

22. C 【解析】选项 A，房屋产权所有人将房屋产权无偿赠与兄弟姐妹不征收个人所得税；选项 B，企业年金的企业缴费部分，暂不计入个人当月工资薪金所得计税；选项 D，对个人转让全国中小企业股份转让系统挂牌公司非原始取得的所得，暂免征收个人所得税。

23. B 【解析】业务招待费扣除限额 = 10000000×5‰ = 50000(元) < 100000×60% = 60000(元)，税前准予扣除 50000 元；广告费和业务宣传费用扣除限额 = 10000000×15% = 1500000(元)，实际发生 150000+80000 = 230000(元)，税前准予扣除 230000 元。

该个人独资企业 2019 年所得额 = 10000000 - 7600000 - 1500000 + 100000 - 50000+24000-5000×12 = 914000(元)。

该个人独资企业 2019 年应缴纳个人所得税 = 914000×35%-65500 = 254400(元)

24. A 【解析】选项 B，个人因专利权被侵害获得的经济赔偿所得，按"特许权使用费所得"征收个人所得税；选项C，除个人独资企业、合伙企业以外的其他企业的个人投资者以企业资金为本人购买的汽车，按"利息、股息、红利所得"征收个人所得税；选项D，出租汽车经营单位对出租车驾驶员采取单车承包或承租方式运营，出租车驾驶员从事客货营运取得的所得，按"工资、薪金所得"征税。

25. B 【解析】拍卖收入按特许权使用费所得征税。应缴纳个人所得税=[（20000+20000）×（1-20%）×70%+100000×（1-20%）-60000]×10%-2520=1720（元）。

26. A 【解析】个人所得税应纳税所得额=24-70×[30÷（20+30+50）]=3（万元），应缴纳个人所得税税额=3×20%=0.6（万元）。

27. A 【解析】非专门从事国际运输业务的企业，以其拥有的船舶经营国际运输业务取得的收入属于国际运输收入。

28. A 【解析】税收情报交换是我国作为税收协定缔约国承担的一项国际义务，也是我国与其他国家（地区）税务主管当局之间进行国际税收征管合作以及保护我国合法税收权益的重要方式。

29. B 【解析】选项A、D，免征印花税；选项C，法律、会计、审计等方面的咨询合同不贴花。

30. C 【解析】应纳印花税=28×0.05%×10000=140（元）。

31. D 【解析】印花税相关法规明确规定：借款合同中的银行同业拆借所签的借款合同，企业与主管部门签订的租赁承包经营合同，技术服务合同中的会计、税务、法律咨询合同不属于印花税规定的列举征税范围。

32. D 【解析】对以房产投资，参与利润分红，共担风险的，被投资方以房产余值计算缴纳房产税；企业按政府规定价格出租的单位自有住房给职工居住，暂免征收房产税。该企业2019年度应缴纳房

产税=1000×60%×（1-20%）×1.2%+1000×10%×（1-20%）×1.2%×8÷12+1000×30%×（1-20%）×1.2%×6÷12=7.84（万元）=78400（元）。

33. A 【解析】税法规定，企业办的各类学校、医院、托儿所、幼儿园自用的房产，免征房产税。应缴纳的房产税=（9000-300-800）×（1-25%）×1.2%=71.1（万元）。

34. B 【解析】客车以辆为计税标准；船舶（包括拖船）以净吨位为计税标准。

35. A 【解析】（1）拖拉机不缴纳车船税；（2）卡车应纳税额=6×60×20=7200（元）；（3）挂车按照货车税额的50%计算，应纳税额=4.5×60×6×50%=810（元）；（4）客车应纳税额=10×500=5000（元）。应纳车船税=7200+810+5000=13010（元）。

36. B 【解析】公共租赁住房经营管理单位购买住房作为公共租赁住房，免征契税。应缴纳契税=5000×4%=200（万元）。

37. A 【解析】采取分期付款方式购买房屋附属设施土地使用权、房屋所有权的，应按合同规定的总价款计征契税，买卖装修的房屋，装修费用应包括在内；对个人购买家庭唯一住房，面积为90平方米及以下的，减按1%税率征收契税。张某应缴纳契税=（70+8）×1%=0.78（万元）。

38. A 【解析】房地产开发公司建造商品房的用地，除经批准开发建设经济适用房的用地外，对各类房地产开发用地一律不得减免城镇土地使用税。

39. A 【解析】选项B，非机动驳船按相同净吨位船舶税率的50%计征税款；选项C，应税船舶因不可抗力在未设立海关地点停泊的享受延期优惠；选项D，应纳税额在人民币50元以下的船舶免征船舶吨税。

40. D 【解析】占用林地、牧草地、农田水利用地、养殖水面以及渔业水域滩涂等其他农用地建房或者从事非农业建设的，按规定征收耕地占用税。铁路线路、公

路线路、飞机场跑道、停机坪、港口、航道、水利工程占用耕地，减按每平方米2元的税额征收耕地占用税。应缴纳耕地占用税=3×15+4×2=53（万元）。

二、多项选择题

41. ABCD 【解析】采取产品分成方式取得收入的，按照企业分得产品的日期确认收入的实现，其收入额按照产品的公允价值确定。

42. ABDE 【解析】居民企业能正确核算成本费用总额，但不能正确核算收入总额的，核定其应税所得率。

43. ABC 【解析】选项D，预约定价安排的谈签不影响税务机关对企业不适用预约定价安排的年度及关联交易的特别纳税调查调整和监控管理；选项E，预备会谈期间企业应当就企业最近3~5个年度生产经营情况、同期资料等做出简要说明。

44. ACD 【解析】房屋、建筑物以及融资租赁方式租入的固定资产可以计提折旧。

45. ACD 【解析】选项B，销售货物所得，按照交易活动发生地确定；选项E，不动产转让所得，按照不动产所在地确定。

46. BCDE 【解析】税务机关实施特别纳税调查，应当重点关注具有以下风险特征的企业：
(1)关联交易金额较大或者类型较多。
(2)存在长期亏损、微利或者跳跃性盈利。
(3)低于同行业利润水平。
(4)利润水平与其所承担的功能风险不相匹配，或者分享的收益与分摊的成本不相配比。
(5)与低税国家（地区）关联方发生关联交易。
(6)未按照规定进行关联申报或者准备同期资料。
(7)从其关联方接受的债权性投资与权益性投资的比例超过规定标准。
(8)由居民企业，或者由居民企业和中国居民控制的设立在实际税负低于12.5%的国家（地区）的企业，并非由于合理的经营需要而对利润不作分配或者减少分配。
(9)实施其他不具有合理商业目的的税收筹划或者安排。

47. ABDE 【解析】符合条件的技术转让所得可以免征或减征企业所得税。未超过500万元所得的部分，免税；超过500万元的所得部分，减半征收。

48. BCD 【解析】选项A，企业在汇总计算缴纳企业所得税时，其境外营业机构的亏损不得抵减境内营业机构的盈利；选项E，某重点扶持的高新技术企业在2019年发生的亏损，可以在次年逐年延续弥补，但最长不得超过10年。

49. CD 【解析】综合所得包含工资薪金所得、劳务报酬所得、稿酬所得、特许权使用费所得。

50. BC 【解析】选项A为经营所得；选项D为稿酬所得；选项E为特许权使用费所得。

51. BCD 【解析】选项A、E，应作为工资薪金所得征收个人所得税。

52. CE 【解析】选项A，应该免征个人所得税；选项B，企业其他人员向企业借款用于购买房屋及其他财产，将所有权登记为企业其他人员，且借款年度终了后未归还借款的，按"工资、薪金所得"计征个人所得税；选项D，企业年金的个人缴费的部分，在个人当月工资、薪金计算个人所得税时按一定的标准扣除。

53. ABCE 【解析】住房贷款利息支出扣除计算时间为贷款合同约定开始还款的当月至贷款全部归还或贷款合同终止的当月，扣除期限最长不得超过240个月。

54. ABDE 【解析】跨国公司集团可以通过内部转让价格处理关联交易，将费用和成本从低税区转移到高税区，将利润从高税区转移至低税区，以减轻整个集团在全球负担的所得税。

55. ABE 【解析】国家指定的收购单位与村民委员会签订的农业产品收购合同免税，不能扩大至所有的纳税人，选项C不符合规定；纳税人一份合同应纳税额超过500元，可以申请填写缴款书或完税凭证，选项D不符合规定。

56. ABCE 【解析】选项D，需要征收房产税。

57. ABDE 【解析】净吨位不超过1吨的船舶，据实计算缴纳车船税。

58. AC 【解析】选项B，土地使用者转让、抵押或置换土地，无论其是否取得了该土地的使用权属证书，无论其在转让、抵押或置换土地过程中是否与对方当事人办理了土地使用权属证书变更登记手续，只要土地使用者享有占有、使用、收益或处分该土地的权利，且有合同等证据表明其实质转让、抵押或置换了土地并取得了相应的经济利益，土地使用者及其对方当事人应当依照税法规定缴纳契税；选项D，土地、房屋被县级以上人民政府征用、占用后，重新承受土地、房屋权属的，由省级人民政府确定是否减免契税；选项E，个人购买普通住房不能免征契税。

59. BCDE 【解析】选项A，水电站的发电厂房用地(包括坝内、坝外式厂房)，生产、办公、生活用地，应征收城镇土地使用税。

60. CE 【解析】选项A，吨税执照在期满前毁损或者遗失的，应当向原发照海关书面申请核发吨税执照副本，不再补税；选项B，海关发现少征或者漏征税款的，应当自应税船舶应当缴纳税款之日起1年内，补征税款；选项D，应税船舶在吨税执照期限内，因修理导致净吨位变化的，吨税执照继续有效。

三、计算题

(一)

61. C 【解析】采用以货换货方式进行商品交易签订的合同，是反映既购又销双重

经济行为的合同，应按合同所载的购销金额合计数计税贴花。与甲企业签订换货合同应纳印花税 = (1200 + 1200) × 10000×0.3‰=7200(元)。

62. B 【解析】对于由委托方提供主要材料或原料，受托方只提供辅助材料的加工合同，无论加工费和辅助材料金额是否分别记载，均以辅助材料与加工费的合计数，依照"加工承揽合同"计算应纳的印花税。应纳印花税 = (20+30) ×0.5‰× 10000 = 250(元)。

63. B 【解析】对借款人以财产作抵押，从贷款方取得一定数量抵押贷款的合同，应按借款合同贴花；在借款人因无力偿还借款而将财产转移给贷款方的，应再就双方书立的产权书据，按产权转移书据的有关规定计税贴花。与银行签订抵押借款合同应纳印花税 = 500×10000× 0.05‰=250(元)。

64. A 【解析】由于与丁企业签订财产租赁合同，租期未定，因此先按定额5元贴花，以后结算时再按实际金额计税，补贴印花。

(二)

65. B 【解析】应缴纳房产税 = [100×50%× (1−20%)×1.2% + 200×70%×(1−20%)× 1.2%×3÷12]×10000 = 8160(元)。

66. C 【解析】应缴纳房产税 = [(2600 − 300)×(1−20%)×1.2% + 300×(1−20%)× 1.2%×6÷12 + 12×12%]×10000 = 249600 (元)。

67. D 【解析】应缴纳印花税 = 100×0.3‰× 10000+30×0.5‰×10000+20000×0.5‰× 2000×1‰=462(元)。

68. B 【解析】应缴纳印花税 = 24×3×1‰× 10000+200×0.5‰×10000 = 1720(元)。

四、综合分析题

(一)

69. C 【解析】电子产品业务应缴纳增值税 =7000×13%−416−6.5=487.5(万元)。

出租房屋应缴纳增值税＝200×9%＝18（万元）。

应缴纳城市维护建设税和教育费附加合计＝（487.5＋18）×（7%＋3%）＝50.55（万元）。

增值税、城市维护建设税、教育费附加共计＝487.5＋18＋50.55＝556.05（万元）。

70. D 【解析】会计利润＝7000＋200－4150－1400－600－50.55－300＝699.45（万元）。

71. CDE 【解析】广告费扣除限额＝7200×15%＝1080（万元），实际发生额为1100万元，按限额扣除，不能据实扣除；业务招待费扣除限额＝7200×0.5%＝36（万元），实际发生额的60%＝75×60%＝45（万元），按限额36万元扣除，不能据实扣除。

72. C 【解析】工会经费扣除限额＝400×2%＝8（万元），实际发生额为9万元，需要调整1万元；职工福利费扣除限额＝400×14%＝56（万元），实际发生额为70万元，需要调整14万元；职工教育经费扣除限额＝400×8%＝32（万元），实际发生额为13万元，不需要调整。合计调整15万元。

73. D 【解析】应纳税所得额＝699.45＋（1100－1080）＋（75－36）＋15－320×75%＝533.45（万元）。

74. C 【解析】应缴纳企业所得税＝533.45×15%－50×10%＝75.02（万元）。

（二）

75. A 【解析】年终双薪，可以与全年一次性奖金合并按全年一次性奖金政策规定计算个人所得税。应缴纳个人所得税＝（12000×12－60000）×10%－2520＋（56000＋12000）×10%－210＝12470（元）。

76. C 【解析】应预扣预缴税额＝8000×（1－20%）×20%＝1280（元）。

77. C 【解析】对外捐赠的限额＝20000×30%＝6000（元），实际捐赠10000元大于捐赠限额，所以税前允许扣除的捐赠是

6000元。应缴纳的个人所得税＝（20000－6000）×20%＝2800（元）。

78. D 【解析】应缴纳的个人所得税＝（780000－500000－120000）×20%＝32000（元）。

79. C 【解析】个人取得教育储蓄存款利息免征个人所得税，个人取得上市公司股息红利所得，持股期限刚好满1年，减按50%计算缴纳个人所得税。应缴纳个人所得税＝2000×20%×50%＋5000×20%＝1200（元）。

80. D 【解析】个人出租住房，减按10%的税率征收个人所得税。允许扣除的修缮费用，以每次800元为限，一次扣除不完的，准予在下一次继续扣除，直到扣完为止。

张先生11月份房屋租金应缴纳个人所得税＝（6800－800）×（1－20%）×10%＝480（元）。

模拟试卷（二）
参考答案及详细解析

一、单项选择题

1. C 【解析】企业接收股东划入资产（包括股东赠与资产、上市公司在股权分置改革过程中接收原非流通股股东和新非流通股股东赠与的资产、股东放弃本企业的股权），凡合同、协议约定作为资本金（包括资本公积）且在会计上已做实际处理的，不计入企业的收入总额，企业应按公允价值确定该项资产的计税基础。

2. D 【解析】公益性捐赠扣除限额＝（1000＋300＋50－1200）×12%＝18（万元），实际发生25万元，当年准予扣除18万元。
应纳税额＝（1000＋300＋50－1200＋25－18）×25%＝39.25（万元）。

3. A 【解析】从事代理服务，主营业务收入为手续费、佣金的企业（如证券、期货、

保险等企业），为其取得该类收入而实际发生的营业成本（包括手续费及佣金支出），准予在企业所得税税前据实扣除。所以该企业支付的成本费用中包括的手续费1000万元是可以据实扣除的。

利润总额＝1000＋1200＋200－1500－200＝700（万元），捐赠扣除限额＝700×12％＝84（万元），捐赠200万元超过了限额规定，当年调整应纳税所得额116万元。

应缴纳企业所得税＝（700＋116）×25％＝204（万元）。

4. D 【解析】该企业汇总纳税应纳税额＝（300＋200）×25％＝125（万元），境外已纳税款扣除限额＝125×200÷（300＋200）＝50（万元），境外实纳税额30万元，可全额扣除。境内已预缴60万元，则汇总纳税应纳所得税额＝125－30－60＝35（万元）。

5. B 【解析】甲企业应确认的股息所得＝（300＋50）×30％＝105（万元）。

初始投资400万元确认为投资收回。

甲企业应确认的投资资产转让所得＝600－400－105＝95（万元）。

居民企业之间符合条件的投资收益免税。所以甲企业应确认的应纳税所得额为95万元。应缴纳企业所得税＝95×25％＝23.75（万元）。

6. A 【解析】企业对房屋、建筑物固定资产在未足额提取折旧前进行改扩建的，属于推倒重置的，该资产原值减除提取折旧后的净值，应并入重置后的固定资产计税成本，并在该固定资产投入使用后的次月起，按照税法规定的折旧年限，一并计提折旧。2019年的折旧额＝［500＋（300－240）］÷25÷12×2＝3.73（万元）。

7. A 【解析】通过题意可以判断出该业务符合特殊性税务处理的条件。

应纳税所得额＝（3000×12－3000×10）×3600÷（32400＋3600）＝600（万元）。

应缴纳企业所得税＝600×25％＝150（万元）。

8. B 【解析】应扣缴企业所得税＝30×10％＋

（20－10）×10％＝4（万元）。

9. B 【解析】应缴纳企业所得税＝（100－100×15％）×25％＝21.25（万元）。

10. A 【解析】自2019年1月1日至2021年12月31日，对年应纳税所得额低于100万元的小型微利企业，其所得减按25％计入应纳税所得额，按20％的税率缴纳企业所得税；对年应纳税所得额超过100万元但不超过300万元的小型微利企业，其所得减按50％计入应纳税所得额，按20％的税率缴纳企业所得税。当年该企业应纳企业所得税＝（190－165－18.2）×25％×20％＝0.34（万元）。

11. B 【解析】2019年2月1日，应确认的工资薪金支出＝（48－20）×1000×3＝84000（元）；2019年3月1日，应确认的工资薪金支出＝（50－20）×1000×2＝60000（元）。税前共可扣除的工资薪金＝84000＋60000＝144000（元）。

12. D 【解析】选项A，采取分期收款方式销售开发产品的，应按销售合同或协议约定的价款和付款日确认收入的实现。付款方提前付款的，在实际付款日确认收入的实现。选项B，企业销售未完工产品的计税毛利率，由各省、自治区、直辖市税务局按规定进行确定，总局确定的是一个最低界限。选项C，企业委托境外机构销售开发产品的，其支付境外机构的销售费用不超过委托销售收入10％的部分，准予据实扣除。

13. B 【解析】企业在2018年1月1日至2020年12月31日新购进的设备、器具，单位价值不超过500万元的，允许一次性计入当期成本费用在计算应纳税所得额时扣除。

14. B 【解析】再销售价格法，是指按照从关联方购进商品再销售给没有关联关系的交易方的价格，减除相同或者类似业务的销售毛利进行定价的方法。

15. C 【解析】对内地企业投资者通过基金

互认买卖香港基金份额取得的转让差价所得，计入其收入总额，依法征收企业所得税。

16. A 【解析】该外籍个人属于无住所居民个人在境内居住累计满183天的年度连续不满六年的情形，其境外工作期间的境外所得不纳税。该外籍人员1月工资收入额 = (10000 + 20000) × (1 − 10000 ÷ 30000 × 20 ÷ 31) = 23548.39(元)

需要缴纳的个税 = (23548.39 − 5000) × 3% = 556.45(元)

17. C 【解析】纳税人子女在中国境外接受教育的，在计算工资、薪金所得时，可以扣除子女教育支出，但应当留存境外学校录取通知书、留学签证等相关教育的证明资料备查。

18. D 【解析】在两处或两处以上出版、发表或再版同一作品而取得的稿酬，可以分别各处取得的所得或再版所得分次征税。该教授共应预扣预缴个人所得税 = 8500 × (1 − 20%) × 70% × 20% + (3700 − 800) × 70% × 20% = 1358(元)。

19. C 【解析】应代扣代缴个人所得税 = (3000 − 800) ÷ (1 − 20%) × 20% = 550(元)。

20. A 【解析】应缴纳个人所得税 = [(140000 ÷ 2 − 60000) × 3% − 0] × 2 = 600(元)。

21. B 【解析】该外籍高管为在华居住不超过90天的情况，在一个纳税年度内，在境内累计居住不超过90天的高管人员，其取得由境内雇主支付或者负担的工资薪金所得应当计算缴纳个人所得税；不是由境内雇主支付或者负担的工资薪金所得，不缴纳个人所得税。当月工资薪金收入额为当月境内支付或者负担的工资薪金收入额。

当月工资薪金收入额 = 8000(元)
需要缴纳的个税 = (8000 − 5000) × 3% = 90(元)

22. C 【解析】超过上年平均工资3倍以上的部分 = 87500 − 10000 × 3 = 57500(元)；解除劳动合同一次性经济补偿收入应缴纳的个人所得税 = 57500 × 10% − 2520 = 3230(元)。

23. D 【解析】取得偶然所得应纳个人所得税 = 10000 × 20% = 2000(元)。

因为已在韩国缴纳个税3000元，所以无需补税。

24. D 【解析】选项A，作者将自己的文学作品手稿原件或复印件拍卖取得的所得，按照"特许权使用费"项目计算缴纳个人所得税；选项B，通过赠送取得的，为其受赠该拍卖品时发生的相关税费；选项C，拍卖单位应代扣代缴个人财产拍卖所得应纳的个人所得税。

25. C 【解析】分次取得承包、承租经营所得应在每次取得收入后15日内预缴，年度终了后3个月内汇算清缴。

26. C 【解析】纳税人如不能提供合法、完整、准确的财产原值凭证，不能正确计算财产原值的，按转让收入额3%的征收率计算缴纳个人所得税；拍卖品经文物部门认定是海外回流文物的，按转让收入额的2%征收率计算缴纳个人所得税。

应纳的个人所得税 = 20 × 2% = 0.4(万元)。

27. D 【解析】税法没有要求扣缴义务人需协助居民个人办理年度综合所得汇算清缴，居民纳税人应自行进行汇算清缴。

28. B 【解析】选项B，属于国际避税方法。

29. B 【解析】绝密级情报保密期限一般为30年，机密级情报保密期限一般为20年，秘密级情报保密期限一般为10年。

30. A 【解析】纳税人采用按期汇总缴纳方式的纳税人应当事先告知主管税务机关，缴纳方式一经选定，1年内不得改变。

31. A 【解析】借款合同不包括银行同业拆借合同；技术转让合同不包括专利实施许可合同，专利实施许可合同属于产权转移书据；财产租赁合同中不包括企业与主管部门签订的租赁承包经营合同。

32. A 【解析】选项B，技术开发合同只就合同所载的报酬金额计税，研究开发经费不作为计税依据。选项C，建筑安装工程承包合同的计税依据为承包金额，不得别除任何费用，如果施工单位将自己承包的建设项目再分包或转包给其他施工单位，其所签订的分包或转包合同，仍应按合同所载金额另行贴花。选项D，对于由受托方提供原材料的加工、定做合同，凡在合同中分别记载加工费金额和原材料金额的，应分别按"加工承揽合同""购销合同"计税，两项税额相加数，即为合同应贴印花；若合同中未分别记载，则应就全部金额依照加工承揽合同计税贴花。

33. B 【解析】应缴纳的房产税 = $1200 \times 60\% \times (1 - 20\%) \times 1.2\% + 1200 \times 40\% \times (1 - 20\%) \div 12 \times 5 \times 1.2\% + 24 \times 12\% = 11.712$（万元）$= 117120$（元）。

34. A 【解析】房地产开发企业自用、出租、出借本企业建造的商品房，自房屋使用或交付之次月起缴纳房产税。

35. A 【解析】选项B，摩托车按辆征收车船税；选项C，游艇的计税单位为艇身长度每米；选项D，拖船、非机动驳船分别按照机动船舶税额的50%计算缴纳车船税。

36. B 【解析】应纳车船税 = $3000 \times 10 \times 5 + 1500 \times 6 \times 4 + 200 \times 4 \times 3 \times 50\% = 187200$（元）。

37. D 【解析】应纳税额 = $(50 + 200 + 100) \times 5\% = 17.5$（万元）。

38. A 【解析】非公司制企业经批准整体改建成有限责任公司或股份公司承受原企业土地、房屋权属的，免征契税；破产后，债权人承受关闭、破产企业土地、房屋权属以抵偿债务的，免征契税。

39. B 【解析】厂区内的绿化用地需要缴纳城镇土地使用税；企业办的学校、医院、托儿所、幼儿园，其用地能与企业其他用地明确区分的，可以比照由国家财政部门拨付事业经费的单位自用的土地，免征城镇土地使用税；新征用的非耕地，自批准征用次月起缴纳城镇土地使用税；纳税人新征用的耕地，自批准征用之日起满一年时开始缴纳城镇土地使用税，所以本年是不涉及新征用的耕地应纳城镇土地使用税税额的。该企业应纳城镇土地使用税 = $(10000 - 1000 - 1500) \times 3 + 1500 \times 3 = 27000$（元）。

40. A 【解析】选项B，占用农用土地建造住宅属于耕地占用税的征税范围，需要缴纳耕地占用税；选项C，已缴纳的耕地占用税可以退还；选项D，耕地占用税的适用税额可以适当提高，但最多不得超过规定税额的50%。

二、多项选择题

41. ABC 【解析】选项D，自2020年1月1日起，跨境电子商务综合试验区内实行核定征收的跨境电商企业符合小型微利企业优惠政策条件的，可享受小型微利企业所得税优惠政策；选项E，经认定的技术先进型服务企业，减按15%的税率征收企业所得税。

42. ABDE 【解析】选项C，开发无形资产未形成资产的部分，应当费用化计入管理费用扣除。

43. CDE 【解析】选项A，企业对外购茶叶进行筛选、分装、包装后进行销售的所得，不享受农产品初加工的优惠政策，不免税；选项B为减半征收企业所得税。

44. ABCD 【解析】选项E，自签署成本分摊协议之日起经营期限少于20年。

45. ABCD 【解析】选项E，企业重组中取得股权支付的原主要股东，在重组后连续12个月内，不得转让所取得的股权。

46. BCDE 【解析】总机构和具有主体生产经营职能的二级分支机构就地预缴企业所得税。

47. ACE 【解析】因个人持有限售股中存在部分限售股成本不明确，导致无法计算全部限售股成本原值的，证券登记结算公司一律以实际转让收入的15%作为限售股成本原值和合理税费。个人通过证券交易所集中交易系统或大宗交易系统转让限售股，应按规定征收个人所得税。

48. AD 【解析】非在公司任职的个人担任董事职务取得的董事费收入，按"劳务报酬所得"项目纳税；城镇事业单位和职工个人缴纳失业保险费未超过规定比例的部分不用缴纳个人所得税；个人取得彩票奖金按照"偶然所得"缴纳个人所得税。

49. AD 【解析】选项B，投资者应纳的个人所得税税款，按年计算，分月或分季预缴，年度终了后3个月内汇算清缴，多退少补；选项C，企业生产经营和投资者家庭生活共用的固定资产，难以划分的，由主管税务机关根据企业的生产经营类型、规模等具体情况，核定准予在税前扣除的折旧费用的数额或比例；选项E，投资者兴办两个或两个以上企业的，企业的年度亏损不可以跨企业弥补。

50. ABE 【解析】选项C、D，应该按照"工资、薪金所得"缴纳个人所得税。任职、受雇于报刊等单位的记者、编辑等专业人员，因在本单位的报刊上发表作品取得的所得，属于因任职、受雇而取得的所得，应与其当月工资收入合并，按"工资、薪金所得"项目征收个人所得税。除上述专业人员以外，其他人员在本单位的报刊上发表作品取得的所得，应按"稿酬所得"项目征收个人所得税。出版社的专业作者撰写、编写或翻译的作品，由本社以图书形式出版而取得的稿费收入，应按"稿酬所得"项目计算缴纳个人所得税。

51. BCDE 【解析】个人捐赠住房作为公共租赁住房，对其公益性捐赠支出未超过其申报的应纳税所得额30%的部分，准予从其应纳税所得额中扣除。

52. ABCE 【解析】选项D，夫妻双方主要工作城市相同的，只能由一方扣除住房租金支出。

53. ACD 【解析】选项B不属于公益捐赠，在税前不得扣除；选项E，单位发给个人用于预防新型冠状病毒感染的肺炎的药品、医疗用品和防护用品等实物（不包括现金），不计入工资、薪金收入，免征个人所得税。

54. ABCE 【解析】缔约对方国家对有关所得不征税或免税的情况下，一般不利于对"受益所有人"身份的判定。

55. BE 【解析】商品购销活动中，采用以货换货方式进行商品交易签订的合同，是反映既购又销双重经济行为的合同。对此，应按合同所载的购销合计金额计税贴花。一份凭证应纳税额超过500元的，应向当地税务机关申请填写缴款书或者完税凭证。
甲公司8月应缴纳的印花税=（750000+650000）×0.3‰=420（元）
乙公司上述业务印花税额也为420元。

56. ACD 【解析】选项B，按产权转移书据征收印花税；选项E，外国政府或国际金融组织向我国政府及国家金融机构提供优惠贷款所书立的合同，免征印花税。

57. DE 【解析】出租地下建筑，按出租地上房屋建筑的有关规定计算房产税；纳税人未用于出租的应税房产，应按房产原值减除规定比例后的余值计征房产税；大修停用半年以上的房产，在房屋大修期间免征房产税。

58. BCDE 【解析】依法不需要在车船管理部门登记的车辆属于车船税的征税范围。

59. AD 【解析】房屋的受赠人要按规定缴纳契税；房屋产权相互交换，双方交换价值相等，免征契税，其价值不相等的，按超出部分由支付差价方缴纳契税；对承受国有土地使用权应支付的土地出让金，要征收契税，不得因减免出让金而减免契税。

60. ABCE 【解析】耕地占用税在占用耕地环节一次性课征。

三、计算题

（一）

61. A 【解析】建筑承包合同应缴纳的印花税 = (3500 + 1000) × 0.3‰ × 10000 = 13500(元)。

62. D 【解析】与丙企业签订一协议，租期不确定，先按照 5 元贴花；融资租赁业务应纳的印花税 = 300 × 0.05‰ × 10000 = 150(元)，业务(2)共计应纳印花税 = 150+5 = 155(元)。

63. D 【解析】购销合同应纳的印花税 = 100.24 × 0.3‰ × 10000 = 300.72(元)；按税法规定印花税 1 角以上的，其税额尾数不满 5 分的不计，满 5 分的按 1 角计算。因此应纳的印花税是 300.7 元。

64. B 【解析】货物运输合同应缴纳印花税 = (20-3-2) × 0.5‰ × 10000 = 75(元)。

（二）

65. C 【解析】企业合并，合并后的企业承受原合并各方的土地和房产，原投资主体存续的，免征契税；企业破产后，买受人不考虑员工安置，不享受契税优惠，依法征收契税。应缴纳契税 = 800 × 3% = 24(万元)。

66. B 【解析】共计应缴纳的契税 = 24 + (2000+4000+1000) × 3% = 234(万元)。

67. D 【解析】应纳城镇土地使用税额 = (9000+6000) × 8 ÷ 12 × 8 ÷ 10000 + 24000 × 8 ÷ 12 × 6 ÷ 10000 + 18000 × 4 ÷ 12 × 2 ÷ 10000 = 18.8(万元)。

68. C 【解析】购买耕地用于非农业建设，依法征收耕地占用税；用于建设医院和学校的耕地，免征耕地占用税。
应缴耕地占用税 = (15000 - 3000) × 40 ÷ 10000 = 48(万元)。

四、综合分析题

（一）

69. A 【解析】业务招待费发生额的 60% 为 48 万元；销售营业收入的 5‰为 37 万元，税前允许扣除 37 万元，纳税调增 43 万元。

广告费税前扣除限额 = 7400 × 15% = 1110(万元)。

当年发生的 480 万元广告费可全额扣除，并可扣除以前年度结转的广告费 65 万元，应调减应纳税所得额 65 万元。

业务(1)应调整的应纳税所得额 = 43 - 65 = -22(万元)，即纳税调减 22 万元。

70. C 【解析】境外所得在我国应补的企业所得税 = 49 ÷ (1 - 15%) × (25% - 15%) = 5.76(万元)。

71. A 【解析】外购设备应调增的应纳税所得额 = 90 - 90 × (1 - 5%) ÷ 10 ÷ 12 × 8 = 84.3(万元)。

72. B 【解析】接受捐赠应调增应纳税所得额 58.5 万元。

73. B 【解析】公益捐赠税前扣除限额 = 会计利润 × 12% = (170 + 58.5 + 84.3) × 12% = 312.8 × 12% = 37.54(万元)。
实际捐赠额 = 80(万元)。
实际捐赠超过税法规定的扣除限额，调增的应纳税所得额 = 80 - 37.54 = 42.46(万元)。

74. C 【解析】应补缴企业所得税 = (170 - 22 - 86 - 49 - 15 + 58.5 + 84.3 + 42.46) × 25% - 42.5(已纳) + 5.76(境外补交) = 9.08(万元)。

（二）

75. C 【解析】1 月甲公司预扣预缴员工 A 个人所得税 = (9000 - 5000 - 1000) × 3% = 90(元)；2 月甲公司预扣预缴员工 A 个人所得税 = (9000 × 2 - 5000 × 2 - 1000 × 2) × 3% - 90 = 90(元)；3 月甲公司预扣预缴员工 A 个人所得税 = (9000 × 3 - 5000 × 3 - 1000 × 3) × 3% - 90 - 90 = 90(元)。

76. D 【解析】4 月甲公司预扣预缴员工 A 个人所得税 = (9000 × 4 - 5000 × 4 - 1000 × 4 - 1000) × 3% - 90 - 90 - 90 = 60(元)。

77. B 【解析】因为员工 A 工作所在地是市辖区户籍人口不超过 100 万的城市，不属于直辖市、省会(首府)城市、计划单列市以及国务院确定的其他城市，所以房屋租金附加专项扣除的标准为每月800元。

5月甲公司预扣预缴员工A个人所得税=（9000×5−5000×5−1000×5−1000×2−800）×3%−90−90−90−60=36（元）。

78. D 【解析】特许权使用费收入=10000元，因为大于4000元，所以收入额=10000×（1−20%）=8000元。预扣预缴税额=8000×20%=1600（元）

79. A 【解析】5~12月，员工A每月预扣预缴工资、薪金个人所得税均为36元。员工A综合所得汇算清缴应补退税额={9000×12−60000−1000×12−1000×9−800×8+10000×（1−20%）}×3%−90−90−90−60−36×8−1600=−1360（元）。

80. B 【解析】非居民纳税人取得特许权使用费的计税方法与居民纳税人不同，具体计算为：确认收入=60000元，收入额=60000×（1−20%）=48000元。应纳税额=48000×30%−4410=9990（元）

附录：本书适用的税率表

表1 个人所得税预扣率表一

（居民个人工资、薪金所得预扣预缴适用）

级数	累计预扣预缴应纳税所得额	预扣率（%）	速算扣除数
1	不超过36000元	3	0
2	超过36000元至144000元的部分	10	2520
3	超过144000元至300000元的部分	20	16920
4	超过300000元至420000元的部分	25	31920
5	超过420000元至660000元的部分	30	52920
6	超过660000元至960000元的部分	35	85920
7	超过960000元的部分	45	181920

表2 个人所得税预扣率表二

（居民个人劳务报酬所得预扣预缴适用）

级数	预扣预缴应纳税所得额	预扣率（%）	速算扣除数
1	不超过20000元	20	0
2	超过20000元至50000元的部分	30	2000
3	超过50000元的部分	40	7000

表3 个人所得税税率表三

（非居民个人工资、薪金所得，劳务报酬所得，稿酬所得，特许权使用费所得适用）

级数	应纳税所得额	税率（%）	速算扣除数
1	不超过3000元	3	0
2	超过3000元至12000元的部分	10	210
3	超过12000元至25000元的部分	20	1410
4	超过25000元至35000元的部分	25	2660
5	超过35000元至55000元的部分	30	4410
6	超过55000元至80000元的部分	35	7160
7	超过80000元的部分	45	15160

表4 个人所得税税率表一

(综合所得适用)

级数	累计预扣预缴应纳税所得额	预扣率（%）	速算扣除数
1	不超过 36000 元	3	0
2	超过 36000 元至 144000 元的部分	10	2520
3	超过 144000 元至 300000 元的部分	20	16920
4	超过 300000 元至 420000 元的部分	25	31920
5	超过 420000 元至 660000 元的部分	30	52920
6	超过 660000 元至 960000 元的部分	35	85920
7	超过 960000 元的部分	45	181920

表5 按月换算后的综合所得税率表

级数	全月应纳税所得额	税率（%）	速算扣除数
1	不超过 3000 元的	3	0
2	超过 3000 元至 12000 元的部分	10	210
3	超过 12000 元至 25000 元的部分	20	1410
4	超过 25000 元至 35000 元的部分	25	2660
5	超过 35000 元至 55000 元的部分	30	4410
6	超过 55000 元至 80000 元的部分	35	7160
7	超过 80000 元的部分	45	15160

表6 个人所得税税率表二

(经营所得适用)

级数	全年应纳税所得额	税率（%）	速算扣除数
1	不超过 30000 元的	5	0
2	超过 30000 元至 90000 元的部分	10	1500
3	超过 90000 元至 300000 元的部分	20	10500
4	超过 300000 元至 500000 元的部分	30	40500
5	超过 500000 元的部分	35	65500

表7 印花税适用比例税率表

应税凭证	税率
财产租赁合同、仓储保管合同、财产保险合同	1‰
加工承揽合同、建设工程勘察设计合同、货物运输合同、产权转移书据、记载资金账簿	0.5‰
购销合同、建筑安装工程承包合同、技术合同	0.3‰
借款合同	0.05‰

表 8　船舶吨税税目、税率表

税目（按船舶 净吨位划分）	税率（元/净吨）						备注
	普通税率 （按执照期限划分）			优惠税率 （按执照期限划分）			
	1 年	90 日	30 日	1 年	90 日	30 日	
不超过 2000 净吨	12.6	4.2	2.1	9.0	3.0	1.5	1. 拖船按照发动机功率每千瓦折合净吨位 0.67 吨；2. 无法提供净吨位证明文件的游艇，按照发动机功率每千瓦折合净吨位 0.05 吨；3. 拖船和非机动驳船分别按相同净吨位船舶税率的 50%计征税款
超过 2000 净吨，但不超过 10000 净吨	24.0	8.0	4.0	17.4	5.8	2.9	
超过 10000 净吨，但不超过 50000 净吨	27.6	9.2	4.6	19.8	6.6	3.3	
超过 50000 净吨	31.8	10.6	5.3	22.8	7.6	3.8	

注：拖船，是指专门用于拖（推）动运输船舶的专业作业船舶；非机动驳船，是指在船舶登记机关登记为驳船的非机动船舶。

致亲爱的读者

　　"梦想成真"系列辅导丛书自出版以来，以严谨细致的专业内容和清晰简洁的编撰风格受到了广大读者的一致好评，但因水平和时间有限，书中难免会存在一些疏漏和错误。读者如有发现本书不足，可扫描"扫我来纠错"二维码上传纠错信息，审核后每处错误奖励 10 元购课代金券。（多人反馈同一错误，只奖励首位反馈者。请关注"中华会计网校"微信公众号接收奖励通知。）

　　在此，诚恳地希望各位学员不吝批评指正，帮助我们不断提高完善。

邮箱：mxcc@cdeledu.com

微博：@ 正保文化

扫我来纠错

中华会计网校
微信公众号